역사교육과 국가이미지

역사교육과 국가이미지

초판 1쇄 인쇄 2018년 5월 21일
초판 1쇄 발행 2018년 5월 31일

저 자 강택구 · 박재영

발행인 윤관백
발행처 도서출판 선인

디자인 박애리
편 집 이경남 · 박애리 · 김지현 · 임현지 · 정서영
영 업 김현주

등 록 제5-77호(1998.11.4)
주 소 서울시 마포구 마포대로4다길 4 곳마루 B/D 1층
전 화 02)718-6252/6257
팩 스 02)718-6253
E-mail sunin72@chol.com

정 가 25,000원
ISBN 979-11-6068-177-2 93900

역사교육과 국가이미지

강택구 · 박재영

 도서출판 선인

책을 내면서

　일반적으로 제도권 역사교육은 역사교과서라는 텍스트를 통하여 이루어진다. 역사교과서는 자라나는 2세들에게 그들이 속한 민족이나 국가에 대한 정체성과 국가관, 세계관을 형성하는데 영향을 끼치는 중요한 매개체라 할 수 있다. 학생들은 역사교과서를 텍스트로 수업에 임하지만 학생들의 의식 속에 형성되는 역사적 사건이나 인물, 그리고 타 민족이나 국가에 대한 이미지는 교과서뿐만 아니라 교과서 외적 요인들, 보다 구체적으로 말하자면 교과서를 중심으로 한 여러 주체들(교육당국자, 교과서 집필자, 교사, 학생)의 역사인식이 개입된 결과물이라고 할 수 있다. 물론 거기에는 학생의 사회화 과정에서 형성된 편견이나 고정관념이 개입된다.

　역사적으로 볼 때, 역사교과서는 민족이나 국가 간의 불화와 대립, 적개심을 불러일으키고, 국제적 분쟁을 조장하는데 일정한 역할을 해왔음도 주지의 사실이다. 인류의 역사가 온갖 고난과 역경을 헤치고 바야흐로 21세기에 접어들었음에도 불구하고 지구촌 사회에서 갈등과 대립이 계속되고 있는 배경에는 역사적으로 형성된 뿌리 깊은 상호 불신과 적대감, 타자에 대한 정형화되고 부정적인 고정관념이 인간 심성의 기저에 작용하고 있기 때문이다. 그렇다면 오늘날 한국의 역사교육은 자라나는 학생들에게 중국·미국 등 타자에 대하여 어떠한 이미지를 심어주고 있을까, 국제적으로 국가 이미지 개선과 우호협력을 위한 역사교과서 협의 활동과 공동 역사교과서 편찬의 사례는 무엇인가?

이 책은 그러한 문제의식에서 지금까지 저자들이 연구해 왔던 논문들을 검토하여 한 권의 책으로 엮어 낸 것으로, 본문은 모두 4장으로 구성되어 있다.

제1장은 역사교과서를 매개로 한 역사교육 주체들의 스테레오타입 분석과 관련된 방법론적 접근을 시도한 글이다. 여기에서는 최근 독일 역사학계에서 제기되고 있는 역사적 스테레오타입 연구방법을 적용시킨 교과서 분석틀을 제시하고, 텍스트와 교과서 집필자, 학생(피교육자) 가운데 내재되어 있는 역사의 현재적 의미와 고정관념을 파악하는데 학문적 효용이 있음을 언급하였다.

제2장은 두 개의 주제로 구분할 수 있는데, 첫째 한국과 중국의 역사교과서 서술내용의 비교 분석을 통하여 교과서에 주로 어떤 내용들이 강조되고 있는지, 또한 강조하고 있는 이유는 무엇이고, 거기에는 어떠한 의도가 담겨 있는지를 파악하여 역사교과서에 나타나는 스테레오타입, 즉 '정형화된

이미지'를 분석하는 작업이다. 이러한 분석 작업에는 중국 조선족 사회에서 사용되고 있는 역사교과서도 포함된다. 둘째, 중국, 미국에 대한 대한민국 중등학생들의 국가이미지에 대한 설문조사 분석을 통하여 한국 중등학교 역사교육이 해당 국가의 이미지에 미치는 영향에 대하여 파악한 글들이다.

제3장은 제2차 세계대전 이후 국가 이미지 개선을 위한 독일의 역사교육을 살펴보는 글들로 구성되었다. 독일 역사교과서는 제2차 세계대전 이후 독일과 폴란드의 국경으로 확정되었던 오데르-나이세 국경문제를 어떻게 서술하고 있으며, 독일 게오르그 에케르트 연구소(GEI)가 중심이 되어 진행되어 왔던 역사교과서 협의를 통한 독일의 과거극복 과정과 성과는 어떠한가. 그리고 지난 2000년 8월 2일 법령(Gesetz zur Errichtung einer Stiftung "Erinnerung, Verantwortung und Zukunft")에 의거하여 독일 정부와 기업이 2차 대전시 동원된 강제노동자들에 대한 보상을 위해 공동으로 100억 마르크라는 기금을 마련하여 "기억 책임 미래(Erinnerung, Verantwortung und Zukunft)" 재단을 설립하였는데, 독일 정부와 기업이 윤리적 책임과 반성, 국가 이미지 개선, 그리고 확고한 휴머니즘적 신호를 보내기 위해 어떠한 노력을 기울였는가를 살펴보았다.

제4장에서는 그동안 정부 및 민간 차원에서 진행되었던 동아시아 우호협력을 위한 다국 간 역사교과서 협의 활동의 내용과 의미를 살펴보고, 지난 2006년 독일과 프랑스의 공동 협력을 통해 출간된 〈독일-프랑스 공동 역사교과서〉를 통해 국가 간 상호이해 증진을 위한 공동 역사교과 편찬의 배경과 성과를 파악하고자 하였다.

모쪼록 이 책이 한국 역사교육의 방향설정과 국가 이미지 개선에 조금이나마 기여할 수 있고, 앞으로도 계속 진행되어야 할 동아시아의 평화와 역사교육 연대를 위한 기초 자료로 활용될 수 있기를 기대한다. 끝으로 최근 출판업계의 불황에도 불구하고 출판에 응해 주신 도서출판 선인 윤관백 대표님과 이 책이 출간되기까지 수고를 아끼지 않은 편집부 여러 선생님들께 진심으로 감사의 마음을 전한다.

2018년 4월 16일
강택구 · 박재영 합장

차 례

1장
역사교과서와 스테레오타입 (Stereotype): 방법론적 접근

시론
역사교과서를 매개로 한
역사교육 주체들의 스테레오타입
분석을 위한 시론

- 역사적 스테레오타입연구(Historische Stereotypenforschung)
방법론의 적용 -

'오류자'는 사물을 그 본질과 현상을 다르게 보게 만드는 안경을 인간에게 씌운다.
(. . . . .)
나중에 내가 보니, 이 안경은 '선입견이라는 유리(Glas des Vorurteils)'로 만들어졌고,
그 유리를 감싼 안경테는 '관습'이라는 뿔로 만들어졌다."

― Jan Amos Komensky ―

『Das Labyrinth der Welt und das Paradies des Herzens』

I. 머리말

역사교과서는 역사교육의 가장 기본이 되는 교재이다. 역사교과서가 교실수업에서 얼마만큼 사용되어지는가는 현장 교사의 재량에 의해 좌우되기 쉽지만, 학생들의 지식습득의 많은 부분이 학교교육을 통해서 이루어진다. 따라서 학교교육에서 교과서는 아직도 중요한 위치를 차지하고 있고 또 가까운 장래에도 계속 그럴 것이다. 이것은 학생들이 학교에서 배우는 다른 나라와 문화에 대해 갖게 되는 지식, 이미지, 관점에 아직도 교과서가 중요한 영향을 미친다는 것을 의미한다. 그러한 이유로 교과서 개선을 위한 노력은 국내뿐 아니라 전 세계적으로 이루어지고 있는 것이다.

특히, 역사교과서는 자라나는 2세들에게 그들이 속한 민족이나 국가에 대한 정체성과 국가관, 세계관을 형성하는데 영향을 끼치는 공교육에 있어서 매우 중요한 매개체라 할 수 있다. 그러나 역사적으로 볼 때, 역사교과서는 민족이나 국가 간의 불화와 대립, 적개심을 불러일으키고, 국제적 분쟁을 조장하는데 일정한 역할을 해왔음도 주지의 사실이다.[1] 인류의 역사가 온갖 고난과 역경을 헤치고 바야흐로 21세기에 접어들었음에도 불구하고 지구촌 사회에서 갈등과 대립이 계속되고 있는 배경에는 역사적으로 형성된 뿌리 깊은 상호 불신과 적대감, 타자에 대한 정형화되고 부정적인 고정관념이

---

1) 본 연구 논문의 2장과 3장의 일부 내용은 『역사학보』 198집(2008)에 게재한 글을 요약, 수정 내지 부분적으로 재인용하였음을 밝힌다. 박재영, 「역사적 스테레오타입 연구의 현황과 전망」, 『역사학보』 198집, 2008, pp.351~378; Höpken, Wolfgang, 「교과서개선 - 경험, 성과, 과제」, 『국가간 상호이해 증진을 위한 교과서 개선』, 한국교육개발원 국제학술회의 발표논문집, 2002, 1~9쪽; 박재영, 「한·중·일 3국의 역사교과서 협의의 제 문제 - 유럽의 교과서 협의와 비교하여」, 『백산학보』 75호, 2006, pp.407~446.

2) J. A. 로우워즈 저/유네스코 한국위원회 역, 『역사교육과 국제이해』, 유네스코한국위원회, 1964; 한명희·김현덕·강환국 외, 『국제사회와 국제이해교육』, 정민사, 1996; 유네스코 한국위원회 편, 『학교에서의 국제이해교육』, 유네스코한국위원회, 1996; 이효영, 「글로벌 시대의 역사인식과 세계사」, 『역사교육』 100집, 2006, 336~339쪽; Otto-Ernst Schüddekopf/김승렬 역, 『20년간의 서유럽 역사교과서 개선활동: 1945-1965』, 한국교육개발원, 2002: Otto-Ernst Schüddekopfed., *Zwanzig Jahre Westeuropäischer Schulgeschichtsbuchrevision 1945-1965*, Braunschweig, Albert Limbach Verlag, 1966, pp.96~103.

인간 심성의 기저에 작용하고 있기 때문이다.

본고에서는 위와 같은 문제의식을 바탕으로 하여 국내에서는 아직까지 시도되지 않았던 역사적 스테레오타입 연구방법을 적용한 역사교과서 분석틀을 제시하고 그 가능성을 가늠해 보고자 한다. 머리말에 이은 제2장에서는 스테레오타입이란 무엇인가에 대한 정의를 일상 언어적 측면, 사회학적 측면, 인지심리학적 측면, 언어철학적 측면에서 살펴보았다. 제3장에서는 역사적 스테레오타입의 개념과 특징, 연구방법, 그리고 독일을 중심으로 한 유럽의 역사적 스테레오타입의 연구 현황과 구체적 사례연구에는 어떤 것들이 있는지를 분석하였다. 그리고 제4장에서는 역사적 스테레오타입 연구방법을 적용시킨 교과서 분석틀을 제시하고 텍스트와 교과서 집필자, 학생(피교육자) 가운데 내재되어 있는 역사의 현재적 의미를 해석하는데 중요한 도구가 될 수 있는 분석방법에 대하여 언급하였다. 맺음말에서는 국내에서의 스테레오타입 연구가 어떠한 분야에서 어느 정도 진척되고 있으며, 역사적 스테레오타입 연구방법을 적용한 교과서 분석의 학문적 효용 및 학제 간 연구의 필요성을 제시하였다.

II. 스테레오타입이란 무엇인가?

오늘날 스테레오타입이라는 용어는 언어(철)학 · 문학 · 사회심리학 · 문화학 · 역사학 등 다양한 분야에서 사용되고 있다.[2] 이와 관련하여 본 장에서는 역사적 스테레오타입의 이해를 위하여 먼저 스테레오타입의 정의

---

3) U. Quasthoff, *Soziales Vorurteil und Kommunikation - Eine sprachwissenschaftliche Analyse des Stereotyps*, Frankfurt a. M., 1973, pp.17~19; H. Gipper, "Der Inhalt des Wortes und die Gliederung des Wortschatzes", *Duden: Grammatik der deutschen Sprache*, Bd. 4, Mannheim/Wien/Zürich, 1984, p.517.

를 일상적으로 사용되고 있는 사전적 의미와 사회학적, 인지심리학적, 언어철학적 의미로 구분하여 살펴보고자 한다.

본래 '고정된 주형(鑄型)을 사용하여 인쇄할 때 분리되는 연판(鉛版)'을 뜻하던 스테레오타입은 사전에서 형용사나 부사로 사용될 때는 '판에 박힌', '항상 똑같은', '상투적으로 반복되는', '고정된', '진부한', '흔히 있는' 등으로[3], 그리고 명사로 사용될 때는 '연판(鉛版)', '판에 박힌 고정관념'이라는 의미로 해석된다.[4] 여기에서 우리는 스테레오타입이라는 용어의 개념에는 인간의 의사표현이나 행동양식과 관련하여 '고정되고, 틀에 박히고, 반복되는' 공통된 요소들이 있음을 유추할 수 있다.[5]

스테레오타입이 사회학적 개념으로 사용되기 시작한 것은 미국의 언론인 리프만(Walter Lippmann)에 의해서였다.[6] 리프만은 1922년 그의 저서 『Public Opinion』에서 처음으로 스테레오타입을 '우리 머릿속의 이미지(pictures in our heads)'[7]라는 사회학적 개념으로 정의하였다.[8] 리프만에 의하면, 스테레오타입이란 우리가 어떤 대상을 인식할 때, 그것은 대상에 대한 객관적이고 가치중립적인 경험과 지식에 기초한 사고가 아니라, 먼저 대

4) Duden verlag ed., *Duden: Deutsches Universalwörterbuch*, Mannheim, Leipzig, Wien · Zürich, 1983, p.1212; Brockhaus ed., "feststehend, ständig, abgedroschen, langweilig", *Brockhaus - Enzyklopädie*, Bd. 18, Wiesbaden, 1973, p.93.
5) 민중서림 편집부 편, 『엣센스 국어사전』, 민중서림, 1991, p.1530.
5) 현대 심리학에서 "편견은 어떤 집단 구성원에 대한 비합리적인 부정적 평가로 정의되며, 객관적 사실보다는 집단 소속에 근거하여 발생한다고 보고 있다. 이와 유사한 개념인 고정관념은 어떤 집단이나 구성원의 특징에 관한 인지적 신념이라는 점에서 평가적 감정을 의미하는 편견과 구별된다. 예를 들어, 중국인은 게으르다는 생각은 고정관념이며, 그래서 중국인이 싫다는 감정은 편견이다." 현성용 외, 『현대 심리학의 이해』, 2003, pp.436~437.
6) U. Quasthoff, *op. cit.*, 1973, p.17 참조.
7) 'Picture'라는 용어는 원래 '사물의 모습을 그려낸 것'이라는 사전적인 의미를 가지는데 실제로 사용될 때는 그림, 사진, 영상, 풍경 등의 뜻으로 해석된다. 김춘식은 그의 논문에서 'picture'를 '표상'으로 해석했으나 필자는 리프만이 의도한 원래의 의미는 '이미지'에 더 가깝다고 해석된다. 김춘식, 「독일의 역사적 스테레오타입 연구」, 『서양사론』 제91호, 2006, p.315.
8) Walter Lippmann, *Public Opinion*, New York, 1922; Walter Lippmann, *Die öffentliche Meinung*, München, 1964.

상에 대하여 가지고 있는 개인의 주관적인 표상을 통해 걸러진 인식을 말한다. 스테레오타입에 대한 리프만의 견해는 교육과 학습을 통해 형성된 문화적으로 인식된 표상이 외부로부터 새롭게 받아들이게 되는 새로운 지식과 경험에 대한 가치판단의 기저를 이룬다는 점에서 '인지적 요소(kognitive Komponente)가 강조된다.[9] 그러나 스테레오타입에 대한 리프만 이후의 연구는 문화적 배경에 의한 인지적 요소 외에도 '감정적 요소(affektive Komponente)'에 의해 사회 현상과 기능을 파악하려는 경향을 보이게 되었다.[10] 스테레오타입 형성에 영향을 주는 감정적인 요소는 주관적이고 부정확하기 쉽고, 긍정적 또는 부정적 가치판단과 밀접하게 연관되어 있기 때문에 스테레오타입에 대한 개념정의는 사회심리학적 · 언어학적 연구가 성과를 보이면서 이전보다 한층 더 포괄적이고 복잡한 성격을 띠게 되었다. 그럼에도 불구하고 "묵시적으로 통용되는 일반화되고 정형화 된 이미지"[11]라는 스테레오타입의 추상적인 정의에는 관련 연구자들이 잠정적인 동의를 보이고 있다.[12]

대인지각과 관련된 타자에 대한 이미지, 편견, 고정관념의 형성과정을 추적하는 작업은 인지심리학에서도 중요한 개념으로 다루어지고 있다. 스트뢰베(W. Stroebe)와 인스코(C. A. Insko)는 스테레오타입을 단순하면서 정형화되고 동시에 편향되어 있는 부정확한 일반화라고 규정한다.[13] 이러한 개념규정은 대개의 경우 스테레오타입이 확실한 근거가 없거나 감정적

---

9) *Ibid.*, p.293.
10) Adam Schaff, *Stereotypen und das menschliche Handeln*, Wien, 1997, pp.30~35.
11) Klaus Roh, "Bilder in den Köpfen-Stereotypen, Mythen, Identitäten aus ethnologischer Sicht," *Das Bild vom Anderen: Identitäten, Mentalitäten, Mythen und Stereotypen in multiethnischen europäischen Regionen*(Frankfurt a.M.,), 1998, pp.22~23.
12) Johannes Hoffmann ed., *Stereotypen·Vorurteile·Völkerbilder in Ost und West - in Wissenschaft und Unterricht(Eine Bibliographie)*,(Otto Harrassowitz·Wiesbaden), 1986.
13) W. Stroebe & C. A. Insko, *Stereotype, prejudice and discrimination: Changing conceptions in theory and research, stereotyping and prejudice*(New York), 1989, p.4.

인 판단에 기초하고 있으며, 상황에 따라 현실을 왜곡시키기도 하기 때문이다. 하지만 그러한 현상은 비정상적이라기보다는 사람이 어떠한 특정 대상을 접했을 때 나타나는 자연스러운 인지반응이기도 하다. 미국의 흑백문제, 유대인문제 등 편견의 원인을 심리학적 측면에서 분석한 올포트(G. W. Allport)에 따르면 스테레오타입은 호불호(好不好)를 떠나 대상에 대해 가지고 있는 과장된 확신이며, 이러한 확신은 사람의 행위를 정당화하는 기능을 한다.[14] 한편, 타이펠(Tajfel)에 의하면 스테레오타입은 하나의 범주화 과정의 사례이며, 범주화는 대상의 차이점과 유사성을 인지할 수 있는 인식의 과정이다.[15] 아울러 스테레오타입은 어떤 대상의 특징을 설명하는 데 도움을 주며, 스테레오타입에 불가피하게 나타나는 편견과 과장은 사람의 인식 능력의 한계 때문이라고 보았다. 아울러 세계를 이해하고 설명하는 장치로 왜 스테레오타입이 중요한지에 대한 인지심리학의 가장 공통적인 대답은 스테레오타입이 대상을 지각하는데 들어가는 시간과 노력을 절약시켜준다는 점이다.

언어철학의 분야에서 의미론과 관련하여 심리학자인 로쉬(E. Rosch)[16]와 철학자 퍼트남(H. Putnam)[17]은 상이한 전제와 연구방식, 논증으로 매우 유사한 결과에 도달하고 있다. 로쉬에 의하면 프로토타입(prototyp)은 보통 어떤 한 범주로써 연상되는 가장 훌륭한 표본으로 간주된다. 의미론의 사회학

---

14) 올포트에 의하면, 스테레오타입은 대상 자체를 그 이상 일반화 할 수 없는 가장 보편적이고 기본적인 개념과 동일한 것이 아니라, 그러한 개념, 즉 대상에 대한 범주와 관련된 일정한 표상(Representation)이다. 예를 들면, "흑인"이라는 범주는 '피부가 검은 인종'에 대한 가치중립적이고 일반적인 개념이다. 이 범주에 흑인이 '게으르고, 더럽고, 폭력적'이라는 이미지와 선입견이 작용한다면, 이것이 바로 흑인에 대한 스테레오타입인 것이다. 올포트는 자신의 편견연구에서 "Allport 척도(Allport-Skala)"를 통해 편견은 비방(Verleumdung) - 회피(Vermeidung) - 차별(Diskriminierung) - 신체적 폭력(Körperliche Gewaltanwendung) - 파기 (Vernichtung)의 순서로 진행되는 경향을 갖는다고 보았다. G. W. Allport 저·이원영 편역, 『편견의 심리』, 1993; G. W. Allport, *The nature of prejudice*(New York, Addison-Wesley), 1954.

15) W. Strobe & C. A. Insko, 1989, *op. cit.*, p.5.

16) E. Rosch, "Human Categorization", *Studies in Cross-Cultural Psychology*, 1977, pp. 3~49.

17) H. Putnam, "Meaning, Reference and Stereotypes", *Meaning and Translation*, 1978, pp. 61~81.

적 측면을 강조한 퍼트남에 의하면 스테레오타입은 프로토타입을 정의하는 특성의 집합이며, 일정한 낱말과 결부되어 있는 스테레오타입은 그 낱말에 해당되는 대상에 대한 가정이다.[18] 즉 퍼트남에게 있어서 낱말은 그것이 나타내는 것, 즉 외부의 대상에 대한 기호(Symbol)가 아니라 우리 머릿속에 있는 개념에 대한 기호이다. 따라서 낱말은 사물 자체를 대표하지 않고 우리 지각이 대상에 제기하는 질서를 대표한다는 것이다.[19] 또한 폴란드 출신의 언어철학자 샤프(A. Schaff)는 언어가 인간의 행위에 미치는 영향을 분석하였는데, 인간의 행동양식은 사고를 일정한 방향으로 이끌어 감정의 동요와 의지력 등을 유발시키는 사유적 자극을 통해서 한정된다는 명제를 이끌어냈다. 그는 감각적 인식과 사고는 개별적 대상들로부터 시작되며, 인간은 적합한 낱말의 의미를 체득하지 못하고서는 개별적인 것을 사고할 수 없다고 보았다. 여기에서 중요한 점은 낱말의 내용은 그 낱말이 지칭하는 실재를 완전히 반영하지는 않는다는 사실이다.[20]

Ⅲ. 역사적 스테레오타입연구란 무엇인가?

스테레오타입연구는 1922년 이래로 80여 년의 비교적 짧은 역사를 가지고 있지만 역사학의 관심대상으로 본격적인 연구가 이루어진 것은 최근의 일이다.[21] 독일의 경우 역사적 스테레오타입연구에 주목할 만한

---

18) H. Putnam, *Die Bedeutung von Bedeutung*(Frankfrut am Main, Klostermann), 1990, pp. 67~69.

19) Ch. Schwarze, "Stereotyp und lexikalische Bedeutung", *Studium Linguistik*, Vol. 13, 1982, p.5.

20) 샤프에 따르면 스테레오타입은 감정적 요소가 핵심적으로 내재되어 있는 대상에 대한 인식과정의 결과물이다. 스테레오타입에 내재되어 있는 인지적·감정적 요소들은 사회화의 과정을 거쳐서 개인과 그 개인이 속한 사회에 지속적인 영향을 끼치며, '나'와 '우리'가 아닌 '타자'에 대한 긍정적, 혹은 부정적 이미지를 형성하게 되는 것이다. A. Schaff, *Sprache und Erkenntnis und Essays über die Philosophie der Sprache*(Hamburg), 1974, pp.254~255.

21) Johannes Hoffmann ed., *op. cit.*, 1986, pp.1~102.

연구 성과를 내고 있는 곳은 니더작센주 소재 올덴부르크 대학 사학과
가 중심이 된 역사적 스테레오타입 연구회(Die Arbeitsstelle 'Historische
Stereotypenforschung' ⟨AHS⟩ am Institut für Geschichte der Carl von
Ossietzky Universität Oldenburg)를 들 수 있다.[22)]

독일에서의 역사적 스테레오타입연구는 1985년 슈트트가르트에서 열렸던
"제16차 세계역사학대회"의 분과토의에서 주요 의제로 선정되면서 활기를
띠기 시작했다. 이 대회에서는 주로 스테레오타입의 개념에 대한 관심이 표
명되었지만, 연구의 이론적 접근이나 방법론적인 고려, 그리고 구체적 사례
들에 대한 논의까지는 이루어지지 않았다. 그러나 이 대회 이후로 몇 편의
선구적인 연구결과들이 도출되기 시작했다.[23)]

스테레오타입은 종종 인간의 지식과 경험, 이성과 감정이 포괄적으로 작
용하여 대상에 대한 주관적이고, 편향된 일반화의 형태로 나타나 사회집단

22) 동 연구회는 설립 이후 지금까지 역사적 스테레오타입 연구방법론의 정립을 위한 모색과 구체적인 사례연구
들을 꾸준히 발표하고 있기 때문이다. 한(H. H. Hahn) 교수가 중심이 된 연구회의 활동은 독일 내에서도 독
일 및 독일과 인접한 중·동유럽의 역사적 스테레오타입연구(Die historische Forschung zur Geschichte der
Stereotypen im mittleren und östlichen Europa)에 있어서 독보적언 위치를 점하고 있다. 위 연구회는 지금
까지 폴란드, 체코, 슬로바키아의 연구자들과 여러 차례 역사적 스테레오타입에 관한 학술회의를 개최하였으
며, 그 연구 성과물들을 계속해서 출간하고 있다. Kazimierz Wadja, "Die Zusammenarbeit der Thorner und
Oldenburger Historiker", *Stellung und Verantwortung der Hochschulen in einem politisch offenen Europa:
Beiträge des Symposiums anläßlich der 15jährigen Kooperation zwischen der Nikolaus Kopernikus
Universität Thorn/Torun und der Carl von Ossietzky Universität Oldenburg*(Oldenburg), 1997, pp.53~56;
Hans Henning Hahn, ed., *Berichte und Forschungen: Jahrbuch des Bundesinstituts für Ostdeutsche Kultur
und Geschichte Körperschaft* (München u. Oldenburg), 1994.
23) 독일 올덴부르크대학 사학과가 중심이 된 1987년부터 1997년까지의 역사적 스테레오타입에 대한 국제학
술회의에서 논의된 주요 내용은 다음 자료들을 참조 할 것. Hans Göpfert ed., *Ausländerfeindlichkeit durch
Unterricht: Konzeptionen und Alternativen für die Schulpraxis der Fächer Geschichte, Sozialkunde und
Religion*(Düsseldorf, Pädagogischer Verlag Schwann-Bagel), 1985; Rudolf Jaworski, "Osteuropa als
Gegenstand historischer Stereotypenforschung", *Geschichte und Gesellschaft*, no. 13, 1987, pp.63~76;
Wolfgang Günther, ed., *Gesellschaftliche Bewegungen in Nordwestdeutschland und Nordpolen: Beiträge
zur Geschichte der Arbeiterbewegung*(Oldenburg), 1987; H. H. Hahn, 1995, *op. cit.*, 1995, pp.190~204;
Kazimierz Wadja, "Die Zusammenarbeit der Thorner und Oldenburger Historiker", *Stellung und
Verantwortung der Hochschulen in einem politisch offenen Europa: Beiträge des Symposiums anläßlich
der 15jährigen Kooperation zwischen der Nikolaus Kopernikus Universität Thorn/Torun und der Carl
von Ossietzky Universität Oldenburg*(Oldenburg), 1997, pp.53~55; H. H. Hahn, "Einleitung", *Historische
Stereotypenforschung: Methodische Überlegungen und empirische Befunde*(Oldenburg), 1995, pp.7~13.

간의 대립과 충돌을 야기하기도 한다. 이를테면, 인종적 편견, 민족적 적대감, 종교적 대립, 성차별 등이 그것인데 결국 사회학의 연구대상들에 시간이라는 요소가 개입되면서 스테레오타입은 역사학의 연구대상으로서 중요한 의미를 가지게 되었다. 특히, 「역사적 스테레오타입에 대한 12가지 테제」라는 논문을 통하여 한(Hahn) 교수가 제시한 스테레오타입 연구의 특징을 제시하였다.[24]

역사적 스테레오타입은 그 개념 자체가 가지는 복잡성과 특징들 때문에 아직까지 명확한 연구방법론이 확립되어 있는 것은 아니며, 보다 구체적인 사례연구를 병행해 가면서 탐색해 나가자는데 연구자들이 대체적으로 동의를 보이고 있다. 그리고 최근의 연구 성과를 보면 다음과 같은 접근 방법들이 적용되고 있다.

첫째, 역사적 스테레오타입은 현실세계의 투영이 아니라 개인 및 집단의 의식(意識), 그리고 집단 내, 집단 간에 형성된 정형화된 표상들을 시간의 흐름에 따라 분석하는 작업이다. 때문에 역사적 스테레오타입 연구는 현재 나타나고 있는 왜곡되거나 변형된 과거가 형성되기 이전에 실재했던 사실에 대한 스테레오타입의 기원과 배경, 변화요인을 파악하는 것을 목적으로 일차 사료로 선택된 텍스트의 분석과 아울러 인터뷰, 설문 및 통계자료 분석 등의 사회조사방법을 이용한다.[25]

둘째, 역사적 스테레오타입연구의 대상(Gegenstand)은, ① 인종적 · 국가적 · 지역적 · 사회적 · 종교적 집단 및 성별과 직업에 따른 집단, ② 집단의 구성원으로서 각 개개인, ③ 2차적으로 규정된 인간의 행동 형태와 관련

---

24) Hahn의 역사적 스테레오타입에 대한 12가지 테제는 아래 논문 참조. H. H. Hahn, "Strereotypen in der Geschichte und Geschichte im Stereotyp", *Historische Stereotypenforschung*(Oldenburg), 1996, p.191.

25) Berit Pleitner, *Die 'vernünftige' Nation: Zur Funktion von Stereotypen über Polen und Franzosen im deutschen nationalen Diskurs 1850 bis 1871*(Frankfurt am Main, Berlin, Bern, Bruxelles, New York, Oxford und Wien), 2001, pp.87~88.

된 개념들, 즉 혁명이나 계급투쟁, 그리고 국가기구나 제도 등을 들 수 있다. 그렇지만 스테레오타입은 실제적으로 순전히 인종적이거나 순전히 정치적 혹은 사회적 스테레오타입으로 나타나기 보다는 자주 혼합된 형태(Mischformen)로 나타난다. 즉, 스테레오타입은 다분히 인종적 스테레오타입 만으로만 나타나기는 드물고, 대부분 맥락에 따라서 사회적 스테레오타입, 혹은 다른 스테레오타입의 의미내용을 담고서 나타난다.

셋째, 스테레오타입 연구에 있어서 객관성과 신뢰성을 담보하기 위해서는 자기 자신이나 자신이 속한 공동체를 분석대상으로 하는 자아(自我)에 대한 스테레오타입(Auto-stereotype)연구와 타자(他者)에 대한 스테레오타입(Hetero-stereotype)연구의 두 가지 방법이 모두 적용되는 것이 바람직하다.[26] 그럼에도 스테레오타입은 자아상과 타자상을 규명하는 과정에서 대상에 대한 왜곡된 인식을 드러내기도 한다.

넷째, 스테레오타입은 자아와 타자에 대한 지각이 객관적으로 있는 그대로의 실체 자체와 동일한 것이라기보다는 대상을 인식하는 주체의 인지적·감정적 요소에 의한 고정관념이나 편견이라는 필터를 거친 결과물이기 때문에 역사적 스테레오타입을 연구하는데 있어서 무엇을 분석대상, 즉 사료로 선택해야 하는가의 문제에 봉착하게 된다. 역사적 스테레오타입연구의 분석대상은 통상적인 사료의 영역 외에도 여행기, 교과서, 신문기사, 각종사전, 문학작품, 그림, 사진, 삽화 등 다양한 언어적 텍스트와 시각화된 자료로까지 확대된다.[27] 이렇게 확대된 대상들을 분석함으로써 현재까지 사회의 저변에 지속적으로 영향을 주는 표상, 고정관념의 실체를 규명할 수 있다.[28]

---

26) Hahn, H. H., "Nationale Strereotypen", *Stereotyp, Idendität und Geschichte*, 1995, p.191.
27) Hahn, H. H., "Stereotypen in der Geschichte", *Historische Stereotypenforschung. Methodische Überlegungen und empirische Befunde* (Oldenburg), 1995, p.191.
28) 언어학, 문학, 여성학, 교육학, 심리학, 경영학, 광고학, 영화학 등 제 분야의 국내 스테레오타입 연구 현황은 박재영의 논문(「역사적 스테레오타입 연구의 현황과 전망」, 『역사학보』 198집, 2008)을 참조하기 바

Ⅳ. 역사교과서를 매개로 한 스테레오타입 분석 대상과 방법

역사적 스테레오타입 연구방법을 적용시킨 교과서 분석은 교과서에 서술된 과거에 있었던 역사적 사실만을 분석대상으로 하는 것이 아니라, 교육당국의 역사교육 목표와 정책, 교과서 집필자, 학교 현장에서 교육의 주체로서의 교사, 피교육자(학생) 모두가 해당될 수 있다.

학교 현장에서의 역사교육은 역사교과서를 기본 텍스트로 진행되지만, 역사교과서의 체제와 내용의 구성에는 교육 당국의 교육목표와 교육내용, 교과서 집필자의 주관적 역사인식이 개입된다. 아울러 수업 현장에서 교육의 담당자인 교사의 역사인식 또한 교과서의 내용과는 별개로 역사수업에서 학생들에게 영향을 끼친다. 이렇게 학교 현장에서는 역사교과서라는 텍스트를 가지고 학생들을 대상으로 역사수업이 이루어지지만, 거기에는 역사교육에 관여하고 있는 여러 주체들의 주관이 필연적으로 개입될 수밖에 없다. 결국, 학생들은 역사교과서를 텍스트로 수업에 임하지만 학생들의 의식 속에 형성되는 역사적 사건이나 인물, 그리고 타 민족이나 국가에 대한 이미지는 교과서뿐만 아니라 교과서 외적 요인들, 보다 구체적으로 말하자

라며, 여기에서는 다음과 같이 역사적 스테레오타입 연구에 관한 주요 논문을 소개하고자 한다. 김춘식, 앞의 글, 2006, pp.313~336; Hoan-Tschel Chung, *Urteile über Völker in Korea: Zur Erhebung von Stereotypen und Sympathie-Urteilen von Koreanern gegenüber neun bestimmten Völkern,* Univ. of Tübingen, 1970; Ulrich Hann, *Aspekte interkultureller Kommunikation: eine Studie zum Deutschenbild der Koreaner und Koreanerbild der Deutschen in Suedkorea auf der Grundlage phaenomenologischer Alltagsbeobachtungen und empirisch ermittelter national Stereotypen* (München); Chun-Shik Kim, *Ostasien zwischen Angst und Bewunderung*(Univ. of Hamburg), 2005, ; Jae-Young Park, *Kommunismus-Kapitalismus als Ursache nationaler Teilung: Das Bild des geteilten Koreas in der deutschen und des geteilten Deutschlands in der koreanischen Literatur seit den 50er Jahren*(Univ. of Oldenburg), 2005; 박재영, 2006, 「구한말 독일인 묄렌도르프의 조선인식」, 『동학연구』 21집, pp.65~100; 박재영, 「역사적 스테레오타입 사례연구: 서세동점기 독일인 오페르트의 조선이미지」, 『동학연구』 21집, 2007, pp.181~206; 박재영, 「역사적 스테레오타입 사례연구: 구한말 독일인 의사 분쉬(R. Wunsch)의 조선이미지」, 『서양사론』 93호, 2007, pp.129~157; 박재영, 「북한 "조선력사" 교과서에 나타난 서세동점기 서구 제국주의에 대한 이미지 분석」, 『백산학보』 77호, 2007, pp.265~290; 박재영·홍성욱·최문정·유도근, 「역사교과서·이미지·스테레오타입 -한·중 역사교과서에 나타난 상호 이미지의 비교」, 『경주사학』, 2009, pp.135~175; 박재영, 「영화 <300>에 나타난 서구중심주의 - 왜곡된 역사적 사실의 스테레오타입화(stereotypisierung) -」, 『역사문화연구』 36집, 2010, pp.255~289.

면 교과서를 중심으로 한 여러 주체들(교육당국자, 교과서 집필자, 교사)의 역사인식이 개입된 결과물이라고 할 수 있는 것이다. 물론 거기에는 학생의 사회화 과정에서 형성된 편견이나 고정관념이 개입된다.

그렇다면 구체적으로 교과서를 중심으로 역사교육에 참여하고 있는 여러 주체들에 대한 역사적 스테레오타입 분석의 객관성을 높일 수 있는 연구방법에는 어떤 것들이 있는지 살펴보자.

1. 국가의 교과서 정책

교육정책은 국가 권력에 의하여 지지되는 교육이념, 또는 이를 구현하는 국가적 활동의 기본방침이나 지도 원리를 의미한다. 교육정책은 종합적으로 어떤 교육이어야 하는가 하는 문제를 밝히는 것으로서, 교육의 목적 내용 방법 조직 경영의 모든 부문에 걸치는 시책을 포함한다. 또한 교육정책은 광범위하게 여러 방면에 관련되는 문제이므로 그 결정·수립 과정이 중시되지 않으면 안 되는데, 이는 법적 절차의 문제와 정책결정에 누가 참여하느냐 하는 문제로 나타난다.

여기에서는 논의의 주제를 교육정책 중에서 역사교육과 관련된 교과서 문제에 초점을 맞추고자한다. 교과서의 내용은 거의 대부분 '교육과정'에 의해 결정된다. 그리고 지구상의 거의 모든 나라에서 교과서는 국가의 인가에 의해서 학교수업의 정식 교재로 채택된다. 여기에서 문제가 되는 것은 국가는 어떠한 형태로든지 역사교육에 개입하고 있다는 점이다. 따라서 국가의 교육과정에 따른 교과서 인가제도와 그 실체가 제대로 밝혀지고 분석되어야 한다. 이를테면, 국가의 교과서 발행제도(국정 또는 검인정), 교육 당국이 설정한 역사교육의 목적과 역사교과서 서술 지침(특히, 〈한국사〉, 〈세계사〉, 〈국어〉, 〈사회〉, 〈도덕〉 교과서의 서술 지침 및 일본의 경우 〈학습지도요령〉

등), 교과서 저자의 서술 원칙, 〈교사용 지도서〉 등이 분석대상으로 고려되어야 한다. 이를 통하여 국가가 역사교육 정책에 미치는 여러 가지 요소들이 가지는 내재적 의미와 역사교육 목표와 교과서 서술 지침에 나타난 교육정책이 민족적 스테레오타입을 강화하는가를 파악할 수 있기 때문이다.

2. 교과서 집필자의 주관

오늘날 역사교과서 집필에는 어떤 특징들이 나타나고 있는가? 첫째, 역사교과서는 한사람의 저자가 아니라 여러 명의 저자들이 함께 참여하여 공동 집필에 의하여 만들어 지고 있다는 점이다. 둘째, 교과서 집필에 있어서 역사지식의 단순한 연대기적 주입 학습보다는 역사의식의 함양에 중점을 두고 있다는 점이다. 셋째, 역사학 연구 동향에 많은 영향을 받고 있다는 점을 지적할 수 있다. 즉, 과거의 정치사나 제도사 중심의 내용이 양적으로 줄어드는 대신, 문화사나 생활사에 대한 내용이 증가하고 있다는 사실이다. 넷째, 기존의 지식 중심의 서술에서 학문 중심의 서술로 방향을 전환하고 있다는 점을 들 수 있다. 다섯째, 역사교과서가 현실 문제에 깊은 관심을 나타내고 있는 점이다. 그것은 교과교육의 내용을 구성하고 있는 학습 내용들이 실제 우리가 경험하고 있는 현실과 다가올 미래에 대해 어떠한 의미를 지니고 있는가를 하나의 카테고리로 삼고 있다는 사실에서 알 수 있다. 여섯째, 대부분의 역사교과서가 정치 교육의 성격을 띠고 있다는 점이다. 이는 역사교과서가 국가나 민족 차원의 교과서 서술에서 벗어나 글로벌 시대 상호 이해와 협력을 바탕으로 하는 인류의 평화로운 공존과 공동번영을 추구한다는 점에서 두드러진다. 그럼에도 불구하고 교과서 집필자들이 범하기 쉬운 언어구사의 오류 즉, 의심스러운 개인화, 집단명령의 분별없는 사용, 조형적인 언어 형태, 추상명사의 나열, 틀에 박힌 총체화 등으로 교과서에는 집필자의 주관적인 역사인식이 개입될 여지가 충분하며, 그것이 교과서에 서술되어 학생들에게 영향을 미치게 된다는 점은 주의를 기울일 필요가 있다.

그렇다면 교과서 집필자의 역사인식이 교과서 서술에 어떠한 형태로 나타나고 있는가를 파악할 수 있는 방법이 무엇인가를 살펴보자. 첫째, 교과서 집필자의 주요 관심대상, 지금까지의 연구 성과 등을 파악해야 한다. 둘째, 집필자에 대한 인터뷰를 실시한다. 이 때, 질문 문항 작성에 있어서 유의할 점을 파악하고, 질문 문항에 들어가야 할 내용들은 집필자의 스테레오타입을 표출시킬 수 있는 것이어야 한다. 셋째, 교과서 출판사의 이해관계도 파악해야 한다. 검인정 교과서의 경우 출판사는 집필진을 구성하고 교육 당국이 제시하는 교과서 편집 및 집필 규정에 의거하여 제작해야 하며, 또한 거기에는 출판사의 경제적 이해관계(교과서의 시장성)가 개입되어 있다.

여기에서는 교과서 집필자의 개인적인 역사의식과 교육 당국의 역사교과서 서술 지침의 상관성, 그리고 교과서 내용 서술에 있어서 집필자의 연구 성향과 역사의식 분석이 중심이 되어야 한다. 아울러 동일한 역사적 사건에 대해서도 역사가들의 인식과 해석은 그들의 관점에 따라 상이할 수 있음은 역사학에서는 쉽게 확인할 수 있는 현상이며, 역사교과서 역시 집필자의 역사해석에 따라 그 내용이 달라질 수 있기 때문에 보다 객관적인 교과서 서술을 위해서는 역사 현상에 대한 당 시대인들의 입장은 물론 그에 대한 상이한 연구 결과도 함께 다루어져야 한다.

3. 교과서 내용분석

교과서 연구는 교과서의 내용과 편집뿐만 아니라, 국정, 검인정, 자유발행 등의 교과서 발행제도, 보조 교재의 사용 여부, 수업방식에 대한 재량권을 가진 교사에 의한 수업에서의 교과서의 역할, 교과서 분석, 학생들의 교과서 내용의 이해 정도 파악 등 교과서와 관련된 모든 사항을 분석 대상으로 하지만, 교과서 연구의 핵심영역은 교과서 그 자체에 대한 분석이라 할 수 있다.[29] 본 절에서는 위와 같은 사실에 유념하여 기존의 교과서 분석방법들(양적 분석, 질적 분석, 교과서 국제비교 분석)을 소개하고, 스테레오타입 연구방법을 통한 교과서 분석에 대하여 논의하고자 한다.[30]

1) 양적 분석

교과서의 양적 분석은 특정 주제와 시대에 할당된 교과서의 분량을 측정하여 비교하는 것을 말한다. 이러한 분석은 서술의 분량과 그 내용의 중요성이 비례한다는 가정을 전제로 하고 있는데, 서술의 양이 많을수록 그와 관련된 내용의 중요도가 더 높으며, 양적으로 적게 다루어진 주제는 그 의미가 적다는 것으로 간주한다.[31]

이러한 양적 분석에는 중요한 것은 연구에 적절한 측정 단위를 제시하는 일이다. 분석 대상 주제의 서술량이 많을 경우 '쪽수'를 측정 단위로 선택할 수 있지만, 서술량이 적을 경우 보다 구체적인 측정 단위를 선택해야 한다. 그래야만 산술적 측정의 결과가 정확할 수 있기 때문이다.

교과서 양적 분석의 구체적인 연구방법은 연구자에 따라 상이할 수 있지만, 양적 분석의 대표적인 방법들은 다음과 같다. 첫째, 시대별 정량 측정을 들 수 있다. 역사교과서는 통사를 시대 구분하여 서술하고 있으므로 전

---

29) 이민호, 김승렬, 『국제이해를 위한 교과서 개선활동에 관한 연구』, 한국교육개발원 연구보고서, 2002, p.54.

30) 마석한, 「역사교과서와 교과서분석」, 『실학사상연구』 9, 1997, pp.233~241.

31) 1950년대 의사소통 연구방법론을 연구한 B. Berelson에 의하면, "내용분석(Content Analysis)"이란 표명된 의사소통 내용을 객관적이고 체계적이며 양적으로 묘사하는데 사용되는 조사기술을 의미한다. 사회학에서는 이 방법을 "양적 분석방법"으로 발전시켰으며, Ernst Uhe에 의해서 처음으로 역사교과서 분석방법으로 활용되었다. 따라서 이러한 분석 방법을 "내용에 대한 양적 분석방법"이라 칭한다. Ernst Uhe, *Der Nationalismus in deutschen Schulbüchern. Eine vergleichende Inhaltsanalyse von deutschen Schulbüchern aus der Bundesrepublik Deutschland und der Deutschen Demokratischen Republik*, Bern et al, 1972, .

체 서술에서 각 시대가 어느 정도의 비율로 지면이 할당되어 있는가를 측정하는 방식이다. 둘째, 분야별 정량 측정방식으로 정치, 경제, 사회, 문화 등 교과서에 분류되어 있는 해당 주제와 전체 서술량을 비교하여 계산한다. 셋째, 학습 자료별 정량측정으로 역사교과서는 본문 서술 외에도 그림, 지도, 도표, 사진 및 사료 등 자료별 양적 비율을 계산하여 교과서 구성상의 특징을 파악하기 위한 방법이다.

  교과서의 양적 분석과 관련하여 최근에는 객관적 분석을 위한 사회학적 연구방법을 활용하는 사례가 점차 늘고 있다.[32] 이러한 분석방법의 대표적인 것으로는 빈도분석과 존재분석을 들 수 있는데, 빈도분석이란 특정사건, 개념, 용어 등이 교과서 서술에 어느 정도의 빈도로 등장하는가를 파악하여 빈도수의 의미를 추론하여 평가하는 방식이다. 그리고 존재분석이란 특정 역사 사실과 관련해서 특징적 설명이 교과서에 담겨있는가를 파악하는 방법이다. 특히, 이는 어떤 사건의 배경과 인과관계를 설명하는 과정에서 특정 내용의 유무를 파악하는데 유용하다.

 2) 질적 분석(해석학적 분석)

 교과서의 질적 분석은 역사교과서에 서술된 특정 주제가 어떤 인과관계, 서술관점, 설명의 논거 및 평가태도를 취하고 있는지를 파악하는 방법이다. 이러한 분석에서는 다음과 같은 기본적인 문제제기가 요구된다. 첫째, 교과서의 서술내용이 역사학 연구 성과에 부합하는가, 둘째, 내용 구성과 관련하여 서술내용이 다차원적, 다시각성에 비롯된 것인가, 셋째, 교과서에 반영된 이데올로기적 요소에 주목하여 교과서의 내용전개가 세계사적 관점에 입각했는가, 아니면 민족주의적 입장을 취하고 있는가, 넷

---

32) 역사교과서 분석에 사회학적 연구방법을 최초로 적용한 사례로는 1970년 미국인 웨인(J. Wayne)으로 "미국 역사교과서의 독일 이미지(The image of Hermany in U.S. History Textbooks)"를 들 수 있다.

째, 교과서의 교육적 성격으로 교수서로서의 교과서인가 탐구서로서의 교과서인가, 사료의 선택 기준은 무엇이며 어떠한 사료가 제시되어있으며, 그 기능은 무엇인가 하는 점들이다.

교과서의 질적 분석에서 전형적인 방식은 '해석학적 분석'이다. 해석학이란 헬레니즘 시대에 성립된 텍스트 해석에서 비롯되는데, 그리스어 동사 'hermeneuein(진술의 의미를 설명하다, 이해 가능토록 하다)'에서 비롯된 해석학은 인간의 삶에 대한 기록들의 의미를 탐구하는 것을 말한다. 이후 해석학적 방법론은 딜타이에 의해서 역사학의 주요한 사료 이해 방법으로 체계화되었다. 따라서 해석학적 교과서 분석이란 교과서를 하나의 사료로 취급하여 역사학에서 사료를 다루듯이 교과서를 분석하는 방법이라 할 수 있다.[33] 하지만 이해는 서로 상이한 수준을 보여주며, 이해의 수준은 연구자의 관심에 의하여 제약을 받는다. 즉, 동일한 텍스트라도 이를 해석하는 사람에 따라 여러 가지로 상이하게 파악되고 이해될 수 있기 때문에, 해석학적 교과서 분석 결과에 대한 검증 가능성이 문제로 대두될 수 있다. 따라서 분석결과의 타당성을 제고하기 위해서 연구자는 무엇보다 자신이 내린 판단의 배경 및 동기에 대해 명확히 밝혀야 하며, 자신의 분석과정도 투명하게 공개하는 것이 요구된다. 교과서 단수분석의 경우에는 연구 결과를 검증하는 작업이 비교적 용이하지만, 복수분석의 경우 검증가능성의 제고를 위해 많은 경우 통계적 방법을 통해 어느 정도 간주관성(間主觀性)이 보장되도록 하고 있다. 이는 특정한 주제 또는 시대에 할당된 교과서의 분량을 측정하여, 그 분량을 통하여 연구자가 그 주제 및 시대에 부여하는 의미를 추론해 보려는 노력의 일환이라 할 수 있다.

---

33) 마석한, 앞의 글, 1997, pp.246~248.

3) 역사교과서 국제 비교분석

국가 간의 상호 이해증진을 목적으로 하는 교과서 분석은 국가 간, 민족 간의 갈등과 대립의 원인이 될 수 있는 교과서 서술 내용을 찾아, 그 내용을 상호 비교·검토하고 합의점을 도출해 내기 위한 의도에서 실시되는 역사교과서 분석이라 할 수 있다.[34] 이러한 역사교과서 분석은 국가 간의 서로 대립되는 역사적 사실에 대한 해석 및 평가를 분석대상으로 하기 때문에 객관적이고 타당한 분석 기준이 필요하다. 이와 관련하여 유네스코는 이미 1949년 '정확성, 공정성, 중요도, 타당성과 조화된 기술, 인류애와 국제간의 협력(accuracy, fairness, worth, comprehensiveness and balance, world-mindedness and international cooperation)' 등을 교과서 국제 비교분석의 기본 원칙으로 제시하고 있다.[35]

이와 관련하여 유네스코의 『Model Plan』은 역사교과서 뿐만 아니라 지리, 공민 등도 함께 고려 대상이며, 여기에는 분석 목적의 설정, 분석대상 교과서의 선정, 분석 주제 혹은 요목의 선정, 분석 원칙과 기준의 선정, 실제 내용 분석 작업, 분석결과에 대한 평가의 순서로 방법론을 소개하고 있다. 분석 원칙과 기준은 교과서의 질적 분석에 적용되는 것인데, 『Model Plan』은 이러한 질적 분석 이외에 양적 분석도 소개하고 있다.[36]

국가 간의 이해 증진이라는 목표 하에서 진행된 역사교과서 비교 분석은 특히 유럽에서 상당한 성과를 거두었는데, 그 중심에는 독일 브라운슈바이크 소재 "게오르그-에케르트 국제교과서연구소(Georg-Eckert Institut

---

[34] "교과서와 학습자료의 장단점을 찾아내어 수정 및 보완이 필요한 경우 참고하도록 한다. 교과서 저자나 편집자가 새로운 교과서를 준비하는 과정에서 참고할 수 있는 기원 원칙을 확립하고, 내용 선정의 기준을 제공해 준다." UNESCO, A Model Plan for the Analysis and Improvement of Textbooks and Teaching Materials as Aids to International Understanding, UNESCO, Paris, 1949, p.73.

[35] 이민호, 김승렬, 2002, 앞의 글, pp.59~60.

[36] 유네스코가 제시한 "국제 이해를 위한 교과서 및 보조교재 분석과 개선을 위한 모델 플랜"의 보다 구체적인 내용은 이민호, 김승렬의 『국제이해를 위한 교과서 개선활동에 관한 연구』, 한국교육개발원 pp.56~62 참조.

for internationale schulbuchforschung)"가 있다. 특히, 독일-프랑스[37], 그리고 독일-폴란드[38] 간의 역사교과서 협의는 쌍무적 교과서 협의에 바탕을 두고 양국의 역사교과서를 상호 비교·분석함으로써 〈공동권고안〉을 마련하는 등 가시적인 성과를 보여주었다는 점에서 좋은 본보기가 되고 있다. 아울러 게오르그-에케르트 국제교과서연구소는 유네스코의 후원 아래《중등과정 역사, 지리, 사회 교과서에 대한 다자간 비교분석 프로젝트 1971-1974(The Project for Multilateral Consultation on Secondary School History, Geography and Social Studies Textbooks)》을 실시하기도 하였다. 이 프로젝트는 국제이해 교육의 증진을 위해서 각국의 중등 교과서의 정확성, 객관성, 균형 있는 서술 여부를 검토하고 개선하며, 유네스코 회원국가들 간의 국제 교과서 비교연구 및 협의 활동을 증진하기 위해서 고안된 것이다.[39]

4) 역사적 스테레오타입 방법론을 적용한 교과서 분석

기존의 교과서 분석방법은 역사적 사실관계의 규명, 서술내용 및 분량, 내용의 편향성, 특정 주제와 용어의 서술빈도 등을 파악하여, 연구범위가 제한된 특정 테마를 다룬다거나(질적 분석), 교과서의 장, 절, 목, 쪽수, 용어 등을 고려하여 파악하고자 하는 내용의 서술량을 분석하고, 교과서의 외형적 요소들인 판형, 활자, 인쇄 등을 비교·검토(양적 분석)하는데

---

37) Rainer Riemenschneider,"Verständigung und Verstehen; Ein halbes Jahrhundert deutsch-französischer Schulbuchgespräche", *Verständigung und Verstehen. Jahrbuch für Geschichtsdidaktik*, 2. Pfaffenweller, 1990, pp.137~148.

38) Enno Meyer, "Die deutsch-polnischen Schulbuchgespräche von 1987/8", *Internationale Schulbuchforschung*, Vol. 10, Braunschweig, 1988, pp.403~418.

39) 이 프로젝트는 서독, 프랑스, 영국, 인도, 일존, 케냐, 베네슈엘라 등 7개국의 중등 교과서(각 국가별로 10종)를 분석대상으로 하였으며, 각 참여국들의 학자, 교과서 집필자, 출판업자 등이 참여하였다. Philip K. Boden(ed.), *Promoting International Understanding through School Textbooks. A Case Study*, Braunschweig, 1977.

적합하다. 하지만 교과서 질적 분석은 분석하는 사람의 주관적 편향성을 담보할 수 없으며, 논쟁적인 주제들에 대한 양적 분석은 이 방법의 강점인 객관성을 유지하기 어려운 점이 있다. 이러한 문제들을 해결하기 위해 파악하고자 하는 주제에 대한 양적 분석과 질적 분석을 병행하기도 하지만, 이는 분석목적과 대상에 따라 융통성 있게 시도되어야지, 모든 분석에 적용될 수 있는 통일된 방법론이라고 할 수는 없다.[40] 교과서 국제비교연구 역시 교과서 분석 방법론을 과학화 하고자 하는 시도는 많이 있었지만, 보편적이고 과학적인 방법론이 확고하게 정립되어 있지는 못한 형편이다.[41]

그리고 기존의 교과서 분석방법은 보다 민감하고 복잡한 문제들, 예를 들면 교과서상의 해석의 차이, 사실의 왜곡이나 은폐, 편견과 고정관념 등의 문제에 대한 보다 깊이 있고 많은 시간을 요하는 작업에 얼마나 기여할 수 있는가 하는 점에 의문의 여지가 있다.[42] 교과서 분석에 있어서 사실에 대한 해석의 차이는 편견, 선입견, 고정관념, 또는 정치적, 이데올로기적 편향성, 그리고 자민족중심주의, 인종주의, 민족주의 때문에 발생하는 경우가 많기 때문이다.[43] 바로 그러한 점들을 보완할 수 있는 대안으로서, 필자는 역사적 스테레오타입 연구방법을 적용한 역사교과서 분석틀을 제시하고자 한다.

역사적 스테레오타입 연구방법을 적용한 교과서 분석은 다음과 같은 형태로 구분할 수 있다.

---

40) 독일의 역사교육자 Meyers는 독일의 전통적인 역사교과서 분석 방법을 서술-분석적, 해석학적 방법(deskriptiv-analytische hermeneutische Methode), 내용 분석적 방법(inhaltsanalytische Methode), 교육학적 입장에서의 방법(Peter Meyers, "Zur Problematik der Analyse Shulgeschichtsbüern von Didaktische orientierte Analyse", Geschichte in Wissenschaft und Unterricht(GWU), 24, 1973)로 구분하고 있다.

41) 이민호·김승렬, 앞의 글, 2002, p.56.

42) 따라서 교과서 분석은 국제적인 교과서협의에서 사용되고 있는 분석원칙(1949년 유네스코가 정한 "Model Plan") 등을 참고하여 교과서 분석 작업에 보다 국제적인 가치를 부여하는 것이 바람직할 것이다. UNESCO, op. cit., UNESCO, Paris, 1949.

43) 이민호·김승렬, 앞의 글, 2002, p.77.

첫째, 양적 분석과 질적 분석을 병행하여 교과서 서술 내용상에 나타나는 스테레오타입을 분석하는 방법이다. 예를 들면, 국사교과서에 사용된 "민족"이라는 용어의 사용 빈도(일제강점기 민족해방운동)의 분석을 통한 민족주의 교육의 과잉문제 파악이라든가, 교과서에 제시된 지도, 삽화, 사진, 그림 등이 민족주의 교육에서 의도하고자 하는 바는 무엇인가를 분석하는 경우다. 이러한 방법에는 책의 표지, 편집, 삽화, 그림, 도표, 지도, 사료 제시 등에 나타난 다음과 같은 교과서 내용상의 문제점에 대한 검토가 요구된다. 교과서의 개별적인 서술 부분들이 알아보기 쉽고 명확하게 구성될 수 있는 편집 방침을 보여주고 있는가? 독자의 이해를 도와 줄 수 있는 목차, 표제, 주요 개념과 인명, 지명 등을 포함하고 있는가? 그림이나 사진 자료는 전체 서술의 흐름 속에서 어떤 역할을 하고 있는가? 삽화에 대한 설명과 사료의 제시는 서술 내용에 적절한 것인가?

둘째, 역사교과서가 우호적인 국제관계 또는 갈등관계에 있는 국가들에 대한 학생들의 인식과 이미지에 실제로 어떠한 영향을 주고 있는지를 살펴보는데도 적용할 수 있다. 여기에는 설문지 조사방법을 포함한 현지연구가 필요하며 재정 부담이 많이 들기 때문에 대개의 경우 회피되고 있지만, 사회조사 통계 프로그램(SPSS)의 활용이라든가, 외국 현지인들과의 연계를 통해 이러한 문제를 해결할 수 있다.[44] 이를 통하여 국가(민족)간 국제이해를 위한 역사분석이 자기중심적으로 분쟁의 원인, 과정, 결과를 서술하는 것을 비판하고, 상대방의 입장에서 그것들을 얼마나 고려했는가를 평가하는데 있어서 역사 교육적 정당성이 강화될 수 있을 것이다.

셋째, 역사교과서를 분석하는 연구자의 의식 속에 내재되어 있는 스테레

---

44) 이영규, 「한국 고교생의 중세 한일관계사 이해」, 『역사교과서 속의 한국과 일본』, 2000, p.147; 다나카 도시다스, 「일본의 역사교육 사례: 19세기 후반 일본인의 아시아관」, 『역사교과서 속의 한국과 일본』, 2000, pp.305~316.

오타입 분석에 초점을 맞추어 분석하는 방법이다. 이는 교과서를 분석하는 사람의 역사인식이나 연구관심이 중립적이지 않다는 점에 기인한다. 따라서 이러한 연구에서 분석 대상은 교과서 내용 자체가 아닌 교과서를 분석하는 연구자의 연구결과물(논문, 단행본, 칼럼, 보고서 등)이 된다. 일반적인 사료비판에서와 같이 역사교과서의 분석에 있어서도 분석자의 인간관, 역사관, 그리고 연구관심에 따라 교과서 해석과 그에 기초한 연구 결과가 달라질 수 있다는 것이다.

넷째, 교과서 국제비교연구에 있어서도 역사적 스테레오타입 연구방법의 적용이 가능하다. 여기에서는 다른 나라 교과서의 한국관련 내용의 왜곡이나 편견, 고정관념은 지적하면서, 우리나라 교과서는 과연 거기에서 자유로운가에 대한 분석결과에 대한 비교 검토가 필요하다.[45] 이는 특정 국가의 한국 관련 교과서 서술만의 분석이 아니라 해당 국가에 대한 자국 교과서의 서술 부분도 병행하여 분석하여 비교·검토하는 아우토 스테레오타입(Auto-stereotype)과 헤테로 스테레오타입(Hetero-stereotype) 두 가지 방법이 모두 요구된다. 이러한 교과서 비교분석은 스테레오타입연구에 있어서 이미 하나의 방법론으로 정착되어 있다.[46] 특히, 교과서 국제 비교연구에 있어서 연구자가 검토해야 할 구체적인 과제는 다음과 같다.[47] 서술 내용은 얼마나 정확한가? 소수 집단, 타인종, 다민족, 타종교 등에 대한 공정하게 서술하고 있는가? 학문성, 정당성, 그리고 도덕성이라는 동일한 잣대가 타민족과 집단에도 적용되고 있는가? 논쟁점이 되고 있는 내용을 객관적으로 제시하고 있는가? 선입견과 오해 내지는 알력을 불러 올 수 있는 용어

45) 이옥순 외, 『오류와 편견으로 가득한 세계사 교과서 바로잡기』, 삼인, 2007.
46) Hahn, H. H. & Eva Hahn, op. cit., 1995, p.191; 조용환 외, 『외국 교과서 한국 관련 내용 연구의 종합적 검토』 (한국교육개발원 연구보고 RR 90-23), 1990.
47) UNESCO, A Handbook for the improvement of textbook and teaching matetials. As aids to international understanding. UNESCO, Paris, 1949, p.73.

나 문장의 사용을 자제하고 있는가? 국가 간의 평화적인 관계를 발전시키려고 노력하고 있는가? 이러한 검토가 필요한 이유는 역사교과서는 인종적 · 문화적 · 역사적 편견이나 선입견에서 벗어나 타민족의 역사와 문화를 있는 그대로 받아들이고 그 자체를 존중해 주는 서술을 지향해야 하기 때문이다.

다섯째, 특정한 시기를 선택하여 —예를 들면, 해방 이후부터 오늘날까지 냉전이 역사교육에 끼친 영향— 그 시기의 역사교과서의 내용이 시사하는 바와 역사교육을 통하여 사회에 끼친 이데올로기적 영향을 파악하는 방법이다. 이는 특정 시대를 지배하는 역사의식과 역사교육을 통한 고정관념의 형성을 밝히는 데 유용하며, 이러한 경우 역사교과서는 적절한 분석대상이 된다. 여기에는 정확성(accuracy), 민감성(sensitivity), 적절성(adequacy) 등의 분석 원칙이 필요하다. 그 이유는 첫째, 서술된 사실들이 의도적이거나 비의도적인 왜곡 없이 엄밀한 역사적인 전망 속에서 다루어져야 하기 때문이고, 둘째, 자기중심적으로 다른 국가나 민족의 역사와 문화를 서술함으로써 다른 국민과 문화에 대한 불공정하고 폄하하는 이미지를 심어주는 것을 지양해야 하며, 셋째, 교과서에서 다루고 있는 주제의 선정과 서술이 인류사 전체를 포괄하는 큰 틀에서 차지하는 상대적인 중요성에 비추어 적절해야 하기 때문이다.[48]

아울러 교과서 서술상의 스테레오타입을 찾아 낼 수 있는 요소들은 다음과 같다. 첫째, 역사교과서 서술에서 감정적 수식어의 지나친 사용에서도 내용상의 스테레오타입을 유추해 낼 수 있다. 그러한 서술은 공정한 역사적 평가를 방해하는 요소이기 때문이다. 둘째, 사건, 인물, 그리고 장소 등을 부적절하게 축소하거나, 지나치게 강조하여 표현하는 경우도 해당된다. 셋째, 본질적이고 기초적인 역사적 사실을 생략하는 경우이다. 넷째, 사실만

---

48) 이민호·김승렬, 앞의 글, 2002, p.70.

제시되어 있고 사실들 사이의 연관성이나 사건의 원인에 대한 설명이 생략된 경우도 해당된다. 이는 교과서 서술에서 저자의 선입관이나 편견, 고정관념이 작용한 것으로 볼 수 있는데, 여기에는 저자 자신의 의도에 의한 것과 저자가 속해 있는 문화적 맥락에 기인하는 경우로 분류할 수 있다.

다음으로 교과서 서술에 나타난 스테레오타입을 구체적으로 계량화 할 수 있는 방법에 대하여 살펴보자. 기존의 교과서 내용 분석은 양적 분석보다는 텍스트에 대한 질적(해석학적) 분석 방법에 치중되어 있는데, 이러한 연구방법은 연구자의 주관적 편향성이 개입되어 있는 경우가 많기 때문에 연구의 객관성을 유지하기가 어렵다는 한계를 가지고 있다. 따라서 양적 분석 방법의 하나로 고정관념 지수(Stereotype Index)를 활용한다면 교과서 내용 자체에 나타난 스테레오타입을 수치화 할 수 있다는 점에서 이점이 있으며, 다음과 같은 순서로 연구를 진행할 수 있을 것이다.[49] 첫째, 연구 주제를 선정한다. 둘째, 연구 결과에 대한 예측, 즉 가설을 세운다. 셋째, 분석 대상 교과서를 선택한다. 넷째, 연구 주제와 관련된 분석대상(교과서 서술내용, 용어, 그림, 삽화, 사진, 지도, 도표 등)을 확정한다. 다섯째, 분석 결

---

49) 1975년 맥아더와 레스코(McArthur & Resco)는 텔레비전 광고에 나타난 여성의 성역할 묘사에 대한 내용 분석(L. Z. McArthur & B. G. Resco, "The portrayals of men and women in American television advertisement," *Journal of Social Psychology,* 97, 1975, pp.209~220)을 실시하여 텔레비전 광고에서 나타난 여성과 남성에 대한 묘사가 전통적인 스테레오타입에 기초하고 있다는 것을 보여주었다. 이후 광고 스테레오타입 연구들은 대부분 맥아더와 레스코가 사용했던 방법을 차용해서 명목 척도로 측정된 데이터를 분석해 왔다. 그러나 기존의 연구 방법은 특정 광고가 여성을 어떻게 묘사하는지 밝힐 수는 있어도 여러 광고들 간에 어느 것이, 또는 어떤 표현 항목에서 더 스테레오타입을 묘사하고 있는지를 비교할 수는 없었다. 따라서 기존의 내용 분석이 가진 통계분석의 한계를 극복하기 위하여 서열척도를 기반으로 한 고정관념 지수를 이용한 분석(Kim, K., 2005, *Developing a Stereotype Index of gender role stereotypes in television advertising*(Doctoral Dissertation, Southern Illonois University Carbondale, UMI No. 3204658)이 시도되었다. 이러한 서열척도를 이용하여 김광옥과 하주용은 한국 텔레비전 광고에 나타난 여성의 이미지를 8가지 항목(모델의 나이, 메시지 제시형식, 광고의 배경, 역할, 설득방법, 화자의 신뢰도, 제품의 종류, 성적 표현)으로 나누어 고정관념 지수를 분석(김광옥·하주용, 「지상파 텔레비전 광고에 나타난 여성의 이미지: 고정관념 지수(Stereotype Index)를 이용한 성별 스테레오타입 분석」, 『한국언론학보』 제51권 2호, 2007, pp.453~526) 하였다. 이와 같이 광고학에서 사용하고 있는 스테레오타입 인덱스는 역사교과서 분석, 특히 고등학교 세계사 교과서나 중학교 (공통)사회 교과서 분석에도 적용할 수 있을 것이다.

과를 고정관념 지수로 수치화한다. 여섯째, 분석 결과와 가설을 상호 비교한다. 일곱째, 최종적으로 연구결과를 도출한다.

이러한 교과서 연구 방법을 이용하여 분석 가능한 연구는 다양하게 나타날 수 있겠지만, 여기에서는 두 가지 경우를 제시하고자 한다. 첫째, 한국의 역사교육이 민족주의의 과잉이라는 일부 국내외적인 비판이 있는데, 실제로 스테레오타입 인덱스를 활용하여 국사교과서에 나타난 민족주의적 역사서술의 정도를 수치화 할 수 있다. 둘째, 세계사 교과서 및 공통사회 교과서에 나타난 국가별 스테레오타입을 분석하여 고정관념 지수(대륙별·국가별 서술 빈도, 서술 내용의 총량, 부정적 서술, 긍정적 서술, 긍정과 부정이 혼재된 서술 내용 및 서술 내용의 다소·등)로 나타낼 수 있을 것이다.

4. 교사의 의식 속에 내재된 스테레오타입

역사교사는 학교현장에서 수업을 진행하는 주체로서 교사의 역사관과 역사인식은 학생들에게 많은 영향을 미친다. 최근의 한 연구결과에 의하면 학생들의 역사의식 형성에 영향을 미치는 요인을 묻는 질문에 전체 응답자 1,682명 중에서 535명(31.8%)이 '선생님 말씀'이라고 응답하였다. 이러한 응답은 제시된 다른 항목들에 비해 가장 높으며, '역사교과서'라고 답한 학생들(289명/17.2%) 보다 14.6% 많은 수치다.[50] 그 만큼 학생들의 역사의식 형성에 교사의 영향력이 지대하다는 것이다.[51]

하지만, 역사교육 과정에서 교사의 역사인식이나 편견, 고정관념을 파악

---

50) 청소년(고교 2-3학년) 및 대학생(1-2학년) 1,682명을 대상으로 북한민주화포럼에서 실시한 우리나라 청소년의 역사수업 및 역사교과서에 대한 평가에서 "나의 역사의식에 가장 큰 영향을 미친 것은?(설문 문항 12번)"이라는 질문에 선생님 말씀(535명/31.8%), 역사교과서(289명/17.2%), TV 다큐멘터리나 드라마 (387명/23.0%), 역사관련 서적(118명/7.0%), 신문이나 방송뉴스(177명/10.5%), 인터넷 정보검색(85명/5.1%), 유적지 등 체험학습(50명/3.0%), 기타(41명/2.4%) 등으로 나타났다. 북한민주화포럼 교과서 용역 프로젝트 팀,『중등교과서의 반대한민국적 내용 실태분석 및 개선 방안 연구보고서』, 2009, pp.277~278.
51) 북한민주화포럼 교과서 용역 프로젝트 팀, 같은 책, 2009, pp.342~343.

해 내는 일은 쉬운 일이 아니다. 물론 검정 과정이 결여되어 있는 교사가 임의로 작성한 '교사 개발 교재(배움책)'에 입각한 '계기교육'이나 '체험교육'의 내용이나 역사부교재의 사용 등이 교사의 현실인식이나 역사적 편향성을 어느 정도 파악할 수 있는 근거가 될 수 있지만, 보다 구체적이고 확실한 교사의 잠재의식 속에 내재된 편견이나 고정관념을 파악하기에 타당한 방법은 역사수업을 통한 잠재적 교육과정의 내용과 의미를 검토하는 것에서 찾아볼 수 있다.

잠재적 교육과정이란 학교에서 의도된 바는 없으나, 학교의 물리적 조건, 제도 및 행정조직, 사회적, 심리적 상황을 통하여 학생들이 은연중에 가지게 되는 경험을 말한다. 잠재적 교육과정에 영향을 미치는 요인들을 보면, 첫째, 학교의 규모, 교실의 공간, 책상과 의자의 치수, 기타 시설 설비 등의 조건이 학생 경험에 영향을 주는 물리적 조건, 둘째, 학년조직, 담임조직, 교내장학을 위한 여러 행정절차가 학생 경험에 영향을 주는 제도 및 행정조직, 셋째, 교사와 학생의 상호작용이 학생 경험에 영향을 주는 사회 심리적 상황 등을 들 수 있다. 여기에서 필자가 주목하는 것은 세 번째 요인, 즉 교사와 학생의 상호 작용 과정에서 교사의 역사적 편견이나 고정관념이 밖으로 드러날 수 있다는 것이다. 그러한 의식의 표출은 교사의 언어, 행위, 인간관계에 의식적 또는 무의식적으로 나타나며, 아울러 교사가 살아오면서 경험한 것들, 삶에 대한 가치관, 이데올로기적 편향성 등이 수업시간에 전달되고 그것이 학생들의 가치관(인생관, 직업관, 역사관, 세계관 등) 형성에 일정한 영향을 미친다.

그렇다면 교사가 역사교과서의 내용 이외에 자신의 역사인식을 의식적이든 무의식적이든 학생들에게 인지시킬 수 있다는 사실을 어떻게 측정할 수 있을까? 그것은 교사에 대한 인터뷰나 일반적 설문조사만으로는 부족하다.

설문조사 항목에 대한 응답은 교사의 외현적 태도만을 파악할 수 있지, 교사의 내면 의식 깊은 곳에 내재하고 있는 인지적이고 감정적인 요소까지는 밝혀 낼 수 없기 때문이다. 오히려 교사로부터 수업을 받는 학생들을 대상으로 교사의 역사인식, 편견, 고정관념 등을 파악할 수 있다. 그리고 파악할 수 있는 방법으로는 학생들을 대상으로 한 면접, 토론, 인터뷰, 설문조사(SPSS사회조사 통계 프로그램 활용) 등을 광범위하게 사용할 수 있으며, 학생들이 인터넷에 올린 글을 분석하는 경우도 가능할 것이다.

5. 피교수자로서 학생의 스테레오타입

역사교육의 결과, 즉 교육의 내용이 얼마나 어떤 방식으로 학생들에게 영향을 끼치는가를 분석하는데 있어서는, 역사교과서가 학교 현장에서 학생들의 역사인식과 타자(국가, 민족, 인종, 젠더, 종교 등)에 대한 이미지 형성에 어떠한 역할을 하고 있는가에 대한 추론이나 가정이 아닌 실제적인 조사가 이루어져야 한다.[52]

교과서 분석의 유형은 대부분 역사교육의 생산자에 대한 것이다. 하지만 역사교과서의 최대 소비자인 학생을 분석 대상으로 하여 역사교육이 추구하는 학습목표와 교과서를 통한 학습 활동의 결과를 분석하는 것도 필요하다. 역사교과서가 학생들에게 어떠한 영향을 끼치는가에 대한 분석은 일반적으로 학생의 태도변화, 지식변화, 입장변화, 정서적 변화 및 심리적 변화 등으로 구분할 수 있다. 이러한 다양한 변화 과정에 초점을 둔 분석은 교과서 저자의 의도, 학생들의 가정환경 및 사회 환경, 그리고 학습자의 변화 모습 등을 인과적으로 파악해 볼 수 있다는 점에서 그 의미를 찾을 수 있다. 아울러 이러한 분석은 역사교육에 부정적인 영향을 주는 요소들이 무엇인가

---

52) 박재영·홍성욱·최문정·유도근, 앞의 글, 2009, pp.135~175.

를 확인해 볼 수 있다는 점에서 그 유용성이 인정된다. 오늘날 학생들은 역사교과서를 통해서만 역사적 사실을 파악하고 역사인식의 저변을 넓혀 나가는 것은 아니다. 가족구성원, 출판물, 영화, 드라마, 및 언론매체(TV, 라디오, 신문)도 다양한 형태로 역사 콘텐츠를 제공하고 있다. 이렇게 다양한 채널을 통해 접하게 되는 역사 관련 정보나 인식은 상호 보완적인 의미만을 갖는 것이 아니라, 이를 통해 자의적이고 선별적으로 수용된 내용은 역사인식 자체를 변형시키거나 심한 경우에는 왜곡시키기도 한다. 이러한 분석 방법은 연구 대상을 역사교과서에만 국한시키는 것이 아니라 학생들의 역사인식에 영향을 끼치는 사회화의 거의 모든 부분까지 분석의 대상을 확대할 수 있다.

지금까지 학생들의 특정 대상에 대한 편견이나 고정관념이나 태도를 분석하는 사회과 태도변화 연구는 설문조사를 통한 외현적 연구에 치중되어 왔다. 외현적 태도는 사람들이 자신의 생각을 직접적으로 표현하거나 공개적으로 표시하는 언어나 태도를 말한다. 외현적 조사도구에서 응답자들은 자신의 태도를 정확하게 보여주기 보다는 오히려 숨기거나 왜곡하려는 경향을 보이기도 한다. 그러한 조사방법은 실제 피조사자의 무의식에 잠재되어 있는 타자(타민족, 타국가, 타문화)에 대한 편견이나 고정관념을 분석하는 데 일정한 한계를 보일 수밖에 없다.[53] 본 절에서는 학생들의 스테레오타입을 내재적 연구를 통하여 보다 정확하고 객관적인 데이터를 산출할 수 있는 방법론을 제시하고자 한다.[54]

---

53) 황지숙, 「한국 중·고등학교 역사교사들의 동아시아사 교육인식」, 『한중일 동아시아사 교육의 현황과 과제』, 2008, pp.165~200.
54) 인지심리학에 의한 편견이나 고정관념, 사회적 태도는 인간의 인지구조와 사회적 맥락에 의해 변화되기가 어렵다는 결론을 내리고 있다. 이미나는 자신의 논문에서 사회과 태도변화에 대한 기존의 연구 결과에 의문을 제기하며, 보다 정확하고 타당한 태도분석을 위한 조사도구의 적용을 주장하고 있는데, IAT((Implicit association test), Bona Fide Pipeline 검사, MRS(Modern racism Scale) 등의 조사도구를 제시하고 있다. 이미나, 「사회과 태도변화 연구결과에 대한 의문 - 스테레오타입에서 오는 편견 사례를 중심으로 -」, 『시민교육

사람들은 항상 자신의 생각을 있는 그대로 말하지는 않는다. 즉, 자신을 방어하기 위해 마음속의 생각을 숨기는 경향이 있기 때문이다. 내재적 태도란 자신의 마음속에는 존재하고 있지만 의식적으로 통제되거나 스스로 인식하지 못해서 언어로 표현되지 않는 태도를 의미하는데,[55] 내재적 태도를 측정하기 위한 대표적인 조사도구로는 '내재적 연상 테스트'라고 불리는 "IAT(Implicit association test)"가 있다.[56] 예를 들어, 사람들에게 인종이나 민족, 젠더에 대한 편견이 있는가를 질문할 경우, 사회의 지배적인 분위기가 그러한 편견이나 차별을 금기시하기 때문에 편견이 없다는 대답을 하는 경우가 있다. 혹은 자신이 실제로 그러한 편견이 없다고 생각하기 때문에 그러한 대답을 할 수 있다. 그러나 IAT 검사는 사람의 마음속에 잠재되어 있는 무의식적인 태도를 파악한다.[57] 태도의 측정은 응답자의 반응속도이며, 그에 따라 연상의 연결고리를 알아보고, 그것으로 내재적 태도를 추론하는 것이다.[58] 여기에서 피검사자는 자신이 무엇을 조사당하는지 의식하지 못하고, 자신의 의도대로 반응 시간을 통제할 수도 없다. 즉, 자신의 태도를 의식적으로 속일 수도 없고, 무의식적인 태도를 드러내게 되는 것이다.

내재적 태도를 측정하는 또 다른 조사도구로 'Bona Fide Pipeline' 검사가 있다.[59] 이 검사는 개념이 작동되면 이어서 수행되는 판단에 영향을 받는

연구』 40권 1호, 2008, pp.71~93.

55) B. A. Nosek & M. R. Banaji, "Privatley expressed attitudes mediate the relationship between public and impricit attitudes", *Poster for the Society of Personality and Social Psychology,* 2001.

56) A. G. Greemwald, D. E. McGhee & J. L. K. Schwarts, "Measuring individual difference in implit cognition: The Implicit Association Test", *Journal of Social Psychology,* Vol.74, 1998, pp.1464~1480.

57) 예를 들어, 백인 조사대상자에게 '흑인과 흑인에 부정적인 단어를 연상해 보라'는 질문을 했을 때, 연상하여 대답하는 시간이 빠르면 흑인에 대해 부정적인 편견이 있다는 것이다. '흑인과 흑인에 대한 긍정적인 단어를 연상해 보라'는 질문에 대한 답변이 느릴 경우에도 흑인에 대한 부정적인 편견이 있다고 추정할 수 있다.

58) 이미나, 앞의 글, 2008, p.85.

59) R. H. Fazio, J. R. Jackson, B. C. Dunton & C. J. Williams, "Variability in automatic activation as unobtrusive measure of racial attitudes: A bona fide pipeline?", *Journal of Personality and Social Psychology,* Vol. 69, 1995, pp.1013~1027.

다는 점을 활용하는 방법인데, 사람의 심성에 내재화되어 있는 대상에 대한 태도와 제시된 단어의 느낌이 일치하면 응답자는 빠른 속도로 반응하게 된다. 반면, 느낌이 일치하지 않으면 반응 속도는 느려진다.[60] 이러한 검사 또한 피험자들이 의식하지 못하는 상태에서 그들의 내재적 태도를 측정하는 방법이라 할 수 있다.

이렇게 내재적 측정도구는 피조사자 자신이 무엇을 조사받는지 알지 못하는 상태에서 잠재의식에 자극을 가함으로써 의식의 통제를 받지 않는 자동적 태도를 측정할 수 있다. 반면, 외현적 측정도구는 피조사자 자신이 조사 대상을 인식하고 의식적으로 통제하는 가운데 응답하는 통제적 태도를 측정한다. 따라서 인간 심리에 내재되어 있는 특정 대상에 대한 편견이나 고정관념을 정확하게 측정하고 수치화하려면 피조사자의ⓒ 방어적 왜곡(self-presentational bias)에서 오는 응답의 부정확성을 줄이기 위한 조사도구를 지속적으로 개발해 나가야 할 것이다.[61]

V. 맺음말

앞서 밝힌 바와 같이, 역사적 스테레오타입 연구는 역사적 사실에 대하

---

60) Fazio는 그의 동료들과 함께 Bona Fide Pipeline 테크닉을 전산화하고 흑인 얼굴과 백인 얼굴을 프라임 시 켰다. 그 다음 실험 대상자들에게 형용사를 평가하게 했다. 백인 피험자들은 '백인 얼굴 프람임과 나쁜 의미 의 형용사'와 '흑인 얼굴 프라임과 좋은 의미의 형용사'를 찾는 반응 속도가 느린 반면, 흑인 피험자들은 그렇 지 않은 경향이 강했다. 이를 통해 백인들이 흑인에 대해 부정적인 편견이 있음을 알 수 있다. 이미나, 앞의 글, 2008, p.86 재인용.

61) 예컨대, 피조사자가 무엇을 조사하는지 모르게 하여 응답자가 방어하려는 의식 자체를 차단하는 조사방법 이다. Devine은 MRS(Modern racism Scale) 방법을 사용하여 응답자가 방어적으로 왜곡된 응답을 하지 않 도록 하는 질문을 만들었는데, 질문 자체가 반드시 편견이라고 볼 수 없는 문장을 써서 피조사자의 스테레 오타입을 측정하는 것이다. 자세한 내용은 아래 논문 참조. P. G. Devine, "Stereotypes and prejucie: Their automatic and controled components", *Journal of Personality and Social Psychology*, Vol. 56, 1989, pp.5~18.

여 사람들이 가지고 있는 편견이나 고정관념이 연구대상이다. 그리고 스테레오타입 연구가 역사학자들의 관심을 끌게 된 것은 현실 세계 자체와 그 세계에 대한 사람들의 인식이 일치하지 않기 때문이다. 본 연구는 그러한 인식을 기본적인 전제로 역사교과서와 역사교과서를 매개로 한 역사교육 주체들의 편견이나 고정관념을 파악할 수 있는 방법론적인 접근을 시도하였다.

학생들의 역사지식 습득은 학교에서의 역사수업 외에도 여러 가지 정보 매체를 통해서도 이루어진다. 그럼에도 역사교과서는 역사교육에서 아직도 중요한 위치를 차지하고 있으며, 역사교사가 교과서를 더 이상 수업의 중요한 교재로 생각하지 않거나, 교과서 제도 자체가 사라지지 않는 한 앞으로도 계속 그러할 것이라는 점에는 의문의 여지가 없다. 아울러 학생들이 다른 민족이나 국가에 대해 가지고 있는 이미지, 편견, 고정관념의 형성에 교과서가 많은 영향을 미치고 있기 때문에 교과서 개선을 위한 노력은 유럽과 동아시아를 비롯한 세계 여러 나라에서 지속적으로 이루어지고 있으며, 유럽의 경우 지난 2006년 독일과 프랑스 사이에 70년이 넘게 진행된 교과서 협의의 노력이 공동 역사교과서의 발간으로 가시적인 성과를 거두기도 하였다.[62]

그렇다면, 동아시아의 경우에도 유럽의 경우와 같이 지속적인 교과서 협의를 통한 한국과 일본, 한국과 중국 또는 한·중·일 3국이 공동으로 사용할 수 있는 역사교과서를 만들어 낼 수 있을까?[63] 오늘날 동아시아의 역사적 상황에서, 타민족의 역사와 문화를 편견 없이 이해하려는 태도, 역사

---

62) 한·중·일 3국 공동역사편찬위원회, 『미래를 여는 역사』, 한겨레출판사, 2005; 한일공통역사교재 제작팀, 『조선통신사 - 토요토미 히데요시의 조선침략과 우호의 조선통신사』, 한길사, 2005.
63) Gerhard Schildt, 「독일의 민족주의 - 어제와 오늘 -」, 『제11차 국제역사교과서 학술회의 논문집』, 2003, pp.92~114.

적 사상(事象)에 대한 다양한 시각과 상이한 해석을 서로 받아들이고 이를
자신의 그것과 동등하게 인정할 수 있는 역사적 관용과 상대성을 포용할 수
있는 역사교육이 절실하게 요구되고 있다. 그리고 그것은 편견과 고정관념
의 실체를 파악하여 그것을 객관적으로 측정할 수 있는 방법을 찾아보려는
본 연구가 추구하는 방향과도 일치한다. 역사적 스테레오타입연구의 개념
과 연구방법을 적용한 역사교과서 분석은 교과서에만 한정되는 것이 아니
라, 역사교육에 참여하는 여러 주체들의 역사의식 속에 내재된 인지적 · 감
정적 요소들을 분석하는 작업이 필수적이다. 그리고 이러한 연구방법은 역
사교과서 뿐만 아니라 국어, 사회, 지리, 미술 등 교과교육에서 교재로 사
용하는 대부분의 교과서 분석에도 적용할 수 있을 것이다.[64] 한국에서의 역
사적 스테레오타입 연구방법을 적용한 역사교과서 분석은 아직 시작단계에
불과하지만 역사교육의 각 과목(『한국사』, 『동아시아사』, 『세계사』)에 걸쳐
연구자들의 관심을 자극할 만한 많은 이슈들이 있으며, 구체적이고 다양한
주제의 사례연구가 이루어질 수 있는 연구 인력과 학문적 토양 역시 충분히
마련되어 있다고 사료된다.[65]

오늘날에도 많은 역사교과서들이 '불균형적인 자료선택'에 의해 특정한
내용을 전파하는 경향을 보이고 있는데, 이 불균형적인 자료선택은 반드
시 악의에 의해서만 이루어진 것은 아니다. 오히려 그것은 그 자체로서는

---

64) 오영훈, 「문화코드로서 스테레오타입 - 스테레오타입의 이론적 고찰과 한국어 동물명칭 사례를 중심으로 -」,
『독일어문학』 44집, 2009, pp.307~326; 신홍임, 「고정관념의 위협과 인지적 과제의 수행」, 『한국심리학회지:
사회 및 성격』 22권 3호, 2008, pp.15~32; 유재춘, 「고정관념의 정체와 창조적 사고를 위한 두뇌활용법 연구」,
『디자인연구』 통권 제34호 Vol.13 No.1, 2000, pp.157~166.
65) 예를 들어, 역사교과서의 내용과 연계된 문화적 제국주의, 오리엔탈리즘 연구에 대한 스테레오타입 방법론의
적용, 특정 민족이나 인종에 대한 스테레오타입의 연구, 역사교과서 비교분석을 통한 양국 간의 상호 이미지
연구(이미지의 형성배경과 영향), 한 · 중 · 일 3국의 "역사전쟁"과 스테레오타입의 관련성 연구, 민족의식의 형
성과 타민족에 대한 스테레오타입연구, 또한 스테레오타입의 자아상과 타자상의 이론적 방법을 응용하여 문
명 -서양문명, 이슬람문명, 동양문명 - 간의 대립과 충돌의 원인과 해법을 찾는 작업 등에도 적용될 수 있을
것이다.

알 수 없는 전래된 선입견들에 의해 기인하거나 정보의 부족 또는 단순한 무지에서 기인하는 경우가 많다. 아울러 서로 다른 편견이나 선입견, 고정관념, 이데올로기에 의해서 규정된 서로 모순되는 '역사적 진실들'이 한 사회 내에서, 그리고 국제사회 속에서 상존하고 있다. 보편적 역사적 공정성(Gerechtigkeit)이 분명 역사학자, 역사교사, 교과서 집필자가 도달해야 할 최고의 목표임에 틀림없지만, 이에 도달하는 길은 멀고 험한 것이 사실이다.[66] "역사전쟁"이라고 부를 만큼 현격한 역사인식(중국의 동북공정, 일본의 역사교과서 왜곡, 한국의 과도한 민족주의 교육)의 차이와 독도 영유권, 동해 표기 문제 등이 맞물려 있는 한 · 중 · 일 동아시아 3국의 상황 역시 상호 이해를 통한 21세기 아시아 · 태평양 시대의 공동번영과 우호협력에 심각한 걸림돌로 작용하고 있기 때문이다. 그럼에도 불구하고 역사 앞에서 진실을 찾고자 하는 자는 돌이 굴러 떨어질 것을 알면서도 정상을 향해 돌을 밀어 올리는 시지프스의 운명을 회피해서는 안 될 것이다.

---

66) Georg Eckert, Otto-Ernst Schüddekopf 편/김승렬 역, 『20년 동안의 서유럽 역사교과서 개선활동 1945-1965(한국교육개발원 연구자료 RM 2002-50)』, 2002, pp.40.

2장

역사교과서 서술내용 분석과 국가 이미지에 대한 설문조사

제1절
한 · 중 역사교과서에 나타난
상호 이미지의 비교 분석

I. 들어가기

역사교육은 역사의 의미와 성격, 효율성, 연구방법, 역사관의 유형, 역사학 연구의 경향 등에 관한 여러 견해를 검토하고, 이러한 견해들을 교육 현장에 어떻게 적용시킬 것인가를 탐구하는 분야다. 아울러 역사교과서는 교육과정에 제시된 역사교육의 목표를 달성하기 위해 역사교과 내용을 구조화한 교수–학습활동의 기본도서로 역사교과서에는 해당 국가의 전반적인 역사인식과 역사인식을 형성하는 구체적인 근거를 제공한다.

오늘날 한국과 중국에서 벌어지고 있는 "역사전쟁"은 양국의 현격한 역사인식의 차이에서 비롯되며, 여기에는 자국 중심적이고 패권주의적인 역사교육 정책과 역사교과서의 서술에서 기인하는 경향이 있다. 이러한 경향과 내용을 파악하기 위해 본 연구에서는 역사교과서를 새로운 방법론(역사적 스테레오타입 분석방법)을 도입하여 분석하고자 한다.[67] 스테레오타입의 개념은 사회학 · 정치학 · 심리학 · 인류학 · 문학 · 역사학 등 다양한 분야에서 사용되고 있는데, 역사적 스테레오타입 연구는 제시된 사료의 실재와 인간의 생각 – 여기에는 인간의 이성과 감성의 요소까지 포함됨 – 을 재구성하여 인종이나 민족, 어떠한 역사적 사건에 대한 자기 자신이나 타자에 대

---

67) 스테레오타입은 자아와 타자에 대한 지각이 객관적으로 있는 그대로의 실체 자체와 동일한 것이라기보다는 대상을 인식하는 주체의 인지적·감정적 요소에 의한 고정관념이나 편견이라는 필터를 거친 결과물이기 때문에 역사적 스테레오타입을 연구하는데 있어서 무엇을 분석대상, 즉 사료로 선택해야 하는가의 문제에 봉착하게 된다. 역사적 스테레오타입연구의 분석대상은 통상적인 사료의 영역 외에도 여행기, 교과서, 신문기사, 각종사전, 문학작품, 그림, 사진, 삽화 등 다양한 언어적 텍스트와 시각화된 자료로까지 확대된다. 이렇게 확대된 대상들을 분석함으로써 현재까지 사회의 저변에 지속적으로 영향을 주는 표상, 고정관념의 실체를 규명할 수 있다. 아울러 최근 한독관계사 연구자인 박재영은 개항을 전후한 시기 독일인의 조선에 대한 역사적 스테레오타입을 총체적으로 파악하기 위한 구체적 사례연구를 추진하고 있으며, 또한 역사교과서의 분석에 있어서 스테레오타입의 이론과 방법론을 적용하기 위한 시도도 병행하고 있다. 박재영, 「구한말 독일인 묄렌도르프의 조선인식」, 『동학연구』 21, 2006, pp.65~100; 박재영, 「역사적 스테레오타입 사례연구: 서세동점기 독일인 오페르트의 조선이미지」, 『동학연구』 23, 2007, pp.181~206; 박재영, 「역사적 스테레오타입 사례연구: 구한말 독일인 의사 분쉬(R. Wunsch)의 조선이미지」, 『서양사론』 93, 2007, pp.129~157; 박재영, 「북한 "조선력사" 교과서에 나타난 서세동점기 서구 제국주의에 대한 이미지 분석」, 『백산학보』 77, 2007, pp.265~290; 박재영, 「루이제 린저의 남북한 여행기에 나타난 한국의 표상」, 『역사문화연구』 30, 2008, pp.467~496.

한 고정관념을 분석하는 작업이다.[68]

특히 역사교과서는 자라나는 2세들에게 그들이 속한 민족이나 국가에 대한 정체성과 국가관, 세계관을 형성하는데 영향을 끼치는 중요한 매개체라 할 수 있다.[69] 따라서 본 연구에서는 한·중 양국의 역사교과서를 분석하여 교과서에 주로 어떤 내용들이 강조되고 있는지, 또한 강조하고 있는 이유는 무엇이고, 거기에는 어떠한 의도가 담겨있는지를 파악하고 설문조사 결과를 적용하여 교과서에 나타나는 스테레오타입, 즉 '정형화된 이미지'를 분석하는 작업을 진행한다. 이러한 작업은 특히 한국과 중국의 역사교과서에 서술된 동일한 역사적 사실에 대한 인식을 살펴봄으로써 앞으로 진행되어야 할 동아시아의 평화와 역사교육 연대를 위한 새로운 방향을 제시하는 데에도 이바지 할 것이다.[70]

본 연구의 범위와 방법은 아래와 같다. 첫째, 한국과 중국의 역사교과서를 시대별로 구분(고대사, 중세사, 근현대사)하여 상호 비교 분석한다. 둘째, 분석범위는 한·중 양국의 중등학교에서 사용되고 있는 가장 최근에 출판된 역사교과서에 나타난 상호 이미지로 분석범위를 한정한다. 넷째, 분석대상은 한국 역사교과서(중학교 국사, 사회2 / 고등학교 국사, 한국근현대사, 세계사) 및 중국 중등학교 역사교과서(중국역사, 세계역사)로 한다. 다섯째, 역사교과서의 분석은 질적 분석과 함께 스테레오타입 분석방법을 새롭게 도입, 두 가지 방식의 분석방법을 병행한다. 즉 한국 중등학교 학생들을 대상으로 상대국(중국)에 대한 이미지를 설문조사를 통해서 파악한다.

---

68) 한(H. H. Hahn)의 견해에 따르면 스테레오타입화 된 인식을 매개하는 언론매체(신문, 방송, 잡지)와 문학작품, 역사사료, 여행기, 교과서, 각종 사전, 삽화, 사진, 그림 등 문학적 텍스트를 포함한 시각화된 자료 등이 스테레오타입의 중요한 연구대상에 포함된다. H. H. Hahn, "Nationale Strereotypen", H. H. Hahn, ed., *Stereotyp, Identität und Geschichte*, Frankfurt am Main, 2002, p.191.

69) 윤휘탁, 「중국의 역사교과서 발간과 한국사 서술 현황 - 대만 역사교과서와의 비교 분석」, 『중국의 역사교육, 그 실상과 의도』, 2006, pp.217~261.

70) 박재영, 「역사적 스테레오타입 연구의 현황과 전망」, 『역사학보』 198, 2008, pp.351~378.

본 연구는 올바른 역사이해를 위한 자료로 각 급 학교의 교사와 학생들의 역사교육 자료로 활용될 수 있으며, 중국의 동북공정에 대응하는 기초 자료로써 그 의의가 있다.

II. 한 · 중 역사교과서 비교분석

1. 고대사[71]

고등학교 교과서인 『중국고대사』는 1996년 국가교육위원회 기초교육사가 편찬 개정한 『전일제 일반고등학교 역사교육 요강』에 근거하여 집필한 것이다. 의무교육 가운데 역사과정의 기초 위에서 개설된 고등학교 역사과정은 비교적 고급의 기초교육내용에 속한다. 본 책은 고등학교 3학년 학생들이 사용하도록 제공되었다.[72]

이러한 중국의 역사 교과서인 『중국고대사』(전1책)에 제일 처음으로 나타나는 한국관련 서술은 황제와 치우의 싸움, 즉 '탁록대전'이다.

중국 – 중국고대사	한국 – 고등학교 국사
염제 부락이 후에 황제 부락과 연합하여 동방의 치우부락과 탁록의 평야에서 크게 전투를 벌여 치우가 전쟁에서 패하고 죽임을 당하였다. 염황 부락은 황하유역에서 장기간 생존, 번영하였고 훗날 화하족의 주요 부분을 이루었다.[74](p.3)	

중국 교과서 본문에서 보면, 황제와 염제의 연합이 '동방의 치우종족'을 격파하였다는 내용이 나온다. 치우종족이 중국의 동방계 민족이라는 의미

---

71) 중국에서는 아편전쟁 이전의 청대사 까지를 고대사로 분류하고 있지만, 여기에서는 한국의 시대구분에 맞추어 고대, 중세, 근현대를 구분하였다.
72) 한국교육개발원, 『남북한 및 일본 중국 역사 교과서에 나타난 발해사 관련 내용 및 참고자료 (RM2002-46)』, p.72.
73) 인민교육출판사, 『중국고대사』 전1책, 인민교육출판사, 2007(2007년 7월 제12차 인쇄).

이다. 이는 중국 조선족 역사교과서인『중국력사』에서 남방의 치우종족이라 서술한 것과 차이가 있다. 또한 우리의 역사서인『규원사화』나『환단고기』에서 '치우천왕의 부장이 급히 공을 세우려다가 진중에서 죽은 것을 화하족의 사가들이 치우천황을 잡아 죽였다라고 기술하고 있는 것뿐이다'라고 기록된 것과는 매우 대조적인 인식이다.

치우천황에 대한 한국 측 자료에 의하면, 치우천황은 동방을 다스리면서 우리의 영토를 가장 넓게 개척한 14세 자오지 환웅천황이다. 당시 염제 신농씨 나라의 마지막 임금인 8대 유망이 쇠퇴의 길을 걷자, 치우천황은 웅도의 대망을 품고 서방으로 출정하여 모든 제후를 정벌하고 유망의 수도를 함락시켰다. 이 때 서방 토착민의 우두머리였던 헌원이 대신 천자가 되려는 야망을 품고 군사를 일으켜 이에 대항하였다. 그리하여 동방 최초의 국제 전쟁인 '탁록 대전투'가 벌어지게 되었다. 10여 년간 무려 73회의 치열한 공방전이 오고간 이 전투에서 치우천황은 쇠로 만든 투구를 쓰고 갑옷을 입었으며 뛰어난 도술로 큰 안개를 지었다. 당시 치우천황의 군대는 갈로산에서 쇠를 태워 금속무기를 만들었는데 이 내용이 춘추전국시대에 기록된『관자』에 전해져 온다. 마침내 전투에서 대승을 거두고 헌원을 사로잡아 신하로 삼은 치우천황은 동방 무신의 시조가 되어 수천 년 동안 동방의 조선족은 물론 중국 한족에게 까지 숭배와 추앙의 대상이 되었다. 하지만 사마천은 '금살치우'라 하여 헌원이 치우를 사로잡아 죽였다고 역사의 진실을 완전히 뒤집어 버렸다. 그리하여 중국이 천자국으로 천하의 중심이고 주변민족은 모두 야만족이라는 중화사관을 만들어 내기 시작한 것이다.[74] 이렇게 중국 교과서에서는 중화사관을 강조하기 위해 치우천황에 관한 글을 실었던 것이다.

---

74) 강택구·박재영,「중국 조선족 역사교과서에 나타난 한국관련 내용분석(Ⅰ)」,『백산학보』81, 2008, pp.409~436.

『환단고기』가 일반에게 공개된 시기는 1980년이었다. 이후 1980년대 중반부터 본격적으로 대중화되었고, 역사학자들로부터 반론을 받기 시작하였다. 1975년도에 '국사찾기운동협의회'가 구성되고, 역사학계와 재야사학계의 사이에서 국사교과서 논쟁이 벌어질 때부터 이미 이러한 갈등은 예고된 것이었다. 이 사건은 기존의 역사학계 특히 고대사학계를 뒤흔든 엄청난 사건이었다. 결국 국사교과서 시정을 위한 공청회가 열리고 국회로까지 비화되었다. 결과적으로 집필진이 구성되고 국사교과서의 내용이 일부 수정되는 것으로 결말을 보았지만 강단사학계와 재야사학 및 이에 심정적으로 동의하는 일반인들 사이에는 엄청난 역사인식의 차이가 있다는 것이 극명하게 드러났다.[75]

이렇게 『환단고기』는 위서여부와 무관하게 이미 광범위하게 영향을 끼치고 있으며, 앞으로도 더욱 지속될 전망이다. 위서냐 아니냐의 사료적 가치에 대한 비판은 더욱 심도 깊고 엄밀하게 이루어져야 할 뿐 만 아니라 사회적 영향력, 역기능과 순기능을 점검하고, 그것이 한국 역사발전의 긍정적인 동구로 사용될 수 있도록 진지한 모색을 해야 한다.[76] 이러한 바탕위에서 한국 교과서에 『환단고기』의 내용들이 적용될 수 있을 것이라 생각한다.

다음으로 『중국고대사』(전1책)에서는 '조선과의 관계'라는 소제목 하에서 다음과 같이 서술하고 있다.

중국 - 중국고대사	한국 - 고등학교 국사
조선반도는 우리나라와 서로 이웃하여 진한교체기 "연 제 조인 피난민의 수만"에 달했다. 양한시기 조선반도 남부의 삼한은 일찍이 수차례	중국이 전국 시대 이후로 혼란에 휩싸이면서 유이민이 대거 고조선으로 넘어왔다. 고조선은 그들을 받아들여 서쪽 지역에 살게 하였다. 그

---

75) 이 부분에 대해서는 윤종영, 『국사교과서파동』, 혜안, 1999에 사건 전말과 논의된 내용, 자료 등이 수록되어 있다.
76) 윤명철, 「『환단고기』의 사회문화적 영향 검토」, 『단군학연구』 제2호, 2000.

한에 사람을 파견하여 연이어 한무제와 광무제와 회견하고, 쌍방의 관계를 강화시켰다. 그 중의 진한은 중국의 선진문화를 도입하여 "혼례는 예로써 하며"언어는 전과 서로 유사하다고 일컬어지며, 어떤 이는 이로 인하여 "진한"이라 칭했다. 그 때 중국과 조선은 빈번한 무역왕래를 유지했다. 조선 특산인 단궁, 과하마 등이 중국에 수입되고, 중국의 동경, 자기 등 공예품 및 천제 생산 도구 등이 조선으로 수출되었다.(p.39)	뒤, 진한 교체기에 또 한 차례의 유이민 집단이 이주해 왔다. 지리적 이점을 이용하여 동방의 예나 남방의 진이 직접 중국의 한과 교역하는 것을 막고, 중계무역의 이득을 독점하여 하였다. 이러한 경제적, 군사적 발전을 기반으로 고조선을 중국의 한과 대립하였다.(p.34)

본문에서 보면, 한국과 중국은 일찍부터 밀접한 관계를 가지고 교류를 해왔다는 점을 강조하고 있다. 또한 고조선이라는 표현 없이 한국을 조선반도로 표현하고 있다는 점이 특이하다. 이와 관련된 부분의 한국의 국사교과서의 서술은 '위만의 집권'이라는 소제목 아래 있으며 그 내용은 위 표의 오른쪽과 같다.

덧붙여 한국의 국사교과서에는 고조선의 멸망과 한사군에 관한 서술이 있는데 비해 중국의 교과서에는 그에 대한 서술이 없다는 점이 특이하다.

이는 1992년의 「역사교육대강」에 제시된 교과서 서술지침과 관련이 있는 것으로 보인다. 중국은 역사적으로 장구한 세월에 걸쳐 형성된 한민족을 주체로 한 다민족 통일국가이며, 교과서의 구체적인 서술내용으로 중시되어야 할 사항은 각 민족 간의 상호원조, 공동발전과 함께 계급적·민족적 억압 및 오세의 침략에 저항하는 내용이 충분히 표현되어야 한다는 점이었다. 고조선의 멸망과 한사군의 설치는 그러한 지침에 어긋나는 사례이기 때문에 교과서 서술에서 고의적으로 배제시킨 것으로 생각한다. 이는 그 자체로는 역사의 왜곡이라 볼 수는 없겠지만 통일적 다민족국가의 테두리에서 고조선의 역사도 중국사의 일부라는 의도를 내포하고 있다고 볼 수 있는데, 그러한 의도는 교과서에 제시된 지도에서 보다 분명하게 나타나고 있다.

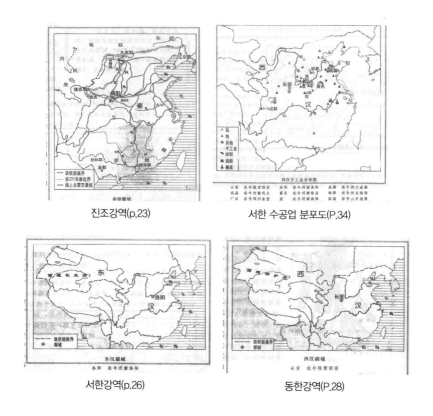

진조강역(p.23)　　　　　　　서한 수공업 분포도(P.34)

서한강역(p.26)　　　　　　　동한강역(P.28)

위의 진조강역(p.23), 서한강역(p.26), 동한강역(p.28), 서한 수공업 분포도(p.34)의 지도들을 살펴보면 만리장성 역시 한반도의 서북부에까지 표시되어 있으며 한반도의 서북부 지역이 중국의 영토로 포함되어 있다는 것을 확인할 수 있다.

지도상에서 나타나고 있는 이러한 영역표시는 결국 한반도는 궁극적으로 중화문명권에 포함되며, 특히 한반도 서북부 지역은 중국의 동북지역과 함께 기원전부터 중국의 범주에 편입되어 있었다는 중국 정부의 의도를 학생들이 무의식적으로 받아들이게 한다는 심각한 문제를 일으킬 수 있다.

제지술에 대해 『중국고대사』(전1책)는 다음과 같이 서술하고 있다.

중국 – 중국고대사	한국 – 고등학교 국사
4세기에 제지술이 조선에 전해지고, 후에 다시 월남과 일본에까지 전해졌다.(p.43)	인쇄술의 발달과 함께 제지술도 발달하였다. 전국적으로 닥나무의 재배를 장려하고, 종이 제조의 전담 관서를 설치하여 우수한 종이를 만들었다. 이리하여 고려의 제지 기술은 더욱 발전하였으며, 질기고 희면서 앞뒤가 반질반질하여 글을 쓰거나 인쇄하기에 적당한 종이가 생산되었다. 당시 고려에서 만든 종이는 중국에 수출되어 호평을 받았다.(p.279)
	한국–세계사(교학사)
	후한에서는 채륜이 식물 섬유에서 종이를 만드는 역사적인 대 발명을 하였다.(p.51)

그리고 제지술의 외래 전파 설명도를 함께 제시하고 있다.

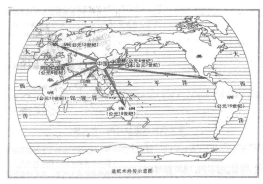
제지술의 외래 전파 설명도(P.43)

주지하다시피 제지술은 중국에서 발명되었다. 하지만 정확히 언제 발명되었는가 하는 문제에서는 지금 서로 대립되는 두 가지 견해가 있다. 하나는 후한의 환관이 105년에 종이를 발명했다는 주장이고, 다른 하나는 채륜 이전인 전한 때 이미 종이가 있었다는 주장이다. 고고학적 분석결과 두 번째 견해가 더 적합하다고 할 수 있다.[77]

중국교과서의 제8절 수당시기 문화적 번영에서 과학기술의 신단계라는 소제목 하에서 다음표의 왼쪽과 같이 서술하고 있다.

---

77) 반길성 , 「考古學的 發掘로 본 製紙術의 起源」, 『한국펄프, 종이공학회 2004년 추계학술발표논문집』, 2004.

중국 – 중국고대사	한국 – 고등학교 국사
1966년 한국 경주 불국사의 702년 건축된 한 보탑 내에서 이 경권이 발견되었으며, 경문 내에 무측천이 만든 자가 있다. 고증에 의하면 이 경권은 무측천시기에 각인되었고, 후에 신라로 전해져 들어갔다. 당조 868년에 인쇄된 『금강경』은 세계상 현존하는 가장 오래된, 확실한 날짜가 있는 조판 인쇄품이다.(p.82)	통일 신라에서는 불교 문화의 발달에 따라 대량으로 불경을 인쇄하기 위해 목판 인쇄술과 질 좋은 종이를 만들 수 있는 제지술이 발달하였다. 불국사 3층 석탑에서 발견된 무구정광대다라니경은 8세기 초에 만들어진 두루마리 불경으로, 지금까지 남아 있는 것으로는 세계에서 가장 오래 된 목판 인쇄물이다. 한편, 무구정광대다라니경이 쓰여진 종이는 닥나무로 만든 것으로, 지금까지 보존될 수 있을 만큼 품질이 뛰어나다. 이러한 목판 인쇄술과 제지술의 발달은 통일 신라의 기록 문화 발전에 크게 기여하였다.(pp.259~260)

1966년 경주 불국사 석가탑에서 『무구정광대다라니경』이 발견되었다. 그리고 이 경의 간년과 간행지에 대해서 선학들의 연구가 진행된 바, 대략 751년경 신라에서 간행되었다는 것이 정설도 받아들여지게 되었다. 그러나 최근에 704년 중국의 낙양에서 간행되었다는 주장과 706년 이전 신라에서 강행되었다는 주장이 대두되어 논란이 되기도 하였다.[78]

그들 주장의 근거가 되는 것 중의 하나가 바로 이 경에 나타나는 이른바 무주신자이다. 무주신자는 당의 측천무후가 집권했을 때 제정된 17자의 문자로 측천무후 집권기간 중 689년부터 704년까지 15년 동안에 주로 사용된 것으로 알려져 있다. 이러한 무주신자가 본경에는 이 17자 가운데 4자가 사용되었다. 따라서 앞에서 말한 바와 같이 시한성을 가진 무주신자가 본경에 사용되고 있다는 사실이 학자들 간에 본경이 751년경 혹은 706년 이전에 간행된 것으로 주장하거나, 704년 중국의 낙양에서 간행되었다는 주장의 가장 핵심적인 논거가 되어 중국교과서에 위와 같이 실리게 된 것이다.

그러나 이들의 연구는 무주신자에 대한 명확한 이해나 고찰이 없는 상태에서 이루어졌기 때문에 본경에 사용된 무주신자에 대해서 분명히 파

---

[78] 여기에 대해서는 "세계인쇄문화의 기원에 관한 국제학술심포지엄"의 특집으로 간행된 『동방학지』제106집 (1999.02) 참조.

악할 수 없다고 할 수 있다. 또한 유부현의 『무구정광대다라니경』에 사용된 무주신자 연구」에서 유부현은 무후시대에 적용된 무주신자의 용례를 고찰하고 이것을 무구정광대다라니경에 사용된 예와 비교 분석함으로써 자형과 사용례에 극심한 차이가 있다는 것을 밝혀내었다.[79] 이를 통해 중국교과서에서 서술한 것과 같이 무구정광대다라니경이 중국에서 신라로 건너온 것이 아니라는 것을 알 수 있다.

이 외에도 중국 역사 교과서인『중국고대사』(전1책)에서는 발해에 대해 한국 국사교과서와 심한 견해차[80] 보이고 있으며 또한 한국을 지칭하는 용어에서도 조선반도라는 표현을 계속해서 사용하고 있다.[81] 이는 앞서 말한 바와 같이 한국의 고대역사가 중국에게 속해있음을 은연중에 표현하고 있으며 한국을 반도로 한정지으려고 노력하고 있음을 확인할 수 있다.[82]

2. 중세사

1) 중국 『역사』 필수 교과서의 한국사 관련 내용[83]

2003년 중국 교육부는『보통고급중학 역사과정표준』을 제정 · 반포하였다. 그리고 이 표준안을 근거로 보통 고급중학에서 배우는 역사과목을 필수과와 선수과로 분류하고 그 중『역사』1, 『역사』2, 『역사』3 과목을 필

---

79) 유부현,『무구정광대다라니경』에 사용된 무주신자 연구」,『정보학회지』31-4, 한국도서관, 2004.
80) 고구려와 발해사 서술에 대한 차이는 다음의 논문을 참고하기 바란다. 김지훈, 「중화인민공화국 역사 교과서에 나타난 고구려·발해사 서술」,『동북공정과 한국학계의 대응논리』, 2008, pp.193~232.
81) 구난희, 「중국 역사교육에서의 '민족'과 고구려·발해 서술변화에 대한 고찰」,『중국의 역사교육, 그 실상과 의도』, 2006, pp.175~212.
82) 노기식, 「중국 역사교과서의 북방 민족사 서술」,『중국 역사교과서의 민족·국가·영토문제』, 2006, pp.57~89.
83) 중국교과서에서 한국중세사(고려시대와 조선시대)에 관한 서술은 중국의 고급중학 과정에서 필수 과목인『역사』1,『역사』2,『역사』3 교과서(인민교육출판사)에서 수록된 내용을 한국의『국사』교과서와『세계사』교과서(금성출판사)에서 동일한 주제에 대해 서술을 비교 대상으로 하였다. 중국 교과서의 한국관련 내용은 동북아역사재단에서 간행한『동아시아 역사교과서 자료집 - 중국 교과서의 한국관련 내용 ①』(2007)에서 수록하고 있는 내용을 근거로 하였음을 먼저 밝혀둔다.

수과목으로 규정하였다. 교과 내용은 중국사와 세계사의 내용을 통합, 중국사를 전반부에 배치하고 세계사를 후반부에 배치하는 구조로 구성하였다.[84]

중국의『역사(필수)』교과서에서 한국사 관련 내용은 주로 중국 역사를 설명하는 과정에서 간략하게 언급되고 있다. 2007년 동북아역사재단에서 간행한『동아시아 역사교과서 자료집 중국 1』에 의하면 중국『역사(필수)』교과서에서 한국사와 관련된 언급은『역사(필수)』1에서는 약 5건,『역사(필수)』2에서는 2건,『역사(필수)』3에서는 약 2건의 사례를 확인할 수 있다.[85]

『역사(필수)』1에서 언급하고 있는 한국사 관련 내용은 중국 역사를 설명하는 과정에서 언급되고 있다. 그 개략적인 내용을 보면, 한국 중세시대와 관련된 서술은 1단원 고대 중국의 정치제도에서 원나라의 행성도를 제시하면서 당시 원나라의 강남행성이 고려 영토의 일부를 관장하고 있음을 지도를 통해서 표기하고 있다. 이후 한국사에 관한 서술은 4단원에서 갑오중일

---

84) 장세윤,「최근 중국 역사 교과서의 변동 추세와 한국근현대사 서술-고급중학교 교과서를 중심으로」,『중국 역사교과서의 민족·국가·영토문제』, 2006, p.108.
85) 중국 고급중학 과정에서 역사 영역의『역사』필수 교과서는 정치활동, 경제와 사회생활, 사상문화와 과학기술이라는 3대 영역으로 교과서를 구분하여 간행하였다는 점이 특징이다. 먼저 정치 활동을 다룬『역사』1은 9개의 핵심주제로 구성되어 있으며 학습요점은 1. 고대 중국의 정치제도, 2. 열강의 침략과 중국 인민의 반항투쟁, 3. 근대 중국의 민주혁명, 4. 현대 중국의 정치건설과 조국통일, 5. 현대 중국의 대외관계, 6. 고대 그리스 로마의 정체제도. 7. 구미 자산계급 대의제의 확립과 발전, 8. 과학적 사회주의 이론에서 사회주의 제도의 건립, 9. 지금의 세계정치구조의 다극화 추세 등으로 구성되었다. 핵심 주제중 5개가 중국사의 내용이고 4개사 세계사의 내용을 담고 있다. 다음으로『역사』2 교과서는 사회경제와 사회생활을 다루는 있는데 8가지 핵심주제로 구성되었다. 개략적인 내용은 1. 고대 중국 경제의 기본구조와 특징, 2. 근대 중국 경제구조의 변동과 자본주의의 곡절있는 발전, 3. 중국 특색 사회주의 건설의 길, 4. 중국 근현대 사회생활의 발전, 5. 신항로의 개척·식민확장과 자본주의 시장 형성과 발전, 6. 루트벨트 뉴딜정책과 자본주의 운행기제의 조절, 7. 소련 사회주의 건설의 경험과 교훈, 8. 세계경제의 전지구화(세계화) 추세 등으로 구성되었다. 특징은 사회주의 시장경제 체제는 언급되었는데, 이는 중국의 wto 가입 등이 중국인들의 대내외적인 자신감이 역사교과서에 반영된 것으로 보고 있다. 사회사상과 과학기술을 언급한『역사』3은 8가지 핵심 주제를 다루고 있는데, 1. 중국 전통문화 주류사상의 변화, 2. 고대 중국의 과학 기술과 문화, 3. 근대 중국의 사상해방과 조류, 4. 20세기 이래 중국의 중대한 사상 이론 성과, 5. 현대 중국의 과학기술과 문화, 6. 서방 인문정신의 기원 및 발전, 7. 근대 이래 세계과학기술의 역사적 족적, 8. 19세기 이래 세계 문학예술 등으로 구성되었다. 인문정신과 과학기술에 대한 관심이 반영이 반영된 것을 특징을 꼽을 수 있다. 박장배,「개혁개방 이후 중국의 중·고교용 역사교재 편제 분석 -『세계역사』·『세계근현대사』를 중심으로 -」,『중국의 역사교육, 그 실상과 의도』(고구려연구재단 5차 학술회의 자료집), 2006, pp.113~116.

전쟁을 설명하면서 갑오농민봉기 발생을 전후한 조선의 사정과 조선의 원병 파견요청을 설명하고 있다. 다음으로 8단원에서 1945년 대한민국의 해방과 38선의 성립, 한국전쟁에 관한 내용을 서술하고 있다. 마지막으로 한국전 쟁을 통한 일본의 경제성장을 설명하면서 한국전쟁이 초래한 결과 등을 서 술하고 있다.[86]

『역사』Ⅱ에서 한국사와 관련해서 1990년대 아시아 태평양 경제합작 조직 이 서울에서『서울선언』을 통해서 결성되었다는 내용을 서술하고 있다. 그런 데 중국 교과서에서 언급한 아시아 태평양 경제합작 조직에 관한 내용은 한국 교과서에서는 부각 되지 않는 내용이다. 중국 교과서에서 현대 아시아 사회의 움직임을 설명함에 있어서 자국의 참여를 통해 구성된 조직체를 강조하고 있 어 이른바 국제사회에서 중국의 역할 등에 관한 내용을 설명하고 있다.

『역사』Ⅲ에서는 언급하고 있는 한국사와 관련된 내용 서술은 약 3건으로 『역사(필수)』1 교과서와『역사(필수)』2 교과서에서 한국현대사 관련 내용이 집중적으로 등장한 것과 달리『역사』3에서는 한국중세시대 중국 문화가 조 선에 유입되었다는 설명이 대부분을 이루고 있다.

2) 중국『역사(필수)』교과서의 한국중세시대 관련 서술 내용

먼저 한국의 중세시대에 대한 서술 내용과 방향은 원나라의 정치제도를 서술하는 과정에서 제시한 원조행성도를 확인할 수 있다.

---

86) 한국 현대사의 서술 중에서 주목을 끄는 것은 한국전쟁의 원인에 대한 서술이 한국의 견해와 다르다는 점이 다. 한국전쟁의 원인에 대해서는 중국『역사(필수)』1 교과서에서는 "미군이 주도하는 유엔군이 38선을 넘어 조선민주주의 인민공화국을 침략했고, 중국·조선의 변계로 밀고 나갔다. 중국의 안전이 심각한 위협을 받았 다. 항미원조, 국가방위를 위해 중국인민지원군이 조선의 전선으로 출동하였고, 조선군민과 유엔군을 38도선 부근까지 격퇴하여 미국은 어쩔 수 없이 정전협정을 체결하였다."(『동아시아 역사교과서 자료집-중국 교과 서의 한국관련 내용 ①』2007. 동북아역사재단. p.455)라고 서술하고 있다. 즉 먼저 전쟁의 발발과정에서 북 한군의 남침에 관한 내용이 누락되었고, 미군과 유엔군이 38도선을 돌파한 시점을 전쟁의 시작으로 파악하 고 있음을 알 수 있다. 그리고 한국전쟁의 성격 역시 미군과 유엔군의 침략에 의한 중국의 저항으로 인식하는 듯한 인상이 강하게 표현되고 있다. 따라서 앞으로 한중관계를 염두해 둔다면, 이와 같이 동일한 사건에 대한 양국간의 인식에 대한 차이를 좁히는 작업이 뒤따라야 할 것으로 생각된다.

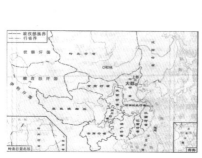

지도1 원조행성도 지도[89)]   2 공민왕의 영토수복[90)]

　지도 1)을 보면 고려 영역의 일부가 원나라의 강남행성 일부를 구성하고
있음을 확인할 수 있다. 한편 이와 관련해서 한국의『국사』교과서에서는
다음과 같이 서술하고 있다.

　　(......) 또, 무력으로 쌍성총관부를 공격하여 철령 이북의 땅을 수복하였으
　　며, 더 나아가 고구려의 옛 땅을 찾기 위하여 요동 지방을 공격하였다[89)]

　즉 한국의『고등학교 국사』교과서에서는 원나라가 차지한 고려 영토의 일
부가 공민왕대에 다시 수복되었던 사정을 설명하고 있다. 이러한 설명은 교
과서 본문에 제시한 지도를 통해서 재차 확인하고 있다.
　지도 2)의 내용을 보면 지도 1)과 유사한 고려와 원나라의 영역구분에서
공민왕대 수복된 지역을 표시하고 있음을 확인할 수 있다.

---

87) 동북아역사재단 편,『동아시아 역사교과서 자료집 - 중국교과서의 한국관련 내용 ①』, 2007, p.448.
88) 국사편찬위원회 편,『고등학교 국사』, 2009, p.75.
89) 국사편찬위원회 편,『고등학교 국사』, 2009, p.75.

이와 같이 고려시대 고려(원나라의 영역)에 관한 양국간의 서술 내용을 보면 중국의『역사(필수)』1 교과서에서는 고려의 영토수복에 따르는 원나라 강역의 변화에 대한 설명이 미흡하다고 판단된다. 따라서 고려 말 원나라와 고려사이의 영역 변화에 대한 언급이 필요하다고 생각된다.[90]

다음으로『역사(필수)』3에서 서술되고 있는 한국 중세시대에 관한 내용과 한국의『고등학교 국사』교과서에서 동일한 내용에 대한 언급을 살피면 다음의 표 내용과 같다.

『역사』필수③, 인민교육출판사, 2007년 1월 제3판	한국 고등학교 국사
주희의 학술사상은 일본, 조선 및 유럽에까지 전해졌고, 일본과 조선에서는 심지어 "주자학"학파가 형성되기에 이르렀다.(p.13)	Ⅵ. 민족 문화의 발달 2. 중세의 문화 / 성리학의 전래 …남송의 주희가 집대성한 성리학은 종래 자구의 해석에 힘쓰던 한·당의 훈고학이나 사장 중심의 유학과는 달리 인간의 심성과 우주의 원리 문제를 철학적으로 탐구하는 신유학이었다. …
	Ⅵ. 민족 문화의 발달 3. 근세의 문화 "…성리학이 조선 사회에 확고하게 뿌리내리는 데 결정적인 기여를 한 인물은 이황과 이이였다. 이황은 주자서절요, 성학십도 등을 저술하였으며, 주자의 이론에 조선의 현실을 반영시켜 나름대로의 체계를 세우려고 하였다. 그의 사상은 도덕적 행위의 근거로서 인간의 심성을 중시하고 근본적이며 이상주의적인 성격이 강하였다. 이황의 사상은 임진왜란 이후 일본에 전해져 일본의 성리학 발전에도 영향을 미쳤다. …"
	한국 고등학교 세계사(금성)

---

90) 영역의 변화에 대한 내용이 중국 교과서에 미흡한 것은 중국이 추구하는 정책과 역사인식에 기인하는 것으로 볼 수 있다. 중국 교과서에서 거론하고 있는 중국 왕조의 관할 구역 등을 제시한 지도의 경우 역사적 사실과는 다르게 한반도 지역까지 중국의 영향력이 확대된 것으로 제시하는 경향이 있음을 고려한다면이러한 의도가 고려시대 원과의 관계에서 형성된 영역 변화 내용 서술에도 반영되었을 것으로 추정할 수 있다. 윤휘탁, 「중국의 역사교과서 발간과 한국사 서술 현황-대만 역사 교과서와의 비교 분석」,『중국의 역사교육, 그 실상과 의도』, 2006. p.260.

	3. 아시아세계의 확대와 동서 교류 1장. 동아시아세계의 형성과 확대 주제3 북방 민족과 한족 문화의 대융합 …성리학은 유교의 기본 정신을 살리면서 불교(선종)와 도교의 장점을 수용하여 우주의 원리와 인간의 본성을 탐구하는 학문이다. 주희는 이러한 학풍을 종합하여 성리학(주자학)을 완성하였다. 성리학은 그 후 중국과 동아사이 지배층의 정통 학문과 지배이념이 되었다. …
제8과 고대중국의 발명과 발견 ◎ 4대발명 수당시기 중국은 조판인쇄술이 출현했다. 송대에는 조판인쇄의 황금시대로 사람들은 이미 채색조판인쇄기술을 사용하였고, 송의 판각본은 후세 장서가에 의해 진품으로 간주되었다. 11세기 중엽 북송 평민 필승이 점토 활자인쇄술을 발명했다. 그것은 경제적일 뿐만 아니라 간편하여 인쇄업의 일대 혁신이었다. (p.36)	3. 아시아세계의 확대와 동서 교류 1장. 동아시아세계의 형성과 확대 주제3 북방 민족과 한족 문화의 대융합 Ⅵ송대에는 과거 시험이 보편화되고 인쇄술이 발달함에 따라 출판 문화도 발전 하였다. '책부원구'등의 백과사전, 사마광의 '자치통감'등 역사서와 개인의 문집이 대량으로 출판되었다. …
유럽인이 중국의 인쇄술을 참고로 하여 자신의 활자인쇄기를 만들어냈고, 문예부흥운동과 종교개혁을 크게 추진하였으며, 사상해방과 사회진보를 촉진시켰다.(p.37)	
명나라 때, 주산법은 이미 조선, 일본, 동남아에서 세계 기타지역에까지 전파되었다.(p.38)	

중국의 『역사(필수)』 Ⅲ 교과서의 경우는 중국 문화가 동아시아에 확산되고 있다는 점을 부각시켜 서술하고 있다는 점이 특징이다. 서술 내용을 보면 송나라의 성리학이 조선과 일본에 전해졌으며, 특히 조선에서는 주자학이라는 독립된 학파를 형성하고 있었다고 설명하였다. 뿐만 아니라 중국의 인쇄술의 경우 한국과 일본 등지에 큰 영향을 끼쳤을 뿐만 아니라 유럽에까지 영향을 미친 것으로 설명하고 있다. 명나라의 주산법 역시 조선에 전파되었다는 서술 역시 문화적, 경제적인 측면에서 중국 문화가 주변국, 특히 조선에 커다란 영향을 끼쳤다는 입장에서 교과서의 내용을 서술하고 있음을 짐작할 수 있다.

이러한 서술 내용을 보면 결국 성리학, 인쇄술, 주산법 등 사상·문화·

경제 분야에서 중국의 문물이 한국과 일본의 사상·문화·경제의 뿌리고 되고 있다는 점을 강조한 듯한 인상을 받는다.

한편 이러한 서술 내용에 대한 한국의『고등학교 국사』교과서의 서술 내용은 중국으로부터 문물의 수입은 인정하지만 그것이 한국적인 것으로 변화된 것에 초점을 맞추고 있다. 상세한 전래과정과 의미보다는 수입된 학문이 한국적으로 변한 내용을 중심으로 서술하고 있으며,『세계사』교과서의 내용을 보면 성리학이라는 학문 자체에 관한 내용 설명을 중심으로 내용을 서술하고 있다.

반면 중국『역사(필수)』3 교과서에서 언급하고 있는 주자학 관련 내용을 보면 중국 성리학의 전래는 서술하지만 오히려 조선시대 성리학은 중국에서 진행된 학문연구의 내용보다 심화되었다는 사실은 언급하고 있지 않다. 즉 전래된 문화가 어떻게 주변국의 문화로 흡수되었는가에 대한 부연 설명이 소략된 채 단순히 주산법, 인쇄술, 성리학 등 경제적, 문화적인 측면에서 중국이 주변국에 끼친 영향만을 강조하고 있는 경향을 나타내고 있다.

이러한 서술 태도는 중국의 역사 교과서 편찬 지침과 그에 수반되는 중국 문화의 우수성을 강조하기 위해 나타나는 현상이라고 생각된다. 개혁·개방 이후 중국의 역사교과서 편찬 지침은 2002년 5월 〈전일제 보통고급중학 역사교학대강〉에 의해서 중국문화를 주류중심적인 서술, 즉 통일과 사회주의와 문명을 강조하는 방향을 결정되었다. 이를 통해 중국이 부강한 다민족 통일국가, 민주적인 사회주의 국가, 현대화된 문명국가를 지향하였다.[91] 그리고 이러한 경향은 2003년 〈보통고등 역사과정표준〉에서 계승, 강화되어 종합국력과 국민소질, 개성을 강조하는 방향으로 교과 내용을 서술하도

---

91) 박장배,「개혁개방 이후 중국의 중·고교용 역사교재 편제 분석 -『세계역사』·『세계근현대사』를 중심으로 -」,
　　『중국의 역사교육, 그 실상과 의도』, 2006, p.106.

록 결정되었고 이를 통해 대민족주의와 지방민족주의 등을 경계하고 다민족 통일국가론을 강조함과 동시에 변강의 개념이 확장되었다.[92] 이러한 조치는 2002년부터 본격화된 "동북공정"을 통해 주변국의 역사를 중국 변강 지역의 역사로 편입시키고자 하는 작업과 동시에 진행되었던 것이다. 따라서 『역사(필수)』3 교과서에서 중국문물의 주변국 전파와 그에 대한 의미를 서술하고 있는 위의 내용들은 결국 중국문화의 우수성 강조를 통해 다민족통일국가론과 대민족주의를 지향하고 지방 민족주의를 경계한다는 〈보통고등 역사과정표준〉의 실행 차원에서 나타난 결과로 분석할 수 있다.

3. 근·현대사

근현대사에 나타난 한국과 중국의 역사인식을 비교하기 위하여 중국의 중국근대현대사(下), 세계근대현대사(上), 세계근현대사(下) 3권의 교과서와 한국의 한국근현대사(대한), 세계사(금성) 교과서를 비교 대상으로 삼았다. 중국은 1980년 후반 교과서 제도를 국정제에서 검정제로 전환하였지만, 교과서의 편찬과 출판시장은 여전히 소수의 출판사가 장악하고 있다[93]. 따라서 본고에서 비교의 대상으로 삼고자 하는 중국의 교과서는 중국의 대표적인 출판사인 인민교육출판사의 교과서를 중심으로 하고자 한다.

중국 교과서의 중국근대현대사(下)권은 (上)권과 함께 고급중학(고등학교) 1학년의 필수과목으로 1949년 10월 중화인민공화국이 성립된 이후의 역사를 다루고 있다. 그리고 세계근대현대사(上)·(下)권은 고급중학 2학년의 선택과목으로 유럽의 자본주의의 시작에서 1917년 러시아의 10월 혁명

---

92) 박장배, 앞의 논문, pp.106~107.
93) 김유리, 「중국 교과서제도의 현황과 특징 - 역사교과서를 사례로 -」, 『중국의 역사교육, 그 실상과 의도』, 2006, p.87.

을 기준으로 (上), (下)권으로 나누어 세계 근대와 현대의 역사를 서술하고 있다[94].

반면 한국의 한국근현대사와 세계사는 고등학교 선택과목으로 한국근현대사는 19세기 제국주의 국가의 출현에 따른 국내외 정세에서부터 근대를 서술하고 있으며, 1945년 8월 15일 해방을 기점으로 근대와 현대를 구분하고 있다. 세계사는 인류의 기원에서부터 현대에 이르기까지 세계의 역사를 서방과 중국을 중심으로 서술하고 있다.

지금까지 한·중 근현대 역사교과서의 편제에 대해 간략하게 살펴보았듯이, 서로 그 체제가 상이하므로 서술의 편의를 위해 중국의 『중국근대현대사』는 한국의 『한국근현대사』와 비교하고, 중국의 『세계근대현대사』는 한국의 『세계사』 교과서와 비교하도록 하겠다. 그리고 대상의 비교 방법은 중국 교과서 속에 서술되어 있는 내용이 한국 교과서에는 어떻게 서술되어 있고 있는지를 살펴보는 방법으로 상호 이미지를 비교하고자 한다.

1) 한국의 개항에 대한 관점 차이

중국의 『세계근대현대사』에서 우리나라와 관련된 서술은 총 23곳에서 보인다.[95] 그 중 한국의 개항에 관한 서술은 본문과 묻고 대답문제 · 자료해석문제 부분에서 살펴볼 수 있다.

---

94) 박장배, 앞의 논문, 2006, pp.124~125.
95) 상권부터 하권에 실린 내용을 순서대로 나열하면, 상권은 조선으로 점토 활자인쇄술 전파·조선시대 개요·일본의 정한론·러일전쟁·조선의 의병으로 하권은 러시아 사회주의 혁명·삼일운동·일제의 사회주의 탄압·만주사변·태평양 전쟁·한국전쟁과 일본의 경제 성장·일본의 교과서 왜곡에 대한 한국의 비판·분단과 대치의 배경·한국의 경제성장·남북통일 문제에 관한 내용이 서술되어 있다. 여기서는 지면의 한계를 이유로 중국 교과서의 특성을 가장 잘 드러내고 있는 일본의 조선침략을 중심으로 상호 이미지 비교를 하도록 하겠다. 인민교육출판사 편, 『세계근대현대사(上)』, 2006, pp.2, 55, 80, 86, 95, 97, 98; 인민교육출판사 편, 『세계근대현대사(下)』, 2006, pp.1, 7, 8, 23, 36, 48, 52, 58, 64, 66, 70, 74, 85, 86, 87, 96.

『세계근대현대사』(上), 인민교육출판사, 2006년 6월 제2판, p.95.	『세계사』(금성), p.161.
일본천황정부가 군국주의를 힘써 발전시키고, 중국정복을 중심으로 하는 "대륙정책"을 제정하고, 조선 정복은 중국 정복의 제일보였다. 일찍이 1876년 자본주의 발전의 길로 막 들어선 일본이 무력으로써 조선을 강박하여 「강화조약」을 체결하고, 조선에 통상항구를 개방하고 일본인이 그 곳에서 공상업을 경영하고; 조선을 강박하여 일본이 통상항구에서 영사관을 설립하여 영사재판권을 향유할 수 있도록 승인하였다. 그 후에 미국·영국·독일·러시아 등 국가는 모두 조선을 강박하여 유사한 조약을 체결하였다. 1905년 일본이 러일전쟁 승리를 기회로 미국의 지지하에 조선을 실제상의 식민지로 만들어버렸다. 1910년 일본은 또한 조선정부를 압박, 「일한합병조약」을 체결하고 정식으로 조선을 병탄하였다.	Ⅶ. 아시아 세계의 근대적 발전 제1장 동아시아의 근대화 운동 주제4. 일본의 개항과 근대화 ……이듬해부터 일본의 침략이 본격화되었다. 일본은 타이완을 침략하고 류큐를 합병하였으며, 강화도 조약을 강요하여 조선을 개항시킨 후에 일본인의 치외법권과 관세 철폐등을 허락받았다. 이어 청·일 전쟁에서 승리한 후 맺은 시모노세키 조약으로 중국 침략의 발판을 마련하였고, 러·일 전쟁에서 승리하여 만주의 영토적·경제적 이권을 인정받았다. 그리고 그 여세를 몰아 조선의 주권마저 빼앗아 대륙 침략의 기지로 삼았다.

먼저 『세계근대현대사』에서는 일본의 조선 침략 정책을 중국정복의 한 과정으로 보고 있다. 조선에서 군사력을 통한 개항과 정치권 장악 이후 일본은 조선에서 각종 특권을 차지하였고, 이후 제국주의 열강도 일본처럼 조선에서 각종 이권을 차지했다고 본다. 그리고 일본이 조선을 지배할 수 있었던 가장 큰 이유는 러일전쟁에서 승리한 후 미국의 지지를 받았기 때문이라 말하고 있다. 그러나 비슷한 시기에 일어났던 청일전쟁에 대한 언급은 찾아볼 수 없다. 청일전쟁은 이후 조선에서 청과 일본의 거취를 결정했던 중요한 사건이자, 중국입장에서는 전근대시대에 외교적 관계에서 관례적으로 조선에서 행사하였던 권위를 상실한 역사적인 사건으로 평가할 수 있다. 이처럼 중요한 사건에 대한 언급 없이 단지 미국의 지지로 일본이 한국을 지배하였다는 서술은 다시 한번 중국이 역사교육을 반미교육의 도구로 활용하고 있음을 보여준다.

반면 『세계사』(금성)는 일본의 조선 침략정책을 중국에 국한된 침략이 아닌 동아시아 침략 정책의 시작으로 보고 있다. 한국과 중국에서 일본에 의

한 조선의 개항을 동아시아 또는 중국 침략의 시작으로 바라보는 시각의 차이가 존재하는 이유는 자국중심의 역사적 해석에서 비롯된 것이라고 분석된다. 즉 중국의 역사교과서는 기본적으로 중국을 세계의 중심으로 보는 중국 전통적 역사관에서 출발하여 이를 교과서에 반영하고 있다. 또한 세계 경제 대국으로 성장하고 있는 중국이 그들의 화려한 문명을 구가하기 위해 과학기술과 세계구조에 큰 관심을 기울이면서 주변국들에 대한 서술 분량을 줄이고 그 부족한 부분을 자국의 비중으로 대체하고 있는 것도 자국중심의 역사해석에 기여하고 있다.[96]

『세계근대현대사(上)』, 인민교육출판사, 2006년 6월 제2판, p.97

2. 묻고대답문제
(2) 일본이 강제로 조선의 문호를 열게 하고 조선을 병탄한 사실을 통해 일본이 어떻게 "대륙정책"의 제일보를 실현했는지 설명하시오.
(3) 자본주의세계 식민체계를 어떻게 평가하는가?
3. 자료해석문제
제4항……조선정부는 제5조에 실린 두 개의 항구를 개항하여 일본사람들이 오가면서 통상하게 하며 해당지방에서 세를 내고 이용하는 땅에 집을 짓거나 조선인민의 집을 세운다.
제10항 일본사람이 조선의 지정된 항구에서 죄를 저질렀을 경우 만일 조선국 사람과 관계되면 일본에 돌려보내어 조사판결하며 만일 조선사람이 죄를 저질렀을 경우 일본 사람과 관계되면 모두 조선관청에 넘겨 조사판결하게 하되…… -일본조선이 1876년 체결≪한 강화약≫
대답하시오:
① 이 조약 체결의 배경은 무엇인가? ② 이 조약의 제4조 규정은 중국 근대사의 어느 조약과 비슷한가? 그중 제10조는 어떤 권리와 관계되는가? ③ 사건이 발생한 역사적 배경, 관련 국가의 성질, 사건발생의 역사적 배경 등 3가지 면에서 1840년 영국의 중국침략과 1876년 일본의 조선침략과의 공통점과 차이점을 비교하시오.

상기의 표는 학생들의 탐구활동 내용이다. 질문을 보면, 중국이 일본의 조선 침략을 근거로 제국주의 국가에 대한 부정적 이미지를 부각시키고

---

96) 박장배, 앞의 논문, pp.127.

자 했던 의도를 살펴 볼 수 있다. 내용을 보면, 조계지 설정 및 치외 법권의 인정 등 불평등 조약의 내용을 바탕으로 영국과 일본을 동등하게 제국주의 침략국가로 규정하고 있다. 이는 제국주의 국가의 한 측면인 자본주의적 모습을 과장되게 왜곡하여 해석한 것으로, 학생들에게 자본주의의가 곧 제국주의라는 혼동을 줄 수 있다. 전반적으로 조선의 개항에 대한 중국 교과서의 서술은 청일전쟁과 같은 실패한 역사, 부끄러운 역사를 의도적으로 숨기고, 영국·일본과 같은 제국주의 국가의 자본주의적 침략의도를 내세워 자본주의의 부정적인 측면을 강조하고 있다. 그리고 일본이 조선을 지배하는 과정에서 미국의 역할을 강조했던 사실은 현재 중국이 미국을 적대국으로 여기고 있는 국가관이 역사교육에 투영되었다는 것으로 해석된다.

2) 한국전쟁의 도발국에 따른 관점 차이

『중국근대현대사』(下)권의 내용은 1949년 중화인민공화국 성립 이후의 역사이므로 우리나라 현대사와 서술시기가 비슷하다. 그러나 중국이 한국전쟁 이후 한국을 적대국으로 간주하는 외교정책을 펼쳤기 때문에 1992년 한중수교가 맺어지기 이전의 한국과 관련된 서술은 한국전쟁에 관한 서술이 전부이다.

『중국근대현대사』(下), 인민교육출판사, 2006년 6월 제2판, pp.82~83.	『한국근현대사』(대한), p.262.
항미원조 보가위국 신중국이 성립된 지 오래지 않아 외부 침략의 위협에 직면하였다.……미군을 주로 하는 "유엔군"을 조성하여 조선을 침략하였다.……동시에 미국의 제7함대가 대만해협으로 출동하여 중국내정에 간섭하였다. 조선의 국세가 위급하고, 중국의 안전에 심각한 위협이 되었다.……항미원조, 보가위국을 위해 1950년 10월 팽덕회를 사령관으로 하는 중국인민지원군이 조선으로 파견하였고, ……항미원조전쟁은 미군이 실패함으로써 승리로 끝났고……중대한 위협에 직면하여 중공중앙은 여러 차례 개회하여 연구하였고, 중국이 조선에 출병할 필요성이 있다고 인식했다. : "만일 미국침략군이 조선반도 전체를 점령하여 强兵이 압록강변까지 압도하게 되면 우리나라는 장차 안정적으로 건설에 종사하기 어렵고, 국제 국내 반동 기세가 반드시 더욱 판을 치게 될 것이니 중국에 대해, 그리고 동방각국에 대해 모두 불리하다. 조선의 존망과 중국의 안위는 밀접한 관련이 있다. 상호 이해가 같은 밀접한 관계이다. 중국정부가 최후로 단호하게 항미원조, 보가위국의 전략적 결정을 내었다."	자료1 1950년 6월 25일, 북한 공산군은 국군이 북침하였다고 주장하면서 선전 포고도 없이 남쪽으로 쳐들어왔다.……생략 자료2 ……유엔군의 주축을 이룬 것은 미국이었다. 대한 민국이 북한 공산군에게 점령될 경우 태평양 지역에서 미국의 안보가 위협받을 뿐 아니라 공산 국가들의 세력이 커지기 때문이었다.…… 자료3 유엔군이 압록강까지 진격하자, 중국은 자국의 안전을 지킨다는 명분으로 군대를 파견하였다. 이로써 6·25전쟁은 자유 진영과 공산 진영이 대결하는 국제전의 성격을 띠게 되었다.…… 자료4 공산 진영의 우두머리인 소련은 자국의 군대가 참전해야 될지도 모르는 상황이 벌어지자 전쟁이 확대될 것을 우려하여 유엔 대표를 통해 휴전을 제의하였고, 미국이 이를 받아들여 전쟁을 끝내기 위한 휴전 협상이 시작되었다.……

우선 한국전쟁의 시작을 바라보는 관점을 보자. 『중국근대현대사』(下)는 한국전쟁을 조선내전, 항미원조전쟁 등으로 명명하고 공산주의 국가에 대한 자유주의 국가의 침략으로 규정하고 있다. 그리고 중국이 참전한 명분을 미국의 간섭으로부터 중국의 자주권을 지키기 위한 것으로 보고 있으며, 자국의 안위를 위해 국경을 자유주의 국가가 마주보는 사태를 막고 사회주의 체제를 보전하기 위한 수단에서 찾고 있다. 그리고 소련과 미국의 정전협정에 따라 휴전된 전쟁을 승리한 전쟁으로 정리하고 있다. 반면 『한국근현대사』(대한)는 한국전쟁을 6·25전쟁으로 명명하고 있으며, 한국전쟁이 북침이라 규정하고 있다. 그리고 유엔군이 참전한 이유를 태평양 지역에서 미국의 안위를 보전하기 위한 목적에 있었으며, 중국의 참전 역시

자국의 안전을 지키기 위한 명분이었다고 서술하고 있다. 그리고 중국측 교과서에서는 소련에 대한 언급이 전혀 없는 반면, 정전협정이 소련의 의지에 따라 이뤄졌다고 서술하고 있다.

결국 중국은 고등학교 역사교육을 통해 공산주의 체제를 수호하기 위한 노력의 일환으로 6·25전쟁을 서술하고 있기 때문에 전쟁의 도발을 남한이라는 국가보다는 남한과 미국 등 자유주의 국가의 침략으로 규정하고 있다. 그리고 휴전협정에서 소련의 역할을 과감하게 삭제한 의도는 동아시아 국제관계에서 중국의 위상과 역할을 강조하기 위한 장치라고 분석된다.

3) 한국전쟁 평가에 대한 관점 차이

『중국근대현대사』(下), 인민교육출판사, 2006년 6월 제2판, pp.84~85.	『한국근현대사』(대한), p.263.
……미국침략자가 실패를 체념하지 않고 차례로 육군의 1/3, 공군의 1/5, 그리고 해군의 1/2를 조선전장에 투입하였고 원자폭탄을 제외한 당시 소유한 모든 현대화무기를 사용하였다. 중국인민지원군이 강적을 두려워하지 않고……끝내 항미원조전쟁의 승리를 얻었다. 항미원조전쟁중에 중국인민이 중대한 대가를 지불하였고, 거대한 민족 희생을 치렀다. 지원군 중에서 양근사, 황계광, 구소원, 나성교 등 열사와 같은 무수한 영웅인물이 출현하였고, 현재까지도 여전히 중국·조선 인민의 마음속에 살아있다. 항미원조 전쟁의 승리는 미제국주의 침략정책과 전쟁정책에 심각한 타격을 주었고; 조선의 독립과 중국의 안정을 보위하였으며; 중국의 국제 위망은 전에 없이 제고되었다. 동시에 이번 승리는 중국의 경제건설과 사회개혁을 위해 상대적으로 안정된 평화 환경을 이룩하였다.	자료5. 도움글 전쟁으로……약 500만 명의 사상자가 생겼고, 수많은 전쟁 고아가 발생하였다. 또 남한은……경제가 거의 마비되는 엄청난 손실을 입었고, 북한은 이보다 더 큰 피해를 당하였다. 전쟁 후 이승만 정부는 미국 등 자유 우방들의 원조로 국토 재건과 산업 부흥에 힘을 기울였다. 자료6. 도움글 전쟁 후 북한의 김일성은 남로당 계열의 인사들에게 패전 책임을 뒤집어씌워 숙청하였고…… 김일성 독재 체제를 강화하였다. 한편, 남한에서는 이승만이 반공주의를 내세워 야당을 탄압하면서 장기 집권을 꾀하였다. ……남한과 북한이 무력으로 대결하는 태세가 오랫동안 지속되었다. 자료7. 도움글 전쟁 동안 ……인구 이동이 심하여 사회가 크게 변화하였다. ……지역 및 촌락의 공동체 의식이 약해졌고, 가족 제도도 핵가족과 개인 중심으로 바뀌어 갔다. ……서구의 대중문화가 무분별하게 유입되어 우리의 전통 문화를 낮추어 보는 풍조가 생겨났고, 전통적인 가치 규범이 무너지는 현상도 나타났다.

전쟁에 대한 평가에 대한 차이는 한·중 교과서에서 극명하게 나타난다. 중국은 최신 무기로 무장한 미국을 굴복시켰다는 점을 부각시켜 자국의 위상을 높이는데 중점을 두고 있다. 그리고 전쟁에 참여하여 공을 세운 군인들을 영웅으로 서술하여 항미의식을 고취시키기 위한 목적성도 엿보인다. 반면『한국근현대사』(대한)은 전쟁 이후 남북한의 정치·경제·사회·문화적 변화에 중점을 두고 있다. 전쟁을 계기로 북한에서는 김일성 독재 체제가 강화되었고, 남한에서는 반공정권이 탄생하였다고 서술하고 있다. 그리고 전쟁 이후 남한의 변화를 사회적·문화적으로 서술하고 있으며 미국에 의해 서구식 가치관이 무분별하게 유입되어 전통사회의 가치관이 분열되었다는 비판적 서술을 하고 있다.

한국전쟁에 대한 한·중 교과서의 서술은 분량 면에서 볼 때『중국근대현대사』(下)의 분량이 2배 정도 많다. 하지만 내용면에서 볼 때 대부분 전쟁사 위주의 내용으로 서술되어 있다. 특히 한국전쟁의 의의를 논하는 서술에서는 미국에 굴복하지 않고 승리하였으며, 이를 통해 자국의 평화를 지켰다고 말하고 있다. 이는 종래 사회주의 정권을 수호하기 위한 조국보위(祖國保衛) 전쟁에 입각하여 한국전쟁의 의의를 강조했던 역사적 평가를 넘어서 반미자위전쟁(反美自衛戰爭)으로서의 측면을 강조하는 서술로 변화하였음을 보여준다.[97]

이를 통해 대부분의 사회주의 국가가 붕괴되고, 시장경제체제를 부분적으로 수용한 중국이 미국을 주요 적대국으로 상정하고 있고, 역사교육을 반미(反美)의식 고취를 위한 도구로 활용하고 있다는 점에서 국가주의를 지향하는 중국 역사교육의 본질적 성격을 알 수 있다.

---

97) 오병수, 「개혁 개방 이후 중국의 중·고교용 역사교재 편제 분석 - 중국 역사, 근현대사를 중심으로 -」, 『중국의 역사교육, 그 실상과 의도』, 2006, p.168.

반면 『한국근현대사』(대한)의 특징은 한국전쟁 이후 남북한의 변화에 대한 서술이 큰 비중을 차지하고 있다는 점이다. 특히 전쟁을 정치적 이데올로기로 활용하여 남북이 독재체제를 구축했다는 내용과 독재정권의 등장 이후 남북한의 군사적 대립이 강화되었다는 서술은 전쟁이 특정 계층의 특권을 유지하기 위한 수단으로 이용되었을 뿐, 전쟁의 참화를 겪은 다수의 사람들의 희생과 그 사회의 정체(停滯)를 가져왔다는 의식이 내재되어 있다. 그리고 전후 미국의 경제 원조와 그에 따른 경제 부흥의 이면에는 문화적 제국주의의 폐해도 내제되어 있어 역사교육을 통해 학생들이 다양한 역사인식을 할 수 있는 기회의 장을 제공하고 있다.

Ⅲ. 중국 국가이미지에 대한 설문조사 분석

1. 연구방법: 연구 절차 및 대상

1) 설문 절차 및 대상

본 설문조사(대한민국 중등학교 역사교육이 중국이라는 국가이미지에 어떤 영향을 끼치는가에 대한 의식조사)는 양적 조사 연구 방법을 동원하여 2009년 10월 10일부터 20일까지 경기도 지역의 고등학교에 재학 중인 남학생 400명을 대상으로 실시하였다. 설문지를 나눠주고 정해진 시간 안에 자신을 생각을 5지선다형과 주관식으로 작성하는 방법을 사용하였다. 우선적으로 학생들이 역사지식 습득에 관한 기본적인 질문을 만들고 그 다음에 중국과 관련된 인식과 이미지 그리고 그 이유들을 직접 서술하는 방법을 택하였다.

2) 설문조사의 목적

본 설문조사는 한국 중등학교 학생들을 대상으로 중국에 대한 국가 이미지를 파악하는 것을 목적으로 하였다. 설문조사를 통하여 보다 구체적으로 학생들의 역사지식 습득에 영향을 미치고 있는 매체, 동북공정에 대한 인식, 역사수업을 통해 형성된 중국에 대한 국가 이미지 등으로 분류할 수 있다.(부록 참조)

3) 자료 분석과 한계

경기도 지역에 거주하고 있는 고등학생들의 중국이라는 국가이미지에 대한 연구조사를 위하여 사회통계 조사 방법인 SPSS for Windows 17.0의 주요성분분석 (principal component analysis)을 활용하였다. 모든 통계에서 통계적 유의성 판단의 기준은 0.05(신뢰도 95%)이다.

본 설문조사의 한계점은 다음과 같다. 첫째, 지역적으로 서울과 경기도 지역의 고등학교를 임의로 선정하여 사회조사를 실시하였기 때문에 경기도 외 지역에 사는 고등학생들의 중국에 대한 국가이미지와 차이가 날 수도 있다는 점이다. 둘째, 시간과 경비의 제약상으로 사회조사 대상자의 숫자를 400명으로 한정하였다는 점이다. 셋째, 주관식 질문에 대한 통계는 양적 조사에서는 내기 어려운 바 전체적인 답변 내용의 흐름을 읽어서 파악하고 가장 답변이 많은 내용을 골라 해석하였다.

2. 분석결과

첫째, 역사 지식습득에 가장 큰 영향을 미친다고 생각하는 것을 5가지(역사교과서, 역사 선생님, TV다큐나 역사드라마, 인터넷정보, 역사 관련 서적) 중에 고르라는 질문에 대해서 TV다큐나 역사드라마라는 대답이 40%(n=161)로 가장 많았고, 뒤를 이어 역사교과서라는 대답이 28%(n=112), 인터넷정보는 19%(n=75) 그리고 역사 선생님이라는 응답은 8%로 33명이 응답하였다.

둘째, 동북공정에 대하여 알고 있나, 알고 있다면 정보는 어떻게 알게 되었나에 대한 질문에 대해서는 조사 대상자 400명 중에 96% 인 383명이 모른다고 대답하였고, 알고 있다고 대답한 학생들은 주로 TV 다큐멘터리나 역사드라마를 통하여 알고 있다고 대답하였다. 역사 교과서나 역사 선생님을 통하여 알고 있다고 답한 학생은 0.5%인 2명이었다. 이러한 결과로 볼 때 동북 공정과 같은 문제점을 학생들 대부분은 모르고 있고, 또한 학교를 통하여 아는 경우는 거의 드물었다. 동북공정에 대한 자신의 견해를 묻는 질문에서도 학생들은 모르겠다는 답이 대부분이었고, TV 다큐나 역사드라마를 통해 알고 있다는 학생들도 모르겠다는 답을 하였다. 시험과 성적에 쫓긴 학생들이 학교수업을 통해 일반적 역사지식을 습득하는 데는 한계가 있다는 점이 우리의 공교육의 현실이었다.

셋째, 평소 중국에 대한 이미지는 어떤가에 대한 질문과 그 이유를 묻는 질문에서는 학생들의 62%인 246명이 보통이라고 답을 하였고, 24% (n=96)는 부정적, 6%(n=24)는 매우 부정적이라고 답을 하였다. 설문조사에 응한 9%(n=34)의 학생들은 긍정적이라고 답하였는데 그 이유에 대해서는 특별한 근거가 없었다. 보통이거나 부정적이라고 답한 학생들은 그 이유에 대한 답으로 중국산 제품에 대한 불신이 가장 많았고, 중국이라는 나라가 점점 강해진다는 위기의식을 느끼는 답과 일본보다는 낫다는 답도 많았다. 그 외에 더러운 이미지 때문이라는 답과 무응답도 상당수를 차지하였다.

또한 그러한 이미지가 형성되는데 영향을 미친 요인에 대한 질문에 대해서는 TV다큐나 역사드라마라고 답한 학생은 188명으로 47%를 차지하였고,

인터넷 정보 112명(28%), 역사교과서 78명(20%)이었다. 역사관련 서적이라고 답한 학생은 한 명도 없었다. 이는 우리나라 학생들이 역사에 대한 지식과 그 이미지가 주로 대중 매체를 통하여 형성된다는 것으로 해석된다.

넷째, 학교에서 받는 역사교육에서 중국사에 대한 분량과 내용에 대하여서는 응답한 학생의 73%인 293명이 보통이거나 불충분하다고 답을 하였다. 이는 중국사에 대한 역사교육이 학생들 견지에서 충분히 다루어지지 않고 있다는 것을 의미한다.

다섯째, 역사수업을 통하여 형성된 자신의 중국에 대한 이미지 질문에 대해서도 설문지에 참여한 학생의 69%인 275명이 보통이거나 부정적이라고 답하였다. 매우 부정적이라는 답도 53명으로 13%, 28명은 긍정적이라고 답하여 4%를 차지하였다. 매우 긍정적이란 답은 전체 학생중에 한 명도 없었다.

여섯째, 현재 우리 나라에 가장 우호적인 나라와 비우호적인 나라를 고르라는 질문에 대해서 보기 예시의 나라를 5개국(중국, 일본, 미국, 북한, 러시아)로 한정하였다. 비우호적인 나라에는 일본(345명, 86%)이 가장 많았고, 우호적인 나라로는 미국(367명, 92%)이라는 응답이 가장 많았다. 그 이유에 대해서 일본은 일제 강점기 때문이라는 이유를 가장 많이 들었다. 미국은 군사적인 도움을 받기 때문에 우호적인 나라라는 답이 가장 큰 이유라고 답하였다. 비우호적인 나라에는 일본 외에도 북한과 중국이 그 다음을 이었다.

일곱째, 장래 한국의 발전과 번영에 가장 위협적인 나라는 어느 나라라고 생각하는가에 대한 질문에 대해서는 일본 73%(n=291), 미국 11%(n=45), 중국 7%(n=30), 그리고 북한도 6%(n=24)를 차지하였다. 가장 위협적인 나라는 미국이라는 응답을 하면서도 8번 문항에서 우호적인 나라가 미국이라고 답하는 경우를 보면, 오늘날 한국 고등학생들의 미국에 대한 국가이미지가 양면성을 가지고 있다는 점을 알 수 있다.

마지막으로 역사적으로 우리나라의 문화형성에 가장 큰 영향을 끼친 나라를 고르라는 질문에 대해서는 중국을 선택한 응답이 가장 많았다. 응답자의 351명인 88%가 중국이라고 답하였고, 일본이라고 답한 학생도 36명으로 8.4%, 미국이라는 응답도 15명으로 3.8%를 차지하였다.

Ⅳ. 나가기

이상에서 한·중 역사교과서에 나타난 상호 이미지의 비교분석을 위해 양국 역사교과서를 시기적으로 고대, 중세, 근현대로 나누어 파악하였다. 기존의 교과서 분석방법은 보다 민감하고 복잡한 문제들, 예를 들면 교과서상의 해석의 차이, 사실의 왜곡이나 은폐, 편견과 고정관념 등의 문제에 대한 보다 깊이 있고 많은 시간을 요하는 작업에 얼마나 기여할 수 있는가 하는 점에 의문의 여지가 있었다.[98] 바로 그러한 점들을 보완할 수 있는 대안으로서, 본 연구는 역사적 스테레오타입 연구방법을 적용한 역사교과서 분석틀을 적용하고자 한 것이다.[99] 역사적 스테레오타입은 현실 세계의 투영이 아니라 개인 및 집단의 의식(意識), 그리고 집단 내, 집단 간에 형성된 정형화된 표상들을 시간의 흐름에 따라 분석하는 작업이다. 때문에 역사적 스테레오타입 연구는 현재 나타나고 있는 왜곡되거나 변형

---

98) 따라서 교과서 분석은 국제적인 교과서협의에서 사용되고 있는 분석원칙(1949년 유네스코가 정한 "Model Plan") 등을 참고하여 교과서 분석 작업에 보다 국제적인 가치를 부여하는 것이 바람직할 것이다. A Model Plan for the Analysis and Improvement of Textbooks and Teaching Materials as Aids to International Understanding, 1949.

99) 박재영, 「역사교과서 분석의 새로운 모색 - 역사적 스테레오타입 연구방법론의 적용」, 동국역사교육학회 제1차 월례발표회 발표문, 2009.

된 과거가 형성되기 이전에 실재했던 사실에 대한 스테레오타입의 기원과 배경, 변화요인을 파악하는 것을 목적으로 일차 사료로 선택된 텍스트의 분석과 아울러 인터뷰, 설문 및 통계자료 분석 등의 사회조사방법을 이용하고 있다.[100]

그러나 본 연구는 애초에 의도했던 바와는 달리 다음과 같은 한계를 갖는다. 첫째, 역사교육을 통한 상호 이미지의 비교연구를 위해서는 한국뿐만 아니라 중국 중등학생에 대한 설문조사도 실시해야 했지만 실제 설문조사의 어려움으로 인하여 연구계획 단계에서부터 한국 학생들만을 대상으로 하였다는 사실이다. 둘째, 교과서 집필자에 대한 인터뷰 역시 실시되지 못한 점이다. 인터뷰 실시의 목적은 교과서 서술의도를 파악하기 위한 것이며, 이는 교과서 집필자의 인간관, 역사관, 그리고 연구관심에 따라 교과서 서술과 그에 따른 역사 재구성이 달라질 수 있기 때문이다.

각 시대별로 구분하여 역사교과서에 나타난 국가 이미지에 대한 분석내용은 다음과 같다. 첫째, 고대사 부분에 있어서, 중국 역사교과서는 중국 중심의 천하관을 만들기 위해 치우천황의 내용을 끌어들였을 뿐만 아니라 한국을 지칭할 때 조선반도라는 표현을 계속해서 사용함으로써 은연중에 한국사는 반도사에 한정되어 있다는 이미지를 주입하고 있다. 또한 이러한 반도적 이미지는 중국 교과서에 제시되는 여러 지도를 통해서도 확인할 수 있는데, 이를 통해 한국의 북부가 고대부터 중국에 속해있다는 중국 정부의 의도를 드러내고 있다. 마지막으로 무구정광대다라니경이 중국에서 신라로 전해진 것이라 하는 등 대부분 한국의 문화 바탕에 중국이 있음을 강조하고 있다. 이는 한국문화의 특수성을 인정하지 않음으로써 역사를 배우는 학생

---

100) Berit Pleitner, *Die 'vernünftige' Nation: Zur Funktion von Stereotypen über Polen und Franzosen im deutschen nationalen Diskurs 1850 bis 1871*(Frankfurt am Main, Berlin, Bern, Bruxelles, New York, Oxford und Wien, 2001), pp.87~88.

들로 하여금 한국이 역사적으로 중국의 속국이었다는 이미지를 보여줌으로써 민족적 우월감을 갖게 한다는 점이다.[101]

중세사 부분에서는 중국의 『역사(필수)』 교과서에서 한국 중세시대에 관한 언급은 주로 중국의 강역 팽창과 중국 문물의 전파 내용과 의의 등을 설명하는 과정에서 간헐적으로 나타나고 있다. 특히 문화사에 대한 내용을 담고 있는 『역사(필수)』 3 교과서의 내용에 한국 중세시대와 관련된 내용이 서술되고 있다. 그리고 그 서술 내용을 보면, 중국의 성리학이 조선에 전파되었다는 사실에 초점을 두고 있으며, 경제제도와 관련된 주산법의 조선 전래 등을 부각시키고 있다. 이는 중국에서 추구하는 자국 역사의 상한선을 올리는 작업과 중국사의 범위를 확대하고자 하는 정치적 의도와 병행하여 서술 내용이 결정되고 있다는 사실을 반증하는 것이다. 이를 위해서 문화적 측면의 서술에서 자국 문화가 조선과 그 주변국에 전파되었다는 사실을 강조함으로써 중국의 중화주의가 교과서 서술에 반영되고 있다는 점을 확인할 수 있다.

한편 한국 교과서의 중국 문물 수입에 관한 서술 내용은 중국으로부터 문물의 수입은 인정하지만 그것이 한국적인 것으로 변화된 것에 초점을 맞추고 있다. 상세한 전래과정과 의미보다는 수입된 학문이 한국적으로 변한 내용을 중심으로 서술하고 있으며, 『세계사』 교과서에서는 성리학이라는 학문 자체에 관한 내용 설명을 중심으로 서술하고 있다.

현대사 부분에 있어서 중국 역사교과서는 한국전쟁을 자본주의와 사회주의의 대립구조로 인식하고 있다. 이는 사회주의 체제 속에서 자본주의적 요소를 받아들이는 과정에서 파생될지 모르는 사회주의 이념의 붕괴와 이에

---

101) 윤휘탁, 「중국 중·고교 역사 교과서에 반영된 '중화의식'」, 『중국 역사교과서의 민족·국가·영토문제』, 2006, pp.15~56.

수반되는 국가체제 붕괴에 대비하기 위해서 자국의 정치체제를 옹호하고 우월성을 각인시키기 위한 의도에서 나타나는 결과로 볼 수 있다. 그리고 여기서 한걸음 나아가 한국전쟁을 반미자위전쟁(反美自衛戰爭)으로서의 측면을 강조하고 있다. 이는 현재 중국이 미국을 주요 적대국으로 상정하고 있고, 역사교육을 반미(反美)의식 고취를 위한 도구로 활용하고 있다는 것을 상기시켜준다. 개항에 대한 인식과 함께 이러한 서술은 역사를 배우는 학생들로 하여금 미국의 우방국으로 경제·군사적 발전을 성취한 한국에 대한 부정적 이미지를 갖게 한다는 것은 자명하다.

한편 한국 교과서의 한국전쟁에 관한 서술 내용은 전쟁 이후 미국원조에 따른 경제성장은 물론 서구문화의 무분별한 유입과 정치적 유착을 통한 부정부패는 물론 서구 문화우월주의의 등장, 전통문화의 파괴 등에 대해 언급하고 있다. 이는 한국전쟁 이후 국내 변화를 학생들이 인식할 때 미국의 경제 원조 등과 같은 역할은 긍정적으로 볼 필요가 있지만, 이면에 내재되어 있는 국내에서의 정치적·군사적·문화적 지배 의도 역시 파악할 필요가 있다는 것으로 해석된다.

아울러 한국 중등학교 학생들의 역사의식에 대한 설문조사 분석 결과는 다음과 같다. 첫째, 학생들의 역사지식습득에 영향을 미치는 매체는 TV다큐멘터리나 역사드라마(40%)로 역사교과서나 역사교사의 영향을 상대적으로 미미하다는 점이다. 둘째, 중국의 동북공정에 대한 학생들의 인지도는 매우 낮아 전체 응답자 중에서 383명(96%)가 모른다고 답하였다. 이는 시험과 성적 위주의 학교교육이 학생들의 역사인식의 형성과는 반비례한다는 사실을 보고주고 있다. 셋째, 중국에 대한 국가이미지는 보통(146명, 62%)이며, 긍정적인 응답을 한 학생들보다 부정적인 응답을 한 학생들이 많았다. 중국에 대한 이미지에 영향을 미치는 매체로는 TV다큐멘터리나 역사드라마가 가장 많은 188명(47%)이며, 역사관련 서적이라고 답한 학생은 한 명도 없는 것을 볼 때, 학생들의 역사에 대한 인식이 학교의 역사교육보다는 대중매체를 통해 형성된다는 사실을 알 수 있다.

역사적 스테레오타입 연구방법을 적용시킨 교과서 분석은 교과서에 서술된 과거에 있었던 역사적 사실만을 분석대상으로 하는 것이 아니라, 텍스트, 교과서 집필자, 피교육자(학생) 모두가 해당된다. 이러한 분석방법은 역사교과서의 서술내용이 과거 사실에 대한 기록이라는 인식의 한계를 극복하고 텍스트와 교과서 집필자, 학생(피교육자) 가운데 내재되어 있는 역사의 현재적 이미를 해석하는데 중요한 도구가 될 수 있다.102) 그리고 스테레오타입 교과서분석은 특정 세대에 출판된 교과서분석으로 한정되는 것이 아니라 역사 속에서 교과서가 처음으로 출간된 때로부터 현재에 이르기까지 연속성을 가지기 때문에 시대별, 단계별 비교분석이 가능하다. 아울러 이러한 분석방법은 역사교과서 서술이 지향하는 내용의 객관성과 공정성, 정확성을 일정정도 향상시키는 데에도 기여할 것이다. 비록 본 연구에서는 양국 역사교과서의 내용분석을 통한 이미지의 파악, 그리고 한국 중등학생의 역사의식에 대한 설문조사에 제한되었지만, 스테레오타입 교과서 분석이 체계적이고 설득력 있는 교과서 분석방법으로 자리 잡을 수 있도록 지속적인 연구를 수행해 나가고자 한다.

---

102) 서인원, 「고등학교 국사교과서에 나타난 '민족'론의 시론 - 역사적 스테레오타입 연구방법론을 바탕으로 -」, 『역사교육의 이론과 실제: 어떻게 만날 것인가(동국역사교육학회 창립학술대회)』, 2009, pp.92~109.

대한민국 중등학교 역사교육이 중국이라는 국가이미지에
어떤 영향을 끼치는가에 대한 의식조사

Ⅰ. 조사 목적 : 역사교육이 국가이미지에 끼치는 영향에 대한 분석

Ⅱ. 조사 방법 및 대상

 1. 조사방법 – 설문지 조사

 2. 조사대상 – 경기도 일원 고등학생 400명

Ⅲ. 조사내용 : 설문 문항

 1. 다음 중 역사지식의 습득에 가장 큰 영향을 미친다고 생각하는 것을 차
  례로 고르세요.

   (   )

   ① 역사교과서　　② 역사 선생님　　③ TV 다큐멘터리나 역사드라마

   ④ 인터넷 정보　　⑤ 역사관련 서적

 2. 동북공정의 내용에 대하여 알고 있나요? (① 있다 ② 없다) 알고 있다면
  동북공정에 대한 정보는 어떻게 알게 되었나요?

   ① 역사교과서　　② 역사 선생님　　③ TV 다큐멘터리나 역사드라마

   ④ 인터넷 정보　　⑤ 역사관련 서적

 3. 동북공정에 대한 자신의 견해는 어떤가요?

   ① 매우 비판적이다　　② 비판적이다　　③ 모르겠다

   ④ 긍정적이다　　　　⑤ 매우 긍정적이다

   그렇다면 왜 그렇게 생각하나요?(   )

 4. 평소 중국에 대한 이미지는 어떤가요?

   ① 매우 긍정적　② 긍정적　③ 보통　④ 부정적　⑤ 매우 부정적

   그렇다면 그 이유는 무엇입니까?(   )

5. 그러한 이미지가 형성되는데 영향은 미친 요인은 무엇입니까?

　　① 역사교과서　　② 역사 선생님　　③ TV 다큐멘터리나 역사드라마

　　④ 인터넷 정보　　⑤ 역사관련 서적

6. 학교에서 받는 역사교육에서 중국사에 대한 분량과 내용에 대하여 어떻게 생각하나요?

　　① 매우 충분하다　　② 충분하다　　　③ 보통이다

　　④ 불충분하다　　⑤ 매우 불충분하다

7. 학교 역사수업을 통하여 형성된 자신의 중국에 대한 이미지는 어떤가요?

　　① 매우 긍정적　② 긍정적　③ 보통　④ 부정적　⑤ 매우 부정적

8. 현재 우리나라에 가장 우호적인 나라와 우호적인 나라는 어느 나라라고 생각합니까?

　　① 중국　　② 일본　　③ 미국　　④ 북한　　⑤ 러시아

　　적대적인 나라(　　　　　　　　), 우호적인 나라(　　　　　　　)

　　그렇다면 그 이유는 무엇입니까?(　　　　　　　　　　　　　)

9. 장래 한국의 발전과 번영에 가장 위협적인 나라는 어느 나라라고 생각하는가요?

　　① 중국　　② 일본　　③ 미국　　④ 북한　　⑤ 러시아

10. 역사적으로 우리나라의 문화형성에 가장 큰 영향을 끼친 나라를 고르세요.

　　① 중국　　② 일본　　③ 미국　　④ 러시아　　⑤ 인도

제2절
중국 조선족의 정체성과
중국의 역사 만들기

Ⅰ. 머리말

　1982년 일본의 역사교과서 파동 이래 한국과 중국은 일본의 역사왜곡에 대하여 공동보조를 취해 왔다. 그러나 중국 정부는 2002년부터 추진하기 시작한 이른바 "東北工程"을 계기로 고조선, 고구려, 발해로 이어지는 한국고대사의 흐름을 전면 부정하고 이들 한국의 고대국가들을 중국의 지방 정권이라고 주장하기 시작했던 것이다.

　중국 교과서는 중국이 한 번도 침략전쟁을 하지 않았다고 가르치고 있으며, 많은 중국 학생들은 일본이 제2차 세계대전에서 패한 이유도 미국 때문이 아닌 중국의 저항운동 때문이라고 믿고 있다. 중국 학생들은 특히 중국 마오쩌둥이 주도한 1950년대의 대약진운동 과정에서 정책이 실패해 약 3000여만 명이 기근으로 숨졌다는 사실은 배우지 못한다. 중국의 역사 교과서들은 또 지난 1989년 수백 명의 시민들이 중국 군대의 강경 진압으로 숨진 천안문 사태에 대해서도, 단지 공산당을 전복하기 위해 소수에 의해 부추겨진 사태라고만 기술할 뿐 사망자 수에 대해서는 전혀 언급하지 않고 있다. 중국이 일본의 역사 왜곡에 대해 비난하고 있지만, 정작 자국의 역사 교육도 왜곡이 심각한 수준이다. 중국 교과서는 민감한 역사적 사실에 대해서는 아예 가르치지 않고 있다. 중국에는 공산당 정부가 국민들에게 진실을 말하지 못하는 매우 민감한 주제들이 있기 때문이다. 중국에서 역사는 정치적인 도구로 쓰이고 있고, 고등교육 과정도 이 지침을 따르도록 되어 있는 것이다. 중국의 소수민족 문제와 관련하여 중국의 티베트 침공과 티베트의 독립 요구와 같은 민감한 역사적 사실들을 가르치지 않는 이유도 거기에 있다.

　중국은 지난 2002년부터 동북공정, 즉 중국 동북부 변경 지역의 역사와 민족문제에 대해 연구하는 국책 사업을 해 왔다. 그 핵심 사업 내용 가운데 하나가 과거 만주까지 진출했던 고구려가 중국의 변방 정권이었다는 것이다. 중국에서 채택률이 가장 높은 인민교육출판사의 세계사 교과서는 고구려를 비롯한 신라, 백제, 고려, 조선의 역사가 모두 빠져버렸고, 조선어로 된 연변교육출판사의 2005년 9월부터 사용되는 세계사 교과서에서도 이 부분이 제외됐으며 올해 새로 개정된 고교 역사교과서에서도 한국사 부분이 제외되었다.[103] 이러한 중국 정부의 일련의 조치들은 중국 정부에 의해 1995년부터 시행된 "하 · 상 · 주 단대공정(夏 · 商 · 周 斷代工程)"[104] 및 2002년부터 시작된 "동북공정"과 밀접한 관련이 있다. 전자는 중국의 역사시대를 1,200년 소급시킨 작업이며, 후자는 고조선, 고구려, 발해 등 한국고대사를 중국사에 편입시키려는 의도를 가지고 있기 때문이다.[105] 아울러 중국 정부와 역사학계는 최근 "황하문명"보다 약 2,000년 앞선 "요하문명론"을 새롭게 주창하고 있다.[106] 중국의 "역사만들기"는 이렇게 전폭적인 중앙정부의 지원 아래 치밀하고 조직적으로 진행되고 있는 것이다.

국내 학계에서는 지금까지 동북공정 이후 중국의 역사교과서를 분석한 논문들은 많이 나왔지만, 중국 정부가 추진하는 일련의 역사공정들의 의미를 파악하고 그것을 중국 조선족 역사교과서와 관련시켜 연구한 본격적인 성과는 나오지 않고 있는 실정이다.[107] 필자는 이와 관련하여 동북공정 이전의

103) 이에 대해 남한 정부와 학자들은 강력히 반발하고 있지만, 중국은 최근 중국의 고구려 문화유적이 북한의 것과 함께 세계문화유적으로 등재된 것을 기념해 고구려 기념우표까지 발행하였다. 연합뉴스, 2005. 10. 10.
104) 岳南 저/심규호, 유소영 역, 『夏 · 商 · 周 斷代工程 1, 2』, 일빛, 2005.
105) 국제교과서연구소 편, 『중국 고대사연구 - 어제와 오늘』, 국제교과서연구소 제15차 국제교과서 학술회의 발표논문집, 2008, pp.19~50.
106) 우실하, 『(동북공정 너머)요하문명론』, 소나무, 2007; 우실하, 『동북공정의 선행작업들과 중국의 국가전략』, 도서출판 울력, 2004.
107) 2003년 국사편찬위원회에서 출간한 『한국사론 38: 중국교과서의 한국사 인식』에는 중국의 역사교육에서 한국사가 어떻게 다루어지고 있는지에 대하여 분석한 몇 편의 연구논문이 실려 있는데 그 구체적인 제목은 아래와 같다: 오병수, 「중국 중등학교 역사교육과정의 성립과 변천」, 『한국사론 38: 중국 교과서의 한국사 인식』, 국사편찬위원회, 2003; 박영철, 「중국 역사교과서의 한국사서술과 그 인식 - 전근대를 중심으로」, 『한국

조선족 역사교과서와 동북공정 이후 출판된 조선족 역사교과서의 내용변화와 그 의도에 대하여 비교분석하려는 작업의 일환으로 먼저 1990년대 초에 출판된 조선족 역사교과서 『중국력사』 제1, 2권에 나타난 한국고대사관련 내용을 분석대상으로 삼았다.[108] 후속 연구에서는 동북공정 이후 출판된 조선족 역사교과서의 내용이 분석대상이다.

본 논문의 구성은 다음과 같다. 머리말에 이은 제2장에서는 중국 조선족의 역사적 정체성을 국가적 정체성과 민족적 정체성으로 구분하여 그 형성배경과 현황을 검토하였다. 제3장에서는 중국 역사교과서 서술의 기본 방향 및 조선족 역사교과서인 『중국력사』 제1, 2권에 나타난 한국고대사관련 서술내용과 특징, 의도 등을 분석하였으며, 끝으로 맺음말에서는 중국 조선족의 정체성과 중국 정부가 지향하는 일련의 "역사공정"에 대한 대응책을 제시하였다.

Ⅱ. 중국 조선족의 역사적 정체성

중국과 한국은 유사 이래로 정치 · 경제 · 문화 등 제 분야에서 밀접한 관계를 가지고 발전하였다. 한민족의 선조들은 일찍이 중국 동북지역에 고조선 · 고구려 · 발해 등 고대국가를 세웠으며, 『요사(遼史)』·『고려사』·『료동지(遼東志)』 등의 역사 문헌들은 요(遼) · 금(金) · 원(元) · 명(明) · 청(淸) 제국 등 어느 시기에나 적지 않은 우리 민족이 중국에서 살고 있었다는 기록을 남기고 있다. 그러나 그들 중 절대 다수가 수많은 세월이 흐르

사론 38: 중국 교과서의 한국사 인식』, 국사편찬위원회, 2003.
108) 분석대상인 『중국력사』는 의무교육 3, 4년제 초급중학교 교과서(시용)로서 1992년 인민교육출판사 역사편 집실에서 번역 및 교정 작업을 거쳐 당해 연도에 중국 동북조선인민출판사에서 간행되었다.

면서 만족이나 한족에서 동화되고 말았다.

오늘날 중국 조선족은 지금으로부터 약 200년 전부터 새로운 삶의 터전을 찾아 두만강, 압록강을 건너 중국에 정착한 사람들과 그의 후손들이다. 그러므로 중국의 조선족은 대대로 중국 땅에서 살아온 그런 토착민족과는 달리 한반도에서 이미 근대 민족적 정체성이 형성된 뒤 중국으로 이주한 사람들로서 그 성격으로 보아서는 구한말 러시아, 일본, 미국 등지에 이민을 갔던 우리 동포들과 별로 다를 바가 없다.

그동안 그들은 청나라의 봉금책으로 수백 년간 묵여 두었던 땅을 일구어 논밭을 만들고 삶의 터전을 만들어야 했으며 청나라 정부의 동화정책과 중화민국 시기 봉계군벌(奉系軍閥)의 탄압, 일본 제국주의의 민족동화정책 등과 싸워 민족의 생존권을 확보해야 했다. 더욱이 중국 동북지역의 조선족 거주 지역은 오랫동안 반일 무장투쟁의 주요한 근거지 및 전쟁터였으므로 중국 조선족의 역사는 말 그대로 처절한 민족의 수난사이자 생존사로 점철되어 있다.

1910년 을사늑약을 전후로 하여 한국의 많은 우국지사들도 중국으로 건너왔다. 그러므로 이때부터의 이민은 단순한 살기위한 움직임만이 아니라 나라를 찾기 위한 정치적 망명 성격을 띤 이민자도 적지 않았다.[109] 1910년대에 중국으로 이주한 반일지사들과 초기 이민들은 즉각적인 항일투쟁보다 우선 학교를 설립하고 후세에 대한 교육을 통하여 애국심을 불러일으키는 것이 급선무라고 생각하였다. 이리하여 1906년 이상설, 이동녕 등이 먼저 용정에다 서전서숙을 설립했으며, 그 뒤에는 명동학교, 창동학교 등 수많은

---

109) 당시 중국 동북에 거주하는 조선인들의 인구집계를 보면 1907년에 7만 명이였다면 한일강제합병을 선포한 1910년에는 10만 명을 초과하였고, 1916년에는 20만 명을 넘었으며, 1920년에는 45만 9천명에까지 이르렀다고 하였다. 이것을 보면 이때부터 중국으로의 이민은 단순히 살길을 찾아 온 것이 아니라 일제통치를 피해 오거나 반일을 위해 온 사람들도 적지 않았다는 것을 의미한다. 정신철, 「중국 조선족 문화와 교육발전의 현황 및 대책」, 『중국조선족의 중간 집단적 성격과 한중관계』, 백산자료원, 2007, pp.260~261.

학교가 세워졌으며, 1919년에는 군사인재양성에 목적으로 한 신흥무관학교까지 세워졌다.[110]

1919년 서울에서 3.1운동이 일어나자 중국 조선족 거주 지역에서 항일운동은 새로운 단계에 접어들게 되었다. 재중 조선인들은 오직 무장투쟁만이 일본의 침략을 물리치고 민족의 생존권을 찾는 가장 효과적인 수단이라는 것을 인식하고, 1919년 4월부터 중국 동북 각지의 조선인 항일단체들은 무기를 구입하고 무관학교를 세우며 무장단체를 세우기 시작했다. 이 시기 건립된 조선인 항일무장단체 중에서 비교적 규모가 큰 것으로는 서일(西一), 김좌진(金佐鎭)이 이끄는 북로군정서, 홍범도(洪范圖)가 이끄는 대한독립군, 최명록, 박영이 이끄는 군무도독부, 삼원포에서 조직된 독립단 등이며, 이외에도 왕청의 의군단, 훈춘의 청년단, 장백의 독립군비단 등이 있었다. 이러한 항일무장단체들은 일본군과의 전투에서 큰 승리를 거두어 민족의 독립의지를 드높이기도 했는데, 가장 유명한 전투로는 '봉오동전투'와 '청산리대첩'이다. 그러나 참패를 당한 일본군은 중국 군벌정부와 결탁하여 일본군이 직접 연변 등 중국 조선민족 거주지에 출병하여 조선인 항일부대들을 소멸할 계획을 세웠다. 그들은 소위 불령선인(不逞鮮人)들이 일본 영사관을 습격했다는 이른바 훈춘사건을 조작한 후 이를 구실로 자기의 침략군을 직접 중국 동북지역에 보내 중국 경내에 있는 우리 민족에 대하여 대학살을 감행하였다. 이것이 곧 '경신년 대토벌'이다.

1931년 9.18사변이 일어난 뒤 중국 동북지방은 일본의 완전한 식민지로 전락하였다. 이어 일본은 1937년 7월 7일 '노구교사건'을 일으켜 중국에 대한 전면적인 전쟁을 감행하였다. 일본의 전면적인 대중국 침략전쟁과 함께

---

110) 1910년대에 이렇게 반일을 목적으로 한 학교가 연변에만 해도 72개소가 되었으며 1926년에는 191개소로까지 늘어났다. 같은 논문, p.263.

중국은 전면적인 항일전쟁기에 들어섰다. 주로 중국 동북지구에 거주하고 있던 재중 조선인들은 9.18사변 후 반일유격대를 조직하여 광복이 오는 날까지 무장투쟁을 전개하였다. 특히 1930년대 중엽 조선인 유격대들은 통일적인 동북항일연군이 조직되면서 이에 가담하여 중국인들과 함께 항일무장투쟁을 지속해 나갔다. 결국 한민족은 1945년 8.15광복을 맞이했지만 중국에 사는 동포들에게는 그다지 큰 기쁨을 가져다주지 못했다. 광복의 기쁨과 흥분은 며칠 지속되지 못하고 중국은 또 다시 국민당과 공산당의 내전에 휩싸였다.

1949년 내전이 끝나고 중화인민공화국이 창건되면서 중국 조선족의 삶에서 일어난 가장 획기적인 변화는 중국 조선족이 중국의 소수민족의 하나로서의 법적 지위가 확보된 것이다. 물론 중화인민공화국이 창건되기 이전에도 중국 공산당은 줄곧 중국 경내에서 살아온 조선족을 중국의 소수민족의 하나로 인정해왔으며, 민족평등정책을 실시해왔다. 그러나 중화인민공화국이 창건된 뒤 중국조선족은 모두가 중화인민공화국의 공민으로 되었으며 헌법에 규정된 모든 공민의 권리를 행사할 수 있게 되었다. 그리고 중화인민공화국이 창건된 뒤 소수민족들이 집거하는 구역에서는 구역자치를 실시할 수 있다는 규정에 따라 조선족도 자기들의 거주지에서 구역자치를 실시하기 시작했다. 중국에는 지금 조선족 자치구 1개, 자치현 1개, 자치향 21개 있다. 자치권의 기본내용에는 자치조례를 제정할 수 있으며 정부기관에는 일정한 비례의 민족 간부가 있어야 한다는 점, 그리고 민족의 언어와 문자를 사용할 권리를 가진다는 것이 모두 법으로 규정되었다.

오늘날 중국 조선족의 이민사는 비록 200년 정도 되지만 조선족의 대다수가 여전히 자기의 말과 문화를 고스란히 보존하고 있다. 그리고 중국 조선족의 대다수는 지금도 여전히 농업에 종사하고 있기는 하지만 경제상으로

나 문화, 교육 등 제반 사업에서 국내 다른 소수민족에 비해 발전된 상태에 있다. 이러한 역사적 과정에서 중국 조선족은 점차 중국을 자기 삶의 유일한 고장으로 여기게 되었고, 또 자신의 운명과 중국의 운명을 함께 놓고 생각하게 되었다. 그리하여 중국의 조선족은 중국에 있어서 하나의 소수민족으로 자신을 재중 조선교민, 재중 한인이라고 하지 않고 중국 조선족이라고 부르고 있다. 이제 중국 조선족에게는 재중 조선인이라는 민족적 정체성과 함께 중화인민공화국의 공민으로서의 국가적 정체성이 확립된 것이다.

Ⅲ. 조선족『중국력사』교과서의 한국관련 내용

1. 역사교과서 서술의 기본방향과 교과서의 내용구성

중국 정부는 1986년 7월 1일부터 9년제 의무교육을 실행하면서 1994년 4월「九年義務敎育全日制初級中學歷史敎學大綱」을 공포하였다. 여기에는 1978년의「歷史敎學大綱」보다 두드러지게 변화된 내용을 찾아 볼 수 있는데, 그것은 중국의 개혁·개방 이후 자본주의 시장경제의 도입 및 1989년부터 시작된 동구권의 몰락 - 독일통일과 소련의 해체 등 - 으로 인한 사회주의 조국에 대한 위기감과 중국 청소년들이 서양의 첨단 물질문명을 접하면서 빠져들 수 있는 자기비하를 방지하고 민족적 자존심을 고취하려는 중국 정부의 의지가 반영되어 있는 것으로 평가된다. 몇 차례의 수정을 거쳐 완성된 1992년의「歷史敎學大綱」에 규정된 역사교육의 목적은 다음과 같다. 첫째, 단순한 역사적 사실의 습득뿐만 아니라 역사현상 자체를 학생들이 이해할 수 있도록 한다. 둘째, 중화민족의 우수한 전통을 계승·발전시키고 조국의 사회주의 건설에 분투하는 역사적 책임감을 기른다.

셋째, 국제사회의 변화와 발전을 정확히 파악할 수 있는 국제적인 안목을 형성한다. 이처럼 1992년의 「歷史敎學大綱」은 중국의 개혁·개방 이후 변화된 사회·경제적 상황을 반영하고 있다는 특징을 보인다.[111]

필자가 분석대상으로 선택한 자료는 중국 조선족 자치주에서 사용되고 있는 한글판『중국력사』제1, 2권이다. 이 교과서는 의무교육 3,4년제 초급중학 교과서(시용본)『中國歷史』第1, 2冊(1992년 3월 출판)으로, 이것은 중국 인민교육출판사에서 출판한 중국어 교과서를 인민교육출판사 역사편집실에서 조선어로 번역한 교과서이다. 그리고 동북조선민족교육출판사에서 간행되었다(번역: 최창성, 김순림/교열: 김항성, 김철송/책임편집: 최창성). 이 교과서는 중국 국가교육위원회에서 제정한 〈9년제 의무교육 전일제 초급학교 력사교수요강〉에 근거하여 편집되었으며, 28개 성, 시, 자치구의 지정한 학교에서 2년간 실험하고 국가교육위원회 교과서심사위원회의 심사를 거쳐 1992년 초기부터 전국에서 보편적으로 사용하기로 결정되었다. 역사교과서 한질은 도합 6권인데 그 중『중국력사』가 4권이고,『세계력사』가 2권이다. 그리고 9년제 의무교육학제에 따라 한 학년에 2권씩 교수하게 하였다. 이들 교과서는 학생들의 자질제고, 특히 학생들에 대한 국정교양으로부터 착수하여 조국을 사랑하고 중국공산당을 사랑하며 사회주의 사업을 사랑하고 네 가지 기본원칙과 개혁개방정책을 견지하도록 학생들을 교양하는데 착안점을 두고 있다. 그리고 또 학생들의 능력을 배양하고 학생들을 교양하는데 착안점을 두고 편집되었다.[112] 또한 이 교과서를 사용하는 학교들에서

---

111) 國家敎委基礎敎育司 編,『九年義務敎育全日制初級中學 歷史敎學大綱(試用)學習指導』, 人民敎育出版社, 1994, pp.14~15.

112)『중국력사』제1권의 서문에 해당하는 "설명"에는 중국 여러 지역의 교육발전이 불균형한 정형에 비추어 각이한 지구의 학교의 각이한 요구에 적응하기 위하여 이 교과서의 내용을 아래와 같이 몇 개 부분으로 나누었음을 설명하고 있다. 첫째, 책의 본문 부분은 기본요구부분으로서 학생들이 반드시 파악해야 할 내용이다. 둘째, 교과서에서 인용한 원시적 자료와 도표는 극소부분만 학생들이 파악하게 하여야 한다. 나머지 부분은 여러 학교들에서 실정을 보아가며 학생들이 파악하도록 요구를 높일 수 있다 셋째, 교과서에 있는 이체자, 그림

는 반드시 이 교과서에 따르는 "의무교육 3,4년제 초급중학교 교원 력사교수용서(사용본)"를 사용하여야 한다는 규정을 두고 있다. 이 책에서 인용한 원시적 자료, 도표, 지도와 그림에서 어느 것을 학생들에게 파악, 식별하게 하겠는가에 대하여서는 "교원의 력사교수용서"에 있는 매 과의 "교수 요구와 건의" 부분에서 모두 똑똑히 설명하고 있음도 밝히고 있다.

역사교과서 제1권 제1과의 제목은 "력사는 우리에게 무엇을 알려주는가?"이며 역사학습의 목적을 아래와 같이 서술하고 있다.

> 사회주의 조국을 위하여 자기의 힘을 이바지하려는 염원, (...) 염원의 실현은 자각적으로 양호한 사상품성을 양성하여야 한다. (...) 력사학습은 사상품성의 배양에 대하여 중요한 역할을 일으킨다. (...) 조국의 유구하고 찬란한 력사는 우리들의 강렬한 애국열정과 민족적 자부심을 불러 일으킬 수 있다. (...) 력사학습은 우리들로 하여금 중국공산당을 따라 빛나는 사회주의 큰 길로 나아갈 신념을 확고히 다지게 할 수 있다.[113]

아울러 『중국력사』 제1권은 "태고시기로부터 남북조시대까지"의 역사를 27개 과로 나누어 서술하고 있으며, 『중국력사』 제2권은 "수나라 왕조에서 명제국의 건국까지"를 다루고 있는데, 그 구체적인 구성은 【표 1】과 같다.

【표 1】 중국 조선족 역사교과서 『중국력사』 제1 · 2권 목차

중국력사(제1권)			중국력사(제2권)		
단 원	차	례	단 원	차	례
제1과	력사는 우리에게 무엇을 알려주는가?		제1과	한시기 번영한 수조	

설명과 주해는 기본요구에 들지 않는다. 그러나 여러 학교에서는 자기의 실정에 비추어 학생들에게 더욱 높은 요구를 제기할 수 있다. 넷째, 이 책의 특점의 하나는 삽화(채색삽화와 흑백삽화)와 지도가 많은 것인데 그 목적은 학생들의 직관적인 느낌을 강화하려는데 있다. 동북조선민족교육출판사 편, 『중국력사 1』, 1992, pp.1~2.

113) 동북조선민족교육출판사 편, 『중국력사 1』, 1992, pp.2~3.

제2과	조국경내의 태고인류	제2과	"정관의 통치"로부터 "개원의 성세"에 이르기까지
제3과	씨족공동체시대의 주민	제3과	성세시기의 경제번영
제4과	하조와 상조의 노예제왕조	제4과	"화목한 한집안으로 되였다"
제5과	노예제도가 발전한 서주	제5과	"온 천하에 벗이 있다"
제6과	중화문명의 산생과 발전 - 하·상·서주의 과학과 문화	제6과	당조의 쇠퇴와 멸망
제7과	춘추5패	제7과	봉건문화의 고봉 1 - 과학기술의 발달, 종교의 흥성
제8과	전국7웅	제8과	봉건문화의 고봉 2 - 천고에 빛나는 문단
제9과	대변혁시기의 사회경제	제9과	봉건문화의 고봉 3 - 찬란한 예술
제10과	전례없이 번영한 춘추전국 시기의 문화 1 - 로자, 공자와 제자백가	제10과	5대 10국의 교체와 북송의 정치
제11과	전례없이 번영한 춘추전국 시기의 문화 2 - 선진적인 과학기술과 찬란한 문학예술	제11과	료, 서하와 북송의 정치
제12과	진시황이 6국을 통일	제12과	녀진족의 륭성과 료, 북송,의 멸망
제13과	진조말년의 농민전쟁과 초한전쟁	제13과	금과 남송의 대치시기의 중국
제14과	서한의 흥성	제14과	5대, 료, 송, 하, 금의 사회경제 1
제15과	동한의 통치	제15과	5대, 료, 송, 하, 금의 사회경제 2
제16과	량한의 경제와 사회생활	제16과	원조의 통치
제17과	량한과 흉노간의 화친 및 싸움	제17과	원조의 사회경제와 대외래왕
제18과	량한시기 서역에 대한 우영 및 대외관계	제18과	고도로 발전한 송원시기의 문화 1 - 고대 과학기술발전의 고봉
제19과	진한시기의 번영한 문화 1 - 세계의 앞장에 선 과학기술	제19과	고도로 발전한 송원시기의 문화 2 - 력사학과 문학에서 거둔 중요한 성과와 서원의 성행
제20과	진한시기의 번영한 문화 2 - 사상령역에서의 투쟁과 종교의 전파	제20과	고도로 발전한 송원시기의 문화 3- 예술, 체육과 종교의 새로운 발전
제21과	진한시기의 번영한 문화 3 - 력사학, 문학과 예술의 큰 발전	제21과	명조 군주전제의 전례없는 강화
제22과	3국 정립	제22과	희소한 자본주의 맹아
제23과	서진과 동진	제23과	대외래왕이 빈번한 시기

제24과	불안정한 시국에 발전한 남조	제24과	몽골의 막북에서의 웅거, 만주의 흥성
제25과	북조시기 민족의 대융합	제25과	명조말기 농민전쟁
제26과	3국, 량진, 남북조 시기의 문화 1 – 과학기술의 중대한 성과 및 불교와 반불교의 투쟁	제26과	선명한 시대적 특색을 갖고있는 명조의 문화 1 – 진보적인 과학기술과 사상
제27과	3국, 량진, 남북조 시기의 문화 2 – 시가가 발전하고 예술이 빛을 뿌리다	제27과	선명한 시대적 특색을 갖고있는 명조의 문화 2 – 소설, 극의 번영과 서예, 회화의 성과
부 록	중국력사왕조표 (하조부터 수조까지)	부 록	중국력사기년표 (수조로부터 청조까지)

2. 역사교과서 내용분석

중국 조선족 역사교과서『중국력사』제1권에 처음으로 나타나는 한국관련 서술은 황제(黃帝)와 치우(蚩尤)의 싸움, 즉 탁록대전(涿鹿大戰)이다.[114] 그럼 먼저 교과서에 서술된 내용을 살펴보자:

후에 황제종족과 서쪽의 염제종족이 연합하여 남방의 치우종족을 격파하였다. 황제종족동맹과 염제종족동맹은 하나로 결합된 후 장기간의 발전을 거쳐 이후 의 화하(華夏)족으로 형성되였다.[115]

교과서 본문에서 보면, 황제와 염제의 연합이 '남방의 치우종족'을 격파하 였다는 내용이 나온다. 이는 치우종족이 중국의 남방계 민족이라는 의미이 며, 실제로 오늘날 중국 운남성에 살고 있는 묘족(苗族)은 자기들이 중원평 원을 통치한 치우천왕의 후손이며 모든 역사와 문화의 연원이 치우천왕으로

---

114) 김종미, 「中國文獻에 나타나는 '蚩尤'의 이중형상(1)」『중국어문학지』제25집, 중국어문학회, 2007, pp.213~220.
115) 동북조선민족교육출판사 편, 『중국력사 1』, 1992, p.19.

부터 비롯된다고 믿고 있다.[116] 묘족을 말할 때 치우천왕을 빼고 이야기한다는 것 자체가 무의미할 정도로 묘족들은 그들의 시조 치우천왕을 매우 자랑스러운 민족의 영웅으로 이야기한다. 이러한 치우에 대한 사랑과 긍지는 그들의 문화 곳곳에 나타난다. 묘족의 전통 복식과 전통예술 곳곳에서도 치우천왕의 흔적이 역력하다. 예를 들어, 묘족에게는 소뿔(牛角) 모양의 투구를 형상시킨 장식이 많은데, 소뿔(牛角)은 바로 치우천왕과 깊은 관련이 있다. 소뿔(牛角)투구하면 치우천왕이 떠오르기 때문이다.

> 전설에 의하면 황제와 치우와의 싸움은 탁록에서 진행되었다고 한다. 치우는 법술을 써서 밤낮 3일간 안개가 자욱하게 하여 맞은편의 사람도 볼 수 없게 하였다. 황제는 명령을 내려 지남차 한 대를 만들어 방향을 가리게 하여 치우를 격파하였으며 나중에 치우를 붙잡아 죽였다.[117]

대체로 묘족들의 치우천왕에 대한 역사인식에는 "황제가 치우를 잡아 죽였다"는 사마천의 사기(史記)의 내용을 믿는 듯하다. 물론 여기에 대해 의구심을 갖는 묘족의 사학자들이 다수 있지만, 묘족들은 치우천왕이 황제 헌원에게 잡혀 죽임을 당하고 중원의 땅에서 쫓겨나 지금의 중국 남부지역에서 살아가고 있는 것이라고 생각한다.[118] 이는 우리의 역사서인 『규원사

---

116) 『환단고기(桓檀古記)』의 내용은 다음의 네 가지 사서, 즉 『삼성기(三聖記)』, 『단군세기(檀君世記)』, 『북부여기(北夫餘記)』, 『태백일사(太白一史)』를 하나로 묶어 편찬한 것으로, 한국의 상고 및 고대의 역사, 신앙, 풍습, 정치, 경제, 예술, 철학에 대한 내용이 들어 있다. 이 책은 우리 민족의 역사가 매우 유구함을 강조하고, 기자(箕子)를 부정하고 있다. 『환단고기』가 세상에 출현한 것은 최근의 일인데, 편찬자 계연수는 제자 이유립에게 경신년(1980)에 이 책을 공개하도록 부탁하였다고 한다. 그래서 이 책은 1979년에 영인된 뒤, 일본인 카시마 노보루(鹿島昇)라는 사람이 일역을 하고 그 원문을 게재하면서부터 세상에 알려지게 되었다. 이일봉, 『실증 한단고기 - 단군조선과 고구려·백제·신라의 대륙역사』, 정신세계사, 2003, pp.16~18.
117) 동북조선민족교육출판사 편, 『중국력사 1』, 1992, pp.19~20.
118) 묘족들이 치우천왕을 기리며 만든 노래 중에 <蚩尤挽歌>라는게 있는데 그 들의 치우천왕에 대한 역사관과 민족관이 잘 나타나 있다. 천고(千古)의 세월 동안 이어져오는 뛰어난 영웅인 치우천왕은 염제(炎帝)와 황제(黃帝)에 비견되는 인물이며, 다섯 가지의 병기(兵器)를 만들었으며 형(刑)과 법(法)이 치우천왕으로부터 비롯되었으며 화하족(華夏族)의 연맹세력인 염제와 황제연합과 다투어 중원대륙을 석권한 민족의 영웅이라는

화』[119]나 『한단고기』[120]에서 언급되고 있는 치우천왕의 부장(部將)이 급히 공을 세우려다가 진중에서 죽은 것을 화하족의 사가들이 치우천왕을 잡아 죽였다라고 기술하고 있는 것뿐이라고 기록된 것과는 매우 대조적인 인식이다.[121]

치우천왕에 대한 한국 측 자료에 의하면, 치우천황은 바로 동방을 다스리면서 우리의 영토를 가장 넓게 개척한 배달의 14세 자오지 환웅천황이다. 당시 염제 신농씨 나라의 마지막 임금인 8대 유망이 쇠퇴의 길을 걷자, 치우천황은 옹도의 대망을 품고 서방으로 출정하여 모든 제후를 정벌하고 유망의 수도를 함락시켰다. 이 때 서방 토착민의 우두머리였던 헌원이 대신 천자가 되려는 야망을 품고 군사를 일으켜 이에 대항하였다. 그리하여 동방 최초의 국제 전쟁인 '탁록 대전투'가 벌어지게 되었다. 10여 년간 무려 73회의 치열한 공방전이 오고간 이 전투에서 치우천황은 쇠로 만든 투구를 쓰고 갑옷을 입었으며 뛰어난 도술로 큰 안개를 지었다. 당시 치우천황의 군대는 갈로산에서 쇠를 캐어 금속무기를 만들었는데 이 내용이 춘추전국시대에 기록된 『관자』에 전해져 온다. 마침내 전투에서 대승을 거두고 헌원을 사로잡아 신하로 삼은 치우천황은 동방 무신의 시조가 되어 수천 년 동안 동방의 조선족은 물론 중국 한족에게 까지 숭배와 추앙의 대상이 되었다. 하지만 사마천은 '금살치우'라 하여 헌원이 치우를 사로잡아 죽였다고 역사의 진실을 완전히 뒤집어 버렸다. 그리하여 중국이 천자국으로 천하의 중심이고 주변민족은 모두 야만족이라는 중화사관을 만들어 내기 시작한 것이다.

다음으로 중국 조선족 역사교과서에 한국이 언급된 것은 한대(漢代)에 이

것이다. 치우찬가의 원문은 아래와 같다: "千古奇才橫空賢, 可堪幷論炎黃間.五兵刑法君始点, 九黎生氣冲云天.席卷中原華夏聯, 血染江河五千年.英名不因涿鹿敗, 老黑石山百花鮮."

119) 이일봉, 『실증 한단고기 - 단군조선과 고구려·백제·신라의 대륙역사』, 정신세계사, 2003, pp.88~90.
120) 같은 책, p.68.
121) 北崖 저/신학균 역, 『揆園史話』, 명지대학교 출판부, 1985, pp.37~38.

르러서였다. 제18과 '양한시기 서역에 대한 운영 및 대외관계'라는 소제목 하에 한조와 조선의 문화적 교류를 다음과 같이 서술하고 있다.

> 중조 두 나라 인민들은 일찍 3000년 전부터 래왕하였다. 동한시기에 조선반 도의 여러 나라들은 우리나라와 밀접한 관계를 가지고 있었으며 문화교류를 강 화하였다. 한조의 동기주조, 칠기제조 기술이 조선으로 전하여 갔으며 조선의 명마 등 특산물도 중국에 왔다.[122]

> 최근 몇십년 동안에 조선에서 적지 않은 옛 무덤을 발견하였는데 무덤안의 목 관 모양과 매장방식은 한조의 옛무덤과 거의 같았다. 무덤에서 발굴된 청동기 와 철기도 어떤 것은 한조에서 간 것이였다. 이것은 당시 중조문화가 밀접한 관계를 가지고 있었다는 것을 설명한다.[123]

본문에서 보면, 한국과 중국은 일찍이 밀접한 관계를 가지고 문화교류를 해왔다는 점을 강조하고 있는데, 거기에는 앞선 중국 한족의 문화가 한반도 에 일방적으로 전파되었다는 점이 강조되고 있다. 그러나 한제국과 고조선 의 관계사를 생각하면 바로 머리에 떠오르는 것은 한무제와 한사군인데 그 에 대한 서술이 전혀 없다는 점이 특이하다.

이것은 우선 1992년의 「歷史敎學大綱」에 제시된 교과서 서술지침과 관련 이 있는 것으로 보인다. 중국은 역사적으로 장구한 세월에 걸쳐 형성된 한 민족을 주체로 한 다민족 통일국가이며, 교과서의 구체적인 서술내용으로 중시되어야 할 사항은 각 민족간의 상호원조, 공동발전과 함께 계급적 · 민 족적 억압 및 오세의 침략에 저항하는 내용이 충분히 표현되어야 한다는 점 이다. 고조선의 명망과 한사군의 설치는 그러한 지침에 어긋나는 사례이기

---

122) 동북조선민족교육출판사 편, 『중국력사 1』, 1992, p.132.
123) 같은 책, p.132.

때문에 교과서 서술에서 고의적으로 배제시킨 것으로 생각된다. 이는 그 자체로는 역사의 왜곡이라고까지 볼 수는 없겠지만 통일적 다민족국가의 테두리에서 고조선의 역사도 중국사의 일부라는 의도를 내포하고 있다고 볼 수 있는데, 그러한 의도는 교과서에 제시된 지도에서 보다 분명하게 나타나고 있다.

> 진시황은 또 농민들을 징발하여 서쪽의 림도(지금의 감숙 민현)로부터 동쪽의
> 료동에 이르기까지 성벽을 쌓아 흉노를 막게 하였다. 이 성벽이 바로 세상에
> 이름난 만리장성이다.[124]

위의 내용과 함께 『중국력사 1』 84쪽에 제시된 〈지도 1〉[125]은 "기원전 3세기 흉노의 남하 형세도"라는 제목으로 진제국의 영역을 나타내고 있는데, 이미 진나라의 영토가 한반도 서북부 일대에 까지 미치고 있다. 만리장성 역시 한반도의 서북부에까지 표시되어 있는 점을 볼 때 동쪽으로 "료동(요동)"에까지 미친다는 서술은 잘못된 것이다.

또한 교과서 85쪽에 제시된 〈지도 2〉는 "진조의 영역"[126]을 보여주고 있는데, 여기에도 진나라 영역에 한반도의 서북부 지역이 포함되어 있음을 알수 있다.

한반도 일부가 중국의 영토로 표시된 것은 이뿐만이 아니다. 교과서 99쪽의 〈지도 3〉은 "서한의 영역"[127]이라는 제목아래 한반도 이북지방이 한제국의 영토로 표시되어 있다. 그러나 교과서 본문 어디에도 고조선의 멸망과 한사군의 설치에 대한 서술을 보이지 않는다. 교과서 157쪽의 〈지도 4〉 역시

---

124) 같은 책, p.84.
125) 같은 책, p.84.
126) 같은 책, p.85.
127) 같은 책, p.99.

위·촉·오 "3국 정립의 형세도"[128)]에 위나라의 영역이 한반도 이북지역에까지 걸쳐 있음을 볼 수 있다. 지도상으로 볼 때, 교과서 어디에도 한반도 북부지역이 중국 땅이라는 언급은 없음에도 불구하고 한반도 북부지역은 이미 기원전 3세기부터 중국의 영토임을 기정사실화하고 있는 것이다.

결국 지도상에서 나타나고 있는 이러한 영역표시는 결국 한반도는 궁극적으로 중화문명권에 포함되며, 특히 한반도 서북부 지역은 중국의 동북지역과 함께 기원전부터 중국의 범주에 편입되어 있었다는 중국 정부의 의도를 학생들이 무의식적으로 받아들이게 한다는 데 심각한 문제가 제기되는 것이다. 지도를 통해서 중국 정부가 의도하는 바는 한민족은 오랜 옛날부터 중국의 직접적인 지배를 받았으며, 이는 곧 한민족을 독립된 민족적 단위로 인정하지 않는다는 의미이기도 하다.

중국은 이미 1989년 천안문 사태를 기점으로 사회적 통합을 위한 "애국주의" 구호와 함께 중화민족주의가 재등장하는 경향을 나타내기 시작했다. 이는 등소평의 "개혁·개방 정책"의 확대로 불거지기 시작한 중국내 사회적 변화에 기인한 바 크다. 사회계층간의 빈부격차의 심화, 대중사회의 대두와 문화의 다원화, 소수민족들에게서 나타나고 있는 민족정체성의 심화와 서구적 민주화를 지향하는 지식인 계층의 정치집단화 등은 문화적 통합성에 기초한 단일한 중국이라는 중국 정부가 지향하는 국민적 정체성에 대한 중대한 위협이었다. 따라서 중국의 "애국주의" 교육은 결국 중화민족을 중심으로 한 정치적·문화적 통합의 방향으로 나가갈 수밖에 없었던 것이다. 그리고 "애국주의"를 강조하기 위해서는 정치교육보다는 역사교육이 강조되고 있는데, 이는 역사학습을 통한 사회통합 효과를 인식하고 있기 때문이기도 하다. 중국 조선족 역사교과서 역시 전체적인 큰 틀에서 중화민족주의의

128) 같은 책, p.157.

발전과 전개를 기분으로 단원을 구성하고 그러한 틀 안에서 "민족통합"을 강조하고 있다. 이는 결국 영토에 대한 집착으로 나타나기도 한다. 중국 정부가 최근 발해를 자국 영토로 편입시키고, 고구려를 동북지방에 존재하였던 중국의 소수민족정권으로 파악하여 고구려사를 중국사로 편입시켰는데, 위에 제시된 조선족 역사교과서에 수록된 동아시아 지도들은 어떠한 분명한 설명이나 근거 없이 노골적으로 한반도 서북부 지역에 대한 중국의 역사주권을 강하게 드러내고 있는 것이다. 역사교과서에 수록되는 각종 지도들은 역사사실의 설명에 효과적인 자료일 뿐만 아니라 학습자들에게 무한한 상상력과 공간지리적인 인식을 심화시켜주는 역할을 한다. 그러나 교과서에 실린 지도가 국가와 민족이 나누어지는 경계와 구분을 모호하게 하거나 심지어 왜곡한다면 이는 묵과할 수 없는 역사왜곡인 것이다. 중국의 역사교과서 서술과 역사인식이 이처럼 대내적으로는 한족중심주의로, 대외적으로는 중화민족주의를 지향하고 있다는 사실을 매우 우려스러운 현상인 것이다.[129]

사실상 중국 조선족 역사교과서의 한국관련 서술은 매우 제한되고 선택적이기도 하지만 중국과 외국과의 관계, 또는 민족 간의 문제는 국내 계급 간의 갈등을 야기했던 부차적인 사실로 다루어지고 있다. 이를테면, 수나라와 고구려의 전쟁이 그것이다. 다음은 『중국력사』 제2권 제1과 '한 시기 번영한 수조'에 나타난 고구려와 수나라와의 전쟁관련 서술이다.

> 수양제는 세 차례나 고구려에 대하여 전쟁을 도발하였으나 모두 실패하였다. 출병하기 전에 그는 100만에 달하는 민공과 병사를 뽑아 배를 수리, 건조하고 군량을 수송하게 하였다. 끊임없는 부역과 병역으로 하여 수천수만 농민들이 할 수없이 고향을 등지고 떠다니게 되었으며 많은 밭이 묵게 되었다. 농민들은

---

129) 오병수, 「중국 중등학교 역사교육과정의 성립과 변천」, 『한국사론 38: 중국 교과서의 한국사 인식』, 국사편찬위원회, 2003, p.47.

나무껍질과 들나물로 끼니를 에웠으며 지어 사람을 잡아먹는 참극이 발생하였으며 끝내 대규모적인 농민봉기가 일어났다.[130]

위의 서술에서도 알 수 있는 바와 같이 고구려와 수나라의 전쟁이 논의의 핵심이 아니라 폭군 수양제로 인해 고통 받는 인민들의 모습과, 이어 벌어지는 농민봉기가 강조되고 있다. 수나라를 멸망으로 이끌었던 고구려와의 전쟁은 계급투쟁과 수나라의 멸망을 설명하기 위한 보조적인 기능을 하고 있다. 수나라와 고구려와의 전쟁에 대한 서술은 아이러니하게도 전쟁 자체에 대한 서술이 아닌 것이다. 계급투쟁은 본래 민족주의를 배척하거나 초월하는 경향을 가지고 있지만, 중국 교육당국은 마르크스주의 이데올로기와 중화민족주의를 둘 다 포기할 수 없다는 의도에서 두 마리의 토끼를 다 잡으려다 둘 다 놓치는 우를 범하고 있다. 그것은 즉, 역사교과서 전체를 아우르는 서술의 기본 방침이 통일적 다민족국가의 틀에 합목적적인 내용이어야 한다는 점이다. 그러나 그 실제적 내용에 있어서 교과서 서술의 기본 틀은 "통일적 다민족국가"가 아닌 "한족이 중심이 된 다민족국가 중국"인 것이다. 그러한 교과서 서술상의 난점 즉, 계급투쟁과 중화민족주의를 둘 다 만족시키기 위한 시도는 중국 역사교과서가 계속해서 서술상의 모순을 완전히 극복하지 못하고 있음을 보여주고 있다.[131]

한편 발해와 관련된 조선족 역사교과서의 서술은 『중국력사』 2권 제4과 "화목한 한 집안으로 되었다"라는 제목 하에 다음과 같은 내용을 찾아 볼 수 있다.

---

130) 동북조선민족교육출판사 편, 『중국력사 2』, 1992, p.6.
131) 최근 중국 측의 연구경향을 보면, 통일적 다민족국가의 강조는 심지어 북방 유목민족과 한족간의 전쟁을 한 집안내의 형제들 간의 싸움이라든가, 한 무제의 한사군 설치나 당이 고구려를 멸하고 군현을 설치한 것을 민족평등의 원칙에 어긋난 일이라고까지 조심스런 해석을 하고 있다. 그러나 이를 뒤집어 보면, '통일적 다민족국가'는 실제로 한족이 지배하고 있는 다민족국가라는 사실을 은연중에 드러내고 있기도 한 것이다. 박영철, 「중국 역사교과서의 한국사서술과 그 인식 - 전근대를 중심으로」, 『한국사론 38: 중국 교과서의 한국사 인식』, 국사편찬위원회, 2003, p.53.

수당시기 송화강과 흑룡강 일대에 말갈족이 거주하고 있었다. 7세기 중엽 이후 말갈의 속말종족이 강대해졌다. (...) 7세기 말엽에 속말종족의 수령 대조영은 여러 종족들을 통일하고 정권을 세웠다. 8세기 전기에 당현종은 대조영을 발해군왕으로 책봉하였다. 이때로부터 속말갈 정권의 국호를 발해라고 불렀다. 발해는 경제가 발달하였으며 내지와의 무역왕래가 빈번하였다. 서울 상경은 장안성을 본따 건설하였다. 발해는 문화가 비교적 발달하였기에 력사에서는《해동성국》이라고 칭하였다.[132]

대조영은 발해정권을 세운 시초부터 여러 번 귀족의 자제들을 장안에 파견하여 학습하게 하였다. 그들 중의 많은 사람은 후에 발해정부에서 요직을 담당하였으며 힘써 중원의 문화를 전파하였다. 한 발해왕자는 장안에 와서 학습하였는데 그의 문학적 재능은 중원 문인들의 호평을 받았다. 그때 저명한 시인 은정균의 시《발해 왕자를 고국에 보내며》가 바로 그를 노래한 것이다.[133]

한국 역사교과서에는 발해를 건국한 대조영은 고구려의 유민이며, 발해는 고구려를 계승한라고 서술되어 있다. 아울러 "발해의 건국으로 남쪽의 신라와 북쪽의 발해가 공존하는 남북국의 형세를 이루었다"고 하여 분명히 한국사의 영역 안에 포함하고 있다.[134] 그러나 중국 교과서의 발해사 서술은 한국과는 너무나 대조적이다. 대조영은 말갈족의 수령이며, 당 현종은 지방 소수민족 정권의 실력자 대조영을 당제국의 일부인 "발해군왕"에 책봉하였다는 것이다. 따라서 당의 지방정권인 발해의 귀족들이 장안에 유학하고 돌아가 발해국의 요직을 차지하고, 중원문화를 전파하여 지방 소수민족의 문화발전에 기여했다는 서술은 당과 발해가 말 그대로 "화목한 한 집안으로 되었다"는 너무나 자연스러운 논리전개로 보이는 것이다.

---

132) 동북조선민족교육출판사 편, 『중국력사 2』, 1992, pp.29~30.
133) 은정균의 시 : "먼바다 사이둔 우리 두 나라, 수도로 글도 똑같은 한 집안, 그대는 영예지니고 고국에 돌아가나 아름다운 시구를 중화에 남겼어라." 동북조선민족교육출판사 편, 『중국력사 2』, 1992, p.30.
134) 국사편찬위원회, 국정도서편찬위원회 편, 『국사(고등학교)』, 교육인적자원부, 2007, pp.56~57.

이와 같이 "통일적 다민족국가"라는 중국 역사교과서의 금과옥조는 발해 뿐만 아니라 송과 연진, 거란, 몽고족과의 관계에서도 힘을 발휘하고 있다. 한족에게 치욕적인 '전연의 맹'을 안겨 준 거란족에 대해서도 '한족과 소수민족의 융합'에 공헌한 사건이 되는 것이며, 중국과 '요(遼)'의 관계 역시 '야율아보기'가 얼마나 중원의 문화를 흡수했는가에 초점을 맞추고 있다. 즉 한족의 입장에서 긍정적이고 유리한 부분을 취사선택하거나 배제하는 것이다. 이러한 교과서 서술의 방향은 중국 한족의 민족영웅 "악비(岳飛)"에 대한 논란을 촉발시키기도 했다. 이 논란은 송 왕조의 충신 악비가 더 이상 '민족영웅'이 아니라는 중국 교육부의 "학습지침(學習指導)" 규정을 『베이징청년보』등 중국 언론들이 기사화하면서부터였다. 당시 중국 교육부는 엉거주춤한 태도를 취하였는데, '학습지침'은 교과서가 아니며, 현행 중등학교 "교학대강"은 악비를 금나라에 대항한 충신'으로 묘사하고 있기 때문에 학술논쟁을 교과서에까지 끌어들이지 말 것을 요청했다.[135]

『중국력사』제2권 제5과의 제목은 "온 천하에 벗이 있다"로 되어 있다. 발해에 대해서는 "화목한 한 가정"이라는 절에 포함시켰음에도 신라에 대해서까지 그렇게 할 수 는 없었는지 '벗'으로 표현하고 있는 점이 특이하다. 신라관련 서술에서도 '나당전쟁'에 대한 언급은 전혀 보이지 않고 당과 신라의 친선관계만이 강조되고 있다.

수조와 당조 초기에 조선반도의 나라들은 모두 중국과 래왕하였다. 7세기 후기에 신라와 당조는 래왕이 빈번하였다. 당조에 온 외국 유학생중 신라 사람이 가장 많았다. 신라 상인들의 발자취는 중원으로부터 절강에까지 이르렀다. 신라의 물산은 당조의 수입품에서 첫 자리를 차지하였다. 당조때 중국에 온 신

135) 한겨레신문, 2002. 12. 10.

라의 류학생은 많을 때는 200여명에 달하였다. 그들은 귀국한 후 당조의 문화를 널리 전파하였다. 그들중에서 유명한 사람은 최치원이다. 그는 12세에 당조에 왔으며 18세에 진사로 되었다. 그의 시문은 중국문인의 중시를 받았다. 조선 음악은 중국 사람의 환영을 받았다. 고구려 음악은 수조와 당조의 궁정에서 공연되였을 뿐만 아니라 민간에서도 류행되였다. 당조의 서적, 시가는 신라에 많이 전하여 갔다. 신라에서도 당조를 본받아 과거제도로 관리를 선발하였으며 당조의 력법을 썼다. 당조에서는 늘 학식이 있는 사람을 선발하여 신라에 사자로 보냈다. 8세기전에 당현종은 한 학자를 신라에 사신으로 보내면서 그에게 《신라는 군자지국이라고 합니다. 문학과 시학을 잘 알기로 중화와 유사합니다. 그대가 학문이 있고 강론을 잘하기 때문에 보냅니다》라고 하였다.[136]

위 교과서의 내용을 분석해 보면, 7세기 후반 즉, 660년 백제의 멸망, 668년 고구려의 멸망 - 교과서에는 단 한 줄도 없지만 - 이후 신라와 당은 매우 활발한 인적·물적 교류를 해왔음을 강조하고 있다. 특히 문학과 예술, 과거제 등이 당나라에서 신라로 유입되었다는 사실은 중국의 문화수준이 신라에 비해 월등히 높다는 사실을 암시하고 있다.

결국 이상이 중국 조선족이 사용하는 『중국력사』1, 2권이 다루고 있는 한국고대사 관련 서술내용의 전부다. 장구한 세월동안 우호적인 관계를 유지해 온 한국에 대한 서술이 의외로 적은 분량이긴 하지만, 그보다 더 문제가 되는 것은 한족 중심의 '통일적 다민족국가'의 정당성을 확보하기 위한 불리한 서술에 대한 배제와 정치적인 목적에 상응하여 의도된 적당한 무시일 것이다. 이는 90%이상이 한족으로 구성된 중국의 소수민족정책과도 밀접한 관련이 있는 것으로 보인다. 특히 조선족은 그 배후에 북한과 남한이라는 존재 때문에 더욱 경계해야 할 소수민족의 하나로 인식할 수 있기 때문이다.

---

136) 동북조선민족교육출판사 편, 『중국력사 2』, 1992, p.36.

Ⅳ. 맺음말

중국에 있어서 역사는 전통적으로 인간행위의 사회적 규범이자 통치의 전범으로 중시되어 왔다.[137) 그러한 전통은 과거의 경험을 공유한 민족공동체와 사회주의 이데올로기에 기반한 근대적 국민국가의 형성에 있어서 역사과목이 국민교육체제의 핵심적인 교과로 자리 잡는데 이바지 하였던 것이다.

중국의 역사교육은 과거 중화인민공화국의 성립 이후 강조된 국민 동원을 위한 정치교육에서 최근에는 국가적 통합을 공고히 하기 위한 "통일적 다민족국가"가 강조되고 있다. 이는 서구 자본주의의 도입과 시장경제의 확대에 따라 파생되는 사회적 분열의 위기에 대처하기 위한, 또는 예방하기 위한 조치이기도 하다. 중국 정부가 역사교육에서 추진하고 있는 "통일된 다민족국가"의 완성을 위한 의도가 완성할 수 있을지는 아직 단언하기는 어렵지만, 최근 티벳 사태에도 불구하고 중국 정부의 일관된 목표, 즉 중화민족이 중심이 된 통일된 다민족국가를 위한 기본 방향은 앞으로도 꾸준히 지속될 것으로 보인다. 즉, 역사는 변증법적 유물론에 입각해서 분석하고 이해해야 한다는 1992년의 『歷史敎學大綱』은 사회주의 중국을 위한 하나의 명분일 뿐이지, '계급투쟁'보다는 중화민족주의와 애국주의가 개혁개방 이후 최근까지 중국 역사교과서 서술의 추세라 하겠다.

그리고 본 연구는 다음과 같은 한계를 갖는다. 중국 조선족 역사교과서에 서술된 한국사 관련 내용이 매우 적을 뿐만 아니라 '세계사'가 아닌 '중국사'에서 다루어짐으로써 한중관계사에 치중되는 측면이 강할 수밖에 없었기 때문에, 본 연구는 극히 제한된 중국 조선족 역사교과서의 내용 분석만으로는

---

137) 오병수, 「중국 중등학교 역사교육과정의 성립과 변천」, 『한국사론 38: 중국 교과서의 한국사 인식』, 국사편찬위원회, 2003, pp.45~46.

한국사가 어떠한 인식과 의도에서 학습되어야 하는지에 대한 깊이 있는 분석에는 한계가 있었다는 점이다.

끝으로 분석 결과 다음과 같은 사항들이 중국 조선족 역사교과서『중국력사』1, 2권이 가지고 있는 문제점들로 지적될 수 있을 것이다. 첫째, 한반도 서북부 지역이 이미 기원전 3세기부터 중국영토로 표시되어 있다는 점이다. 둘째, 중국 조선족의 정체성은 중간적 의미를 가진다는 사실이다. 그것은 곧 중국이라는 국가적 정체성과 한국인이라는 민족적 정체성을 말한다.[138] 셋째, 1995년부터 시행된 "하·상·주 단대공정(夏·商·周 斷代工程)"과 2002년부터 시작된 "東北工程"은 서로 밀접한 관련이 있다. 전자는 중국의 역사시대를 1,200년 앞당긴 작업이며, 후자는 고조선, 고구려, 발해 등 한국고대사를 중국사에 편입시키려는 의도를 가지고 있기 때문이다. 아울러 중국 정부와 역사학계는 "황하문명"보다 약 2,000년 앞선 "요하문명론"을 새롭게 주창하고 있다. 중국이 정부적 차원에서 추진하고 있는 "요하문명" 만들기는 중국내 56개 소수민족뿐만 아니라 전체 동아시아 제민족이 결국 "통일적 다민족국가"라는 중화주의적 범주에 넣으려는 원대한 시도이기 때문이다. 따라서 일련의 중국 정부 주도하의 "역사 만들기 프로젝트(西南工程, 西北工程, 하상주 단대공정, 동북공정)"에 대한 조선족의 민족적 정체성을 보존하고, 우리의 고대사(고조선, 고구려, 발해)를 지켜나가기 의해서는 국가적·학술적 차원에서의 대응이 절실하다는 점을 지적하고자 한다.

---

138) 최근 개혁개방으로 인한 중국의 경제발전과 더불어 진행되는 중화민족주의의 움직임은 사회주의 이데올로기를 대치하는 정치적 이념의 성격이 강하다. 중국 조선족을 한국 정부가 그대로 방치한다면 그들의 민족적 정체성은 점점 더 희미해지고 중국내 조선족 공동체는 소멸한 가능성이 높다. 정상화 외 공저,『중국 조선족의 중간 집단적 성격과 한중관계』, 백산자료원, 2007, p.6.

한국 중등학교 역사교육이
중국 국가 이미지에 미치는
영향에 대한 설문조사 분석

Ⅰ. 들어가기

오늘날 동북아시아는 과거사 청산, 역사교과서 왜곡, 역사적 패권주의, 민족감정, 영토문제 등으로 상호 국가적 신뢰를 쌓는데 어려움을 겪고 있다. 국제이해와 협력에서 중요한 측면은 역사적으로 형성된 민족적·인종적·종교적 편견의 배제이다. 유럽의 경우, 독일과 이웃 국가들 간의 교과서협의는 주로 역사교과서의 내용에 초점이 맞추어졌는데, 이는 지난 1, 2차 세계대전이 유럽 국가들의 상호 불신과 적대감을 조장하는 역사교육에 기인하는 바가 많았다는 점을 절감했기 때문이었다. 또한 한·중·일간에 "역사전쟁"이라고 불리울 만큼 심각한 상호간의 역사인식의 차이도 역사의 왜곡이나 역사적 패권주의에 연유한다고 볼 수 있다. 오늘날 동아시아 3국간의 역사학습 내용이 타민족이나 타문화에 대한 편견과 왜곡을 극복하여 세계의 평화와 질서를 유지하는데 유익하고 적절한 것인지, 아니면 그와는 정반대로 과도한 민족주의 역사관을 자라나는 2세들에게 주입시키며 자문화 중심주의적 사고를 조장하고 있는지를 좀 더 진지하게 생각해 볼 필요가 있다.[139]

그러한 문제의식을 바탕으로 본 연구에서는 한국의 역사교육이 국가 이미지에 어떠한 영향을 끼치고 있는가를 중등학생들을 대상으로 한 설문조사를 통하여 살펴보고자 한다. 설문 항목의 구성은 구체적으로 중국이라는 국가에 한정하여 동북공정에 대한 인지도는 어떠한가, 동북공정이 학생들의 중국 이미지에 어떤 영향을 끼치고 있는가, 국가 이미지에 영향을 미치는 다

---

139) 그러한 상황에서 역사적 스테레오타입 연구방법을 적용한 역사교과서 분석은 국가의 교육정책, 역사교과서 검인정제도, 역사학자, 역사교과서 집필자, 교과서 출판사, 교사, 학생 등 역사교과서를 매개체로 한 인간의 심성에 내재된 타자에 대한 편견, 선입견, 고정관념을 총체적으로 파악하여 동북아 국가들 간의 상호이해와 상생을 위한 역사대화를 진행해 나가는데 있어서 방법론적 대안이 될 수 있다. 박재영·홍성욱·최문정·유도근, 「역사교과서·이미지·스테레오타입 -한·중 역사교과서에 나타난 상호 이미지의 비교분석을 중심으로-」, 『경주사학』 30집, 2009.

양한 요인들(역사교과서, 역사 교사, TV 다큐멘터리, 역사드라마, 인터넷 정보, 역사 관련 서적)이 이미지 형성에 작용하는 비율은 어떠한가, 부정적 국가 이미지를 '적대적 타자'로 상정하여 한국에 우호적이라고 생각하는 국가와 비우호적이라고 생각하는 국가, 그리고 장래 한국의 발전과 반영에 위협적이라고 생각하는 국가로 구분하여 중국에 대한 학생들의 고정관념뿐만 아니라 국가적 편견에 대한 분석까지 시도하였다.

서론에 이은 제2장에서는 국가 이미지 파악을 위한 선행연구에는 어떠한 사례들이 있으며, 본 연구에는 어떠한 연구방법과 가설을 설정하였는가, 연구의 제한점은 무엇인가, 그리고 실제 설문지 분석의 결과는 어떠한가를 언급하였다. 그리고 결론에서는 설정한 가설과 실제 분석 결과의 차이점은 무엇인지와 역사교육이 국가 이미지 형성에 어느 정도 영향을 끼치고 있는가를 제시하였다.

II. 중국 국가 이미지에 대한 설문조사 분석

1. 분석방법

1) 분석 목적

본 설문조사는 한국 중등학교 학생들을 대상으로 역사교육이 국가 이미지에 미치는 영향(중국에 대한 국가 이미지)을 파악하는 것을 목적으로 하였다. 설문조사를 통하여 보다 구체적으로 학생들의 역사지식 습득과 역사인식에 영향을 미치고 있는 다양한 요인(역사교과서, 역사 교사, TV, 인터넷, 역사관련 서적 등)들을 분석하고, 중국에 대해 학생들이 가지고 있는 스테레오타입 즉, '정형화된 타자'의 이미지를 분석하는 작업을 진행

한다.[140]

2) 분석 대상

본 설문조사(제목: 대한민국 중등학교 역사교육이 중국 국가이미지에 어떤 영향을 끼치는가에 대한 의식조사)는 2009년 10월 10일부터 2009년 10월 20일 사이에 진행되었으며, 분석 대상은 경기도 소재 일반계 남자 고등학교 학생 500명으로 한정하였다. 설문지를 나눠주고 무기명으로 정해진 시간 안에 자신을 생각을 5지선다형과 주관식으로 작성하는 방법을 사용하였다. 우선적으로 학생들의 역사지식 습득에 관한 기본적인 질문을 만들고 그 다음에 중국과 관련된 인식과 이미지 그리고 그 이유들을 직접 서술하는 방법을 택하였다.

3) 자료 분석 방법과 한계

본 설문조사는 사회통계 조사 방법인 SPSS for Windows 17.0의 주요성분분석 (principal component analysis)을 활용하였다. 모든 통계에서 통계적 유의성 판단의 기준은 0.05(신뢰도 95%)이다.

본 설문조사의 한계로는 첫째, 지역적으로 경기도 지역의 남자 고등학교

---

140) 한국 중등학생들을 대상으로 중국 국가 이미지에 대한 본격적인 연구는 처음으로 시도되는 것이다. 그러나 이와 유사한 일반인과 중등학생, 교사, 신문 등을 대상으로 한 설문조사 분석으로는 다음과 같은 연구들이 있다. 특히, 동북아역사재단은 지난 2007년부터 한·중·일 역사인식에 대한 한·중·일 3국의 국민조사를 진행해 왔으며, 2010년에도 (주)동서리서치에 의뢰하여 지난 8월 23일부터 31일까지 서울.도쿄 시민 각 500명과 베이징 시민 511명을 대상으로 '한·중·일 역사인식 여론조사'를 실시하였다. 여론조사에 의하면 한중, 중·일 관계를 바라보는 시민의 시선이 과거보다 냉정해지고 있는 것으로 나타났으며, 한중 관계는 "나쁜 편"이 증가하고, 중일 관계는 부정적인 대답이 많았다고 조사되었다. 반면 한일 관계는 긍정적인 대답이 매년 점차 증가되는 등 한일관계 개선의 청신호를 보였다(신뢰수준: 한국과 일본 95% ±4.4%, 중국은 95% ±4.3%). 북한민주화포럼 교과서 용역 프로젝트 팀, 「중등교과서의 반대한민국적 내용 실태분석 및 개선 방안 연구보고서」, 2009; 황지숙, 「한국 중·고등학교 역사교사들의 동아시아사 교육인식」,『한중일 동아시아사 교육의 현황과 과제』, 선인, 2008, pp.165~200; 김정규, 「미국에 대한 한국 청소년들의 호감과 비호감 이해」,『사회이론』 2007 봄/여름, pp.7~36; 박상훈·변지연·현단, 「한국과 중국 신문 기사에 나타난 한국과 중국의 국가 이미지에 관한 연구」,『한국항공경영학회지』 제6권 1호, 2008, pp.249~266; 강혜두·주어휑이·허진, 「중국 언론에 나타난 남·북한 이미지 비교분석 연구(1949-1996)」,『한국언론학보』 제43-1호, 1998, pp.37~75.

를 임의로 선정하여 설문조사를 실시하였기 때문에 경기도 지역 외에 거주하는 고등학생들(여자 고등학교, 남녀공학)의 중국에 대한 국가이미지와 차이가 날 수도 있다는 점이다. 둘째, 사회조사 대상자의 숫자는 시간과 경비의 제약으로 고등학생 500명으로 한정하였기 때문에 보다 신뢰도 높은 분석 결과를 위해서 조사 대상을 1,000명 정도로 확대하여 표본을 추출하고 항목 분석을 실시해야 한다는 점인데, 이 점은 추후 연구과제로 남겨 두고자 한다. 셋째, 주관식 질문에 대한 통계는 양적 조사에서는 내기 어려운바 전체적인 답변 내용의 흐름을 읽어서 파악하고 가장 답변이 많은 내용을 선택하여 해석하였다.

4) 연구의 가설

본 연구의 설문조사 분석에 있어서 다음과 같은 항목 별 가설을 설정하였다. 설문지의 1번 항목의 경우, 한국 중등학생의 역사지식 습득에 가장 큰 영향을 미치는 요인으로는 학교에서의 역사수업이 TV나 인터넷 매체와 유사한 비율로 영향을 끼칠 것이라는 가정이다. 2번 항목의 경우, 그동안 한국의 방송, 언론 매체 등의 보도와 시민단체들의 활동 등으로 동북공정에 대해 알고 있는 학생들이 설문대상의 과반수가 넘을 것이라는 가정이다. 또한 동북공정에 대한 정보 습득 출처로는 역사수업에서는 교과서 보다는 역사 교사가, 그리고 대중 매체로는 인터넷 보다는 TV가 더 많은 정보를 제공해 주고 있다는 가정이다. 3번 항목에서는 동북공정에 대하여 알고 있는 응답자의 경우 부정적 인식이 강하게 나타날 것이라는 가정이다. 4번 항목의 경우, 평소 중국에 대해 가지고 있는 이미지는 긍정과 부정이 비슷한 비율로 나타날 것이라는 가정이다. 5번 항목에서는 중국에 대한 이미지가 형성되는데 영향을 준 요인으로 응답자의 과반수 이상이 TV나 인터넷 정보를 선택할 것이라는 가정이다. 6번 항목의 역사교육에서 중국사가 차지하는 분량에 대한 응답자의 인식은 충분하거나 보통일 것이라고 가정하였다. 7번 항목, 역사수업을 통해 형성된 중국에 대한 이미지는 대부분의 중등학교 역사 교사들이 동북공정에 대한 우려를 나타내고 있기 때문에 부정적이라고 응답하는 학생의 비율이 많을 것이라고 가정하였다. 8번 항목에서는 한국에 우호적이라고 생각하는 나라로는 미국을, 비우호적이라고 생각하는 나라로는 북한을 선택한 학생의 비율이 높을 것이라고 가정하였다. 9번 항목의 경우, 한국의 발전과 번영에 가장 위협적이라고 생각하는 국가는 북한이라고 응답한 학생들의 비율이 높을 것이라고 가정하였다. 왜냐하면, 민족 분단과 6.25전쟁, 이데올로기의 대립과 계속되는 군사적 충돌, 학교에서의 반공 교육 등이 학생들에게 북한에 대한 부정적인 인식을 심어 줄 수 있기 때문이다. 또한 9번 항목에서 비우호적이라고 생각하는 나라 중에서 가장 적은 비율을 차지하는 나라는 미국일 것이라는 가설이다. 미국은 6.25전쟁 시 한국을 도와 한반도의 공산화를 저지하였으며, 한국에 대한 막대한 군사적, 경제적 원조를 제공하였으며, 지금도 견고한 한미 군사동맹 체제를 구축하고 있기 때문이다. 10번 항목의 경우, 현행 한국 역사교과서(국사)[141]의 내용을 보면, 한국 문화의 형성에 중국의 영향이 컸다는 점과 한국의 문화가 일본의 문화 발전에 영향을 끼쳤다는 서술을 찾아 볼 수 있다. 이러한 교과서의 서술 내용이 학교 현장에서 역사수업을 통해 학생들에게 교육되고 있음을 볼 때, 중국을 선택하는 응답자의 비율이 높을 것이라는 가설이 가능하다.

---

141) 국사편찬위원회, 『국사(중학교)』, 교육인적자원부, 2009, pp.42~72; 국사편찬위원회, 『국사(고등학교)』, 교육인적자원부, 2009, pp.48~58; 오창훈 외 3인, 『세계사(고등학교)』, 지학사, 2009, pp.42, 93, 96; 김은숙 외 4인, 『세계사(고등학교)』, 교학사, 2007, pp.52~53, 99; 전국역사교사모임 지음, 『살아있는 세계사 교과서』 1, 휴머니스트, 2009, p.179.

2. 분석내용

설문조사의 각 항복 별 분석 결과는 다음과 같다.

〈표 1〉 역사지식 습득에 가장 큰 영향을 미치는 항목

항 목	사례수	백분율(%)
역사교과서	93	18.6%
역사선생님	97	19.4%
TV 다큐멘터리, 역사드라마	181	36.2%
인터넷 정보	55	11%
역사관련 서적	63	12.6%
무응답	11	2.2%

위의 표에서 'TV 다큐멘터리, 역사드라마'를 선택한 학생들의 비율이 전체의 36.2%로 가장 높은 것을 알 수 있으며, 그 다음으로 '역사선생님'(19.4%), '역사교과서'(18.6%), '인터넷 정보'(11%), '역사 관련 서적'(12.6%), 무응답(2.2%) 순으로 나타났다. '역사교과서'와 '역사선생님' 항목을 합산하여 도출된 평균치 38%가 'TV 다큐멘터리, 역사드라마'와 '인터넷 정보' 항목을 합산하여 평균하여 도출된 47.2%보다 9.2% 낮게 나타나, 학생들의 역사지식 습득에 있어서 학교에서의 역사수업 보다는 'TV 다큐멘터리, 역사드라마', '인터넷 정보'가 더 큰 영향을 미치고 있음을 알 수 있다.[142]

---

142) 2009년 북한민주화포럼이 실시한 청소년 역사의식 조사 12번 문항은 '역사의식 형성에 미치는 주된 요인'으로 가장 많은 응답자가 '선생님 말씀'(31.8%, n=535/사례수 총합: 1,682)이라고 응답하였고, 그 다음으로 'TV 다큐멘터리나 드라마'(23.0%, n=387)로 나타났다. 그러한 결과는 본 설문조사에서 나타난 결과와 유의미한 차이를 보이고 있다. 본 연구에서는 'TV 다큐멘터리, 역사드라마'를 선택한 학생이 전체의 36.2%(n=181/사례수 총합: 500)로 가장 높은 것을 알 수 있으며, 그 다음이 '역사선생님'(19.4%, n=97) 순이다. 북한민주화포럼 교과서 용역 프로젝트 팀, 앞의 책, pp.276~278.

<표 2> 동북공정에 대한 인식 여부

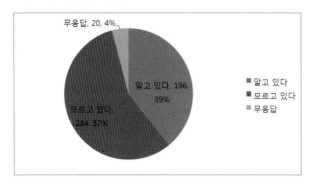

〈표 2〉는 한국 고등학교 학생들이 중국의 동북공정에 대해 알고 있는가를 묻는 항목이다. 설문조사 결과 동북공정에 대하여 알고 있다는 응답자는 196명으로 전체 응답자의 39%(소수점 이하 반올림, 이하 같음)를 차지하고 있으며, 모르고 있다는 응답자는 57%(n=284)로 나타났다. 지난 2002년 중국의 동북공정이 시작되면서 그 사실이 국내 언론, 방송, 역사학계 및 시민단체에서 뜨거운 논란을 불러 일으켜 한국과 중국의 외교문제로까지 비화되었다는 사실을 감안할 때, 전체 응답자 중에서 절반 이상인 56.8%의 학생들이 동북공정에 대하여 모르고 있다는 사실은 무엇을 의미하는가? 이는 고등학교에서의 역사수업이 수능준비에 치중된 나머지, 시험에 출제되지 않는 동북공정의 내용에 대한 역사교사의 언급이 부족했다든가, 수능과 관련 없는 시사 문제에 대한 학생들의 관심 부족에 기인하는 것으로 보인다. 따라서 수능 시험과 성적에 쫓긴 학생들이 학교수업을 통해 일반적 동북공정에 대한 정보를 습득하는 데는 한계가 있다는 점이 한국 공교육의 현실이라는 점을 알 수 있다.

<표 2-1> 동북공정에 대한 정보 습득 출처

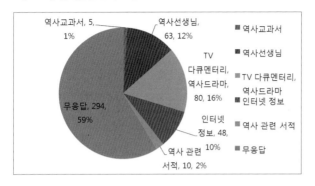

위의 〈표 2-1〉은 동북공정에 대한 인식 여부를 확인한 다음 어떠한 매개체를 통해서 동북공정에 대해 알게 되었는가를 나타내고 있다. 우선, 전체 응답자의 과반수가 넘는 59%(n=294)가 무응답자로 분류되었는데, 이는 동북공장에 대해 알고 있지 못하기 때문에 응답하지 못한 경우에 해당된다. 동북공정에 대하여 알고 있다는 응답자 중에서 가장 많은 학생들이 'TV 다큐멘터리, 역사드라마'(16%, n=80)를 선택하였고, 그 다음으로 '역사선생님'(12%), '인터넷 정보'(10%), '역사관련 서적'(2%), '역사교과서'(1%) 순으로 나타났다. 여기에서도 TV나 인터넷을 통한 동북공정에 대한 정보 습득이 역사수업을 통한 경우 보다 13% 높다는 사실을 알 수 있다.

〈표 3〉 동북공정에 대한 자신의 견해

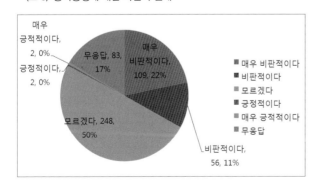

〈표 3〉은 동북공정에 대한 자신의 견해를 묻는 문항이다. 응답자 중에서 가장 많은 학생들이 '모르겠다'(50%, n=248)라고 답하였으며, 무응답자가 17%(n=83)를 차지하였다. '모르겠다'와 '무응답'을 합하면 무려 전체 응답자의 67%(n=331)를 차지한다. 아울러 동북공정에 대하여 '매우 비판적이다', '비판적이다'라고 응답한 학생은 전체의 33%(22%+11%, n=165), '매우 긍정적이다, 또는 '긍정적이다'라고 응답한 학생은 전체 응답자 500명 중에서 4명에 불과했다. 따라서 동북공정에 대하여 모르거나 응답하지 않은 학생 67%를 제외한 33%의 학생 대부분이 중국의 동북공정에 대하여 부정적인 견해를 가지고 있다는 점을 알 수 있다. 위에 나타난 사실을 감안할 때, '모르겠다'고 답한 응답자의 비율이 적으면 적을수록 동북공정에 대한 부정적인 견해는 높아질 것이라는 추론이 가능하다.

〈표 3-1〉 동북공정에 대한 자신의 견해 근거

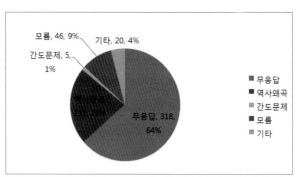

〈표 3-1〉은 동북공정에 대하여 자신이 가지고 있는 견해가 어떤 근거에 기인하는 것인가를 묻는 항목이다. 전체 응답자 중에서 318명(64%)이 응답을 하지 않았으며, '모름'이라고 응답한 학생은 9%(n=46)를 차지하였다. 2002년부터 2007년까지 5년 동안 추진된 중국의 동북공정 이후 새롭게 개정된 중국 중등학교 역사교과서는 동북공정 이전의 중국 교과서

가 한국 고대사의 범주에 포함시켰던 고구려의 역사를 중국 역사의 범주에 포함시키고 있음을 볼 때, 이는 매우 우려할 만한 수준이라고 할 수 있다. 위 두 항목의 수치를 합하면 전체의 73%(n=354)에 이른다. 응답자의 22%(n=111)는 중국의 동북공정이 한국 고대사를 중국사에 편입시키려는 역사왜곡이라고 답하였고, 영토문제(간도)를 언급한 학생은 1%(n=5), 나머지 4%는 기타 의견에 해당되었다.

〈표 4〉 평소 중국에 대해 가지고 있는 이미지

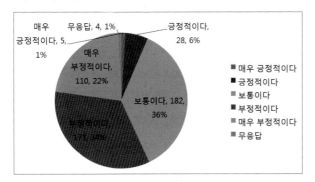

〈표 4〉는 조사대상 학생들이 평소에 가지고 있는 중국에 대한 이미지가 어떠한가를 파악하기 위한 것이다. 수치상으로 보면, '보통이다'라고 응답한 학생이 전체 응답자의 36%(n=182)로 가장 많은 비율을 차지하고 있다. 하지만, 중국에 대한 이미지가 '매우 긍정적이다'(1%, n=5) 또는 '긍정적이다'(6%, n=28)라고 응답한 학생이 전체의 7%(n= 33)인데 비해 '매우 부정적이다,(22%, n=110) 또는 '부정적이다'(34%, n=171)라고 응답한 학생의 비율이 전체 응답자의 과반수가 넘는 56%(n=281)로 매우 차이가 많음을 알 수 있다.

그렇다면, 평소에 설문조사 응답자들이 가지고 있는 중국에 대한 이미지는 어떤 근거에 기반하고 있는지 궁금해지는데, 〈표 4-1〉은 그러한 근거가 무엇인지를 나타내 주고 있다. 여기에서도 무응답자가 전체의 35%(n=175)로 가장 많았고, 다음으로 '기타'(19%, n=96)가 그 뒤를 이었다. 그렇다면 그 이외의 응답자들이 제시한 근거에는 어떤 것들이 있는가. 먼저, 소위 '짝퉁'이라고 알려진 품질이 떨어지는 중국제품 때문이라고 응답한 학생이 11%(n=58), 그리고 중국 사람들이 청결하지 않기 때문이라고 응답한 학생이 9%(n=47), 다음으로 중국에 대한 부정적인 방송이나 언론 보도 때문이라고 응답한 학생이 9%(n=43), 중국에 대한 부정적인 선입견 때문이라고 응답한 학생이 6%(n=30), 중국에 대한 관심이 없기 때문이라고 응답한 학생이 5%(n=24), 황사 등 환경오염을 예로 든 학생이 3%(n=14), 중국의 동북공정 때문이라고 응답한 학생이 3%(n=13) 등으로 나타났다.

〈표 4-1〉 중국에 대한 이미지의 근거

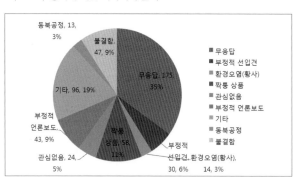

아울러 '기타'에 포함되는 응답자의 경우, 그리고 무응답자 35%를 제외한 중국에 대한 부정적인 이미지를 가지고 있는 학생이 5%(예: 중국은 가난한 나라, 중화사상에 대한 적대감, 중국의 6.25 참전, 보이스 피싱 피해, 공산국가 등)인 반면, 긍정적인 이미지를 가지고 있는 학생은 4%(예: 중국의 경제성장, 강대국의 지위, 한국과의 긴밀한 관계 등), 긍정과 부정의 측면이 섞여 있다는 응답이 5%에 불과하여 설문조사에 응한 한국 고등

학생들의 평소 중국에 대한 이미지는 부정적인 것으로 나타났다. 또한 이러한 중국에 대한 이미지의 형성은 중국의 동북공정 때문이라기보다는 역사 외적인 요인들이 작용한 것임을 알 수 있다. 아울러 이는 우리나라 학생들이 역사에 대한 지식과 그 이미지가 주로 대중 매체를 통하여 형성된다는 것으로 해석된다.

〈표 5〉 중국에 대한 이미지가 형성되는데 영향을 준 요인

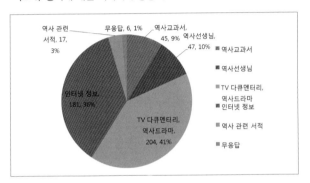

중국에 대한 이미지가 형성되는 데 영향을 준 요인으로 응답자들이 가장 많이 선택한 항목은 'TV 다큐멘터리, 역사드라마'이며, 이는 전체 응답자의 41%(n=204)로 나타났다. 그 다음으로는 '인터넷 정보'가 36% (n=181)로 나타났고, '역사선생님'(10%, n=47), '역사교과서'(9%, n=45), '역사관련 서적'(3%, n=17) 등이다. 여기에서 주목할 만한 사실은 '역사교과서'와 '역사선생님' 항목 즉, 학교수업이 중국에 대한 이미지가 형성되는데 영향을 준 것보다 TV나 인터넷 정보가 학생들의 중국에 대한 이미지 형성에 더 큰 영향을 마치고 있다는 것이다. 이는 전체 응답자 중에서 77%(n=385)가 TV나 인터넷을 통해서 중국에 대한 정보를 받아들이며, 중국에 대한 이미지를 형성하는데 중요한 요인으로 작용하고 있다는 점에서 알 수 있다.

현행 제7차 교육과정에서 역사교과서에 대한 연구자들의 비판은 세계사 교육에서 유럽사와 중국사가 차지하고 있는 분량이 기타 국가나 지역에 비해 과도하게 많다는 점이다.[143]

〈표 6〉 역사교육에서 중국사가 차지하는 분량에 대한 인식

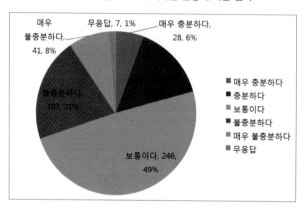

그렇다면 실제 학교현장에서 피교육자인 학생들이 인식하는 역사교육에서 중국사가 차지하고 있는 분량은 어느 정도인가? 설문조사 결과 '보통'이라고 응답한 학생이 49%(n=246)로 가장 많았고, 그 다음으로 '불충분하다'(21%, n=103), '충분하다'(15%, n=75), '매우 불충분하다'(8%, n=41), '매우 충분하다'(6%, n=28) 순으로 나타났다. '보통' 및 '무응답'(1%, =7)을 제외하고 충분하다고 응답한 학생들의 합이 21%(n=103)인 반면, 불충분하다고 응답한 학생들의 합이 29%(n=144)로 나타난 것을 볼 때, 전체적으로 응답자들이 인식하는 중국사가 역사교육에서 차지하는 분량은 비교적 불충분한 것임을 알 수 있다. 이는 역사교육 관련 학자들이 우려하고 있는 세계사 교육에서 중국사가 차지하고 있는 분량이 과도하다는 지적과 상반되는 것이지만, 설문조사 대상자가 500명이라는 점을 감안할 때, 보

---

143) 전국역사교사모임 지음, 『역사, 무엇을 어떻게 가르칠까』, 휴머니스트, 2009, pp.220~221; 이옥순 외 6인, 『오류와 편견으로 가득한 세계사 교과서 바로잡기』, 삼인, 2009, p.8.

다 더 신뢰도가 높은 결과를 얻기 위해서는 설문조사 대상을 상향조정하는 것이 필요하다.

〈표 7〉은 한국 중등학교 역사수업이 중국에 대한 이미지에 어떤 영향을 끼치고 있는가를 파악하기 위한 것이다. 다음 5가지 항목에서 조사 대상 응답자가 가장 많이 선택한 항목은 '보통이다'로 전체의 과반수가 넘는 57%(n=285)를 차지하였고, 그 다음이 '부정적이다'로 전체의 26%(n=131), '매우 부정적이다'(10%, n=49), '긍정적이다'(3%, n=17), '매우 긍정적이다'(1%, n=5)로 나타났다.

〈표 7〉 역사수업을 통해 형성된 중국에 대한 이미지

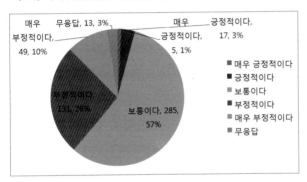

여기에서 한 가지 주목한 점은 '보통이다'와 '무응답'(3%, n=13)을 제외한 응답 중에서 긍정적이라는 학생들(4%, n=22)과 부정적이라고 응답한 학생들(36%, n=180)은 32%라는 유의미한 차이를 보이고 있다는 사실이다.

따라서 학교 현장에서의 역사수업 역시 중국에 대한 부정적인 이미지 형성에 영향을 미치고 있다는 해석이 가능하다고 해석할 수 있겠지만, 반드시 그렇다고 단정할 수 없는 것은 위의 〈표 4〉에서는 '평소 중국에 대해 가지고 있는 이미지'에 대한 조사 결과 때문이다. 〈표 4〉에서는 평소 중국에 대한 이미지에 대해 긍정적이라고 응답한 학생이 전체의 7%(n=33)인데 비하여 부정적이라고 응답한 학생의 전체의 과반수가 넘는 56%(n=281)로 나타났는데, 이는 〈표 7〉에서 역사수업을 통해 형성된 중국에 대한 이미지가 부정적이라는 응답(36%)보다 20%가 많은 수치이다. 이러한 결과는 학교에서의 역사수업이 중국에 대한 부정적인 이미지를 형성하는데 대중매체(방송, 신문, 인터넷 등)보다 영향이 적다는 사실을 반증하고 있다. 그럼에도 불구하고 〈표 7〉에서 부정적이라고 응답한 학생들의 비율이 높다는 점을 볼 때, 학교수업 역시 학생들의 중국에 대한 부정적인 이미지 형성에 일정 정도 영향을 주고 있다는 사실까지 부인하기는 어려울 것이다.

〈표 8〉 한국에 우호적이라고 생각하는 나라와 비우호적이라고 생각하는 나라

항 목	우호적인 나라		비우호적인 나라	
	사례수	백분율(%)	사례수	백분율(%)
중국	20	4%	85	17%
일본	41	8.2%	184	36.8%
미국	347	69.4%	33	6.6%
북한	27	5.4%	167	33.4%
러시아	33	6.6%	10	2%
무응답	32	6.4%	21	4.2%
합계	500	100%	500	100%

위의 〈표 8〉은 설문 응답자의 국가 이미지가 해당 국가에 대한 우호적인 태도와 상관성이 있을 것이라는 가정 하에 한국에 우호적이라고 생각하는 나라와 비우호적이라고 생각하는 나라를 알아보기 위한 조사다. 먼저, 우호적이라고 생각하는 나라에 대한 조사에서 가장 많은 응답자가 미국(70%, n=347)을 선택하였으며[144], 그 다음으로 일본(8%, n=41), 러시

---

144) 한국에 가장 우호적이라고 생각하는 나라에 대한 북한민주화포럼의 설문조사 역시 미국(51.2%, n=851)을 꼽고 있다. 그렇지만 한국에 가장 위협적인 나라를 미국이라고 응답한 사례(29.7%)로 볼 때 미국에 대한 한국 학생들의 이미지는 양분되는 양상을 보이고 있는 것으로 나타났다. 북한민주화포럼 교과서 용역 프로젝트 팀, 앞의 책, pp.302~303.

아(7%, n=33), 북한(5%, n=27), 중국(4%, n=20) 순으로 나타났다. 다음으로 비우호적이라고 생각하는 나라에 대한 항목에서는 일본이 전체의 37%(n=184)로 가장 많은 응답자가 선택하였으며, 다음으로 북한(33%, n=167), 중국(17%, n=85), 미국(7%, n=33), 러시아(2%, n=10) 순으로 나타났다. 아울러 우호적이라고 생각하는 나라와 비우호적이라고 생각하는 나라의 백분율을 합산한 우호도 비율을 보면, 미국에 대한 압도적인 우호도(63%)를 보이고 있음을 알 수 있으며, 러시아에 대한 우호도가 4.6%로 나타났다. 반면, 우호도가 마이너스(-)로 나타난 국가는 일본(-29%), 북한(-28%), 중국(-13%)순이다.

응답자가 우호적, 비우호적이라고 생각하는 이유에 대한 주관식 문항에 대한 응답을 보면, 무응답이 가장 많아 44%(n=218)를 차지하였다. 또한 우호, 비우호를 묻는 주관식 문항에서는 대부분 비우호에 대한 근거를 제시하는 응답이 많았는데, 첫째, 중국의 경우 저질 중국 상품, 동북공정, 위생문제, 이주 노동자 등으로 나타났다. 둘째, 일본의 경우 동해표기 문제, 독도 영유권 문제, 무의식적 적대감 등이 비우호적인 나라라는 인식의 이유였고, 우호적이라고 응답한 경우에는 일본이 과거사를 반성하고 있다는 점, 일본은 한국과 공존해야 할 국가라는 견해, 일본으로부터 배울 점이 많다는 견해 등이 있었다. 셋째, 미국의 경우 한국의 우방, 동맹관계, FTA 협상, 선진국이라는 점 등이 우호적인 나라라는 인식을 심어주었다는 것을 알 수 있는데, 다른 한편, 비우호적이라고 응답한 학생들의 경우 미국이 자국의 이익을 위해 한반도의 통일을 방해하고 있다는 견해, 미국은 겉으로는 한국에 우호적으로 보이지만 실상은 비우호적인 나라라는 견해, 미국은 국가 이익을 위해 다른 나라를 희생시키는 패권 국가라는 견해 등이 포함되었다. 넷째, 북한의 경우 핵무기, 적대감, 퍼주기(경제지원), 전쟁위협 등이 응답자들이 비우호적인 나라라고 인식한 이유로 제시되었으며, 북한에 대한 우호적인 나라라는 응답으로는 언젠가 통일을 이룩해야 할 한민족이라는 응답이 포함되었다. 다섯째, 러시아의 경우 부정적인 응답보다는 특별히 비우호적일 이유가 없다는 것, 그리고 한국과 공동 우주개발에 대한 긍정적인 응답이 많았다. 아래 〈표 8-1〉과 〈표 8-2〉는 한국에 대해 우호적이라고 생각하는 나라와 비우호적이라고 생각하는 나라를 구분하여 나타낸 도표이다.

〈표 8-1〉 한국에 우호적이라고 생각하는 나라

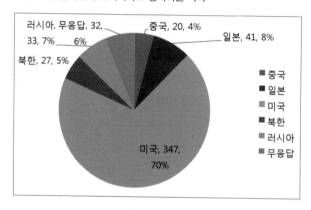

〈표 8-2〉 한국에 비우호적이라고 생각하는 나라

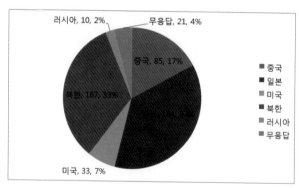

〈표 9〉 한국의 발전과 번영에 가장 위협적이라고 생각하는 나라

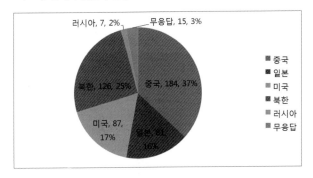

위의 〈표 9〉는 응답자의 부정적 국가 이미지를 적대적 타자로 상정하고 한국에 대하여 부정적인 영향을 미칠 수 있는 국가를 파악하기 위한 항목이다. 여기에서는 한국의 발전과 번영에 가장 위협적인 국가로 응답자의 37%(n=185)가 중국을 선택하였으며, 그 다음으로 북한(25%, n=126), 미국(17%, n=87), 일본(16%, n=81), 무응답(3%, n=15) 순으로 나타났다.

〈표 9〉에서 알 수 있듯이, 첫째, 분단과 6.25전쟁, 계속되는 남북 간의 군사충돌, 이데올로기의 대립 때문에 북한이라고 응답한 학생들이 가장 많을 것이라는 가설과는 달리 응답자들은 중국을 한국의 발전과 번영에 가장 위협적인 나라로 인식하고 있다는 점이다. 둘째, 일제 강점기와 역사교과서 왜곡 문제 등으로 일본에 대하여 부정적인 인식을 하고 있는 응답자들이 많을 것이라는 가설과는 달리, 오히려 〈표 8〉에서 미국을 압도적으로 가장 우호적이라고 응답(70%)한 학생들이 일본보다는 미국이 한국의 발전과 번영에 더 위협적인 나라로 보고 있다는 점이다.[145]

---

145) 2009년 북한민주화포럼에서 실시한 "교과서 문제에 관한 국민여론 및 청소년 의식조사"에 의하면, 1,683명의 고등학생과 대학생을 대상으로 한 '한국을 가장 위협하는 나라'에 대한 설문에서 전체의 29.7%(n=500)가 미국을 꼽고 있으며, 가장 위협적인 나라로는 북한(41.8%, n=704)으로 나타났다. 각 국가별 응답율은 다음과 같다. 일본(17.4%, n=293), 중국(10.5%, n=176), 미국(29.7%, n=500), 북한(41.8%, n=704), 러시아(0.6%, n=10). 북한민주화포럼 교과서 용역 프로젝트 팀, 앞의 책, pp.300~301.

<표 10> 역사적으로 한국 문화 형성에 가장 많은 영향을 끼친 나라

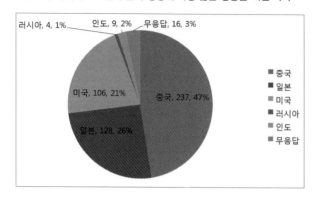

〈표 10〉은 한국 문화형성에 가장 많은 영향을 끼친 나라에 대한 설문조사 결과이다. 이미 연구의 항복별 가설 설정에서 예측한 바와 같이 중국이라고 응답한 학생이 전체의 47%(n=237)로 가장 많았고, 다음으로 일본(26%, n=128), 미국(21%, n=106), 인도(2%, n=9), 러시아(1%, n=4) 순으로 나타났다. 설문조사 항목 10번에서는 그 이유에 대한 주관식 답변을 묻는 문항이 제시되어 있지 않기 때문에 구체적인 선택 이유를 밝히기는 어렵지만, 중국이라고 응답한 학생 전체(47%)와 일본과 미국이라고 응답한 학생들의 비율을 비교해 보면, 중국을 선택한 사례수가 3명 높지만 전체 비율을 놓고 보면 47%로 같다는 사실을 알 수 있다. 일본의 경우, 조선의 개항과 일제 강점기, 미국의 경우, 〈제너럴 셔먼호 사건〉과 〈신미양요〉, 〈조미수호통상조약〉과 선교사의 활동, 6.25 전쟁과 한미동맹 등이 학생들의 응답에 영향을 끼친 부분이라고 추정할 수 있는데, 그러한 사건들은 장구한 역사의 흐름에 비추어 볼 때, 19세기 후반부터 오늘날까지 극히 최근의 사례라 할 수 있다. 따라서 학생들의 역사인식에 영향을 미치는 요소는 역사교과서에 서술된 내용과 아울러 최근세사에 대한 학생들의 기억과 사회화의 과정에서도 파생된다는 점을 알 수 있다.

III. 나가기

21세기를 맞이한 지구촌 사회에서도 편견이나 선입견, 고정관념, 이데올로기에 의해서 규정된 서로 모순되는 '역사적 진실들'이 한 사회 내에서, 그리고 국제사회 속에서 상존하고 있다. 그러한 모순은 편협한 자국 중심적 역사교육 내지 민족주의의 과잉으로 초래되는 경우가 대부분이다. 상대 국가에 이미지 역시 그러한 역사교육에서 자유로울 수가 없으며, 본 연구는 바로 그러한 점에 착안하여 진행되었다.

한국 중등학교 학생들의 중국 국가 이미지에 대한 설문조사 분석 결과는 다음과 같다.

첫째, 설문 조사 분석 이전에 설정했던 가설의 일부가 실제 문항 분석과 일치하지 않는 경우가 있었다는 점이다. 한국 역사교육이 중국이라는 국가의 이미지에 미치는 영향은 연구 가설의 설정에서 예측한 것만큼 높게 나타나지 않았다. 역사교과서나 역사 교사의 영향 보다는 TV 다큐멘터리나 역사드라마, 인터넷 정보 등이 중국에 대한 이미지에 더 큰 영향을 끼치고 있다는 분석결과가 이를 반증한다. 또한 동북공정이나 역사수업과 관련 없는 평소 중국에 대한 이미지를 묻는 항목에서 예상과는 달리 응답자의 상당수가 중국에 대해서 부정적인 이미지를 가지고 있는 것으로 드러났다. 역사교과서에서 중국사가 차지하고 있는 분량에 대한 인식 역시 충분하다는 응답(21%)을 예상한 것과 달리 불충분하다는 응답(29%)이 상대적으로 많았다. 한국에 우호적이라고 생각하는 나라와 비우호적이라고 생각하는 나라에 대한 응답 역시 당초 예상과는 다른 결과를 보였는데, 예를 들어 비우호적이라고 생각하는 나라가 북한(33%)일 것이라는 예상과는 달리 일본(37%)으로 나타났으며, 예상과 달리 한국의 발전에 가장 위협적인 나라를 북한이라고 응답한 학생들(25%)보다 중국이라고 응답한 학생들(27%)이 가장 많았다.

둘째, 학생들의 역사지식습득에 가장 많은 영향을 미치는 요소는 TV다큐멘터리나 역사드라마로 역사교사의 영향을 상대적으로 미미하다는 점이다.

셋째, 중국의 동북공정에 대한 학생들의 인지도는 매우 낮았으며, 중국에 대한 국가이미지에 대해서 긍정적인 응답을 한 학생들보다 부정적인 응답을 한 학생들이 많았다. 또한 중국에 대한 이미지에 영향을 미치는 요인으로 TV다큐멘터리나 역사드라마, 인터넷 정보가 높은 비율로 나타나 학생들의 중국에 대한 국가 이미지가 학교의 역사교육보다는 TV나 인터넷 등 대중매체를 통해 영향을 받는 것으로 나타났다.

마지막으로, 설문조사 대상 고등학생들의 응답에서 가장 우려할만한 점은 장래 한국의 발전과 번영에 위협적인 국가로 북한(25%, n=126)과 일본(16%, n=81)을 선택한 학생들 보다 중국(37%, n=184)을 선택한 학생들이 가장 많았다는 사실이다. 아울러 그러한 분석 결과가 설문조사 대상 고등학생의 과반수 이상이 동북공정에 대하여 인지하지 못하고 있다는 상황(57%, n=284)에서 나온 것이기 때문에 더욱 심각한 것이며, 21세기 동아시아의 우호협력과 공동번영에 지장을 초래하는 요소로 작용할 가능성이 높다.

본 연구는 한국 고등학생 500명을 대상으로 한 중국 국가 이미지 설문조사로 제한(Auto-stereotype)되었지만, 향후 연구에 있어서는 설문조사 대상자를 확대하고, 중국 학생들의 한국에 대한 국가 이미지도 조사(Hetero-stereotype)하여 상호 비교 분석함으로써, 국가 이미지 분석에 있어서 역사적 스테레오타입 연구방법이 체계적이고 설득력 있는 하나의 분석 틀로 자리 매김 할 수 있는 지속적인 연구를 수행해 나가고자 한다.[146]

---

146) 스테레오타입 연구에 있어서 객관성과 신뢰성을 담보하기 위해서는 자기 자신이나 자신이 속한 공동체를 분석대상으로 하는 자아(自我)에 대한 스테레오타입(Auto-stereotype)연구와 타자(他者)에 대한 스테레오타입(Hetero-stereotype)연구의 두 가지 방법이 모두 적용되는 것이 바람직하다. H. H.Hahn, "Nationale

〈부록〉 설문지

대한민국 중등학교 역사교육이 중국 국가 이미지에
어떤 영향을 끼치는가에 대한 의식조사

Ⅰ. 조사 목적 : 역사교육이 국가이미지에 끼치는 영향에 대한 분석

Ⅱ. 조사 방법 및 대상

 1. 조사방법 – 설문지 조사

 2. 조사대상 – 경기도 광주 소재 고등학교 남학생 500명

Ⅲ. 조사내용 : 설문 문항

 1. 다음 중 역사지식의 습득에 가장 큰 영향을 미친다고 생각하는 것을 차
   례로 고르세요. (   )

   ① 역사교과서 ② 역사 선생님   ③ TV 다큐멘터리나 역사드라마

   ④ 인터넷 정보 ⑤ 역사관련 서적

 2. 동북공정의 내용에 대하여 알고 있나요? (① 있다 ② 없다) 알고 있다면
   동북공정에 대한 정보는 어떻게 알게 되었나요?

   ① 역사교과서 ② 역사 선생님   ③ TV 다큐멘터리나 역사드라마

   ④ 인터넷 정보 ⑤ 역사관련 서적

 3. 동북공정에 대한 자신의 견해는 어떤가요?

   ① 매우 비판적이다   ② 비판적이다   ③ 모르겠다

   ④ 긍정적이다   ⑤ 매우 긍정적이다

   그렇다면 왜 그렇게 생각하나요?(   )

 4. 평소 중국에 대한 이미지는 어떤가요?

   ① 매우 긍정적 ② 긍정적   ③ 보통   ④ 부정적   ⑤ 매우 부정적

   그렇다면 그 이유는 무엇입니까?(   )

Strereotypen", H. H. Hahn, ed., *Stereotyp, Identität und Geschichte*, p.191.

5. 그러한 이미지가 형성되는데 영향은 미친 요인은 무엇입니까?

   ① 역사교과서   ② 역사 선생님   ③ TV 다큐멘터리나 역사드라마

   ④ 인터넷 정보   ⑤ 역사관련 서적

6. 학교에서 받는 역사교육에서 중국사에 대한 분량과 내용에 대하여 어떻게 생각하나요?

   ① 매우 충분하다   ② 충분하다   ③ 보통이다

   ④ 불충분하다   ⑤ 매우 불충분하다

7. 학교 역사수업을 통하여 형성된 자신의 중국에 대한 이미지는 어떤가요?

   ① 매우 긍정적   ② 긍정적   ③ 보통   ④ 부정적   ⑤ 매우 부정적

8. 현재 우리나라에 가장 우호적인 나라와 비우호적인 나라는 어느 나라라고 생각합니까?

   ① 중국   ② 일본   ③ 미국   ④ 북한   ⑤ 러시아

   우호적인 나라(   ) 비우호적인 나라(   )

   그렇다면 그 이유는 무엇입니까?(   )

9. 장래 한국의 발전과 번영에 가장 위협적인 나라는 어느 나라라고 생각하는가요?

   ① 중국   ② 일본   ③ 미국   ④ 북한   ⑤ 러시아

10. 역사적으로 우리나라의 문화형성에 가장 큰 영향을 끼친 나라를 고르세요.

   ① 중국   ② 일본   ③ 미국   ④ 러시아   ⑤ 인도

제4절
한국 중학생들의 중국 국가 이미지에 대한 설문조사 분석

I. 들어가기

21세기를 맞이한 지구촌 사회에서도 편견이나 선입견, 고정관념, 이데올로기에 의해서 규정된 서로 모순되는 '역사적 진실들'이 한 사회 내에서, 그리고 국제사회 속에서 상존하고 있다. 그러한 모순은 편협한 자국 중심적 역사교육 내지 민족주의의 과잉으로 초래되는 경우가 대부분이다. 상대 국가에 이미지 역시 그러한 역사교육에서 자유로울 수가 없으며, 본 연구는 바로 그러한 점에 착안하여 진행되었다.

1982년 일본의 '교과서 파동'과 그 이후 계속된 일본의 역사교과서 왜곡문제[147], 아울러 지난 2002년부터 실시된 중국의 '동북공정'[148] 등 역사인식에서 드러나고 있는 명확한 차이는 한·중·일 동아시아 3국의 우호협력과 상호 국가적 신뢰를 쌓는데 부정적인 영향을 끼치고 있다.[149] 더구나, 오늘날 동아시아 3국간의 역사교육의 내용 및 TV, 인터넷 등 대중매체들은 타민족이나 타문화에 대한 고정관념과 편견을 조장하거나 방기하는 경향을 보이고 있다.[150] 오늘날 한·중·일의 역사교육이 동아시아의 평화와 질서를 유지하는데 유익하고 적절한 것인지, 아니면 그와는 정반대로 과도한 민족주의 역사관을 자라나는 2세들에게 주입시키며 자문화 중심주의적 사고를 조장하고 있는지를 좀 더 진지하게 생각해 볼 필요가 있다.[151]

---

147) 박성수, 『일본 교과서와 한국사의 왜곡』, 민지사. 1982.
148) 우실하, 『동북공정의 선행 작업들과 중국의 국가전략』, 시민의 신문, 2006, pp.13~38; 이희옥, 「중국의 '동북공정' 추진현황과 참여기관 실태」, 『중국의 동북공정과 중화주의』, 고구려연구재단(연구총서 12), 2005, pp.83~152.
149) 제2차 세계대전 이후 독일과 이웃 국가들 간의 교과서협의는 주로 역사화해를 위한 역사교과서 내용의 개선에 초점이 맞추어졌는데, 이는 지난 1, 2차 세계대전이 유럽의 국가들의 상호 불신과 적대감을 조장하는 역사교육에 기인하는 바가 많았기 때문이었다. 오토-에른스트 쉬데코프(Otto-Ernst Schüddekopf) 저/김승렬 역, 『20년간의 서유럽 역사교과서 개선활동: 1945-1965』, 한국교육개발원, 2002.
150) 조윤경, 「동북공정논쟁 이후의 한중 양국의 인식차이에 대한 비교연구」, 『중국학』 31권, 2008, pp.565~585.
151) 박재영·홍성욱·최문정·유도근, 「역사교과서·이미지·스테레오타입 -한·중 역사교과서에 나타난 상호 이미지의 비교분석을 중심으로-」, 『경주사학』 30집, 2009, pp.135~175.

본 연구에서는 한국의 중학생들을 대상으로 중국 국가 이미지에 대한 설문조사를 실시하여 그들이 가지고 있는 이미지의 실체를 객관적인 통계분석을 통하여 살펴보고자 한다. 설문조사 항목의 구성은 중국에 한정하여 국가 이미지에 영향을 미치는 다양한 요인들(역사교과서, 역사선생님, TV 다큐멘터리, 역사드라마, 인터넷 정보, 역사 관련 서적)이 이미지 형성에 작용하는 비율은 어떠한가, 한국 중학생들은 동북공정에 대해 얼마나 알고 있으며, 어떠한 경로를 통하여 알고 있는가, 학생들의 중국 이미지에 동북공정이 실제로 어떠한 영향을 끼치고 있는가, 평소에 생각하고 있는 중국 이미지와 역사수업을 통해 형성된 중국 이미지에는 차이가 있는가, 한국에 우호적 또는 비우호적이라고 생각하는 나라는 어느 나라인가, 그리고 어떤 나라가 장래 한국의 발전과 번영에 위협적이라고 생각하는가 등을 주된 분석대상 항목으로 설정하였다.

아울러 본론의 제2장에서는 국가 이미지 파악을 위한 선행연구에는 어떠한 사례들이 있으며, 본 연구는 어떠한 연구방법과 가설을 설정하였는가, 연구의 제한점은 무엇인가, 그리고 실제 설문지 분석의 결과는 어떠한가를 언급하였다. 그리고 결론에서는 설정한 가설과 실제 분석 결과의 차이점은 무엇인지와 국가 이미지 연구가 한 국가에 대한 분석을 넘어 다자간 상호분석으로 확대되어야 하며, 이를 통하여 상호 부정적인 국가 이미지의 실체를 파악하고 개선하는데 기여할 수 있음을 제시하였다.

II. 중국 국가 이미지에 대한 설문조사 분석

1. 선행연구

본 연구는 한국 중학생들을 대상으로 중국 국가 이미지 설문조사를 실시하고 그 결과를 사회조사통계분석(SPSS)을 활용하여 분석하는 작업이며 한국에서는 처음으로 시도되는 것이다. 그러나 이와 유사한 일반인과 중등학생, 교사, 신문 등을 대상으로 한 설문조사 분석으로는 다음과 같은 연구들이 있다.

동북아역사재단은 지난 2007년부터 한·중·일 역사인식에 대한 한·중·일 3국의 국민조사를 진행해 왔다. 2010년에도 (주)동서리서치에 의뢰하여 지난 8월 23일부터 31일까지 서울·도쿄 시민 각 500명과 베이징 시민 511명을 대상으로 '한·중·일 역사인식 여론조사'를 실시하였다.[152] 여론조사에 의하면 한-중, 중-일 관계를 바라보는 시민의 시선이 과거보다 냉정해지고 있는 것으로 나타났으며, 한중 관계는 "나쁜 편"이 증가하고, 중일 관계는 부정적인 대답이 많았다고 조사되었다. 반면 한일 관계는 긍정적인 대답이 매년 점차 증가되는 등 한일관계 개선의 청신호를 보였다.

한편, 북한민주화포럼 교과서 용역 프로젝트 팀의 2009년『중등교과서의 반대한민국적 내용 실태분석 및 개선 방안 연구보고서』[153]와 "한국 중·고등학교 역사교사들의 동아시아사 교육인식"에 대한 황지숙의 연구[154], "미국에 대한 한국 청소년들의 호감과 비호감 이해"에 대한 김정규의 연구[155]

---

152) http://www.historyfoundation.or.kr/main.asp?sub_num=232&pageNo=1&state=view&idx=118
153) 북한민주화포럼 교과서 용역 프로젝트 팀,『중등교과서의 반대한민국적 내용 실태분석 및 개선 방안 연구보고서』, 2009, pp.300~303.
154) 황지숙,「한국 중·고등학교 역사교사들의 동아시아사 교육인식」,『한중일 동아시아사 교육의 현황과 과제』, 선인, 2008, pp.165~200.
155) 김정규,「미국에 대한 한국 청소년들의 호감과 비호감 이해」,『사회이론』, 2007, pp.7~36.

및 중국 언론에 나타난 남북한에 대한 이미지 연구[156], 한국과 중국 신문 기사에 나타난 한국과 중국의 국가 이미지에 관한 연구[157], 중국 언론에 나타난 남·북한 이미지 비교분석 연구[158] 등이 역사인식과 국가 이미지에 대한 주목할 만한 연구라 할 수 있다.

또한, "역사교육과 국가 이미지의 상관관계"에 대한 강택구 외 1인의 연구는 한국 고등학생들을 대상으로 중국 국가 이미지에 대한 설문조사를 분석하였다.[159] 이들이 진행한 한국 중등학교 학생들의 중국 국가 이미지에 대한 설문조사 분석 결과는 다음과 같다. 첫째, 설문 조사 분석 이전에 설정했던 가설의 일부가 실제 문항 분석과 일치하지 않는 경우가 있었다는 점이다. 한국 역사교육이 중국이라는 국가의 이미지에 미치는 영향은 연구 가설의 설정에서 예측한 것만큼 높게 나타나지 않았다.[160] 역사교과서나 역사교사의 영향 보다는 TV 다큐멘터리나 역사드라마, 인터넷 정보 등이 중국에 대한 이미지에 더 큰 영향을 끼치고 있다는 분석결과가 이를 반증한다. 또한 동북공정이나 역사수업과 관련 없는 평소 중국에 대한 이미지를 묻는 항목에서 예상과는 달리 응답자의 상당수가 중국에 대해서 부정적인 이미지를 가지고 있는 것으로 드러났다.[161] 역사교과서에서 중국사가 차지하고 있는 분량에 대한 인식 역시 충분하다는 응답을 예상한 것과 달리 불충분하다는 응답이 상대적으로 많았다.[162] 본 연구에서는 설문조사 대상을 대한민국

---

156) 박상훈·변지연·현단, 「한국과 중국 신문 기사에 나타난 한국과 중국의 국가 이미지에 관한 연구」, 『한국항공경영학회지』 제6권 1호, 2008, pp.249~266.

157) 박상준 외 2명, 「한국과 중국 신문 기사에 나타난 한국과 중국의 국가 이미지에 관한 연구」, 『한국항공경영학회지』 제6권 1호, 2008, pp. 249~266.

158) 강혜두·주어횡이·허진, 『중국 언론에 나타난 남·북한 이미지 비교분석 연구(1949-1996)』, 『한국언론학보』 제43-1호, 1999, pp.37~75.

159) 강택구·박재영, 「역사교육과 국가 이미지의 상관관계에 대한 연구 -대한민국 중등학교 역사교육이 중국 국가 이미지에 어떤 영향을 끼치는가에 대한 설문조사를 중심으로-」, 『경주사학』 32집, 2010, pp.173.

160) 같은 논문, pp.149~150

161) 같은 논문, p.166.

162) 같은 논문, pp.166~167.

중학생으로 확대하여 그들이 가지고 있는 중국 국가이미지에 대한 분석을
시도하고자 한다.

2. 분석방법

1) 분석 목적

본 연구를 위한 설문조사는 한국 중학교 학생들을 대상으로 그들이 가지
고 있는 중국에 대한 국가 이미지를 파악하는 것을 목적으로 하였다. 설문
조사를 통하여 보다 구체적으로 학생들의 역사지식 습득과 역사인식에 영
향을 미치고 있는 다양한 요인(역사교과서, 역사 교사, TV, 인터넷, 역사
관련 서적 등)들을 분석하고, 중국에 대해 학생들이 가지고 있는 스테레오
타입 즉, '정형화된 타자'의 이미지를 분석하는 작업을 진행한다. 아울러
한국 중학생들의 중국 국가 이미지에 대한 설문조사 분석은 역사교육을 통
하여 중국에 대한 국가 이미지 제고에 정책적으로 이바지 할 수 있는 연구
이며, 인간의 심성에 내재된 타자에 대한 편견, 선입견, 고정관념을 파악
하여 한·중 간의 상호이해와 국가 이미지 제고를 위한 역사대화를 진행해
나가는데 있어서 기본적인 자료로 활용될 수 있을 것이다.

2) 설문조사 대상 및 방법

본 설문조사(제목: 대한민국 중등학교 역사교육이 중국 국가이미지에
어떤 영향을 끼치는가에 대한 의식조사)의 분석 대상은 서울 소재 중학교
(남녀공학) 학생 500명으로 한정하였다. (외현적 태도와 내재적 태도의 조
사에서 중요한 기준은 설문응답시간의 제한이다. 본 연구에서는 응답자
의 내재적 태도를 측정하기 위하여 설문응답 시간을 최소한으로 제한하였
다. 설문지 1문항 당 응답시간은 1분이며 전체 설문조사 소요시간은 10분

으로 하였으며, 무기명으로 정해진 시간 안에 자신을 생각을 5지선다형과 주관식으로 작성하는 방법을 사용하였다. 설문 문항은 우선적으로 학생들이 역사지식 습득에 관한 기본적인 질문을 만들고 그 다음에 중국과 관련된 인식과 이미지 그리고 그 이유들을 직접 서술하는 방법을 택하였다. 설문조사 기간은 2009년 10월 20일부터 2009년 11월 19일까지이며, 설문조사 대상자를 중학생으로 한정하였다. 응답자의 연령이나 학령 구분은 따로 설정하지 않아도 될 만큼 명확하기 때문에, 남녀 학생 구분 및 학년 구분은 통계분석에서 제외하였다.

3) 자료 분석 방법과 한계

본 설문조사는 사회통계 조사 방법인 SPSS for Windows 17.0의 주요성분분석 (principal component analysis)을 활용하였다. 모든 통계에서 통계적 유의성 판단의 기준은 0.05(신뢰도 95%)이다.

아울러 본 설문조사의 한계로는 첫째, 지역적으로 서울 지역의 중학교를 임의로 선정하여 사회조사를 실시하였기 때문에 서울 지역 외에 거주하는 중학생들의 중국에 대한 국가이미지와 차이가 날 수도 있다는 점이다. 둘째, 사회조사 대상자의 숫자는 시간과 경비의 제약으로 중학생 500명으로 한정하였기 때문에 보다 신뢰도 높은 분석 결과를 위해서 조사 대상을 확대하여 표본을 추출하고 항목 분석을 실시해야 한다는 점이다. 셋째, 주관식 질문에 대한 통계는 양적 조사에서는 내기 어려운바 전체적인 답변 내용의 흐름을 읽어서 파악하고 가장 답변이 많은 내용을 골라 해석하였다. 넷째, 설문조사 대상 중학생들의 학년별, 성별 구분에 따른 통계분석은 제외되었기 때문에 그에 대한 구체적인 데이터를 산출하기 어렵다는 점이다.

4) 연구의 가설

중학생들을 대상으로 한 이번 설문조사 분석에는 다음과 같은 항목 별 가설을 설정하였다. 설문지 1번 항목의 경우, 한국 중등학생의 역사지식 습득에 가장 큰 영향을 미치는 요인으로는 TV나 인터넷 매체가 학교에서의 역사수업과 관련된 내용(역사교과서, 역사선생님)보다 더 큰 영향을 미칠 것이라는 가정이다. 2번 항목의 경우, 그동안 동북공정에 대해서는 한국의 방송, 언론 매체 등의 보도와 역사수업에서 교사들의 언급 등에 비추어 동북공정에 대해 알고 있는 학생들이 설문대상의 과반수가 넘을 것이라는 가정이다. 또한 동북공정에 대한 정보 습득 출처로는 역사수업에서는 역사 교사가, 그리고 대중 매체로는 인터넷 보다는 TV가 더 많은 정보를 제공해 주고 있다는 가정이다. 3번 항목에서는 동북공정에 대하여 알고 있는 응답자의 경우 동북공정의 추진 목적이 한국 고대사를 중국의 역사에 편입시키는 작업이라는 인식이 강하기 때문에 설문응답자의 부정적 인식이 강하게 나타날 것이라는 가정이다. 4번 항목의 경우, 평소 중국에 대해 가지고 있는 이미지는 중립적인 입장이 가장 많고, 긍정과 부정이 비슷한 비율로 나타날 것이라는 가정이다. 5번 항목에서는 중국에 대한 이미지가 형성되는데 영향을 준 요인으로 응답자의 과반수 이상이 역사교육과 관련된 내용보다는 TV나 인터넷 정보를 선택할 것이라는 가정이다. 6번 항목의 역사교육에서 중국사가 차지하는 분량에 대한 응답자의 인식은 보통일 것이라고 예측하였다. 7번 항목, 역사수업을 통해 형성된 중국에 대한 이미지는 대부분의 중등학교 역사 교사들이 동북공정에 대한 우려를 나타내고 있으며, 그러한 인식이 역사수업에 영향을 끼칠 것이라는 추론이 가능하기 때문에 부정적이라고 응답하는 학생의 비율이 많을 것이라고 가정하였다. 8번 항목에서는 한국에 우호적이라고 생각하는 나라로는 미국을,

비우호적이라고 생각하는 나라로는 북한을 선택한 학생의 비율이 높을 것이라고 가정하였다. 9번 항목의 경우, 한국의 발전과 번영에 가장 위협적이라고 생각하는 국가는 북한이라고 응답한 학생들의 비율이 높을 것이라고 가정하였다. 왜냐하면, 민족 분단과 6.25전쟁, 이데올로기의 대립과 계속되는 군사적 충돌, 학교에서의 반공 교육 등이 학생들에게 북한에 대한 부정적인 인식을 심어 줄 수 있기 때문이다. 또한 9번 항목에서 비우호적이라고 생각하는 나라 중에서 가장 적은 비율을 차지하는 나라는 미국일 것이라는 가설이다. 미국은 6.25전쟁 시 한국을 도와 한반도의 공산화를 저지하였으며, 한국에 대한 막대한 군사적, 경제적 원조를 제공하였으며, 지금도 견고한 한미 군사동맹 체제를 구축하고 있기 때문이다. 10번 항목의 경우, 현행 한국 역사교과서(국사)[163]의 내용을 보면, 한국 문화의 형성에 중국의 영향이 컸다는 점과 한국의 문화가 일본의 문화 발전에 영향을 끼쳤다는 서술을 찾아 볼 수 있다. 이러한 교과서의 서술 내용이 학교 현장에서 역사수업을 통해 학생들에게 교육되고 있음을 볼 때, 중국을 선택하는 응답자의 비율이 높을 것이라는 가설을 설정하고자 한다.

3. 분석내용

본 설문조사의 분석에 있어서 먼저 각 항목 당 설문문항을 제시하고 이를 분석한 내용은 〈표〉를 통하여 나타났는데, 설문조사의 각 항복 별 분석 결과는 다음과 같다.

---

163) 국사편찬위원회, 『국사(중학교)』, 교육인적자원부, 2009, pp.42, 72; 국사편찬위원회, 『국사(고등학교)』, 교육인적자원부, 2009, pp.48, 58; 오창훈 외 3인, 『세계사(고등학교)』, 지학사, 2009, pp. 42, 93, 96; 김은숙 외 4인, 『세계사(고등학교)』, 교학사, 2007, pp.52~53, 99; 전국역사교사모임 지음, 『살아있는 세계사 교과서』 1, 휴머니스트, 2009, p.179.

〈표 1〉 역사지식 습득에 가장 큰 영향을 미치는 항목(명, %)

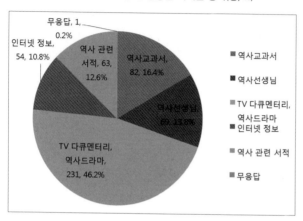

역사지식 획득에 가장 큰 영향을 마치는 설문조사 제1 항목에 대한 학생들의 응답은 위의 〈표 1〉과 같다. 위의 표에서 사례수는 전체 500명을 대상으로 한 설문조사 대상자 수치이다. 위의 〈표 1〉에서 응답자가 가장 많이 선택한 보기를 살펴보면 'TV 다큐멘터리, 역사드라마'가 231명(46.2%), '역사교과서'가 82명(16.4%), '역사선생님'이 69명(13.8%), '역사관련 서적'이 63명(12.6%), '인터넷 정보'가 54(10.8%)명으로 나타났다.

아울러 '역사교과서'와 '역사선생님' 보기를 합산하여 도출된 평균치 30.2%(n=151)가 'TV 다큐멘터리, 역사드라마', '인터넷 정보', '역사관련 서적' 등을 선택한 수치를 합산하여 도출된 69.6%(n=348)보다 무려 39.4% 낮게 나타난 사실을 볼 때, 학생들의 역사지식 습득에 있어서 학교에서의 역사교육 보다는 TV, 인터넷, 역사관련 서적 등이 더 큰 영향을 미치고 있다는 점을 알 수 있다.

2. 동북공정의 내용에 대하여 알고 있나요?
    ① 있다 ② 없다
    알고 있다면 동북공정에 대한 정보는 어떻게 알게 되었나요?
    ① 역사교과서   ② 역사 선생님   ③ TV 다큐멘터리나 역사드라마
    ④ 인터넷 정보   ⑤ 역사관련 서적

〈표 2〉 동북공정에 대한 인식 여부(명, %)

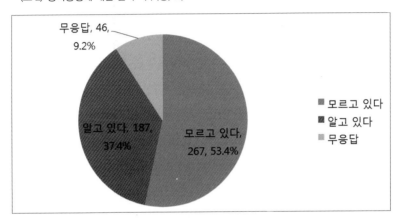

〈표 2〉는 한국 중학생들이 동북공정에 대하여 인지하고 있는가를 묻는 항목이다. 설문조사 분석에서 동북공정에 대하여 인지하고 있다는 응답자는 187명으로 전체 응답자의 37.4%이며, 모르고 있다는 응답자는 53.4%(n=267), 무응답은 9.2%(n=46)로 나타났다. 지난 2002년 중국의 동북공정이 시작되면서 그 사실이 국내 언론, 방송, 역사학계 및 시민단체에서 뜨거운 논란을 불러 일으켜 한국과 중국의 외교문제로까지 비화되었다는 사실을 감안할 때, 전체 응답자 중에서 절반 이상인 53.4%의 학생들이 동북공정에 대하여 모르고 있다는 사실은 무엇을 의미하는가? 이는 중학교에서의 시험에 출제되지 않는 동북공정의 내용에 대한 역사교사의 언급이 부족했다든가, 시험과 관련 없는 시사 문제에 대한 학생들의 관심 부족에 기인하는 것으로 보인다. 따라서 시험과 성적에 쫓긴 학생들이 학

교수업을 통해 동북공정에 대한 정보를 습득하는 데는 한계가 있다는 점을 알 수 있다.

〈표2-1〉 동북공정에 대한 정보 습득 출처(명, %)

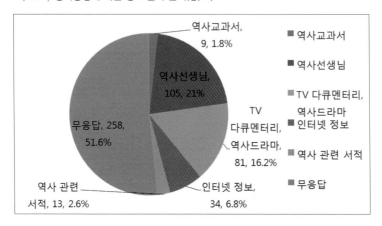

위의 〈표 2-1〉은 동북공정에 대한 인식 여부를 확인한 다음 어떠한 매 개체를 통해서 동북공정에 대해 알게 되었는가를 분석한 것이다. 우선, 전체 응답자의 과반수가 51.6%(n=258)가 무응답자로 분류되었는데, 이는 〈표 2〉에서 보는 바와 같이 동북공정에 대해 알고 있지 못하기 때문에 응 답하지 못한 경우에 해당된다. 응답자 중에서는 가장 많은 학생들이 '역사 선생님'을 통해서 동북공정에 대해 알게 되었다고 응답했는데, 이는 전체 응답자의 21%(n=105)에 해당된다. 그 다음으로 'TV 다큐멘터리, 역사드 라마'(16.2%, n=81), '인터넷 정보'(6.8%, n=34), '역사관련 서적'(2.6%, n=13), '역사교과서'(1.8%, n=9) 순으로 나타났다. 여기에서도 〈표 1〉과 같이 TV나 인터넷, 역사관련 서적을 통한 동북공정에 대한 정보 습득이 역사수업을 통한 경우(역사교과서, 역사선생님) 보다 2.8%(n=14)높다는 사실을 알 수 있다.

3. 동북공정에 대한 자신의 견해는 어떤가요?
　① 매우 비판적이다　　② 비판적이다　　③ 모르겠다
　④ 긍정적이다　　　　⑤ 매우 긍정적이다
　그렇다면 왜 그렇게 생각하나요?
　(　　　　　　　　　　　　　　)

〈표 3〉 동북공정에 대한 자신의 견해(명. %)

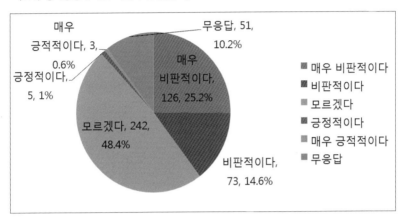

위의 〈표 3〉은 동북공정에 대한 자신의 견해를 묻는 문항에 대한 분석 결과다. 응답자 중에서 가장 많은 학생들이 '모르겠다'(48.4%, n=242)라고 답하였으며, 무응답자가 10.2%(n=51)를 차지하였다. '모르겠다'와 '무응답'을 합하면 무려 전체 응답자의 58.6%(n=293)를 차지한다. 이는 동북공정에 대하여 모르기 때문에 자신의 견해를 표시하지 못한 것으로 파악된다. 아울러 동북공정에 대하여 '매우 비판적이다', '비판적이다'라고 응답한 학생은 전체의 39.8%(25.2%+14.6%, n=199), '매우 긍정적이다, 또는 '긍정적이다'라고 응답한 학생은 전체 응답자 500명 중에서 8명(1.6%)에 불과했다. 따라서 동북공정에 대하여 모르거나 응답하지 않은 학생 58.6%(n=293)를 제외한 41.4%(n=207)에서 39.8%(n=199)의 학생이 중국의 동북공정에 대하여 부정적인 견해를 가지고 있다는 점을 알 수 있다.

위에 나타난 사실을 감안할 때, '모르겠다'고 답한 응답자의 비율이 적으면 적을수록 동북공정에 대한 부정적인 견해는 높아질 것이라는 추론이 가능하다.

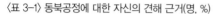

〈표 3-1〉 동북공정에 대한 자신의 견해 근거(명, %)

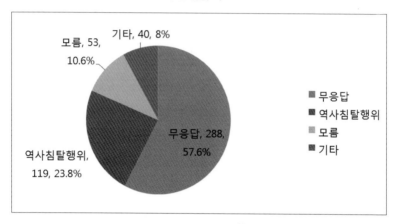

위의 〈표 3-1〉은 동북공정에 대하여 자신이 가지고 있는 견해가 어떤 근거에 기인하는 것인가를 묻는 항목이다. 전체 응답자 중에서 288명(57.6%)가 응답을 하지 않았으며, '모름'이라고 응답한 학생은 10.6%(n=53)를 차지하였다. 2002년부터 2007년까지 5년 동안 추진된 중국의 동북공정 이후 새롭게 개정된 중국 중등학교 역사교과서는 동북공정 이전의 중국 교과서가 한국 고대사의 범주에 포함시켰던 고조선, 고구려, 발해의 역사를 중국 역사의 범주에 포함시키고 있음을 볼 때, 이는 매우 우려할 만한 수준이라고 할 수 있다.[164] 위 두 항목(무응답, 모름)의 수치를 합하면 전체의 68.2%(n=341)에 이른다. 아울러 응답자의

---

164) 아시아 평화와 역사연구소 편, 「한·중일·3국의 역사교육과 역사인식 공유 방안」, 『한·중·일 3국의 근대사 인식과 역사교육』, 선인, 2005, pp.25~64; 양미강, 「동아시아 화해를 위한 시민사회의 역사대화」, 『동아시아에서 역사인식의 국경 넘기』, 선인, 2008, pp.129~164; 윤대원, 『21세기 한·중·일 역사전쟁』, 서해문집, 2009, pp.136~170.

23.8%(n=119)는 중국의 동북공정이 한국 고대사를 중국사에 편입시키려는 역사침탈 행위라고 답하였고, 기타 의견은 8%(n=40)였는데 그 중에서는 '중국이 그냥 싫다(n=6)', '생각해 본 적이 없다(n=3)', '중화사상 때문에(n=2)', '무관심(n=2)' 등 다양하게 나타났으며, 영토문제(간도)를 언급한 학생은 없었다.

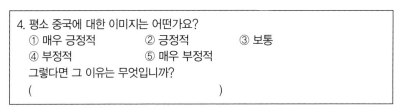

〈표 4〉 평소 중국에 대해 가지고 있는 이미지(명, %)

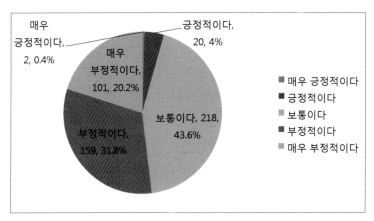

〈표 4〉는 조사대상 학생들이 평소에 가지고 있는 중국에 대한 이미지가 어떠한가를 파악하기 위한 것이다. 수치상으로 보면, '보통이다'라고 응답한 학생이 전체 응답자의 43.6%(n=218)로 가장 많은 비율을 차지하고 있다. 하지만, 중국에 대한 이미지가 '매우 긍정적이다(0.4%, n=2)' 또는 '긍정적이다(4%, n=20)'라고 응답한 학생이 전체의 4.4%(n=22)인데 비해 '매우 부정적이다(20.2%, n=101)' 또는 '부정적이다(31.8%, n=159)'라고

응답한 학생의 비율이 전체 응답자의 과반수가 넘는 52%(n=260)로 매우 차이가 많음을 알 수 있다. 따라서 동북공정에 대해 인지하는 학생들이 많을수록 중국에 대한 부정적인 이미지는 증가할 것이며, 이는 학생들의 중국 이미지 형성에 결정적인 영향을 끼치게 되는 요소라 하겠다.

〈표 4-1〉 중국에 대한 이미지의 근거(명, %)

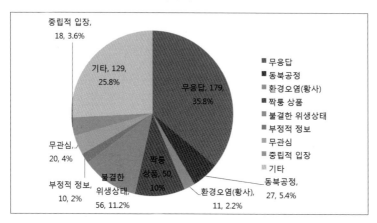

그렇다면, 평소에 설문조사 응답자들이 가지고 있는 중국에 대한 이미지는 어떤 근거에 기반하고 있는지 궁금해지는데, 〈표 4-1〉은 그러한 근거가 무엇인지를 나타내 주고 있다. 여기에서도 무응답자가 전체의 35.8%(n=179)로 가장 많았고, 다음으로 '기타(25.8%, n=129)'가 그 뒤를 이었다. 〈표 4-1〉에서 보이는 특이한 점은 무응답자와 기타 의견이 전체의 과반수가 넘는 61.6%(n=308)나 된다는 것과, 그 외의 의견이 대부분 부정적이라는 사실이다. 그렇다면 그 이외의 응답자들이 제시한 근거에는 어떤 것들이 있는가. 먼저, 중국 사람들이 청결하지 않기 때문이라고 응답한 학생이 11.2%(n=56)그리고 소위 '짝퉁 상품'이라고 알려진 품질이 떨어지는 중국제품 때문이라고 응답한 학생이 10%(n=50), 다음으로 동북공정 때문이라고 응답한 학생이 5.4%(n=27), 중국에 대한 무관심

3.8%(n=19), 중립적이라고 응답한 학생이 3.6%(n=18), 황사 등 환경오염을 예로 든 학생이 2.2%(n=11), 중국에 대한 부정적인 방송이나 언론보도 때문이라고 응답한 학생이 2%(n=10) 순으로 나타났다.

아울러 '기타'에 포함되는 응답자의 경우, 중국에 대한 긍정적인 견해를 나타낸 응답자는 129명 중에서 6명(1.2%)에 불과했고, 중국에 대한 중립적인 견해를 나타난 응답자는 7명(1.4%)에 지나지 않았다. 반면 '기타'에 포함되는 응답자의 다수인 116명(23.2%)이 중국에 대한 부정적인 견해를 나타냈는데, 예를 들면 '중국이 6.25전쟁에 개입하여 남북통일을 막았다는 의견, 중국이 공산국가라서 싫다는 견해, 중국이 강대국의 횡포를 부리기 때문에, 중화사상이 싫어서, 부정적인 중국에 대한 직접적인 경험, 과거 중국의 침략 등으로 나타났다.

위와 같이, 설문조사에 응한 한국 중학생들의 평소 중국에 대한 이미지는 부정적인 것으로 나타났다. 또한 이러한 중국에 대한 이미지의 형성은 중국의 동북공정 때문이 아닌 역사

외적인 요인들이 작용한 것임을 알 수 있다. 이는 우리나라 학생들이 역사에 대한 지식과 그 이미지가 주로 대중 매체를 통하여 형성된다는 것으로 해석된다.

---

5. 그러한 이미지가 형성되는데 영향은 미친 요인은 무엇입니까?
   ① 역사교과서   ② 역사 선생님   ③TV 다큐멘터리나 역사드라마
   ④ 인터넷 정보   ⑤ 역사관련 서적

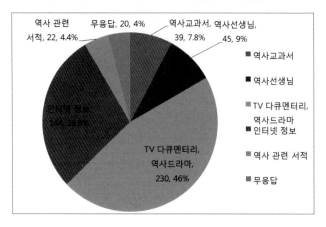
〈표 5〉 중국에 대한 이미지가 형성되는데 영향을 준 요인(명, %)

설문 응답자들이 중국에 대한 이미지가 형성되는 데 영향을 준 요인으로 가장 많이 선택한 항목은 'TV 다큐멘터리, 역사드라마'이며, 이는 전체 응답자의 46%(n=230)로 나타났다. 그 다음으로는 '인터넷 정보'가 28.8%(n=144)로 나타났고, '역사선생님'이 9%(n=45), '역사교과서'가 7.8%(n=39), '역사관련 서적'이 4.4%(n=22), 무응답 4%(n=20) 등이다. 여기에서 주목할 만한 사실은 '역사교과서'와 '역사선생님' 항목 즉, 학교 수업이 중국에 대한 이미지가 형성되는데 영향을 준 것보다 TV나 인터넷 정보가 학생들의 중국에 대한 이미지 형성에 더 큰 영향을 미치고 있다는 것이다. 이는 전체 응답자 중에서 74.8%(n=374)가 TV나 인터넷을 통해서 중국에 대한 정보를 받아들이고 있으며, 중국에 대한 이미지를 형성하는데 중요한 요인으로 작용하고 있다는 점에서 알 수 있다. '역사교과서'와 '역사선생님' 즉, 역사수업과 관련된 내용을 선택한 응답자는 전체 설문 조사 대상자의 16.8%(n=84)에 불과했다.

6. 학교에서 받는 역사교육에서 중국사에 대한 분량과 내용에 대하여 어떻게 생각하나요?
① 매우 충분하다 　　② 충분하다 　　③보통이다
④ 불충분하다 　　⑤ 불충분하다

〈표 6〉 역사교육에서 중국사가 차지하는 분량에 대한 인식(명, %)

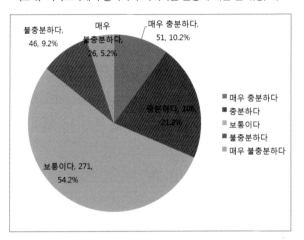

제7차 교육과정에서 역사교과서에 대한 연구자들의 비판은 세계사 교육에서 유럽사와 중국사가 차지하고 있는 분량이 기타 국가나 지역에 비해 과도하게 많다는 점이다.[165] 그렇다면 실제 학교현장에서 피교육자인 학생들이 인식하는 역사교육에서 중국사가 차지하고 있는 분량은 어느 정도인가? 설문조사 결과 '보통'이라고 응답한 학생이 54.2%(n=271)로 가장 많았고, 그 다음으로 '충분하다'(21.2%, n=106), '매우 충분하다'(10.2%, n=51), '불충분하다'(9.2%, n=46), '매우 불충분하다'(5.2%, n=26) 순으로 나타났다. '보통'을 제외하고 충분하다고 응답한 학생들의 합이 31.4%(n=157)인 반면, 불충분하다고 응답한 학생들의 합이 14.4%(n=72)

---

165) 이옥순 외, 『오류와 편견으로 가득찬 세계사 교과서 바로 읽기』, 삼인, p.8; 전국역사교사모임, 2009, 『역사, 무엇을 어떻게 가르칠까』, 휴머니스트, 2009, pp.220~221.

로 나타난 것을 볼 때, 전체적으로 응답자들이 인식하는 중국사가 역사교육에서 차지하는 분량은 적절하며, 불충분하다는 의견(14.4%, n=72)보다는 충분하다는 의견(31.4%, n=157)이 더 많았다. 이는 역사교육 관련 학자들이 우려하고 있는 세계사 교육에서 중국사가 차지하고 있는 분량이 과도하다는 지적과 상반되는 결과다. 여기에서 우리는 역사교육 전문가와 피교육자인 학생들의 견해에 많은 차이가 나타나고 있음을 알 수 있다.

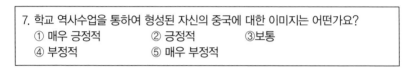

7. 학교 역사수업을 통하여 형성된 자신의 중국에 대한 이미지는 어떤가요?
　　① 매우 긍정적　　　② 긍정적　　　③보통
　　④ 부정적　　　　　⑤ 매우 부정적

〈표 7〉 역사수업을 통해 형성된 중국에 대한 이미지(명, %)

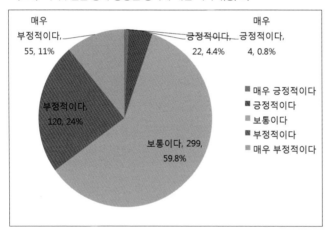

〈표 7〉은 한국 중등학교 역사수업이 중국에 대한 이미지에 어떤 영향을 끼치고 있는가를 파악하기 위한 것이며, 〈표 4〉에 나타난 '평소 중국에 대해 가지고 있는 이미지'와의 비교가 가능한 분석결과라 할 수 있다. 우선, 위 5가지 보기에서 조사 대상 응답자가 가장 많이 선택한 항목은 '보통이다'로 전체의 과반수가 넘는 59.8%(n=299)를 차지하였고, 그 다음이 '부정적이다'로 전체의 24%(n=120), '매우 부정적이다'(11%, n=55), '긍

정적이다'(4.4%, n=22), '매우 긍정적이다'(0.8%, n=4)로 나타났다. 여기에서 한 가지 주목한 점은 '보통이다'를 제외한 응답 중에서 긍정적이라는 학생들(5.2%, n=26)과 부정적이라고 응답한 학생들(35%, n=175)은 29.8%(n=149)라는 상당한 차이를 보이고 있다는 사실이다.

따라서 학교 현장에서의 역사수업 역시 중국에 대한 부정적인 이미지 형성에 영향을 미치고 있다는 해석이 가능하다고 해석할 수 있겠지만, 반드시 그렇다고 단정할 수 없는 것은 위의 〈표 4〉에서는 '평소 중국에 대해 가지고 있는 이미지'에 대한 조사 결과 때문이다. 〈표 4〉에서는 평소 중국에 대한 이미지에 대해 긍정적이라고 응답한 학생이 전체의 4.4%(n=22)인데 비하여 부정적이라고 응답한 학생 전체의 과반수가 넘는 52%(n=260)로 나타났는데, 이는 〈표 7〉에서 역사수업을 통해 형성된 중국에 대한 이미지가 부정적이라는 응답(35%, n=175)보다 17%가 많은 수치이다. 여기에서 학생들이 평소에 가지고 있는 중국에 대한 이미지가 역사수업을 통한 중국에 대한 이미지보다 부정적이라는 사실은 어떻게 해석해야 할까? 역사수업에서 교사들의 학생들에 대한 중국 국가이미지에 대한 부정적인 영향과 TV나 인터넷 등 매체가 응답자에게 미치는 영향력을 감안할 때, 이러한 결과는 학교에서의 역사수업이 중국에 대한 부정적인 이미지를 형성하는데 대중매체(방송, 신문, 인터넷 등)보다 영향이 적다는 사실을 반증하고 있다.

---

8. 현재 우리나라에 가장 우호적인 나라와 우호적인 나라는 어느 나라라고 생각합니까?
① 중국   ② 일본   ③ 미국   ④ 북한   ⑤ 러시아
적대적인 나라(   ), 우호적인 나라(   )
그렇다면 그 이유는 무엇입니까?(   )

〈표 8〉 한국에 우호적이라고 생각하는 나라와 비우호적이라고 생각하는 나라(명, %)

항 목	우호적인 나라		비우호적인 나라	
	사례수	백분율(%)	사례수	백분율(%)
중국	25	5.0%	97	19.4%
일본	54	10.8%	161	32.2%
미국	320	64.0%	25	5.0%
북한	33	6.6%	188	37.6%
러시아	30	6.0%	10	2.0%
무응답	38	7.6%	19	3.8%
합계	500	100%	500	100%

〈표 8〉은 설문 응답자의 국가 이미지가 해당 국가에 대한 우호적인 태도와 상관성이 있을 것이라는 가정 하에 한국에 우호적이라고 생각하는 나라와 비우호적이라고 생각하는 나라를 알아보기 위한 조사다. 8번 항목은 설문대상자들의 국가적 편견을 파악할 수 있는 사례로써, 먼저 우호적이라고 생각하는 나라에 대한 조사에서 가장 많은 응답자가 미국(64%, n=320)을 선택하였으며, 그 다음으로 일본(10.8%, n=54), 북한(6.6%, n=33), 러시아(6%, n=30), 중국(5%, n=25) 순으로 나타났다. 무응답자는 전체 설문조사 대상의 7.6%(n=38)로 타나났다. 다음으로 비우호적이라고 생각하는 나라에 대한 항목에서는 북한(37.6%, n=188)로 가장 많은 응답자가 선택하였으며, 다음으로 일본이 전체의 32.2%(n=161), 중국(19.4%, n=97), 미국(5%, n=25), 러시아(2%, n=10) 순으로 나타났다. 무응답자는 3.8%(n=19)이다. 여기에서 주목할 점은 한국의 이웃 국가인 중국과 일본에 대한 비우호도가 높게 나타난 사실인데, 이는 동아시아의 화해협력과 공동번영을 가로막는 요인이 될 수 있으며, 타 국가에 대한 이미지의 개선을 위한 한·중·일의 보다 가시적인 노력이 필요하다.

응답자가 우호적, 비우호적이라고 생각하는 이유에 대한 주관식 문항에 대한 응답을 보면, 무응답이 가장 많아 33.8%(n=169)를 차지하였다. 또한 우호, 비우호를 묻는 주관식 문항에서는 대부분 비우호에 대한 근거를 제시하는 응답이 많았는데, 첫째, 중국의 경우 저질 중국 상품, 동북공정, 위생 문제, 공산주의 국가, 반중감정 등으로 나타났다. 둘째, 일본의 경우 반일 감정, 역사왜곡, 독도 영유권 문제, 식민지배, 일본 정치가들의 망언 등이 비우호적인 나라라는 인식의 이유였고, 우호적이라고 응답한 경우에는 일본이 경제선진국이라는 점, 일본과의 경제교류 등이 있었다. 셋째, 미국의 경우 6.25전쟁에서 한국을 도와준 점, 미국의 경제적 지원, 한미동맹, 미국이 자유민주주의 국가이며 선진국이라는 점 등이 우호적인 나라라는 인식을 심어주었다는 것을 알 수 있는데, 다른 한편, 비우호적이라고 응답한 학생들의 경우 미국의 이익을 위해 남북통일을 방해하고 있다는 견해, 미국은 자국의 이익을 위해 다른 나라에 영향력을 행사하고 있다는 견해 등이 포함되었다. 넷째, 북한의 경우 6.25전쟁의 침략자, 한반도 적화통일 야욕, 핵무기·장거리 미사일 개발, 공산국가, 퍼주기(경제지원), 전쟁위협 등이 응답자들이 비우호적인 나라라고 인식한 이유로 제시되었으며, 북한에 대한 우호적인 나라라는 응답으로는 경제적으로 어려운 처지에 있는 북한을 도와야 하며, 같은 민족으로 서로 가깝게 지내면서 통일을 준비해야 한다는 응답이 포함되었다. 다섯째, 러시아의 경우 부정적인 응답보다는 한국과 공동 우주개발에 대한 긍정적인 응답이 많았다.

<표 8-1> 한국에 우호적이라고 생각하는 나라(명, %)

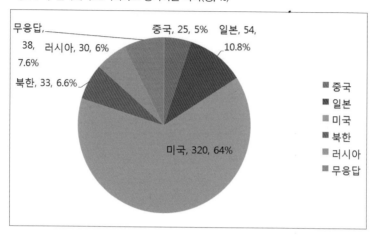

<표 8-2> 한국에 비우호적이라고 생각하는 나라(명, %)

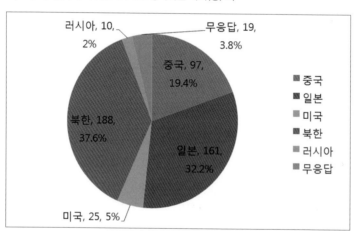

9. 장래 한국의 발전과 번영에 가장 위협적인 나라는 어느 나라라고 생각하는가요?
　① 중국　　② 일본　　③ 미국　　④ 북한　　⑤ 러시아

　설문조사 9번 항목은 응답자가 가지고 있는 타 국가에 대한 부정적인 편견을 파악하기 위한 것이다. 위의 <표 9>에서는 한국의 발전과 번영에 가장 위협적인 국가로 응답자의 43.6%(n=218)가 북한을 선택하였으며, 그 다음으로 미국(18%, n=90), 중국(16.8%, n=87), 일본(16%, n=80), 러시아(1.2%, n=6)으로 나타났고, 무응답은 3.4%(n=17)이다.

〈표 9〉에서 알 수 있듯이 분단과 6.25전쟁, 계속되는 남북 간의 군사충돌, 이데올로기의 대립 때문에 북한을 한국의 발전과 번영에 가장 위협적인 나라로 응답한 학생들이 43.6%(n=218)로 가장 많았다. 그 다음으로는 미국(18%, n=90), 중국(16.8%, n=84), 일본(16%, n=80) 순으로 나타났다. 일제 강점기와 역사교과서 왜곡 문제 등으로 일본에 대하여 부정적인 인식을 하고 있는 응답자들이 많을 것이라는 추측과는 달리, 오히려 〈표 8〉에서는 미국을 압도적으로 가장 우호적이라고 응답(64%, n=320)한 학생들이 일본보다는 미국이 한국의 발전과 번영에 더 위협적인 나라로 보고 있음을 알 수 있다.

여기에서 미국의 경우는 〈표 8-1〉에서 나타난 결과와의 비교 분석이 필요하다. '한국에 우호적이라고 생각하는 나라'라고 해서 그 나라가 반드시 한국의 발전과 번영에 도움이 된다고는 생각할 수 없기 때문이다. 〈표 8-1〉에서 나타난 바와 같이 한국 중학생들은 미국을 한국에 가장 우호적인 국가로 인식하고 있음을 알 수 있지만, 북한 다음으로 한국 중학생들이 미국을 한국의 발전과 번영에 위협적인 국가로 지목한 사실은 한국에서의 반미정서가 중학생들에게도 유의미한 수준으로 나타나고 있음을 반증하는 것이라 하겠다.

---

10. 역사적으로 우리나라의 문화형성에 가장 큰 영향을 끼친 나라를 고르세요.
    ① 중국   ② 일본   ③ 미국   ④ 러시아   ⑤ 인도

<표 10> 역사적으로 한국 문화 형성에 가장 많은 영향을 끼친 나라

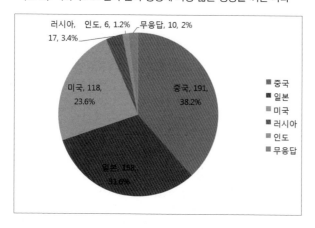

위의 <표 10>은 한국 문화형성에 가장 많은 영향을 끼친 나라에 대한 설문조사 결과이다. 이미 연구의 항복별 가설 설정에서 예측한 바와 같이 중국이라고 응답한 학생이 전체의 38.2%(n=191)로 가장 많았고, 다음으로 일본(31.6%, n=158), 미국(23.6%, n=118), 러시아(3.4%, n=17), 인도(1.2%, n=6) 순으로 나타났다. 설문조사 10번 항목에서는 그 이유에 대한 주관식 답변을 묻는 문항이 제시되어 있지 않기 때문에 구체적인 선택 이유를 밝히기는 어렵지만, 중국이라고 응답한 학생들이 가장 많았지만, 일본과 미국이라고 응답한 학생들의 비율도 적지 않음을 알 수 있다. 중등학교 역사교과서의 서술 내용을 보면, 한국의 문화형성에 중국이 많은 영향을 미쳤음을 알 수 있지만, 학생들의 응답에서 일본과 미국이 차지하고 있는 비율이 무시할 수 없게 높게 나타난 것이다. 이는 학생들의 역사인식에 영향을 미치는 요소는 역사교과서에 서술된 내용뿐만 아니라, 한국 근현대사에서의 일본과 미국의 한국에 대해 끼쳤던 영향력에 대한 학생들의 기억과 사회화의 과정 역시 중요한 영향을 끼치고 있음을 알 수 있다.

Ⅲ. 나가기

본 연구의 목적은 한국 중학생들을 대상으로 설문조사를 실시하여 그들이 가지고 있는 중국에 대한 국가이미지를 파악하는 것이며, 설문조사 분석 결과는 다음과 같다.

첫째, TV, 인터넷, 역사관련 서적 등이 설문조사 전에 설정했던 가설과 같이 학생들의 역사지식 습득에 있어서 학교에서의 역사교육 보다 더 큰 영향을 미치고 있다는 점이다. 둘째, 전체 응답자 500명 중에서 267명(53.4%)의 학생들이 동북공정에 대하여 모르고 있다는 사실이다. 이는 동북공정에 대하여 알고 있는 학생들이 과반수가 넘을 것이라는 가설보다 높은 비율임을 알 수 있다. 셋째, 동북공정에 대한 정보 습득이 역사수업을 통한 경우 보다 TV나 인터넷, 역사관련 서적을 통한 경우가 높다는 사실이다. 넷째, 동북공정에 대하여 모르거나 응답하지 않은 학생들(58.6%, n=293)을 제외한 설문 응답자 대다수(39.8%, n=199))가 동북공정에 대하여 부정적인 견해를 가지고 있다는 점이다. 이는 이미 설정했던 가설과 일치하는 결과라 하겠다. 다섯째, 학생들의 역사지식 습득에서와 같이, 학교수업이 중국에 대한 이미지가 형성되는데 영향을 준 것보다 TV나 인터넷 정보가 더 큰 영향을 미치고 있다. 여섯째, 역사교육에서 중국사가 차지하고 있는 분량에 대한 학생들의 인식은 적절하다는 것이 일반적이며, 충분하다고 응답한 학생들이 31.4%(n=157), 불충분하다고 응답한 학생들이 14.4%(n=72)로 나타난 점을 볼 때, 세계사 교육에서 중국사가 차지하고 있는 분량이 과도하다는 역사교육 관련 학자들의 지적과는 상이한 결과가 나타났다. 일곱째, 역사수업을 통한 중국에 대한 이미지보다 학생들이 평소에 가지고 있는 중국에 대한 이미지가 더 부정적으로 나타났다. 이는 중국에 대한 부정적인 이미지를 형성하는데 있어서 대중매체(방송, 신문, 인터넷 등)가 학교에서의 역사수업 보다 더 많은 영향을 끼친다는 사실을 반증하는 것이다. 여덟째, 한국에 대해 우호적이라고 생각하는 나라에 대한 조사항목에서는 설정된 가설과 같이 미국(64%, n=320)이라고 응답한 학생들이 가장 많았고, 가장 많은 응답자가 한국에 대해 비우호적이라고 생각하는 나라를 북한(37.6%, n=188)으로 보고 있었으며, 다음으로 일본 32.2%(n=161), 중국(19.4%, n=97), 미국(5%, n=25) 순으로 나타났다. 아홉째, 한국의 발전과 번영에 가장 위협적이라고 생각하는 나라에 대한 항목에서 가장 위협적인 국가로 북한(43.6%, n=218)을 선택하였으며, 그 다음이 미국(18%, n=90)으로 나타났다. 〈표 8〉에서는 미국을 압도적으로 가장 우호적이라고 응답(64%, n=320)한 학생들이 일본보다는 미국이 한국의 발전과 번영에 더 위협적인 나라로 보고 있음을 알 수 있다. 여기에서 우리는 학생들이 '한국에 우호적이라고 생각하는 나라'라고 해서 미국이 한국의 발전과 번영에 도움이 된다고는 생각하지 않고 있다는 사실을 파악할 수 있다. 미국을 중국이나 일본 보다 더 한국의 발전과 번영에 위협적인 국가로 지목한 사실은 한국에서의 반미정서가 중학생들에게도 나타나고 있음을 반증한다. 열번째, 응답자들은 항복별 가설 설정에서 예측한 바와 같이, 역사적으로 한국 문화 형성에 가장 많은 영향을 끼친 나라로 중국을 선택한 학생이 전체의 38.2%(n=191)로 가장 많았다. 그러나 일본(31.6%, n=158), 미국(23.6%, n=118)을 선택한 응답자 수도 적지 않았음을 볼 때, 이는 먼 과거의 역사보다 오늘날에 가까운 역사와 국가 간 상호 교류가 학생들의 역사인식에 더 많은 영향을 끼치고 있다는 사실을 나타내고 있는 증거라 하겠다.

이번 설문조사에서 나타난 두드러진 특징은 첫째, 대한민국 중학생들의 과반수 이상이 중국의 동북공정에 대하여 모르고 있다는 사실이며, 동북공정에 대하여 알고 있는 학생들의 중국에 대한 국가 이미지는 매우 부정적이라는 점이다. 여기에서 우리는 대한민국 중등학교 역사수업에서 고대사 교육이 강화될 필요성이 있으며, 최근의 연구 성과 및 새롭게 밝혀진 사실 등을 역사교과서에 서술하거나, 적어도 역사수업 시간에 보조교재로 활용해야 할 것이다. 아울러 우리의 고대사를 중국사의 일부로 편입시키려 한다는 데 대한 감정적인 대응 보다는, 중국 정부가 동북공정을 통해서 의도하는 바가 무엇이며, 이에 대하여 우리는 어떻게 대응하여야 하는가에 대한 실제적인 방안을 역사교육을 통하여 학생들에게 인지시켜야 할 것이다. 둘째, 중국에 대한 이미지 형성에 영향을 미치고 있는 것은 학교수업 보다는 TV 다큐멘터리나 역사드라마, 인터넷 정보라는 사실이다. 최근 한국의 방송사들은 경쟁적으로 역사드라마를 제작·방영하고 있는데, KBS 1TV의 〈대조영〉, SBS의 〈연개소문〉, MBC의 〈주몽〉 등이 그것이다. 이들 드라마는 민족주의적 관점에서 야사까지 동원하여 잘못된 고증이라는 비판을 받기도 하였으며, 극적 효과를 살리기 위한 허구적 인물이나 사건을 설정하기도 하였는데, 이를 학생들이 역사적 지식이나 이해 없이 무비판적으로 수용할 수 있다는 점에서 문제가 된다. 인터넷 공간 역시 익명성을 통해 자신의 고정관념이나 편견을 거침없이 표현함으로써 타자에 대한 부정적인 이미지가 확대되고 더 많은 사람들에게 공유된다는 점에서, '문화컨텐츠'를 통하여 역사를 올바로 인식할 수 있는 사이트를 개발하여 정보를 제공한다는가, 그에 대한 교육 당국의 지원을 강화한다든가 하는 방안이 강구되어야 할 것이다.

본 연구는 한국 중학생들을 대상으로 한 중국 국가 이미지 설문조사로 제한되었지만, 중국 학생들의 한국에 대한 국가 이미지를 조사하여 상호 비교 분석하는 작업은 후속 과제로 남겨두고자 한다. 또한, 일본의 "역사교과서 왜곡과 독도영유권 문제", 중국의 "동북공정", 한국의 "민족주의적 역사교육의 과잉"이 21세기 아시아·태평양 시대의 우호협력과 공동번영에 부정적 영향을 끼치고 있음을 볼 때, 본 연구에서 실시한 국가 이미지에 대한 설문조사 분석은 한 국가에 대한 분석을 넘어 쌍무적, 그리고 다자간 상호 분석으로 확대되어야 하며, 이는 상호 부정적인 국가 이미지의 실체를 파악하고, 이를 개선하는데 기여할 수 있을 것이다.[166]

---

166) Auto-stereotype 연구와 Hetero-stereotype 연구에 관해서는 H. H. Hahn, "Nationale Strereotypen", H. H. Hahn, ed., *Stereotyp, Idendität und Geschichte*, p.191 참조.

한국 중등학생들의 미국 국가 이미지에 대한 설문조사 분석

Ⅰ. 들어가기

1882년 조미수호통상조약의 체결로 한국은 미국과 공식적인 외교관계를 수립하였고, 그 이후 130여년의 세월이 흘렀다. 1905년 을사늑약으로 단절된 양국 관계는 8.15 해방과 미군정의 실시로 다시금 긴밀한 관계를 유지하게 되었고, 한국인에게 미국은 '해방자'요 '후원자'라는 긍정적인 이미지가 형성되기 시작했다. 6.25전쟁과 미군의 참전, 전쟁 이후 경제원조 및 자유민주주의의 첨병으로서 미국의 위상은 다른 어떤 나라들 보다 한국인에게 강렬한 인상을 주었고, 1980년대 이전까지 대중적 수중에서의 한국인의 반미정서는 거의 찾아볼 수 없었으며 아시아에서 반미운동이 없는 유일한 국가로 남아있었다. 그러나 1980년 광주민주항쟁을 계기로 미국은 한국의 민주주의 보다는 자국의 안보적 이해관계를 우선적으로 고려한다는 인식이 확대되기 시작했다.[167] 1980년대 학생운동의 반미감정이 국민 대다수의 미국에 대한 인식을 대변하는 것은 아니었지만, '혈맹' 또는 '우방'이라는 대미인식의 변모시키는 중요한 계기로 작용하였다.[168] 또한 여기에는 주한미군 범죄, 불평등한 한미행정협정(SOFA), 여중생사건, 미국산 쇠고기 수입을 둘러산 촛불시위, 한미 FTA 협정체결 등이 맞물려 한국의 반미감정은 더욱 증폭되는 양상으로 나타났다.

2000년대 이후 반미의식은 한국뿐만 아니라 전 세계적인 현상이지만, 대미인식의 층위는 일견 애증의 양면성을 띄고 모순적으로 구조화되어 나타난다. 미국의 패권주의에 대한 비판과 저항이 있는 반면, 미국의 문화 · 제도 · 문화 · 경제 등에 대한 선망과 호의적 태도가 다른 한편을 차지하고 있다.

---

167) 최장집, 「한미관계의 미래 - '반미감정'에 대한 단상」, 『아세아연구』 111, 2003, p.98.
168) 김용철·최종건, 「한국인의 반미행동 의도에 대한 인과 분석: 미국의 이미지와 한국의 이미지를 중심으로」, 『국제정치논총』 45(4). 2005. pp.123~143.

본 연구는 위와 같은 인식의 기초위에서 한국 중등학생들은 과연 미국에 대해 어떠한 이미지를 가지고 있는가를 알아보기 위한 작업이다. 즉, 역사교육과 국가 이미지는 어떤 상관성이 있는가, 한국 사회의 기저에 깔려있는 반미감정에 대해서 어떻게 인식하고 있는가, 국제사회에서 미국의 역할과 영향력에 대해서는 어떻게 반응하고 있는가, 한국·북한·미국의 관계에서 민족의 동질성과 한미동맹 중 어떠한 요소가 더 강하게 작용하고 있는가에 대한 해답을 구하고자 대한민국 중·고등학교 학생 993명(중학생 505명, 고등학생 488명)을 대상으로 설문조사를 실시하고 그 결과를 분석한 것이다.

머리말에 이은 제2장에서는 국가 이미지 파악을 위한 선행연구에는 어떠한 사례들이 있으며, 어떠한 연구방법과 가설을 설정하였는가에 대하여 논하였고, 제3장에서는 실제 설문지 분석의 결과는 어떠한가를 언급하였다. 결론에서는 설정한 가설과 실제 분석 결과의 차이점은 무엇인지와 향후 수행하고자 하는 연구 과제를 제시하였다.

II. 선행연구 및 분석방법

1. 선행연구

미국 국가 이미지에 대한 선행연구는 이미 1970년대 중반부터 시작되었으며 2000년대로 접어들면서 연구 성과들이 두드러지게 증가하는 양상을 보이고 있다. 그리고 연구의 경향은 대체로 '한국의 미국에 대한 이미지 연구'와 '미국의 한국에 대한 이미지 연구'로 구분할 수 있다.

첫째, 한국의 미국에 대한 이미지 연구는 주로 문학작품, 신문기사, 영화, 이민사, 역사교육, 경영학, 관광학, 국가 이미지 비교연구 등으로 세분할 수 있다. 문학작품은 주로 소설에 나타난 미국에 대한 이미지가 주류를 이루고 있다.[169] 한국 언론 및 신문기사를 분석하여 미국 이미지를 파악한 김연진[170], 이상철[171]의 연구는 비교적 오랜 기간 동안 미국 이미지가 한국 언론을 통해 형상화 되고 있다는 점을 분석했다는 점에서 주목된다. 또한 한국 영화에 형상화 된 미국 및 주한미군의 이미지를 분석한 연구[172], 미국 이주 및 한국전쟁과 분단 상황에서 형성된 미국 이미지를 역사적 측면에서 탐색한 연구[173], 국가 이미지의 비교연구를 수행한 논문들[174] 및 경영학과 관광업 관련 연구 성과도 눈에 띈다.[175]

둘째, 미국의 한국에 대한 이미지 연구로는 먼저 특정 미국 소설 속에 나타난 한국에 대한 이미지를 분석한 논문이 있으며[176], 미국 언론에 나타난 한국 이미지를 분석한 연구[177], 미국 할리우드 영화에 형상화 된 한

---

169) 강현주, 「해방 30년의 한국문학 속에 나타난 미국의 대중적 이미지」, 『미국학논집』 11, 1978, pp.155~180; 김만수, 「한국 소설에 나타난 미국의 이미지」, 『한국현대문학연구』 25, 2008, pp.457~486; 김미영, 「안정효 소설에 나타난 미국의 이미지연구」, 『미국학논집』 36(3), 2004, pp.25~53; 김미영, 「한국(근)현대소설에 나타난 미국 이미지에 대한 개괄적 연구」, 『미국학논집』 37(3), 2005, pp.39~65.

170) 김연진, 「한국 언론을 통해 본 미국과 미국화: 이미지와 담론」, 『미국학논집』 37(3), 2005, pp.7~38.

171) 이상철, 「한국 신문에 나타난 미국의 이미지」, 『한국언론학보』 15, 1982, pp.5~18.

172) 고동연, 「전후 한국영화에 등장하는 주한미군의 이미지」, 『미국사연구』 30, 2009, pp.147~175; 김동식, 「한국 영화에 등장하는 미국 또는 미국인의 이미지에 관하여」, 『민족문학사연구』 36, 2008, pp.338~377.

173) 김연진, 「미국 이민의 이미지와 '이민의 나라': 미국 시사잡지 표지(1965-1986)를 통해 본 이민의 이미지를 중심으로」, 『미국사연구』 26, 2007, pp.159~189; 김용철·최종건, 「한국인의 반미행동 의도에 대한 인과 분석: 미국의 이미지와 한국의 이미지를 중심으로」, 『국제정치논총』 45(4). 2005, pp.123~143; 이명자, 「남북의 현대사에 새겨진 미국의 이미지」, 『민족21』 89, 2008, pp.148~151.

174) 김태현, 「세계인들은 한국을 어떻게 보는가: 5개국 국민들의 한국 호감도 비교분석」, 『평화연구』 15(2), 2007, pp.58~159; 장익진, 「우리나라 주요 일간지에 나타난 미국·소련·일본·중국 관계 뉴스 분석: 독자들의 눈에 비친 4강의 대 한국관계 이미지」, 『언론정보연구』 30, 1993, pp.125~147; 전영현, 「한국 고등학생의 해외 유학국 국가이미지 인식에 관한 탐색적 연구」, 『인문콘텐츠』 24, 2012, pp.89~123; 김상우·장영혜, 「국가이미지의 선행요인과 결과요인의 관계: 한·미 비교를 중심으로」, 『대한경영학회지』 24(1), 2011, pp.381~400.

175) 이춘수·신소현·김미정, 「국가 및 기업이미지가 미국소비자의 한국제품 평가에 미치는 영향에 관한 연구」, 『무역학회지』 33(2), 2008, pp.381~403; 김병국, 「세계 4대 관광 국가들의 이미지 차이 분석에 관한 연구」, 『대한경영학회지』 24(4), 2011, pp.2089~2103.

176) 권택영, 「미국 소설 속의 한국: <조선삽화>와 <딕테>에 나타난 반복이미지」, 『미국소설』 13(2), 2006, pp.27~49.

177) 서정우·차배근·최창섭, 「재한 미국인의 한국에 대한 이미지 조사연구」, 『한국언론학보』 9, 1976, pp.107~122; 이현송, 「미국 신문에 나타난 한국 및 한국인에 대한 이미지: 지난 20여년간 New York Times지의 사례분석」, 『미국학논집』 36(3), 2004, pp.228~255; 최진봉·유찬열, 「뉴욕 타임즈와 로스앤젤레스 타임즈에 보도된 한국과 일본의 국가

국 이미지를 분석한 논문[178], 미국 세계사 교과서에 나타난 한국 이미지를 분석한 논문[179], 미국인의 한국 관광이미지를 분석한 논문[180], 미국 대학생 및 청소년들의 한국에 대한 국가 이미지를 분석한 연구 등을 들 수 있다.[181]

셋째, 그 외에도 한국의 언론사 및 여론조사 전문기관들에 의해 실시되었던 대국민 설문조사 결과들도 미국에 대한 이미지가 한국사회의 발전과정에서 어떠한 요인에 의해 영향을 받았으며, 1980년대에 접어들면서 한국사회에 반미주의가 확대되는 양상을 파악할 수 있는 주된 자료들이다.[182]

위와 같이, 다양한 분야에 걸쳐 한국과 미국의 상호 이미지에 대한 연구 및 설문조사가 실시되고 일정한 데이터베이스도 구축된 상황이지만, 보다 구체적으로 한국 중등학생들의 미국에 대한 국가 이미지를 설문조사를 통하여 분석한 연구는 거의 찾아볼 수 없는 실정이다. 따라서 본 연구는 130년이 넘는 한미관계사의 전개과정에서 오늘날 한국 중등학생들의 미국에 대한 이미지를 파악할 수 있는 기초 자료로서의 의미를 가진다 하겠다.

2. 분석방법

본 연구는 한국 중등학생들을 대상으로 미국 국가 이미지 설문조사를 실

이미지 분석」, 『동서언론』 9, 2005, pp.407~436.

178) 김상민, 「할리우드 영화에 나타난 한국: 이미지의 왜곡과 변화」, 『미국사연구』 18, 2003, pp.241~268.

179) 강선주·최상훈, 「미국 세계사 교과서에 나타난 한국: 9학년 이상에서 사용되는 6권의 미국 세계사 교과서 분석」, 『역사교육연구』 1, 2005, pp.1~39.

180) 박의서, 「미국 여행도매업자의 한국 관광이미지에 관한 실증적 연구」, 『관광경영학연구』 6, 1999, pp.181~207.

181) 김민성·조성욱, 「미국 대학생들의 한국에 대한 국가이미지: 텍사스주 대학생을 사례로」, 『한국지리환경교육학회지』 19(1), 2011, pp.105~118; 김정규, 「미국에 대한 한국 청소년들의 호감과 비호감 이해」, 『사회이론』 31, 2007, pp.7~39.

182) MBC & 코리아리서치 여론조사, 2002. 08. 15.; 내일신문, 345호, 2000. 08. 16.; 문화일보, 2006. 09. 17.; 시사저널, 645호, 2002. 03. 05.; 조선일보, 2004. 01. 12.; 중앙일보, 2004. 10. 7.; 갤럽 데이터베이스, <한국인의 삶과 의식조사>, 2001.11.14.; 갤럽 데이터베이스, <일본, 미국, 중국 호감도 국민여론조사>, 2002. 02. 26.; 갤럽 데이터베이스, <신세대 인식조사>, 2005. 08. 03. 04.

시하고 그 결과를 사회조사통계분석(SPSS)을 활용하여 분석하는 작업이다. [183)

설문조사를 통하여 보다 구체적으로 학생들의 미국 이미지 형성에 영향을 미치고 있는 다양한 요인들(역사교과서, 역사교사, 부모, TV, 인터넷 등)을 분석하여 현행 역사교육이 미국 이미지의 형성에 어떠한 영향을 끼치고 있으며, 오늘날과 같은 분단 상황에서 학생들의 북한과 미국에 대한 기본적인 인식의 틀이 어떠한가를 파악하고자 하였다.

본 설문조사(제목: 대한민국 중등학생들의 미국 국가이미지에 대한 설문조사) 기간은 2011년 10월 1일부터 2009년 10월 31일까지이며, 분석 대상은 〈표 1〉에서 보는 바와 같이 서울 소재 중·고등학교 학생 993명(중학생: 505명/인문계 고등학생: 488명)으로 한정하였다. 본 연구에서는 응답자의 내재적 태도를 측정하기 위하여 설문응답 시간을 최소한으로 제한하였다. 설문지 1문항 당 응답시간은 1분이며 전체 설문조사 소요시간은 10분으로 하였으며, 무기명으로 정해진 시간 안에 자신을 생각을 주어진 5개의 보기 중에서 선택하는 방법을 사용하였다. 아울러 응답자의 학년별, 성별 구분을 통하여 통계분석에 있어서 각 표본 집단들 간의 구체적인 미국 이미지에 대한 통계수치를 산출할 수 있도록 하였다. 설문조사 이후 수거한 설문지는 중·고등학교, 남·녀 학생 별로 구분하고, 표지에 남녀 학생 구분, 학년, 반, 응답자 숫자를 기입하였다. 본 설문조사는 사회통계 조사 방법인 SPSS for Windows 17.0의 주요성분분석(principal component analysis)을 활용하였다. 모든 통계에서 통계적 유의성 판단의 기준은 0.05(신뢰도 95%)이다.

---

183) 필자는 지난 2010년 역사교육이 중국 국가이미지에 어떠한 영향을 끼치는가에 대한 설문조사 문석을 실시한 바 있으며, 본 논문은 그 후속 연구로 미국에 대한 한국 중등학생들의 국가 이미지와 역사교육의 상관성을 분석하였다. 강택구·박재영, 「역사교육과 국가 이미지의 상관관계에 대한 연구 -대한민국 중등학교 역사교육이 중국 국가 이미지에 어떤 영향을 끼치는가에 대한 설문조사를 중심으로-」, 『경주사학』 32, 2010, p.173.

항 목	사 례 수				백 분 율(%)			
	중학생		고등학생		중학생		고등학생	
	남중	여중	남고	여고	남중	여중	남고	여고
소 계	209	296	243	245	21.05%	29.81%	24.47%	24.67%
합 계	505		488		50.86%		49.14%	
총 계	993				100%			

3. 연구의 가설

대한민국 중등학생들을 대상으로 한 미국 국가 이미지에 대한 설문조사 분석에는 다음과 같은 항목 별 가설을 설정하였다. 첫째, 미국에 대한 국가 이미지는 부정적이라고 답한 학생들 보다 긍정적이라고 답한 학생 수가 응답자의 과반수를 넘을 것이다. 둘째, 미국에 대한이미지의 형성에 가장 많은 영향을 끼치는 요인은 신문·방송 등 언론매체일 것이다. 셋째, 학생들의 미국에 대한 이미지는 역사교과서 보다는 역사교사에 의해 더 많은 영향을 받을 것이다. 넷째, 현행 중등학교 역사교과서 검정체제 및 청소년들의 보수적인 성향에 비추어 볼 때, 역사교과서의 미국 관련 서술이 긍정적인가, 부정적인가에 대한 질문에 대해서는 긍정적이라고 응답한 학생이 가장 많을 것이다. 다섯째, 학교 현장에서 직접 역사수업을 주도하고 있는 역사교사들의 진보적 성향과 민족주의적 역사인식으로 인하여 역사수업이 자신의 미국에 대한 이미지에 부정적인 영향을 준다는 응답이 유의미한 수준으로 도출될 것이다. 여섯째, 오늘날 한국 사회의 저변에 깔려있는 반미감정에 대해서는 25% 이상의 학생들이 우려를 나타낼 것이다. 일곱째, 미국산 쇠고기 수입반대 촛불집회 및 미국의 일방주의적 외교행태, 명분없는 전쟁 등의 이유로 국제사회에서 미국의 역할과 영향력에 대해서 부정적이라고 응답한 학생은 전체의 과반수에 이를 것이다. 여덟째,

최근 청소년들의 보수화 경향을 볼 때, 미국과 북한과의 관계에서 학생들은 미국을 지지하는 입장에 설 것이다. 아홉째, 미국은 남북통일에 대해서 분단의 지속을 원하거나 통일을 반대할 것이라는 응답이 전체의 과반수를 넘을 것이다. 필자는 이상의 가설이 설문조사 결과와 일치하는가를 분석하고 그 원인에 대해서는 결론에서 언급하고자 한다.

III. 설문조사 분석내용

본 설문조사의 1번 문항은 자신이 평소에 가지고 있는 미국에 대한 이미지는 어떠한가를 묻는 질문이며, '매우 긍정적이다'에서 '잘 모르겠다'까지 5개의 보기를 제시하였다.

> 1. 자신이 평소에 가지고 있는 미국에 대한 이미지는 어떤가요?(   )
>   ① 매우 긍정적이다.   ② 긍정적이다.   ③ 부정적이다.
>   ④ 매우 부정적이다.   ⑤ 잘 모르겠다.

〈표 2〉 자신이 평소에 가지고 있는 미국에 대한 이미지

항목	사 례 수					백 분 율(%)				소 계 (%) 소 계 (%)
	중학생		고등학생		소계 소계	중학생		고등학생		
	남중	여중	남고	여고		남중	여중	남고	여고	
①	21	29	21	17	88	10.05	9.80	8.64	6.94	8.86
②	112	161	136	154	563	53.59	54.39	55.97	62.86	56.70
③	44	49	45	40	178	21.05	16.55	18.52	16.33	17.93
④	8	13	2	3	26	3.83	4.39	0.82	1.22	2.62
⑤	24	44	39	31	138	11.48	14.87	16.05	12.65	13.89
무응답	0	0	0	0	0	0	0	0	0	0
소 계	209	296	243	245	993	100%	100%	100%	100%	100%

〈표 2〉에서 보는 바와 같이, 미국에 대해 매우 긍정적이거나 긍정적인 이미지를 가지고 있다고 응답한 학생이 전체 응답자의 65.56%(n=651)로 압도적인 우위를 나타내고 있으며, 부정적이거나 매우 부정적이라고 답한 학생은 20.55%(n=204)이며, 13.89%(n=138)의 학생이 잘 모르겠다고 답하였다. 한 가지 흥미로운 점은 응답자 중에서 미국에 대하여 긍정적인 이미지가 가장 높은 것은 여중생(64.19%, n=190)으로 나타났는데, 반면 미국에 대한 부정적인 이미지 역시 여중생들이 다른 표본집단에 비해 높게 나타났다.(20.94%, n=62).

> 2 자신이 속한 또래 집단(학교, 동아리. 동네 친구들)이 가지고 있는 미국에 대한 이미지 는 어떻다고 생각하나요?(   )
> ① 매우 긍정적이다.   ② 긍정적이다.   ③ 부정적이다.
> ④ 매우 부정적이다.   ⑤ 잘 모르겠다.

〈표 3〉 자신이 속한 또래 집단(학교, 동아리. 동네 친구들)이 가지고 있는 미국에 대한 이미지

항 목	사 례 수					백 분 율(%)				소 계 (%) 소 계 (%)
	중학생		고등학생		소계 소계	중학생		고등학생		
	남중	여중	남고	여고		남중	여중	남고	여고	
①	9	10	12	8	39	4.30	3.38	4.94	3.27	3.93
②	80	153	118	132	483	38.28	51.69	48.56	53.88	48.64
③	25	25	26	18	94	11.96	8.45	10.70	7.35	9.47
④	9	4	5	3	21	4.31	1.34	2.06	1.22	2.11
⑤	86	104	82	84	356	41.15	35.14	33.74	34.28	35.85
무응답	0	0	0	0	0	0	0	0	0	0
소 계	209	296	243	245	993	100%	100%	100%	100%	100%

〈표 3〉에서 보는 바와 같이, 2번 문항은 자신이 속한 또래 집단이 가지고 있는 미국에 대한 이미지가 어떠할 것인가에 대한 메타-스테레오타

입(Meta-stereotype)을 묻는 문항이다.[184] 여기에서도 미국에 대한 긍정적인 이미지는 52.75%(n=522)로 응답자의 과반수를 넘었으며, 부정적인 이미지는 11.58%(n=115)에 불과했다. 그리고 '잘 모르겠다'는 응답은 35.85%(n=356)로 긍정적(48.64%, n=483)이라는 응답 다음으로 많은 학생들이 선택하였는데, 이는 메타-스테레오타입을 묻는 설문조사에서 일반적으로 나타나는 현상이기도 하다.

아울러 2번 문항의 응답 결과와 1번 문항에 대한 응답률을 비교해 보면, 자신이 가지고 있는 미국에 대한 이미지와 또래 집단이 가지고 있는 이미지에 대한 메타-스테레오타입을 상호 비교할 수 있는데, 문항 1, 2에서 미국에 대한 부정적인 이미지를 비교해 보면, 문항 1에서는 20.55%(n=204), 문항 2에서는 11.58%(n=115)로 8.97%라는 유의미한 차이를 보이고 있다. 따라서 문항 1,2에서서 분석 결과와 같이 아우토-메타-스테레오타입(auto-meta-stereotype)의 경우 동질적 집단에서는 긍정적인 측면이 강화되어 나타나고, 헤테로-메타-스테레오타입(hetero-meta-stereotype)의 경우 이질적 집단에 대해서는 부정적인 측면이 강화되는 경향을 보인다는 점을 알 수 있다.

> 3 자신의 미국에 대한 이미지의 형성에 가장 많은 영향을 끼쳤다고 생각하는 요인은 무엇입니까?(　)
> ① TV · 신문 등 대중매체　　② 부모님　　③ 역사교과서
> ④ 역사 교사　　　　　　　　⑤ 인터넷.

---

184) 메타-스테레오타입(meta-stereotype) 관련 연구로는 김지윤·오오에 코모코·시게마스 카즈오, 「한국인과 일본인이 인지하는 메타스테레오타입의 정확성에 관한 연구」, 『한국심리학회지』 27(3), 2008, pp.875~893 참조.

<표 4> 자신의 미국에 대한 이미지의 형성에 가장 많은 영향을 끼쳤다고 생각하는 요인

항목	사 례 수					백 분 율(%)				
	중학생		고등학생		소계 소계	중학생		고등학생		소 계 (%) 소 계 (%)
	남중	여중	남고	여고		남중	여중	남고	여고	
①	119	177	147	174	617	56.94	59.80	60.49	71.02	62.13
②	12	20	4	3	39	5.74	6.76	1.65	1.22	3.93
③	4	8	10	5	27	1.91	2.70	4.12	2.04	2.72
④	3	3	7	0	13	1.44	1.01	2.88	0	1.31
⑤	65	74	65	57	261	31.10	25.00	26.74	23.27	26.28
무응답	6	14	10	6	36	2.87	4.73	4.12	2.45	3.63
소 계	209	296	243	245	993	100%	100%	100%	100%	100%

3번 문항은 미국에 대한 이미지의 형성에 가장 많은 영향을 끼쳤다고 생각하는 요인을 분석하기 위한 질문이다. 연구의 가설에서와 같이 한국 중등학생들의 미국에 대한 이미지 형성에 가장 많은 영향을 미치는 요인은 TV·신문 등 대중매체(62.13%, n=617)이며, 그 다음으로 인터넷 정보(26.28%, n=261)로 나타났으며, 여고생의 경우 여타 표본 집단보다 유위미한 수준에서 높게 나타났다(71.02%, n=174). 한 가지 흥미로운 결과는 〈표 4〉에서 보는 바와 같이 학생들의 미국 이미지의 형성에 역사교사(1.31%, n=13)보다는 부모님(3.93, n=39)의 영향이 더 크다는 분석 결과다. 아울러 역사과서와 역사교사의 영향을 합한 결과(4.03%, n=40)가 부모님(3.93%, n=39)의영향보다 크게 나타났지만 그 차이는 0.1%(n=1)로 극히 미미한 차이에 머물고 있다.

4 현재 사용하고 있는 역사교과서의 미국 관련 서술에 대한 본인의 생각은
어떠한지 아래 보기에서 고르세요. (　　)
① 미국에 대해 매우 긍정적으로 서술하고 있다.
② 미국에 대해 긍정적으로 서술하고 있다.
③ 미국에 대해 부정적으로 서술하고 있다.
④ 미국에 대해 매우 부정적으로 서술하고 있다.
⑤ 잘 모르겠다.

〈표 5〉 역사교과서의 미국 관련 서술

항 목	사 례 수					백 분 율(%)				
	중학생		고등학생		소계	중학생		고등학생		소 계 (%)
	남중	여중	남고	여고		남중	여중	남고	여고	
①	6	7	13	6	32	2.87	2.36	5.35	2.45	3.22
②	70	99	79	86	334	33.50	33.45	32.51	35.10	33.64
③	24	40	36	33	133	11.48	13.51	14.81	13.47	13.40
④	5	5	4	0	14	2.39	1.69	1.65	0	1.41
⑤	104	144	111	119	478	49.76	48.65	45.68	48.57	48.13
무응답	0	1	0	1	2	0	0.34	0	0.41	0.20
소 계	209	296	243	245	993	100%	100%	100%	100%	100%

　　미국에 대한 한국 역사교과서의 서술이 긍정적인가, 부정적인가를 묻는
4번 문항에서는 연구의 가설에서 예측한 바와 달리 '잘 모르겠다'라고 응답
한 학생(43.60%, n=433)이 가장 많았고, 그 다음으로 '긍정적'으로 서술되
어 있다는 응답(38.57%, n=383)이 뒤를 이었다. 아울러 '잘 모르겠다'고 응
답한 표본집단을 중학생과 고등학생으로 나누어 분석해 보면, 전체 응답자
993명 중에서 중학생(남중+여중) 228명, 고등학생(남고+여고) 205명으로
중학생의 비율이 더 높았다. 이러한 결과는 한국 역사교과서가 미국에 대하
여 노골적으로 긍정적이거나 부정적으로 서술되어 있지 않다는 점과 학생
들이 교과서 서술내용의 이면에 내재되어 있는 의미에 대하여 중학생들 보
다는 고등학생들이 더 잘 파악하고 있다는 사실이 복합적으로 작용하였다는

사실을 반증한다.

5. 역사교과서에 서술된 미국 관련 내용들이 본인의 미국 이미지에 어떠한 영향을 끼친다고 생각하십니까? ( )
 ① 미국에 대해서 매우 긍정적인 이미지를 준다.
 ② 미국에 대해서 긍정적인 이미지를 준다.
 ③ 미국에 대해서 부정적인 이미지를 준다.
 ④ 미국에 대해서 매우 부정적인 이미지를 준다.
 ⑤ 잘 모르겠다.

〈표 6〉 역사교과서에 서술된 미국 관련 내용들이 본인의 미국 이미지에 미치는 영향

항목	사 례 수					백 분 율(%)				
	중학생		고등학생		소계 소계	중학생		고등학생		소 계 (%) 소 계 (%)
	남중	여중	남고	여고		남중	여중	남고	여고	
①	6	7	13	6	32	2.87	2.36	5.35	2.45	3.22
②	70	99	79	86	334	33.50	33.45	32.51	35.10	33.64
③	24	40	36	33	133	11.48	13.51	14.81	13.47	13.40
④	5	5	4	0	14	2.39	1.69	1.65	0	1.41
⑤	104	144	111	119	478	49.76	48.65	45.68	48.57	48.13
무응답	0	1	0	1	2	0	0.34	0	0.41	0.20
소 계	209	296	243	245	993	100%	100%	100%	100%	100%

 역사교과서의 미국 관련 서술이 미국이라는 국가에 대하여 중등학생들에게 어떤 이미지를 주고 있는가를 파악하기 위한 5번 문항의 경우, 4번 문항과 유사하게 '잘 모르겠다'라고 응답한 결과(48.13%, n=487)가 가장 많이 도출되었다. 아울러 '잘 모르겠다'고 응답한 중학생(n=248)과 고등학생(230)의 응답률 역시 중학생의 경우가 더 많았다는 점을 알 수 있다. 또한 '긍정적인 이미지를 준다'는 응답은 36.86%(n=366)에 달하는 반면, '부정적인 이미지를 준다'는 응답은 14.81%(n=147)에 그쳤다. 이로써 현행 역사교과서 서술 내용이 한국 중등학생의 미국에 대한 국가 이미지에 형성

에 미치는 영향은 2.52%(n=25)로 신뢰도 수준에서 볼 때도 유의미한 결과
는 아니라고 할 수 있다.

> 6. 역사수업이 자신의 미국에 대한 이미지에 어떤 영향을 준다고 생각하나요?(
>)
> ① 매우 긍정적인 영향을 준다.
> ② 긍정적인 영향을 준다.
> ③ 부정적인 영향을 준다.
> ④ 매우 부정적인 영향을 준다.
> ⑤ 잘 모르겠다.

〈표 7〉 역사수업이 자신의 미국에 대한 이미지에 주는 영향

항 목	사 례 수					백 분 율(%)				
	중학생		고등학생		소계	중학생		고등학생		소 계 (%)
	남중	여중	남고	여고		남중	여중	남고	여고	
①	3	7	11	4	25	1.44	2.36	4.53	1.63	2.52
②	53	89	73	70	285	25.36	30.07	30.04	28.57	28.70
③	22	41	30	22	115	10.53	13.85	12.35	8.98	11.58
④	4	5	4	1	14	1.91	1.69	1.65	0.41	1.41
⑤	124	153	122	141	540	59.32	51.69	50.20	57.55	54.38
무응답	3	1	3	7	14	1.44	0.34	1.23	2.86	1.41
소 계	209	296	243	245	993	100%	100%	100%	100%	100%

6번 문항은 이전 문항과는 달리 역사교과서의 서술내용이라든가, 그에
대한 영향을 묻는 것이 아니라 학교현장에서 역사수업을 주도하고 있는 역
사교사의 학생들에 대한 영향력을 판단할 수 있는 근거를 제공하기 때문
에 중요한 의미를 가진다. 이를 통하여 수업을 진행하는 역사교사의 미국
이미지를 수업을 받는 학생들을 통하여 간접적으로 파악할 수 있기 때문
이다. 그러나 산출된 데이터는 연구의 가설과는 달리 '잘 모르겠다'는 응답
이 54.38%(n=540)으로 응답자의 과반수가 넘는 것으로 나타났다. '매우

긍정적인 영향을 준다'와 '긍정적인 영향을 준다'는 응답(31.22%, n=310)이 '부정적인 영향을 준다'와 '매우 부정적인 영향을 준다'는 응답을 합친 것(12.99%, n=129)보다 많기는 하지만, ①에서 ④까지의 응답자 전체(54.21%)보다 '잘 모르겠다'는 응답자(54.38%)가 더 많았다는 사실은 설문조사 분석이전의 가설과는 판이한 결과일 뿐만 아니라 역사교사가 역사 수업을 통하여 학생들의 미국 이미지의 형성에 별다른 영향을 끼치는 않는 다는 사실을 반증한다.

7. 오늘날 한국 사회의 저변에 깔려 있는 반미감정은 어느 정도라고 생각하나요?( )
① 매우 우려할 정도다.
② 비교적 우려할 정도다.
③ 그리 우려할 정도는 아니다.
④ 전혀 우려할 정도는 아니다.
⑤ 잘 모르겠다.

〈표 8〉 오늘날 한국 사회의 저변에 깔려 있는 반미감정

항 목	사 례 수					백 분 율(%)				
	중학생		고등학생		소계	중학생		고등학생		소 계 (%)
	남중	여중	남고	여고		남중	여중	남고	여고	
①	10	11	8	4	33	4.79	3.72	3.29	1.63	3.32
②	43	62	52	56	213	20.57	20.95	21.40	22.86	21.45
③	83	118	99	132	432	39.71	39.86	40.74	53.88	43.50
④	13	22	22	12	69	6.22	7.43	9.05	4.90	6.96
⑤	57	81	59	34	231	27.27	27.36	24.28	13.88	23.26
무응답	3	2	3	7	15	1.44	0.68	1.24	2.85	1.51
소 계	209	296	243	245	993	100%	100%	100%	100%	100%

한국 사회의 반미감정 정도에 대한 학생들의 인식을 파악하기 위한 7번 문항의 경우, '그리 우려할 정도는 아니다'는 응답을 한 학생이 전체의 24.77%(n=246)로 가장 많았으며, '전혀 우려할 정도는 아니다'라고 응답

한 학생을 포함할 경우 응답자의 과반수(50.64%n=501)가 넘었다. 그러나 ①, ②번 항목(매우 우려할 정도, 비교적 우려할 정도)을 선택한 응답자도 4명중 1명에 해당하는 24.77%(n=246)에 이르고 있는 점을 볼 때, 한국 사회 일반의 반미감정은 이보다 더 높을 것이라는 예상이 가능하다.[185] 7번 문항의 경우 중학생과 고등학생간의 선택 항목에 대한 유의미한 편차는 ③번 항목 선택 비율이 높은 여고생의 경우이며, 여고생 응답자의 53.88%(n=132)가 여기에 해당한다.

> 8.오늘날 국제 사회에서 미국의 영향력에 대해서 어떻게 생각하나요?( )
> ① 매우 긍정적이다. ② 긍정적이다. ③ 부정적이다.
> ④ 매우 부정적이다. ⑤ 잘 모르겠다.

〈표 9〉 국제 사회에서 미국의 역할과 영향력

항목	사 례 수					백 분 율(%)				
	중학생		고등학생		소계	중학생		고등학생		소 계 (%)
	남중	여중	남고	여고		남중	여중	남고	여고	
①	9	19	19	9	56	4.31	6.42	7.82	3.67	5.64
②	89	128	103	113	433	42.58	43.24	42.39	46.12	43.61
③	43	67	48	59	217	20.57	22.64	19.75	24.08	21.85
④	12	16	10	8	46	5.74	5.41	4.12	3.27	4.63
⑤	53	65	60	48	226	25.36	21.96	24.69	19.59	22.76
무응답	3	1	3	8	15	1.44	0.33	1.23	3.27	1.51
소 계	209	296	243	245	993	100%	100%	100%	100%	100%

8번 문항은 국제 사회에서 미국의 역할과 영향력에 대한 학생들의 인식을 살펴보기 위한 것이다. 미국의 역할과 영향력에 대해서 긍정적이라고 응답한 경우는 49.52%(n=489)이며, 부정적이라고 응답한 경우는

---

185) 지난 2009년 북한민주화포럼에서 고등학생, 대학생 및 일반인 1,683명을 대상으로 '한국을 가장 위협하는 나라'에 대한 설문조사에서는 전체 응답자의 29.7%(n=500)로 나타났다. 특히 여대생들의 경우 응답자의 35.8%(n=153)가 미국을 선택하였다. 북한민주화포럼 교과서 용역 프로젝트 팀, 『중등교과서의 반대한민국적 내용 실태분석 및 개선 방안 연구보고서』, 북한민주화포럼, 2009, pp.300~303.

26.48%(n=272)로 나타났다. 따라서 한국 중등학생들은 국제사회에서 미국의 영향력에 대하여 긍정적인 인식을 하고 있음을 알 수 있다. 그러나 '잘 모르겠다'는 응답이 22.76%(n=226)에 달하고 있다는 점은 한국 중등학생들이 국제사회에서 미국의 역할에 대해서 별다른 관심을 보이지 않고 있다는 사실을 반증한다.

> 9. 만약 북한과 미국이 전쟁을 하게 되면 어느 나라가 승리했으면 좋겠다고 생각하나요?
> ① 미국   ② 북한   ③ 잘 모르겠다.

〈표 10〉 민족주의와 한미동맹의 상관성

항 목	사 례 수					백 분 율(%)				
	중학생		고등학생		소계	중학생		고등학생		소 계 (%)
	남중	여중	남고	여고		남중	여중	남고	여고	
①	112	165	124	135	536	53.58	55.74	51.03	55.10	53.98
②	28	42	36	23	129	13.40	14.19	14.81	9.39	12.99
③	66	87	78	79	310	31.58	29.39	32.10	32.24	31.22
무응답	3	2	5	8	18	1.44	0.68	2.06	3.27	1.81
합 계	209	296	243	245	993	100%	100%	100%	100%	100%

9번 문항은 민족주의와 한미동맹 중 학생들이 더 중요시하게 생각하는 요소 파악하기 위한 것으로, 만약 북한과 미국이 전쟁을 하게 되면 어느 나라가 승리했으면 좋겠다고 생각하는가에 대하여 '미국'이라고 응답한 학생은 전체 응답자 중에서 53.98%(n=536)로 과반수가 넘었으며, '북한'이라고 응답한 학생은 12.99%(n=128)에 불과했다. 특히, '북한'을 선택한 응답자가 가장 많았던 표본집단은 여중생(14.19, n=42)으로 나타났으며, 가장 적게 선택한 표본집단은 여고생(9.39(n=23)인데, 여중생과 여고생 응답자의 '미국' 선택 비율은 55.74%와 55.10%로 0.64%의 미미한 차이를 보이고 있다. 9번 문항에서 특이한 점은 '잘 모르겠다'라고 응답한 학생이

전체의 31.22%(n=310)에 이른다는 사실이다. 이는 '북한'을 선택한 응답자 보다 18.23%나 많은 수치다.

---

10. 평화적인 남북통일이 된다고 가정할 때, 미국은 남북통일에 대해서 어떤
    태도를 취할 것으로 생각하나요?(   )
    ① 미국은 남북통일을 지지할 것이다.
    ② 미국은 남북통일보다 분단의 지속을 원할 것이다.
    ③ 미국은 남북통일에 중립적 입장을 취할 것이다.
    ④ 미국은 남북통일을 반대할 것이다.
    ⑤ 잘 모르겠다.

〈표 11〉 남북통일에 대한 미국의 태도

항목	사 례 수					백 분 율(%)				
	중학생		고등학생		소계	중학생		고등학생		소 계 (%)
	남중	여중	남고	여고		남중	여중	남고	여고	
①	22	23	28	23	96	10.53	7.77	11.52	9.39	9.67
②	54	80	72	88	294	25.84	27.03	29.63	35.92	29.61
③	35	50	43	34	162	16.75	16.89	17.70	13.88	16.32
④	60	88	61	67	276	28.70	29.73	25.10	27.35	27.79
⑤	35	52	36	25	148	16.75	17.57	14.82	10.20	14.90
무응답	3	3	3	8	17	1.43	1.01	1.23	3.26	1.71
소 계	209	296	243	245	993	100%	100%	100%	100%	100%

미국은 남북통일에 대해서 어떤 태도를 취할 것으로 생각하는가를 묻는 10번 문항에 대한 응답률은 〈표 11〉에서 보는 바와 같다. 미국은 남북통일을 지지할 것이라는 응답은 9.67%(n=96), 미국은 남북통일보다 분단의 지속을 원할 것이라는 응답은 29.61%(n=294), 미국은 남북통일에 중립적 입장을 취할 것이라는 응답은 16.32%(n=162), 미국은 남북통일을 반대할 것이라는 응답은 27.79%(n=276)로 나타났다. 가장 많은 응답자가 미국은 한반도의 분단 지속을 원할 것이라고 보았으며, 그 다음으로 남북통일

을 반대할 것이라고 응답했는데, 분단의 지속과 남북통일 반대에 해당하는 ②, ④번 문항을 선택한 응답자의 합은 전체의 54.70%(n=570)에 이른다. 이는 미국이 남북통일을 지지할 것이라는 응답에 비해 47.73%나 많은 수치다. 따라서 한국 중등학생들은 미국이 남북통일에 대해서 도움을 주기 보다는 장애요인으로 작용할 것이라고 인식하고 있음을 알 수 있다. 특히 '미국은 남북통일을 반대할 것이다'라는 선택을 가장 많이 한 표본집단은 여중생들로 296명(100%) 중에서 88명(29.73%)에 달했다.

IV. 나가기

앞에서 언급한 바와 같이, 본 연구의 목적은 한국 중등학생들을 대상으로 설문조사를 실시하여 그들이 가지고 있는 미국에 대한 국가 이미지를 파악하고, 그것이 현행 역사교육과 어떠한 상관관계가 있는가를 분석하는 것이다. 아울러 제2장에서 설정한 연구의 가설과 설문조사 분석을 비교해 볼 때, 다음과 같은 결과가 도출되었다.

첫째, 연구의 가설에서 예측한 바와 같이 미국에 대한 국가 이미지가 매우 긍정적이거나 긍정적이라고 답한 학생들은 65.56%(n=651)로 압도적인 우위를 나타냈다는 점이다. 이는 미국에 대해 부정적이라고 응답한 비율(20.55%, n=204)보다 45.01%나 많은 수치다.

둘째, 미국에 대한이미지의 형성에 가장 많은 영향을 끼치는 요인은 역사교과서 및 역사교사가 아니라 신문·방송 등 언론매체(62.13%, n=617)로 나타났으며, 이 역시 연구의 가설과 일치했다. 이러한 결과는 현행 역사교육이 학생들의 미국 이미지에 끼치는 영향은 미미하다는 사실을 반증한다.

셋째, 가설과 달리 학생들의 미국에 대한 이미지는 역사교과서(2.72%, n=27)가 역사교사(1.31%, n=13)에 비해 더 많은 영향을 끼치고 있다는 결과가 도출되었는데, 두 가지 항목을 합산한 비율이 4.02%에 머물고 있다는 점은 현행 한국의 역사교육이 학생들의 미국 이미지 형성과는 유의미한 수준의 상관관계가 없음을 의미한다고 하겠다.

넷째, 오늘날 한국 사회의 저변에 깔려있는 반미감정에 대해서는 25% 이상의 학생들이 우려를 나타낼 것이라는 가설은 설문조사 결과(24.77%, n=246)와 0.23%밖에 차이를 보이지 않을 정도로 거의 일치했다.

다섯째, 연구의 가설과는 달리 국제사회에서 미국의 역할과 영향력에 대해서 부정적이라고 응답한 학생은 전체의 26.48%(n=263)에 불과했다. 반면, 긍정적이라고 응답한 비율이 49.48%(n=489)로 나타나 가설과는 정반대였으며, '잘 모르겠다'고 응답한 학생의 비율도 22.76%(n=226)로 비교적 높게 산출되었다.

여섯째, 미국과 북한과의 관계에서 학생들은 미국(53.98%, n=536)을 지지하는 입장에 설 것이라는 가설은 설문조사 결과와 일치했다. 반면 '북한'을 선택한 응답자는 12.99%(n=42)에 지나지 않았는데, 이는 북한에 대해서 민족의식이 두드러지게 개입된다거나 남북통일, 한미동맹 등 명분이나 당위를 중시하기보다는 현실적이며 전략적인 사고를 한다는 점을 알 수 있다.

일곱째, 연구의 가설에서처럼 미국은 남북통일에 대해서 분단의 지속을 원하거나 통일을 반대할 것이라는 응답이 전체의 과반수(54.70%, n=570)를 넘었다. 미국은 남북통일보다 분단의 지속을 원할 것이라는 응답은 29.61%(n=294), 남북통일을 반대할 것이라는 응답은 27.79%(n=276)로 나타났다. 미국이 남북통일을 지지할 것이라는 응답(9.67%, n=96)과 비교해 보더라도 상당한 차이를 보이고 있다.

필자의 향후 연구 과제는 한국 중등학생들을 대상으로 미국인들이 가지고 있을 것이라고 생각하는 한국 국가 이미지에 대한 메타-스테레오타입 설문조사를 실시하여 도출된 데이터를 이번 설문조사 결과와의 비교분석을 통하여 스테레오타입과 메타-스테레오타입의 상관성을 파악해 보고자한다.

〈부록〉

〈대한민국 중등학생들의 미국 국가이미지에 대한 설문조사〉

Ⅰ. 조사 목적 : 대한민국 중등학생들의 미국 국가이미지 분석

Ⅱ. 조사 방법 및 대상

1. 조사방법 – 설문지 조사(무기명)

2. 조사대상 – 서울특별시 소재 중·고등학교 학생 993명(중학생: 505명/고등학생: 488명)

3. 조사기간 – 2011년 10월 1일 – 2001년 10월 31일(1개월)

Ⅲ. 설문조사 문항

1. 자신이 평소에 가지고 있는 미국에 대한 이미지는 어떤가요?(   )

   ① 매우 긍정적이다.   ② 긍정적이다.   ③ 부정적이다.

   ④ 매우 부정적이다.   ⑤ 잘 모르겠다.

2. 자신이 속한 또래 집단(학교, 동아리, 동네 친구들)이 가지고 있는 미국에 대한 이미지는 어떻다고 생각하나요?(   )

   ① 매우 긍정적이다.   ② 긍정적이다.   ③ 부정적이다.

   ④ 매우 부정적이다.   ⑤ 잘 모르겠다.

3. 자신의 미국에 대한 이미지의 형성에 가장 많은 영향을 끼쳤다고 생각하는 요인은 무엇입니까?(   )

   ① TV·신문 등 대중매체   ② 부모님   ③ 역사교과서

   ④ 역사 교사   ⑤ 인터넷

4. 현재 사용하고 있는 역사교과서의 미국 관련 서술에 대한 본인의 생각은
  어떠한지 아래 보기에서 고르세요. (   )

  ① 미국에 대해 매우 긍정적으로 서술하고 있다.

  ② 미국에 대해 긍정적으로 서술하고 있다.

  ③ 미국에 대해 부정적으로 서술하고 있다.

  ④ 미국에 대해 매우 부정적으로 서술하고 있다.

  ⑤ 잘 모르겠다.

5. 역사교과서에 서술된 미국 관련 내용들이 본인의 미국 이미지에 어떠한
  영향을 끼친다고 생각하십니까? (   )

  ① 미국에 대해서 매우 긍정적인 이미지를 준다.

  ② 미국에 대해서 긍정적인 이미지를 준다.

  ③ 미국에 대해서 부정적인 이미지를 준다.

  ④ 미국에 대해서 매우 부정적인 이미지를 준다.

  ⑤ 잘 모르겠다.

6. 역사수업이 자신의 미국에 대한 이미지에 어떤 영향을 준다고 생각하나
  요?(   )

  ① 매우 긍정적인 영향을 준다.

  ② 긍정적인 영향을 준다.

  ③ 부정적인 영향을 준다.

  ④ 매우 부정적인 영향을 준다.

  ⑤ 잘 모르겠다.

7. 오늘날 한국 사회의 저변에 깔려 있는 반미감정은 어느 정도라고 생각하
  나요?(   )

  ① 매우 우려할 정도다.

  ② 비교적 우려할 정도다.

  ③ 그리 우려할 정도는 아니다.

  ④ 전혀 우려할 정도는 아니다.

  ⑤ 잘 모르겠다.

8. 오늘날 국제 사회에서 미국의 역할과 영향력에 대해서 어떻게 생각하요?(   )

① 매우 긍정적이다.　　② 긍정적이다.　　③ 부정적이다.

④ 매우 부정적이다.　　⑤ 잘 모르겠다.

9. 만약 북한과 미국이 전쟁을 하게 되면 어느 나라가 승리했으면 좋겠다고 생각하나요?(   )

① 미국　　② 북한　　③ 잘 모르겠다.

10. 평화적인 남북통일이 된다고 가정할 때, 미국은 남북통일에 대해서 어떤 태도를 취할 것으로 생각하나요?(   )

① 미국은 남북통일을 지지할 것이다.

② 미국은 남북통일보다 분단의 지속을 원할 것이다.

③ 미국은 남북통일에 중립적 입장을 취할 것이다.

④ 미국은 남북통일을 반대할 것이다.

⑤ 잘 모르겠다.

3장

국가 이미지 개선을 위한
독일의 역사교육과 과거극복

제1절
오데르-나이세 국경문제와
독일 역사교과서

I. 들어가기

폴란드의 역사가 피스코르스키(Jan M. Piskorski)는 독일과 폴란드 국경의 역사적 변천을 6단계(960년부터 1370년까지 중세 피아스트 왕조시대를 2 시대로 구분, 17세기 폴란드-리투아니아 왕국시대, 18세기 3차에 걸친 폴란드 분할시대, 제1차 세계대전 이후 신생 폴란드 공화국 시대, 제2차 세계대전 이후 폴란드)로 구분하였는데, 이는 그 정도로 양국 사이에 점령, 분할, 전쟁의 역사가 끊이지 않고 계속되었다는 사실을 반증한다.[186] 이러한 역사적 경험은 민족주의와 맞물려 자연스럽게 서로를 '적대적 타자'로 규정하게 하였으며, 제1차 세계대전 이후 폴란드가 독립을 쟁취하면서 양국 간의 국경분쟁은 첨예한 양상으로 나타나기 시작했다. 이는 패전국 독일이 폴란드에 오버슐레지엔 일부, 포젠, 서프로이센 지역을 폴란드에 할양해야 했던 사실과 단치히의 자유도시화, 동프로이센과의 육로가 차단되는 현실을 경험한 때문이었다.

더욱이 제2차 세계대전 이후 확정된 오데르-나이세 국경선(폴란드어: Granica na Odrze i Nysie Łużyckiej, 독일어: Oder-Neiße-Grenze)에 대해서 독일 정부는 오랫동안 공식적인 국경선으로 인정하지 않았다. 그 점은 또 다시 독일과의 전쟁을 불러일으킬 수도 있다는 이유로 폴란드인들을 불안하게 하는 계기로 작용했다. 오데르-나이세 국경선이 새로 확정되면서 전쟁 이전의 이 선 동쪽의 독일 영토(면적: 바이마르 공화국 영토의 23.8%)는 전쟁 이후 폴란드와 소련의 영토가 되었으며, 기존에 살고 있던 독일인들은 추방당했기 때문이다.

---

186) Jan M. Piskorski, "Die deutsch-polnische Grenze und die historisch-geographische Nomenklatur von Grenzterritorien", *Stöber & Maier(eds.), Grenzen und Grenzräume in der deutschen und polnischen Geschichte*, Hannover, 2000.

그러나 오늘날 양국은 국경선을 둘러싸고 더 이상 문제를 제기하지 않는다. 오히려 게르만 문화와 슬라브 문화가 중첩된 게르마니아-슬라비카(Germania-Slavica) 지역에서는 양 문화가 융합된 독자적인 지역문화를 발전시키고 있으며, 통합되어 가는 유럽 문화의 일환으로 자리매김 하고 있다.[187] 이 지역은 민족주의 시대의 영토분쟁과 이와 관련된 역사분쟁이 평화적이고 학술적인 대화를 통해서 해결된 대표적인 사례로 손꼽힌다.[188] 본 논문은 거의 천년 동안 지속된 양국의 불편했던 역사적 경험과 민족적 적대감, 나치독일의 전쟁범죄를 극복하고 어떻게 국경문제를 해결하고, 오늘날 통합 유럽의 일원으로 상호 이해와 공존을 위해 협력할 수 있었는가에 대한 의문점을 풀기 위한 작업임을 밝힌다.

본 논문의 내용은 다음과 같이 구성되었다. 머리말에 이은 제2장에서는 중세 이래 독일과 폴란드의 국경문제에 대한 역사적 접근을 시도하면서 제2차 세계대전 이후 오데르-나이세 국경의 확정 과정을 테헤란 회담, 얄타 회담, 포츠담 회담의 내용을 통해서 파악하고, 이와 관련된 독일인 추방에 대한 내용을 살펴보았으며, 제3장에서는 1972년 이후 추진되기 시작했던 독일-폴란드 교과서 협의과정과 독일-폴란드 국경문제에 대한 독일 역사교과서 서술 내용을 파악하였다. 마지막 결론에서는 독일-폴란드 양국 간 국경문제와 역사분쟁이 성공적인 합의를 도출할 수 있었던 이유는 무엇이었는가, 그리고 그것이 동아시아 영토문제와 역사분쟁에 시사하는 바가 무엇인가를 언급하였다.

---

187) 김승렬, 「독일·폴란드의 국경분쟁과 역사분쟁 -슐레지엔 실롱스크의 경우」, 『유럽의 영토분쟁과 역사분쟁』, 동북아역사재단, 2008, p.30.
188) 차용구, 「독일과 폴란드의 역사화해 -접경지역의 탈민족주의적 해석을 중심으로-」, 『동서양 역사 속의 소통과 화해』, 학고방, 2011, p.313.

Ⅱ. 제2차 세계대전 이후 오데르-나이세 국경문제

오늘날 독일과 폴란드의 접경인 프로이센 지역에는 발트계 민족인 고(古) 프로이센족이 살고 있었고, 오데르 강 저지대는 10세기부터 13세기까지 폴란드의 서부 국경이었다. 11세기경 폴란드 왕국이 이 지역에 영향력을 행사하기 시작했다. 11세기 초 피아스트 왕조의 볼레스와프 1세는 사방으로 세력을 확장하여 1018년에는 피아스트 왕조 역사상 가장 넓은 지역을 장악했다. 13세기에 이르러 피아스트 왕조는 폴란드 북부 이민족의 선교를 위해 독일기사단(Deutscher Orden)을 불러들였다.[189]

〈지도 1〉 피아스트 왕조 시기 폴란드 영토[190]

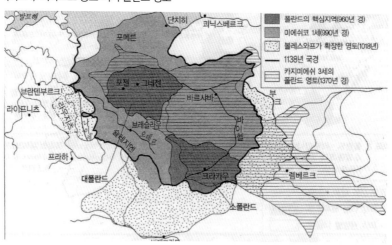

이렇게 시작된 독일-폴란드 관계사에 있어서 영토를 둘러싼 갈등은 이후에도 계속 있어 왔지만, 18세기 러시아 · 오스트리아 · 프로이센에 의한 세 차례의 폴란드 분할 이전까지 소급하기는 어렵다. 폴란드 왕국과 영토

---

189) Walter Günzel, *polen*, Verlag für literatur und Zeitgeschehen GMBH, Hannover, 1963, pp.14~18.

190) W. Borodziej, H. H. Hahn & I. Kakolewski, *Polen und Deutschland, ein kurzer Leitfaden zur Geschichte ihrer Nachbarschaft*, Warzawa, 1999, p.6.

분쟁을 했던 독일기사단이나 프로이센이 폴란드 왕국에 비해 그리 강하지 않았을 뿐만 아니라 독일 자체가 여러 영방국가로 분열되어 있었기 때문이다. 더욱이 프로이센과 폴란드에 민족의식이 있었다고 해도 그것은 신분에 기초한 귀족의 집단의식에 불과했다. 독일인 상공인이나 농민들은 폴란드 왕국에서 폴란드인과 공존하며 살아갈 수 있었고, 그것이 중대한 민족적 문제를 야기하지는 않았다. 그러나 폴란드 분할은 독일과 폴란드 모두에게 역사적으로 의미있는 사건이었다. 폴란드는 이 사건을 통하여 폴란드 민족국가의 독립을 지상과제로 삼게 되었으며, 프로이센은 이를 통하여 비로소 유럽의 강대국의 지위에 오를 수 있었기 때문이다.[191]

1871년 독일 통일 이후 비스마르크가 폴란드 농민, 상인, 귀족들을 폴란드인이라는 이유로 탄압한 일은 폴란드인이 하나의 민족으로 탄생하는 데 자극을 주었고, 폴란드는 18세기에 폴란드 분할로 지도상에서 사라졌다가 제1차 세계대전으로 다시 독립하였다. 폴란드의 독립은 중세 피아스트 왕조 이래 폴란드의 오랜 국가적 전통에 대한 승전국들의 합의 아래 성취될 수 있었다. 20세기에 접어들면서 유럽의 영토 변화에 획기적인 전기가 된 것은 제1차 세계대전이었다. 독일 제국, 오스트리아-헝가리 이중제국, 오스만 투르크 제국은 해체되었고, 제국 내 피지배민족들은 민족자결주의의 원칙을 주창하며 독립해 나갔다. 이러한 원칙은 실제로 동일한 언어와 민족문화를 공유하고 있는 민족 구성원이 거주하는 지역이 첫 번째 적용대상이었고, 그 같은 판단이 쉽지 않은 민족의 혼주 지역에서는 주민투표를 통한 국가 귀속문제 해결이 두 번째 적용방법이었다. 이러한 원칙에 따라 이전 독일제국에 속해 있던 슐레스비히, 오버슐레지엔, 동프로이센 등에서 주민투표가 실시되었다. 주민투표가 평화적으로 치러진 지역도 있었지만 오버슐레지엔

---

191) 김승렬, 앞의 논문, p.34.

처럼 전쟁을 방불하는 상황이 발생한 지역도 있었다. (〈지도 2〉 참조)

〈지도 2〉 베르사이유 조약 이후 할양된 독일영토[192]

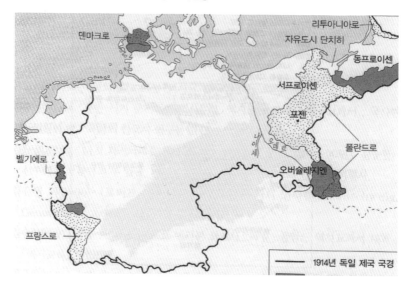

신생국 폴란드와 독일의 서부 국경은 1919년 베르사유 조약으로 확정되었고, 제2차 세계대전까지 유지되었다. 이는 과거 폴란드의 역사적인 국경을 따른 것이지만, 일부 지역은 인종 경계를 따르도록 조정되었다. 포메른과 오버슐레지엔은 분리되었고, 독일 쪽 영토에는 폴란드계 및 슬라브계 소수 인구가, 폴란드 쪽 영토에는 독일계 소수 인구가 있었다. 또한 이 국경선으로 독일은 폴란드 회랑과 단치히 자유시를 사이에 놓고 둘로 분리되었다. 단치히 자유시에는 독일계 인구가 많았으나, 폴란드가 발트해로 나가는 안전한 통로를 확보하기 위해서 분리되었다. (〈지도 3〉 참조)

---

192) 곤도 다카히로 저/ 박경희 역, 『역사교과서의 대화』, 역사비평사, 2006, p.93.

〈지도 3〉 폴란드영토 1918-1921(폴란드 제2공화국 건국상황)[193]

위에서 살펴 본 바와 같이, 제1차 세계대전 이후 새롭게 설정된 독일과 폴란드 국경은 두고 두고 양국 관계를 악화시켰다. 협상국들에 의한 폴란드 회랑과 주민투표를 통한 오버슐레지엔의 분할로 폴란드에는 독일인dl, 독일에는 폴란드인이 남게 되었고, 오버슐레지엔을 둘러싼 분쟁은 독일 민족주의의 극단화를 초래했다.

1939년 9월 1일, 독일이 전격적으로 폴란드를 침공함으로써 시작된 제 2차 세계대전은 양국 국경 변화에 새로운 전환점이 되었다. 제2차 세계대 전 중 폴란드 문제에 대한 연합국 측의 논의는 1943년 12월 테헤란 회담에 서 다루어지기 시작했다. 스탈린은 폴란드의 서부 국경을 오데르 강으로 확 장하자는 제안을 하였고, 이에 대하여 루즈벨트는 폴란드 서부 국경을 오데 르 강으로 확장하고, 동부 국경을 서쪽으로 축소하는 데 동의하였다. 그러

193) W. Borodziej, H. H. Hahn & I. Kakolewski, op.cit, p.32.

나 폴란드 문제는 국경과 관련된 임시 협정에만 합의할 수 있었고, 전후 폴란드 정부의 성격에 대해서는 이후 협상으로 유보되었다. 이 회담에서 폴란드 국경문제는 소련이 1919년의 경우와 비슷한 폴란드 국경을 수용한다는 데 잠정적인 합의를 보았다. 이후 영국 정부는 1944년 1월 유럽 자문회의에서 동프로이센, 단치히 및 그 외의 지역을 폴란드에 영구 할양하는 것을 제안하였고, 폴란드의 새 국경선을 오데르 강으로 설정하는 것에 동의하였다.

이후 폴란드 문제는 소련군이 체코슬로바키아 일부를 점령하고 독일과 폴란드 국경지역에 접근하고 있었던 1945년 2월 스탈린, 처칠, 루즈벨트가 만난 얄타 회담에서 다루어졌다. 여기에서는 폴란드에 세워질 정부의 구성, 폴란드를 포함한 연합국이 점령한 국가에서의 자유선거, 영토를 포함한 독일로부터의 폴란드 배상문제, 독일과 오스트리아에서 연합국이 점령한 지역의 위치 조정 등이 논의되었다. 폴란드-소련 국경은 1919년 영국 외무장관 커전(Lord Curzon)이 했던 제안대로 조정되었다. 소련은 이로써 1939년 리벤트로프-몰로토프 협정 결과 이미 소련에 편입된 것과 같은 크기의 영토를 유지할 수 있었다. 폴란드는 동쪽 국경을 소련에 양도하는 대신 독일로부터 동프로이센 일부, 단치히, 동부 포메른 및 고지 슐레지엔을 할양받는 데 동의하였다. 얄타 회담은 소련이 서방에서 제안한 독일-폴란드 국경을 지지하는 첫 사례로 여겨진다.[194] 하지만 나이세 강의 동안 및 서안을 따라 국경선을 설정할지는 미정이었고, 폴란드의 서부 국경의 정확한 위치는 이후 포츠담 회담에서 최종 확정하기로 하였다.

독일이 항복한 지 두 달 이후인 1945년 7월, 연합국 측은 포츠담에서 다시 모였고 얄타회담에서 합의한 전반적인 협정에 따라 폴란드 국경이 다시

---

194) Debra J. Allen, *The Oder-Neisse line: the United States, Poland, and Germany in the Cold War*, Westport: Praeger, 2003, p.17.

그어졌다.[195] 이 회담으로 독일의 영토는 크게 축소되었다. 동프로이센은 양분되어 쾨니히스베르크시를 포함한 북반부는 소련으로, 남반부는 폴란드로 귀속되고 또 폴란드는 단치히 자유시를 다시 찾게 되었다. 오데르 강과 나이세 강 동쪽의 모든 독일 영토는 최종결정이 날 때까지 폴란드에 의해 관장되도록 하였고, 기존 폴란드 영토에 있는 독일인을 추방하기로 결정하였다. 독일–폴란드 국경 조정에 대한 포츠담 회담에서의 결의안 내용(1945년 8월 2일, 발췌)은 아래와 같다.

> 새 정부의 원수들은 폴란드 서부 국경이 확정될 때까지 다음과 같이 합의한다. 슈비네 강 입구 바로 서부의 동해와 그로부터 오데르 강을 따라서 나이세 강 서부의 입구까지, 그리고 서부의 나이세를 따라서 체코슬로바키아와의 경계까지 이어지는 선의 동부에 있는 동프로이센 지역, 이 지역은 이 회담에서 이루어진 합의와 일치하여 소련의 관할 하에 놓이지 않는다. (......) 이전에 자유도시 단치히 지역을 포함한 이전의 독일의 지역들은 폴란드 국가의 관할 하에 두고, 이 점에서 독일에서 소련 점령지역의 일부로서 간주되지 않는다.[196]

폴란드가 할양받은 독일의 동부 영토는 과거 피아스트 왕조의 영토였고, 폴란드 분할 당시 프로이센 왕국으로 넘어간 영토를 포함했기 때문에 폴란드에서는 '재수복' 및 '회복된 영토'로 불렸다. 그리하여 최종적으로 폴란드는 과거 독일 영토 112,000 km를 할양받았고, 폴란드 동쪽 지역 187,000 km를 소련에 할양하였다. 새롭게 확정된 독일과 폴란드 국경선의 총 길이

---

195) 1945년 7월 17일 미국, 영국, 소련의 지도자들이 포츠담에서 논의한 중요한 결정들은 독일의 미래에 관한 내용이 주를 이루었다. 나치체제의 폐지, 군사력 해체, 무기생산 금자, 산업통제, 민주주의와 언론의 자유 회복, 독일 영토의 축소, 배상문제, 4개국 분할점령 등에 대한 기본 원칙이 논의되었고, 패전국에 대한 처리방안과 전후 문제가 다루어졌다,

196) Michael Antoni, *Das Potsdamer Abkommen Trauma oder Chance? Geltung, Inhaltund stattsrechtliche Bedeutung für Deutschland*, Berlin, 1985, pp.340~347.

는 472km이었으며, 체코의 최북단에서 시작하여 오데르 강 하구의 발트해 최남단으로 연결된다(〈지도 4〉 참조).

〈지도 4〉 독일–폴란드 국경 지도[197]

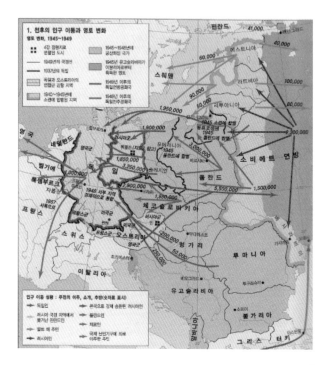

영토 변화에 따라서 전쟁 중에 이동한 사람을 포함한 1,400만여 명이 이동하였다. 폴란드에 합병된 영토 내에 거주하고 있던 대부분의 독일인들이 추방당했으며, 독일에 강제 징용된 폴란드인들은 본국으로 귀국하였다. 과거 제2폴란드 공화국의 동부는 소련에 합병되었으며, 이 지역에 사는 사람들 역시 새 영토로 이동하였다. 1945년 8월 2일자 포츠담 회담 결의안 제13항에서는 새로운 국경의 확정으로 야기된 독일 국경 밖에 거주하고 있던 독

---

197) Geoffrey Parker ed., *The times compact history of the world,* 2001, 김성환 역, 『아틀라스 세계사』, 사계절, 2010, p.154.

일인 추방에 대하여 다음과 같은 결정을 찾아볼 수 있다.

> 회담은 폴란드, 체코슬로바키아 그리고 헝가리로부터 독일인들의 추방에 관한
> 다음과 같은 협정에 도달했다. (......) 독일계 주민 혹은 폴란드, 체코슬로바
> 키아, 헝가리에 남아 있는 그 구성요소들을 독일로 이송하는 일이 실행되어야
> 한다는 것을 인정한다. (......) 그러한 실행이 (......) 규정에 맞게 그리고
> 인간적으로 이루어져야 한다는데 의견을 같이 한다.[198]

  이러한 결정은 오데르-나이세 국경 이동 지역에 거주하고 있던 독일인,
기타 독일의 인접국에 살고 있던 독일인들에게는 엄청난 재난으로 다가왔
다. 독일인에 대한 추방은 이미 1945년 1월 소련군의 브레슬라우 점령에 관
한 파울 파이케르트(Paul Peikert) 목사의 연대기에서 찾아 볼 수 있듯이,
1945년 5월 제2차 세계대전 종전 이전부터 시작되었음을 알 수 있다.

> 러시아군이 진주하면서 오데르 강 동부의 슐레지엔 전체 주민의 소개가 시작되
> 었다. 이제 브레슬라우에는 밤낮으로 종일 피난길에 오른 주민들의 무시무시
> 한 모습이 보였다. (......) 어린이들은 동사하고, 가족들은 이들을 도로변에
> 갖다 놓는다. 그렇게 동사한 아이들을 실은 화물차 전체가 이곳의 시신 보관
> 실로 이송될 것이라고 알려지고 있다. (......) 이 몰려드는 난민들이 어디에
> 수용되어야 할지는 알 수 없다. 한 보도에 다르면 모두는 그들의 집, 소유, 경
> 작지로부터 폭력적으로 추방당하였다. 전날에 모든 보유 가축 및 돼지가 도살
> 되었다. (......) 혹독한 겨울에 대부분 얼어 죽게 될 것이다. 슐레지엔은 30
> 년 전쟁 이후 처음으로 이러한 곤경을 경험했다(출처: Paul Peikert, Festung
> Breslau in den Berichten eines Pfarrers(22. Januar bis 6. Mai 1945).[199]

---

198) Michael Antoni, *Das Potsdamer Abkommen Trauma oder Chance? Geltung, Inhaltund stattsrechtliche Bedeutung für Deutschland*, Berlin, 1985, pp.340~347.
199) 한국교육개발원, 『20세기의 독일과 폴란드 분석, 사료, 교수법 시사(독폴 교과서 협의사례 연구, 부록 6(연

제2차 세계대전은 유럽 세계에 대규모의 난민과 인구이동을 야기했다. 약 6천만 명에 달할 것으로 추정되는 난민은 극히 적은 소지품만 가지고 낯선 곳을 헤매었다. 이들 중 대다수는 여성과 어린이로 집과 생계수단을 잃은 사람들이었다. 강제노동에 동원되었다가 해방된 제3제국의 약 8백만 명과 수용소의 수백만 명은 전후에 사실상 주택과 직업이 없는 난민 신세가 되었다. 유럽 각국은 외국인을 자국 영토에서 몰아냈다. 루마니아는 헝가리인을 몰아내고 체코슬로바키아에서는 헝가리인과 독일인을 추방하였다. 독일이 폴란드의 독일화를 위해 이동시켰던 독일인은 폴란드를 다시 떠나야 하는 신세가 되었으며, 나치가 강제 퇴거시킨 1,500만 명의 폴란드인 대부분은 고국으로 돌아가기를 원하였다. 독일의 패전으로 수백만 명의 전쟁포로와 강제노동자들이 풀려났고, 약 500만 명에 이르는 러시아인 전쟁포로와 전쟁난민들이 본국으로 송환되었다. 그 뿐만 아니라 1938년 이후 나치 독일이 합병한 지역에서 약 1,200만 명이 전쟁 전에 살던 고향에서 떠나지 않으면 안되었고, 소련의 서진으로 200만 명 이상의 러시아인들이 새롭게 합병된 소련 영토로 이주했다.

　독일에서는 나치 정권의 붕괴에 따른 행정 공백을 메우는 동시에 1945년 7월 포츠담에서 합의한 4D원칙(무장해제; to disarm, 비군사화; to demilitarize, 나치의 해체; to denizify, 민주화; to democratize)을 수행하기 위한 군정이 수립되었다.[200] 그러나 전범을 조속하게 처리하고 독일 재건에 착수한 연합국은 과거 나치 때 추방된 독일인의 귀국 절차에 대해서부터 점차 의견대립을 노출하게 되었다. 더욱이 서방측 점령국은 독일 부흥에

구자료 RM2002-61)』, 한국교육개발원, 2002, p.213.
200) 1945년 전쟁에서 패한 독일은 연합국에 의해 4개 점령지역으로 구분되었다. 소련이 전쟁 전 수준의 1/3로 추락한 경제를 부흥하려던 1946년의 5개년 계획은 공공연히 동부 독일과 점령지역의 수탈에 의존한 것이었다. 소련 점령지역 내의 수도 베를린 역시 연합국 4개국의 공동관리에 놓이게 되었다.

관심을 가지고 독일을 우방으로 만들려 하였으며, 소련은 노골적으로 이에 반발하였다. 그러한 갈등은 1948, 1949년의 베를린 봉쇄에서 절정에 달하였다.

1952년 스탈린은 독일이 통일되기 위해서는 오데르-나이세 선을 통일 독일의 국경선으로 인정해야 한다고 밝혔다. 1,200만 명의 실향민이 정착한 서독의 콘라드 아데나워 총리는 오데르-나이세 선을 인정하지 않았다. 할슈타인 독트린에 의해 서독은 동독 및 폴란드 인민 공화국의 정부를 인정하지 않았다.

그러나 1970년 독일 총리 빌리 브란트는 동방정책을 추진하면서, 소련과 모스크바 조약, 폴란드와 바르샤바 조약을 체결하였고 오데르-나이세 선을 현재 그대로 인정하기로 하였다. 이는 동부 독일 실향민들의 고향 방문에 영향을 주었다. 고향 방문은 여전히 힘들었으나, 폴란드령이 된 옛 고향에 재정착은 불가능한 채로 남았다. 1990년 11월 독일이 통일된 이후 독일 연방 공화국과 폴란드 공화국은 국경선을 확정하는 조약을 체결하였다. 그 이전에 독일은 헌법을 개정하였고, 과거 동부 독일의 영유권을 주장할 수 있는 서독 기본법 23조를 폐지하였다. 1990년 독일-폴란드 국경 조약으로 오데르-나이세 선은 폴란드-독일 국경으로 확정되었으며, 1991년 6월 체결된 우호조약과 함께 1992년 1월 16일 발효되었다. 우호조약에서는 국경 양쪽에 살고 있는 독일 및 폴란드계 소수의 문화적 및 정치적 권한 등을 보장하였다. 1990년 이후 폴란드에 할양된 영토에는 약 15만 명의 독일인들이 살고 있으며, 독일에는 150만 명의 폴란드인 및 폴란드계가 살고 있다.

III. 독일-폴란드 국경문제에 대한 독일 역사교과서 서술내용

본 장에서는 1972년 독일과 폴란드의 교과서협의 과정과 1976년 합의되고 1977년 독일 게오르그 에케르트연구소에서 간행된 〈독일과 폴란드의 역사 및 지리 교과서를 위한 권고안〉의 양국 국경관련 권고내용, 그리고 〈권고안〉 이후 독일 역사교과서의 오데르-나이세 국경문제와 독일인 추방에 대한 서술내용을 파악하고자 한다.

실제적으로 폴란드가 독일과의 교과서 협의에 나선 것은 독일정부가 폴란드와의 국경인 오데르-나이세 선을 인정한 이후 부터였다.[201] 독일과 폴란드는 제2차 세계대전 종결 후 27년이 지난 후인 1972년 2월 22일 독일의 중등학교 교사 마이어의 「중등학교 교과서에서 독일-폴란드 역사서술에 대한 47개 테제」라는 논문을 기초자료로 하여 교과서 협의를 진행하게 되었다. 이때의 합의는 '양국 모두가 동의하는 역사교과서를 만드는 것이 궁극적인 목적은 아니고, 두 나라의 역사적인 사건을 보는 다양한 시각을 제시하고, 학생들에게 판단할 기회를 주는 것이 바람직하다'는 관점 아래 진행되었다. 덧붙여, 우선 가능한 사안들부터 해결해 나가자는 최소해법의 원칙을 적용하였다.[202]

1972년 2월 22일부터 26일까지 폴란드 유네스코협의회의 초청으로 독일 (11명)과 폴란드(29명)의 역사가, 지리학자, 교육학자, 교과서 전문가, 교과서 출판업자들이 바르샤바에 모여 우선 방법론상의 문제들과 실무적인 문제들을 논의하고 양국의 역사 및 지리 교과서와 수업의 개선을 위해 일차적으로 합의할 수 있는 사항들을 모색하였다. 양국의 유네스코 협의회는 유

---

201) 블로지미에르 보로지에, 「폴란드 · 독일 협력활동」, 『21세기 역사교육과 역사교과서 -한 · 일 역사교과서 문제해결의 새로운 대안』, 오름, 1988, p.52.
202) E. Meyer, "Deutsch-polnische Schulbuchgespraeche," *Geschichte in Wissenschaft und Unterricht*, vol. 24, Braunschweig, 1973.

네스코의 정신 속에서, 평화보장과 양국의 이해증진을 위해 대화를 이끌어 간다는 데 합의했다. 양국 협의회들의 바르샤바 조약에 표현된 양국 관계를 새롭게 설정하려는 의지가 교과서 개선의 영역에서 학문적 및 교육학적 협력에 유리한 분위기를 창출했으며, 가능한 한 빨리 구체적인 성과들을 만들어내야 한다는 데 의견을 같이 하였다.

그 결과, 1977년 초 독일 게오르그 에케르트 연구소에서 양국어로 된 〈독일과 폴란드의 역사 및 지리 교과서를 위한 권고안〉 초판이 발간되었다.[203] 그러나 이러한 권고안을 잘 따랐던 교과서도 있는 반면 분명 그렇지 못한 교과서도 있었다. 권고안을 발표한 이후인 1976년 제9차 독일-폴란드 교과서 협의회는 앞으로 해마다 각 국을 번갈아가며 학술회의를 지속할 것을 협의하였다. 그러나 권고안 이후 열띤 논쟁을 해왔던 양국 교과서 협의에 대한 독일에서의 관심은 서서히 시들어갔다. 하지만 이런 정치적 상황에서의 무관심 속에서도 학술회의는 국경을 넘나들며 꾸준히 이루어졌다. 권고안 이후 1977년부터 1986년까지 10회의 학술연구에 대한 실적이 10권의 책으로 출간되었고 1988년에 열린 회의에서는 그 동안의 교육적 성과를 결산하였다.[204] 그들은 더 이상 독일과 폴란드 양국 간의 문제에 초점을 맞출 필요를 못 느꼈다. 양국 관계사를 유럽사의 맥락 속에 자리매김하는 일과 권고안이나 그 이후에 학술회의에서 얻은 연구실적을 교수법적으로 연계하는 방안을 중심적인 과제로 삼기에 이르렀다. 폴란드에서는 1989년 12월 29일 의회에서 헌법이 개정되어 공산당 정권이 종식되어 민주적인 공화국이 새로이 탄생하게 되었는데, 이는 폴란드의 역사가들에게도 새로운 전환기가 되

---

203) Gemeinsame Deutsch-Polnische Schulbuchkommission, *Empfehlungen für Schulbücher cher der Geschichte und Geographie in der Bundesrepublik Deutschland und in der Volksrepublik Polen*, Georg-Eckert-Institut für internationale Schulbuchforschung, Braunschweig, 1977.

204) KEDI(ed.), *German-Polish textbook conferences and academic performance 1972-1987 in history Section(RM 2002-62)*, Seoul: KEDI, 2002.

었다. 그때까지 금기시 되어오던 폴란드에 사는 독일인 소수민족에 대한 민감한 테마가 새로운 연구주제로 떠오른 것인데, 이와 함께 폴란드도 자기반성적인 역사성찰을 할 수 있게 되었다. 그리고 국정교과서 제도가 폐지됨으로써 교과서 시장이 다원화되어 역사서술에서도 다양한 시각을 제시할 수 있었다.[205]

그렇다면 〈권고안〉 이후 독일 역사교과서에는 어떠한 변화가 있었는지를 살펴보자. 볼프강 야콥마이어는 1976년부터 1988년 사이 독일의 역사교과서들에서 폴란드 역사와 독일-폴란드 관계사의 서술 변화를 분석하였는데,[206] 그의 연구는 독일 역사교과서에 실제로 권고안에 따른 개선이 상당히 실현되었다는 사실을 보여주고 있다. 〈권고안〉에 따른 교과서 서술의 개선 유무는 시대별로 불균형적으로 나타났다. 중세 초기에 대한 서술에서는 자주 텍스트의 수정이 이루어졌고, 르네상스에서 제1차 세계대전까지의 시기에 대해서는 별다른 변화가 나타나지 않은 반면, 바이마르 공화국 이후 현대사 부분에서는 빈번한 수정이 이루어졌다. 이는 〈권고안〉 역사 관련 항목 16개 중에서 14개 항목이 현대사에 몰려 있을 정도로 독일과 폴란드 양국의 입장 차이가 큰 문제들이 많았다는 점을 반증하고 있다.

필자는 1997년에서 2000년까지 출판된 독일역사교과서 5종을 대상으로 오데르-나이제 국경문제와 독일인의 〈추방(Vertreibung)〉과 관련된 서술내용을 살펴보았는데, 각 교과서들의 해당 주제에 대한 핵심 내용은 아래와 같다.[207]

---

205) 박재영, 「국가 간 상호 이해증진을 위한 공동 역사교과서 편찬의 배경과 의미」, 『다문화콘텐츠연구』 제16집, 2014, pp.110~111.

206) 볼프강 야콥마이어, 「독일 및 폴란드 권고안 발표 이후 독일에서의 역사교재 변화」, 『독일-폴란드 교과서 협의 사례연구(연구보고 CR 2002-32)』, 한국교육개발원, 2002, pp.91~165.

207) Bernhard Askani und Elmar Wagener(ed.), *ANNO 4(Das 20. Jahrhundert)*, Band 4, Westermann, Braunschweig, 1997; Bernd Mütter, Falk Pingel und Norbert Zwölfer unter Mitarbeiter von Dirk Hoffmann, *Geschichtsbuch 4(Die Menschen und ihre Geschichte in Darstellungen und Dokumenten:*

독일의 국경문제에 대해서는 전승국들이 1937년 당시에 만들었던 점령지역 분할을 도입하기로 했다. 게다가 폴란드는 동쪽 지역을 소련에 넘겼고 그 지역은 곧 발트 국가들로 자리를 잡았다. 그 대신 독일의 동쪽지역 오데르 및 나이세 강 주변은 폴란드에 넘겨졌다. 그곳에 살던 독일인들은 (동유럽에 살고 있던 다른 독일인들과 마찬가지로) 독일로 "이주"되었다. 이 이주로 독일인들이 사실상 큰 손실을 입고 강제적으로 쫓겨났다.[208]

비록 영국이 소련을 신뢰하지 않았음에도 불구하고, 스탈린은 1945년 2월 얄타회담에서 자신이 원했던 영토의 재조정을 밀어붙일 수 있었다. 소련이 1939년 점령했던 폴란드 (동부)지역을 소련의 관할 하에 두는 대신에 폴란드는 독일로부터 그에 대한 대가를 보상받을 수 있었다. 독일의 항복 이후 오데르-나이세 선 이동 지역은 폴란드의 관할 하에 들어갔다.(......) 그리고 그 지역에는 (소련의 관할 하에 들어간) 폴란드 동부에서 강제 이주된 폴란드인들로 채워졌다.[209]

(......) 다른 한편, 소련은 폴란드 영토의 서쪽으로의 이동 및 정착과 함께 거기에 살고 있는 독일계 주민의 추방을 기정사실화 했다.[210]

쾨니히스베르크와 동프로이센의 북부지역에 대한 소련 영토로의 합병은 영국과 미국에 의해 승인되었으며, 미·영 양국은 오데르-나이세 동쪽 지역의 독일 영토는 폴란드의 행정 관할 하에 두기로 하는 데에도 동의했다. 그러나 최

Von 1918 bis 1995), Neue Ausgabe, Cornelsen, Berlin, 2000; Ludwig Bernlochner(ed.), *Geschichte und Geschehen 2*(Oberstufe Ausgabe A/B), Ernst Klett Verlag(Stuttgart, Düsseldorf, Leipzig, 2000; Hilke Günther-Arndt, Dirk Hoffmann und Norbert Zwölfer(ed.), *Geschichtsbuch(Das 20. Jahrhundert),* Band 2(Oberstufe), Cornelsen, Berlin, 1998; 한국교육개발원, 『독·폴 교과서 협의사례 연구, 부록 2: 독일 인문계 김나지움 4학년 역사교과서 <우리가 만드는 역사> 번역본(연구자료 RM 2002-57)』, 한국교육개발원, 2002.

208) 한국교육개발원, 『독·폴 교과서 협의사례 연구, 부록 2: 독일 인문계 김나지움 4학년 역사교과서 <우리가 만드는 역사> 번역본(연구자료 RM 2002-57)』, 한국교육개발원, p.157.

209) Bernhard Askani und Elmar Wagener(ed.), *ANNO 4(Das 20. Jahrhundert),* Band 4, Westermann (Braunschweig, 1997), p.133.

210) Bernd Mütter, Falk Pingel und Norbert Zwölfer unter Mitarbeiter von Dirk Hoffmann, *Geschichtsbuch 4(Die Menschen und ihre Geschichte in Darstellungen und Dokumenten: Von 1918 bis 1995),* Neue Ausgabe, Cornelsen, (Berlin, 2000), p.147.

종적으로 폴란드의 서부국경은 미래에 있을 평화회의에서 정해지도록 하였다. 또한 소련과 폴란드가 점령하고 있는 독일 지역에서 독일인 및 헝가리, 체코슬로바키아에 거주하고 있는 소수 독일인들에 대한 강제이주를 포츠담 회담 참가국들이 합의했다.[211]

종전 직전인 1945년 2월 초 스탈린, 루즈벨트, 처칠은 얄타회담에서 즉각적으로 해결해야 할 문제들에 대해 동의했다. 1. 이후 사실상 독일을 동독과 서독으로 분단시켰던 구분된 점령지에 있어서 독일의 분할점령은 당시에는 의도된 것은 아니었음. 2. 소련이 점령하고 있는 폴란드 동부지역에 대한 독일의 보상으로서의 폴란드인들이 서부 이동.[212]

위 5종의 독일 역사교과서 서술에서 공통적으로 보이는 점은 다음과 같다.

첫째, 1945년 2월 얄타회담에서 미·영·소 연합국 세 나라에 의해 독일 영토의 폴란드 할양이 결정되었으며, 소련이 폴란드의 동쪽 지역을 할양하는 대가로 폴란드에 오데르-나이세 강 이동지역의 독일영토를 폴란드의 관할 하에 두게 되었다는 서술이다. 역사적 경험을 토대로 생각해 볼 때, 영토분쟁과 역사분쟁은 단순히 논리의 싸움만이 아니라 현실적인 힘의 논리가 강력하게 작용했음을 알 수 있다. 제2차 세계대전 이후 독일은 나치청산과 과거극복을 성공적으로 이루어 낼 수 있었지만, 여기에는 제2차 세계대전의 패전이라는 역사적 경험을 무시할 수 없으며 패전 이후 국경의 변경과 독일의 분단은 연합국의 결정에 의한 결과였기 때문이다.[213] 독일 역사교과서는 연

---

211) Ludwig Bernlochner(ed.), *Geschichte und Geschehen 2*(Oberstufe Ausgabe A/B), Ernst Klett Verlag(Stuttgart, Düsseldorf, Leipzig, 2000, p.363.

212) Hilke Günther-Arndt, Dirk Hoffmann und Norbert Zwölfer(ed.), *Geschichtsbuch(Das 20. Jahrhundert)*, Band 2(Oberstufe), Cornelsen, (Berlin, 1998), p.207.

213) 오데르-나이세 국경의 확정과 독일인의 추방에 대해서 1966년 출간된 폴란드 역사교과서에는 다음과 같은 내용이 서술되어 있다. "포츠담 회담에서의 결정 사항 중 폴란드에 대한 것들은 중요한 의미를 가졌다. 서유럽의 세 강대국들이 폴란드의 서쪽 국경을 결정한 것이다. 이미 회담 전에 합의된 바에 따라 세 강국은 폴란드가 오드라 동쪽과 니사 우취츠카 동쪽 지방의 피아스트 왕조부터 내려오던 영토와 발틱 연안의 땅을 돌려줘야 한다고 결정했다. 동 프러시아 지방의 대부분이, 특히 (p. 266) 쾨니히스베르크 남쪽 지방이 폴란드

합국의 힘의 논리에 의한 영토의 상실에는 별다른 비판 없이 서술하고 있다.

둘째, 독일 역사교과서는 오데르-나이세 강 이동지역 영토상실보다 독일인들의 강제이주를 더 강조하고 있음을 알 수 있다. 〈지도 4〉에서 알 수 있는 바와 같이 포메른, 슐레지엔, 동프로이센, 유고슬라비아, 루마니아, 체코슬로바키아 등에서 추방된 독일인들은 약 1,200만 명으로 추산된다. 이들 중에는 제2차 세계대전 중에 나치독일의 인구이동 정책에 따라 이주한 사람들도 있지만, 대다수가 수백 년 동안 조상대대로 살던 고향 땅과 집, 재산을 잃고 강제로 추방당한 사람들이었다.

추방 과정에서 독일인들에 대한 인간적인 대우는 기대하기 어려웠고, 추위와 굶주림, 추방당국 국민들의 분노와 증오로 가득한 폭행과 테러, 무자비한 강제퇴거 조치 등은 추방된 독일인들, 특히 어린이와 노약자들에게는 매우 고통스러운 경험이었다. 1945년 7월 14일 폴란드 바트 잘쯔브룬(Bad Salzbrunn)시의 독일계 주민들에 대한 폴란드 정부의 특별명령은 그러한 상황을 파악할 수 있는 적절한 사료라 하겠다.

잔트베르크 구를 포함한 바트 잘쯔브룬 시의 주민들에 대한 특별명령
폴란드 정부의 명령에 따라 다음과 같이 명령한다.
1. 1945년 7월 14일 6시에서 9시까지 독일계 주민의 강제이주가 이루어질 것이다.
2. 독일계 주민은 나이세 강 서쪽 지역으로 강제 이주된다.
3. 모든 독일인은 최고 20kg까지 여행용 수하물을 가져갈 수 있다.

에 새로 속하게 되었다. 세 열강의 대표자들은 폴란드와 체코슬로바키아 지역 안에 거주하던 독일인의 이주를 결정했으며, 이는 곧 서유럽 열강들이 폴란드에 오드라-니사 지역까지의 서쪽 지방의 영토권을 인정한 것과 같았다. 회담에서 폴란드의 서쪽 국경선에 대한 마지막 인정은 후의 평화 협정의 한 부분으로 발표되었지만 그것은 단지 공식적인 의미를 가질 뿐이었다. 폴란드 땅에서 독일인의 이주에 대한 결정은 바로 폴란드에게 이전에 빼앗겼던 땅에 대한 권리를 재 인정하는 것과 같았다. 역사의 공정함은 이런 식으로 행사되었다." 한국교육개발원, 『독폴 교과서 협의사례 연구, 부록 4: 1966년도 폴란드 역사교과서 발췌 번역본(연구자료 RM 2002-59)』, 한국교육개발원, p.42.

4. 어떠한 운송수단(마차, 황소, 말 따위)도 허용되지 않는다.

    (생략)

6. 마지막 강제이주 시한은 7월 14일 10시에 종료된다.

7. 명령을 불이행할 경우 엄중한 처벌에 처해지며, 거기에는 무기사용도 포
    함된다.

    (생략)

11. 도시에 있는 모든 집은 열려 있어야 하고, 집 열쇠는 밖에 꽂혀 있어야 한
    다.

바트 잘쯔브룬, 1945년 7월 14일, 6시
지역사령관
육군 중령 진코브스키[214]

위에서 살펴 본 5종의 독일 역사교과서의 서술 내용만을 가지고 오데르－
나이세 국경과 독일인 추방에 대한 교과서 서술의 경향을 일반화하기는 어
렵지만, 양국 간 교과서 협의는 1976년 권고안 이후에도 계속되었고, 이에
힘입어 2008년 1월 독일과 폴란드의 외무장관들은 독일－폴란드 공동 교과
서위원회를 발족시켰다. 이 프로젝트는 공식적으로 2008년 5월에 시작되
었으며, 독일－폴란드 프로젝트 그룹은 양국의 학자와 정치활동가로 구성
되었다. 이 프로젝트의 목표는 단지 다른 언어로 되어 있을 뿐, 동일한 형
태로 독일과 폴란드의 중등 역사교육에 쓰일 수 있는 공동 역사교과서를 출
간하는 일이다. 중요한 것은 그것이 부가적인 교재가 아니라 양국의 교육
과정에 부합하는, 역사교육에 사용될 국가적으로 승인받은 교과서라는 점
이다. 또한 이 프로젝트는 독일－폴란드 관계에 있어서 높은 교육적 · 과학

---

214) Friedrich Arnhold(Hrsg), *Anschlag. Politische Plakate in Deutschland 1900-1970*, Frankfurt u.a. 1972, p.130.

적·정치적 중요성을 가진다. 양측은 학교의 역사교육에 이웃 나라와의 역사적 경험을 통합하고 공동의 역사인식이라는 주제에 대한 대화를 심화할 것을 표명했다. 2010년 12월 1일, 바르샤바에서 공동 교과서위원회는 역사교과서의 개발을 위한 권고안을 발표하였다. 권고안은 독일-폴란드의 관점에서 유럽과 세계에 대한 접근, 고대에서 21세기에 이르는 시기로 나누어진 다섯 개의 섹션에 대한 개념을 포함한다. 이 권고사항은 상호 협력하고 있는 출판사들의 향후 작업에 중요한 기초를 제공하였다. 2012년 봄, 〈독일-폴란드 공동 역사교과서〉 프로젝트의 다음 단계인 공동 역사교과서 집필이 시작되었다. 폴란드 측에서는 WSiP 출판사가, 독일 측에서는 universe Communication과 미디어 AG 출판사가 프로젝트의 협력 출판사로 나섰다. 교과서 시리즈의 첫 번째 권은 2015년 초에 출시될 예정이다.[215]

Ⅳ. 나가기

앞에서 살펴본 바와 같이, 독일과 폴란드의 영토문제와 역사인식의 차이는 정치적 노력과 학문적 협의, 그리고 상호이해에 바탕한 역사교과서의 서술과 역사교육을 통하여 극복해 나갈 수 있었다. 이는 이후 새로운 세대에게 민족주의적 편견, 자민족 중심주의, 국가 이데올로기의 배제를 통한 새로운 역사이해를 가능하게 하는 계기로 작용하였다. 갈등과 분쟁이 아닌 소통과 공존이라는 역사해석의 새로운 시각이 열릴 수 있었던 것이다.

보다 구체적으로 언급하자면, 독일과 폴란드의 영토문제와 역사분쟁의 성공적인 해결이 가능했던 것은 빌리 브란트 전 독일 총리의 동방정책을 통

---

215) http://deutsch-polnische.schulbuchkommission.de/home.html(2014. 08. 02.)

한 동구권 국가들, 특히, 첨예한 국경문제로 대립했던 폴란드와의 관계개선을 위한 노력과, 독일-폴란드 양국 역사가들의 학문적 접근을 위한 역사분쟁의 해결, E. Meyer, G. Eckert, K. Zernack, W. Markiewicz, W. Borodziej 등 양국 역사교육자들의 상호 이해와 협력, 그리고 부단한 인내가 필요했던 교과서 협의 활동에 기인하는 바가 크다. 여기에 유럽통합이라는 유럽인들의 이상이 작용했음도 부정할 수 없다. 오늘날 유럽인들은 오랫동안 대립했던 영토와 주민에 대한 주권을 공유하는 지점을 넓혀가도 있다.[216] 이는 새로운 영토분쟁을 촉발하는 외교적 대립이 아니라 영토주권을 인정하면서, 접경지역이 주민들이 공유하고 있는 문화에 대한 존중과 과거 국민들을 구분하고 분열시켰던 '피 흘리는 국경선(Blutende Grenze)'에서 국민들을 연결하는 '상호 소통의 장', 즉 접경지역의 탈민족주의화에 의해 실현되고 있다.

아울러 독일-폴란드의 교과서협의 과정에서 우리가 가장 주목해야 할 점은 바로 양국 간의 정치적 현안문제 해결(국경문제)과, 인내심을 가지고 지속된 교과서 협의의 과정임을 알 수 있다. 1972년 처음으로 교과서 협의회가 몇 가지 테제가 합의한 데 이어 1976년에 최종 권고안이 발표될 때 까지 양국의 역사인식에는 파행의 길을 걸을 정도로 첨예하게 대립되는 부분도 있었지만, 위기를 잘 넘기고 장시간에 걸쳐 학술적으로 연구하고 협력해 나가 결국 역사교과서 문제를 해결할 수 있었다. 또한 해마다 양국에서 번갈아 학술회의가 열리면서 진지한 학문연구를 통해 서로에 대한 신뢰를 높였다. 이를 통하여 협의회가 주축이 되어 권고안 완성, 권고안을 보충하기 위한 학술연구, 공동의 교과 안내서 제작, 공동 역사교과서 출판이라는 교과서 협력과정의 바람직한 방향이 제시될 수 있었던 것이다.

---

216) 김승렬, 앞의 논문, pp.9~20.

제2절
교과서 협의를 통한
독일의 과거극복

Ⅰ. 머리말

국제교과서 연구의 기원은 19세기 말엽으로까지 거슬러 올라간다. 당시에도 교과서의 내용은 자국에 대해서는 찬미와 미화로 일관하고 타국에 대해서는 무시와 국가적 편견에 의거한 서술을 일삼는 등 수많은 교과서들이 왜곡과 오류로 가득 차 있었다. 그 후 제1차 세계대전을 경험하면서 유럽의 국제 교과서 연구는 국제연맹(League of Nations)에서 수립한 국제위원회가 각국 교사협의회와의 협력을 통해서 "국제 교과서 개정"이라고 하는 학문 · 교육활동을 위주로 시작하였다. 그러나 이러한 일련의 노력들은 제2차 세계대전의 발발로 일시 중단국면을 맞이하게 되었다. 따라서 1937년의 독일, 폴란드 교과서 자문안과 1935년에 독일과 프랑스 역사학자들이 마련한 권고안 실행에는 먹구름이 드리워져 별다른 성과를 거두지는 못했다.

제2차 세계대전 이후 유네스코(UNESCO)는 세계평화의 증진과 유지의 차원에서 각국의 역사교과서 협의사업을 지원하기 시작했다. 독일(BRD)에서는 1951년 교과서 협의사업을 주도하는 국제교과서 연구소가 브라운슈바이크에 창설되었다.[217] 이 연구소는 게오르그 에케르트(Georg Eckert) 교수

---

217) 에케르트는 서독의 역사가요 교육학자로서 1·2차 세계대전의 원인이 된 국가 간, 민족 간, 인종간의 적대감과 증오, 거짓과 폭력의 악순환의 고리를 끊을 수 있는 가장 바람직하고 효과적인 해결책이 교과서 개선, 보다 구체적으로는 국제이해에 바탕을 둔 교과서 내용의 비교연구와 상호 이해증진을 위한 서술이라고 확신하였다. 그는 당시 브라운슈바이크의 칸트대학(Kant-Hochschule Braunschweig)에서 그의 계획을 실현시킬 작은 연구소 - 국제교과서연구소(das internationale Schulbuchinstitut) - 를 설립하였다. 비록 처음에는 작고 초라했지만 에케르트는 이 연구소를 중심으로 교과서에 존재하는 민족적· 인종적 편견과 적대감을 제거하고 서로 상대방의 시각과 이해관계를 포용할 수 있는 교과서 서술을 위한 공동의 노력이 이루어지도록 사업을 추진해 나갔던 것이다.(한국교육개발원 a, 2002: 15) 그 동안 게오르그 에케르트 연구소는 프랑스·폴란드·이스라엘·체코 등을 위시하여 전 세계에 과거청산은 물론 원만한 교과서 국제협력의 모범을 보였다.(한국교육개발원 b. 2002; 이민호, 1990: 209~229) 그리고 이는 전후 독일의 짐이었던 나치 이미지의 탈피와 철저한 과거청산을 통한 화해와 협력으로 종국적으로 평화적인 독일통일에도 기여하였다. 1974년 에케르트 교수의 사거 이후 국제교과서 연구에 공헌한 그를 기리기 위하여 "국제교과서 연구를 위한 게오르그 에케르트 연구소(Georg- Eckert-Institut für internationale Schulbuchforschung)"라 명명하여 오늘에 이르고 있다. 독일은 또한 동 연구소를 중심으로 세계 여러 나라들과 계속된 교과서 비교연구와 학술회의를 통해서 교과서 권고안 작성 및 정기적으로 학술지를 발행하는 등 많은 연구 성과를 축적하고 있다.(교육인적자원부,

의 서거 이후에도 독일 및 주변 국가의 교과서에 나타난 민족적 편견과 왜곡된 역사서술을 바로잡아 상호 이해와 교류를 바탕으로 한 새로운 유럽의 역사상을 구축하는데 진력하고 있다.[218]

독일-프랑스, 독일-폴란드간의 교과서 협의를 통한 과거청산과 상호이해는 단시일에 성사된 일이 아니라 수 십 년 동안의 상호 이해와 인내로 이끌어 낸 결과물이다. 과거 역사의 라이벌 관계였던 독일과 프랑스 사이의 교과서 협의보다 역사적으로 가해자와 피해자의 입장이었던, 그리고 냉전시대 상호 적대진영에 속했던 독일과 폴란드의 협의가 더 어려운 과정을 겪어야 했던 것은 주지의 사실이다.[219]

1948년 이스라엘의 건국 이후 1956년에는 독일과 이스라엘의 국교정상화 조치가 취해졌지만 이스라엘은 1979년까지 30년이 넘는 세월동안 독일과 본격적인 교과서 협의에 나서지 못했는데, 그 이유는 나치독일이 저질렀던 유대인 대량학살이라는 씻을 수 없는 전쟁범죄로 인한 분노와 증오의 감정이 이스라엘인들의 가슴속에 응어리져 있었기 때문이었다.[220] 양국의 국교정상화 이후 독일 정부는 가해자의 입장에서 과거 나치독일에 의해 피해를 입은 이스라엘과의 선린우호를 위한 적극적이고도 꾸준한 노력을 경주해 왔다. 계속된 나치 피해자에 대한 국가 차원에서의 보상과 지원, 용서와 화해의 제스추어는 시간이 지남에 따라 그 진정성이 전달되었고 결국에는 양국

2001: 331~271; 김유경, 2002: 365~372) 이러한 성과물들은 교과서 비교연구에 있어 학술적 기초자료로서 그 효용이 매우 크다고 할 수 있다. 이와 관련하여 한국 교육인적자원부 일본역사교과서 대책반에서는 이미 2001년 일본 정부의 적극적인 역사교과서 공동연구를 촉구하고, 학문적 차원에서 교과서 비교연구의 기초 자료로서 "독일과 폴란드의 역사 및 지리교과서 편찬을 위한 권고안 외"라는 정책 자료를 출간한 바 있다.

218) KEDI(ed.), *German-Polish textbook conferences and academic Performance 1972-1987 in history Section(RM 2002-62), KEDI*, 2002.

219) 본 논문에서는 독일-프랑스, 독일-폴란드간의 교과서 협의에 대해서는 이미 여러 연구서들에서 다루고 있으므로 별도로 언급하지 않았다.

220) Schatzker, C., *Das Deutschlandbild in israelischen Schulgeschichtsbuechern. Studien zur internationale Schulbuchforschung*. Band 25. Braunschweig: Waisenhaus- Buchdruckerei und Verlag, 1979.

의 공동 교과서 협의를 가능케 하였던 것이다.[221]

그렇다면 고대 로마시대 이후부터 오늘날까지 독일인과 유대인의 사회사적, 문화적 상호관련성, 반유대주의(Anti-semitismus)와 홀로코스트(Holocaust)로 점철된 20세기 독일과 유대인의 역사는 제2차 세계대전 이후 양국의 교과서에 어떻게 서술되어 있을까, 히틀러와 나치독일의 전쟁범죄, 600만 명에 달하는 유대인 대량학살에 대해서 양국의 협의회 대표들은 어떠한 합의점에 이르렀는가 하는 문제들은 관심의 대상이 아닐 수 없다.

따라서 본 논문에서 주요하게 다룰 사항은 어떠한 배경에서 독일과 이스라엘이 교과서 협상을 시작하게 되었는가, 양국 간 교과서 협의회에서 어떤 점들이 논의되었는가, 최종 권고안의 내용은 무엇인가, 독일-이스라엘 교과서 협력이 성사된 지 거의 20년이 지난 오늘날 통일독일의 역사교육에는 어떠한 문제점들이 있는지, 예컨대 독일통일 후 구 서독보다 구 동독지역에서 나치를 찬양하며 반유대적인 구호와 운동 등이 격하게 나오는데 이러한 현상은 어떻게 보아야 하는지, 끝으로 과거청산과 국제이해를 위한 교과서 협의에 있어서 독일의 모델이 동아시아의 상황에도 적용될 수 있는가에 대해서 의견을 제시하고자 한다.[222] 아울러 본 논문에서는 독일-이스라엘 교과서 협의회에서 도출된 내용 중에서 양국의 지리교과서에 대한 내용분석

---

221) 1995년 6월 8-9일 한국 국제교과서연구소의 주최로 열린 제6차 국제 역사교과서 학술회의에서 독일-폴란드 교과서 협의에 폴란드 측 대표로 참여하였던 마키에비츠(W. Markiewicz)는 그의 발표논문에서 교과서 협의에 미치는 정치·외교적 영향력을 다음과 같이 언급하였다. "여기서 한 가지 분명한 것은, 빌리 브란트(Billy Brandt)의 동방정책과 1970년 12월 7일의 '독일과 폴란드의 관계정상화를 위한 기본조약'의 조인이 없었을 경우 양국 간의 교과서 논의는 성립되지 않았을 것이라는 사실이다. 이 조약은 독일과 폴란드의 공동작업을 위한 기반을 조성하여 1972년 10월 17일 양국의 유네스코(UNESCO)위원회는 공동 교과서위원회 구성 등을 포함하는 합의에 이르렀다."(마키에비츠, 1995: 145)

222) 어떠한 연구주제와 상관없이 관련 자료의 수집은 일차적인 중요사항이다. 본 논문의 완성을 위해서도 기본적인 자료의 수집이 선행되어야 했는데 먼저 "독일-이스라엘 교과서 권고안(Deutsch-israelische Schulbuchempfehlungen)"관련 자료는 에케르트 연구소의 "국제교과서연구(Studien zur internationalen Schulbuchforschung)" 시리즈 제44권을 참고하였고 기타 한스-헤닝 한(H.H.Hahn) 교수의 자문과 협조를 받았다.

및 권고안은 논외로 하고 역사교과서 문제에 한정하여 논지를 전개하고자
한다.

II. 독일-이스라엘 교과서 협의의 배경

독일과 이스라엘의 교과서 협의에 대한 이해와 관심은 1960년대까지
소급된다. 듀이스부르크(Duisburg)대학에서의 "유대주의의 역사와 종교
(Geschichte und Religion des Judentums)"라는 연구프로젝트는 독일뿐 아
니라 이스라엘 전문가들과의 협력 하에 공동연구가 이루어졌는데, 이는
독일-이스라엘 교과서 협의 개최를 위한 중요한 계기로 작용하였다.[223]
또한 1960년대 초에 사울 로빈슨(Saul Robinsohn)과 샤임 샤츠카(Chaim
Schatzker)는 독일 역사교과서들이 유대史를 어떻게 취급했는가를 분석한
논문을 발표하기 시작함으로써 이때부터 소위 독일-이스라엘의 역사교과
서 비교연구의 기초가 세워졌다. 물론 1960년대에는 독일-이스라엘의 공
동연구팀이 구성되기 전이었다. 왜냐하면 그 당시 쌍방의 학자들이나 특
히 교육자들이 "과거문제"에 대한 의견접근을 보지 못했기 때문이었다. 이
스라엘에 있어 "독일"이라는 국가의 의미는 독일의 이웃국가들이 독일에
대해 가지고 있는 그것을 훨씬 능가하는 것이었다.

로빈슨과 샤츠카는 1963년에 이미 "독일의 역사교과서에 보이는 유태인
의 역사(Juedische Geschichte in deutschen Geschichtsschulbuechern)"라

---

223) Hinrichs, E.(ed.), *Deutsch-israelische Schulbuchempfehlungen(Zur Darstellung der jüdischen Geschichte sowie der Geschichte und Geographie Israels in Schulbüchern der Bundesrepublik Deutschland Zur Darstellung der deutschen Geschichte und der Geographie der Bundesrepublik Deutschland in israelischen Schulbüchern), Studien zur internationalen Schulbuchforschung*, Band 44, Frankfurt am Main: Moritz Diesterweg: Georg-Eckert-Institut, 1992.

는 연구 성과물을 내놓았고 1979년에는 샤츠카가 - 로빈슨은 그 사이 서거했음 - "이스라엘 역사교과서에 보이는 독일상(Das Deutschlandbild in israelischen Schulgeschichtsbuechern) - 이 저작은 동료인 로빈슨을 추모하면서 그 영전에 봉정되었음 -"을 게오르그-에케르트 연구소의 연구 시리즈물(Studien zur Internationalen Schulbuchforschung)로 펴냈다.[224] 이 두 연구보고서가 1985년에 나오는 독일-이스라엘 공동권고안의 기초 작업이 되었던 것이다.

위의 두 연구보고서의 내용을 간추려보면 다음과 같다. 먼저 1963년의 연구보고서를 보면 유태인의 역사는 단순히 사상 또는 종교의 역사만이 아니며 유대민족이 한 국가를 이루고 있었든, 디아스포라의 상태로 흩어져 있었든지 그들은 늘 공동체로 유지되고 있었다는 점이 강조되고 있다. 즉 함께 생존하고, 일하고, 함께 고통을 겪었던 한 민족의 발자취였다는 전제에서 출발해서 그들 유태인의 역사를 역사의 시작에서 제2신전 건설까지의 시대, 제2신전시대, 중세, 근대(제1차 세계대전까지), 제3제국, 이스라엘 국가의 前史, 건국 그리고 오늘의 과제로 정리하여 구분하고 있다. 연구보고서는 위와 같이 이스라엘의 역사시기를 구분하고 각 시대가 독일의 역사교과서에 어떻게 서술되어 있는가를 분석하고 있다. 특히 제3제국 시기의 유태인의 운명에 대해서는 대량학살 - 홀로코스트(Holocaust) - 과 관련해서 독일 학생들이 죄와 책임의 문제를 어떻게 생각하고 있는가의 관점에서 독일 교과서를 아래의 세 유형으로 분류하고 있다.

첫째, 역사적 사실을 간략하고 무미건조하게 서술하면서 저자 자신의 분명한 태도표명을 회피하는 유형이다. 둘째, 역사적 사실의 서술은 정확하지만 역사의 책임은 나치당의 조직이나 전체주의의 테러체제에 있다고 보는

---

224) *Ibid.*, p.12.

유형이다. 즉 대중은 유태인학살에 대한 정보도 전혀 없었을 뿐만 아니라 정치적으로 무력했기 때문에 학살에 대한 죄도, 전쟁책임도 전혀 없다는 유형이다. 셋째, 모든 독일인 -물론 부모세대를 말함- 의 유태인 학살과 전쟁책임을 분명히 인정하는 입장이다.

연구보고서의 저자인 샤츠카와 로빈슨은 세번째 유형을 지지하면서 첫째, 둘째 유형을 비판하는 입장이었지만 그들의 자세는 올바른 것이었다. 즉 그들은 과거사의 문제를 감정적인 입장이 아닌 도덕의 차원에서 보았을 뿐만 아니라 이성적으로, 과학적으로 문제점을 규명하려 하였던 것이다.

> 우리들은 독일의 역사교육이 오늘날 그들의 과거사를 분명히 하고 유태인 공동체와의 적극적인 관계를 회복하기 위해서는 몰이해, 무지, 냉담 대신에 유태인이 당했던 고통을 공감(Mitleid)하는 입장에서 문제를 진지하고도 깊이 있게, 진실을 추구하는 방향으로 파악해야 한다고 보고 있다. [225]

그리고 1979년 샤츠카의 연구보고서에는 이스라엘 교과서에 서술된 독일 역사 -특히 근·현대사- 가 비교적 상세하다는 점을 알 수 있다. [226] 특히 문제시되는 독일 제3제국의 전쟁범죄에 대해서 이스라엘 교과서는 다음과 같은 세 가지 점에 포인트를 두고 있다. 첫째, 내용서술이 자세하고 희생자들에 대한 깊은 애도를 표하면서 범죄사실과 그 실행자들에 대한 비판은 지극히 엄격하다는 점이다. 둘째, 유태인 학살은 비밀리에 행하여졌다는 설은 많은 교과서에서 의문시되었다. 사건 전체의 전말로 보아 앞뒤가 맞지 않는다는 것이다. 셋째, 범죄사실과 책임문제에 대한 해답이 분명하고 책임을

---

225) Robinsohn, Saul B. u. Schatzker, Chaim, *Juedische Geschichte in deutschen Geschichtsbuechern, Schriftenreiche des Internationalen Schulbuchinstituts*, Bd. 7, Braunschweig, 1963.
226) Schatzker, C., *op.cit,* pp.15~35.

져야 할 범위도 상당히 넓다는 점을 강조하고 있다.

그리고 저자는 이스라엘에는 사실에 충실한 이성적인 교과서가 있는가 하면 반대로 "나치 놈들, 짐승 같은 나치 놈들"이라는 표현을 한 지나치게 감정에 흐른 교과서가 있음을 지적하고 있다.[227] 그리고 이러한 교재는 교육적으로 아무런 도움이 되지 않는다는 점도 경고하고 있다. 또한 저자는 이스라엘 교과서가 독일의 제3제국을 그토록 자세하게 기술하면서도 독일인의 나치에 대한 저항운동에 대해서는 일체의 언급도 하지 않고 있는 편견도 아울러 지적하고 있다.

위와 같이 1979년의 연구보고는 독일과 이스라엘 교과서 당국자 협의에 영향을 주었고, 1979년 가을 독일 문교부 장관의 요청에 의해 게오르크 에카르트 연구소는 독일과 이스라엘의 교과서 회의에 참여하게 되었다. 목적은 양국의 협의에 있어서 유효적절한 주제를 다루기 위한 보다 나은 회의의 전제를 추론하는 일이었다. 이에 독일과 이스라엘은 각각 교과서 분석을 위한 공동협의와 권고안의 작성을 위한 연구그룹을 조직하였다. 이스라엘 교육부 장관은 당시 이스라엘 교육과정 센터의 소장인 세바흐 에덴(Shevach Eden) 박사를 이스라엘 측 대표로 위촉하였고 독일 측의 대표는 하노버 대학의 볼프강 마리엔펠드(Wolfgang Marienfeld) 교수가 맡게 되었으며 공동교과서 협의 참여자들은 정치적 성향이 없는 학자들로 구성되었다.[228]

교과서협의의 대상은 양국의 역사와 지리교과서로 제한되었고 상호 교과서의 타당성 있는 비교연구를 위하여 분석대상 교과서는 중등과정 Ⅰ(Sekundarstufe Ⅰ)로 한정하였다. 이렇게 양국이 준비한 자료들은 교과서 분석을 위해 상호 비교되고, 서로에 대한 인식의 차이를 좁히기 위해서

---

227) *Ibid.*, pp.29~33.
228) Hinrichs, E.(ed.), *op.cit.*, p.11.

1979년부터 1985년에 이르기까지 진지하고 열띤 토론이 진행되었다.[229] 그 결과 1985년 제5차 독일 · 이스라엘 교과서 협의회에서는 그 동안 연구와 회의의 결과물인 "독일-이스라엘 교과서 권고안(Deutsch-israelische Schulbuchempfehlungen)"을 내놓았다.

이 권고안은 그 전문에서 유태인과 독일인은 수세기 동안 함께 공존해 왔으며 근대에는 학문과 예술 분야에서 뿐만 아니라 경제와 정치, 그리고 사회운동 분야에서도 풍요한 결실을 거두었음을 지적하고 있다. 그러나 이 같은 사실이 있었던 반면 험난했던 반목과 대립의 국면도 있었고, 이러한 대립국면이 마침내 상호교류를 차단하고 파괴적인 사건으로 발전해 나갔다는 것이다. 그리하여 마침내 나치시대의 유태인박해, 대량학살 등이 뒤따랐음을 명기하고 있다. 이 같은 사건을 체험한 양 민족이 왜 역사를 배워야 하는가에 대해서는 다음과 같이 입론한다.

> 수 백 년에 걸친 독일인과 유태인의 긴밀했던 관계의 역사에는 풍요했던 면과 파괴적인 면이 있는바, 독일과 이스라엘의 청소년들은 그 밝고 어두웠던 양면의 역사를 마음속에 새겨야 한다. 그리하여 두 나라의 학생들이 자기 자신을 이해하고 서로를 이해하고 나아가서 인간존중과 법치국가의 유지 · 발전에 기여해야 한다.(Robinsohn-Schatzker, 1963: 9)

III. 독일-이스라엘 역사교과서에 대한 권고안

1. 이스라엘 역사교과서에서의 독일 및 독일-유대인 서술에 대한 권고안

유대인의 역사는 일반적으로 그 자체로서 "이산(Diaspora)"으로 인한 국

---

229) Schatzker, C., *op.cit.*, pp.10~11.

가 없는 민족이라는 특수성을 가지지만 역사의 전개과정에서 타민족이나 국가의 공동체에 속해서도 자신의 정체성을 유지하면서 세계사와 지속적으로 관련을 맺어왔다는 점이 두드러진다. 일반사와 유대인의 역사를 분리하여 서술하고 있는 것이 이스라엘 역사교과서의 독특한 구성인데, 독일사를 첫번째 카테고리인 일반사에 포함시켰으며 독일-유대인 관계사를 두번째 카테고리인 유대인의 역사로 분류하고 있다.[230] 동일한 역사적 사실이 한편으로는 보편적 역사 - 독일사 - 에 속하며, 다른 한편으로는 유대인의 역사 - 독일·유태인 역사(die deutsch-juedische Geschichte) - 에 속한다는 사실을 분명히 구분할 줄 알아야 한다는 것이다. 이러한 현상은 로마제국의 정복과 유대왕국의 멸망, 2천년 동안의 이산, 홀로코스트 이후 이스라엘의 건국이라는 역사적 체험을 한 유대인들의 독특한 역사구분 방식이다.[231] 이러한 문제들을 고려하여 독일-이스라엘 교과서 협의회가 이스라엘 역사교과서를 분석한 이후 제시한 권고안의 내용을 살펴보면 다음과 같다.[232]

가. 독일 역사에 대하여

첫째, 이스라엘 역사교과서의 독일 역사에 대한 서술에 있어서 중세이후 현재까지의 역사의 연속성 및 인과관계를 부각시키는 것이 중요하며, 독일 역사를 나치시대에 집중하는 것은 바람직하지 않다는 점이다. 제2차

---

230) Hinrichs, E.(ed.), *op.cit.*, pp.15~17.
231) KEDI(ed.), *op.cit.*, pp.170~171.
232) 독일-이스라엘 교과서 협의에서 채택한 분석대상 역사·지리교과서에 대해서는 Hinrichs, Erinst ed., *Deutsch-israelische Schulbuchempfehlungen(Zur Darstellung der jüdischen Geschichte sowie der Geschichte und Geographie Israels in Schulbüchern der Bundesrepublik Deutschland Zur Darstellung der deutschen Geschichte und der Geographie der Bundesrepublik Deutschland in israelischen Schulbüchern), Studien zur internationalen Schulbuchforschung*, Band 44,Frankfurt am Main: Moritz Diesterweg, 1992, pp.35~38 참조.

세계대전의 종결이 독일역사의 종착점은 아니기 때문이다. 즉, 제2차 세계대전 이후 독일사의 연속성이라는 측면에서 독일연방공화국과 독일민주공화국의 역사는 이스라엘 역사교과서 안에서 소홀히 다루어져서는 안 된다는 점이다.[233] 둘째, 독일사는 유럽사의 한 부분으로 서술되어야 하며, 유태인의 역사뿐만 아니라 보편사에 대한 정보와 지식이 역사교과서에 나타나야 한다는 점이다. 이는 유대인의 계몽과 동화, 반유대주의(Anti-Semitismus)와 국가사회주의(National-Sozialismus) 등의 현상들이 독일의 영역뿐만 아니라 더 넓은 유럽의 영역에서 서술되어야 함을 의미한다.

셋째, 양국의 권고안은 이스라엘 역사교과서에 독일사가 유럽 근대의 정치 · 경제 · 사회 · 문화 등 다방면에 걸친 발전에 고르게 기여했던 점들이 보다 더 강조되어야 한다고 지적하고 있다. 예를 들면 종교개혁, 18-20세기의 문학, 음악, 예술, 그리고 19-20세기의 학문적 업적, 계몽절대왕조, 산업혁명, 독일의 노동운동, 통일국가 성립과 같은 문제들이 그것이다.

넷째, 국가사회주의는 독일에서만 일어났던 현상도 아니며, 유럽의 파시즘, 반유대주의 그리고 반민주적 전통과 연결해서 서술되어야 한다는 점이다. 아울러 국가사회주의의 역사를 단순화시키거나 결정론적 사고를 피하기 위해 객관적이고도 구체적인 분석이 필요하다는 것이다. 20세기 유럽에 등장했던 전체주의(Totalismus)는 독일 제3제국의 국가사회주의(Nazismus)뿐만 아니라 이탈리아의 무솔리니에 의한 파시즘(Fasismus), 스페인의 프랑코 총통으로 상징되는 친 파시즘적 국가체제도 엄연히 존재하였기 때문이다.

다섯째, 독일-이스라엘 교과서 협의회는 제2차 세계대전 이후에고 계속되고 있는 독일사의 연속성 문제를 명확히 해야 한다는 입장이다. 독일 제

---

233) Hinrichs, E.(ed.), *op.cit.*, p.24.

2제국으로부터 바이마르 공화국까지의 과정에서 연속성과 단절, 바이마르 공화국부터 제3제국까지, 그리고 제3제국부터 독일연방공화국과 독일민주공화국까지 독일 근·현대사에 나타났던 역사의 연속성과 단절을 예로 들 수 있다. 아울러 독일연방공화국의 민주적·연방제적 토대를 이루는 요소들이 교과서에 제시되어야 하며, 나아가서는 서유럽에서 독일(BRD)의 경제적 역할과 정치적 지위도 다루어져야 한다. 독일사 전체를 이해하기 위해서는 독일분단의 문제가 규명되어야 하며, 동시에 유럽에서의 동서갈등의 문제와 그 내용들이 광범위하고 명확하게 서술되어야 한다는 점이다.[234]

나. 독일-유태인 역사에 대하여

"독일-유대인 역사(die deutsch-juedische Geschichte)"의 의미를 구체적으로 논하자면 역사적으로 독일민족의 주권이 미치는 영역 안에서의 독일인과 유대인의 관계사를 말한다. 이와 관련하여 첫째, 중세 유대인 공동체의 가장 중요한 두 개의 중심지중의 하나였던 "독일(Deutschland)-아슈케나스(Aschkenas)"는 유대주의의 발전에 있어서 그 의미가 강조되어야 한다는 사실이다. 예를 들면, 라인지역의 공동체였던 스파이어(Speyer), 보름스(Worms), 마인츠(Mainz) 등이다.[235]

둘째, 중세 십자군원정 이전 독일지역의 유대인 역사에 대한 내용에 대해서도 역사교과서에 서술되어야 하며, 십자군원정 이전과 이후에도 비교적 평화스러운 공존의 시기가 있었음이 언급되어야 한다는 점이다.

---

234) *Ibid.*, p.25.

235) "아슈케나스(Aschkenas)"는 중세 독일 및 독일제국을 지칭하는 의미로 사용되거나, 다른 한편으로는 독일제국의 서쪽과 동쪽지역에서도 살았던 유대인을 뜻하며 중세시대 중부유럽에 거주하던 유대인을 통틀어 "아슈케나시쉬(aschkenasisch)"라는 용어로 부르고 있다. 이렇게 독일 및 독일의 유대인에 대한 개념이 명료하지 못하기 때문에 "아슈케나스(Aschkennas)"가 "게르마니아(Germania)"와 동일한 것인가 조차 때때로 불확실하다는 지적이다.

셋째, 18세기 이후 유대인의 해방을 위한 투쟁의 역사가 특히 독일지역에 - 베를린(Berlin)에서의 모세스 멘델손(Moses Mendelssohn), 함부르크(Hamburg)의 가브리엘 리서(Gabriel Riesser) 등 - 그 기원을 가지고 있으며, 독일-유태인 사회가 계몽사상, 개혁운동, 유대주의 학문(Judentum), 공동체 구조의 개혁 등 전체 유대주의에 중요한 영향을 끼쳤기 때문에 이러한 과정을 서술할 때도 독일-유태인 사회에 초점이 맞추어져야 한다는 지적이다.

넷째, 19세기 스스로에 대한 유대인들의 의식변화로 파생된 문제들도 교과서에 언급되어야 한다는 점이다. 19세기말에서 20세기 초에 걸쳐 독일에 거주하던 유대인 대부분이 동화의 과정에 대해 어느 정도 긍정적인 태도를 취하였으며 자신들을 "유대교를 믿는 독일시민"으로 스스로 생각하고 있었음을 소홀히 취급해서는 안된다는 사실이다.

다섯째, 양국의 교과서 협의회는 시온주의의 역사를 서술할 때에는 민족운동으로서 시온주의운동 초기에 독일-유대인들의 영향력과 역할에 대해서 역사교과서에 언급되어야 한다는 입장이다. 예를 들면, 제1차 세계대전 이전의 시온주의의 중심지가 베를린이었으며 시온주의 의회의 공식 언어가 독일어였다는 사실 등이다.

여섯째, 국가사회주의와 유럽의 홀로코스트를 서술하는 것 이외에도 1933년 이후 독일에서의 반유대주의적 정책 -사회적 차별, 점진적인 시민권박탈, 추방- 에 대해서는 보다 냉정하고 조심스럽게 다룰 필요가 있다는 지적이다. 아울러 중세에서 현대에 이르기까지 유럽과 독일에서의 반유대주의에 대한 연속성과 불연속성이 분석되어야 할 필요성도 제기되었다.[236]

일곱째, 나치시대의 유태인 공동체와 조직의 역사, 그리고 1933년 이후

---

236) Hinrichs, E.(ed.), *op.cit.*, p.26.

의 "이주의 물결(Einwanderungswelle)"이 특별히 교과서에 언급되어야 하며, 팔레스타인 -후에는 이스라엘 - 지역에서의 시온주의 건설에 독일-유태인들이 문화적, 경제적, 정치적으로 기여한 사실이 강조되어야 한다는 견해다.

끝으로, 독일-이스라엘 교과서 협의회는 제2차 세계대전 이후 독일에서 유대인 문화와 생활방식을 보존하기 위해 노력하는 유대인 공동체가 새롭게 건설되었음을 교과서에 언급하는 것도 매우 중요하다는데 인식을 같이 하였다.

2. 독일 역사교과서에서 유대인, 특히 독일-유대인 역사서술에 관한 권고안

양국의 교과서 협의회는 "다아스포라(Diaspora)"라는 유대사의 특수성을 고려하여 독일 역사교과서에 서술된 유대인관련 내용을 구체적으로 유대인의 역사와 독일 내 유대인의 역사로 구분하였다. 여기에서는 독일 내 유대인의 역사에 대한 권고내용을 중점적으로 파악하고자한다.

첫째, 십자군 원정부터 흑사병 또는 루터의 반유태주의적 논거, 그리고 스퇴커(Stoecker)나 트라이취케(Treitschke)의 반유태주의, 독일 제2제국 후기와 바이마르 공화국의 인종주의, 나치시대의 박해와 대량학살까지 유태인들이 독일 역사교과서 안에서 단지 역사의 희생물로 비추어지는 서술은 지양해야 한다는 점이다. 교과서에서 유태인의 생활과 독일 문화의 관계에 대한 이해를 증진시킬 필요가 있으며, 기독교 사회와 비교적 갈등이 없었던 공존의 시기에 대해서도 의미가 부여되어야 한다는 입장이다.[237]

둘째, 유대주의의 종교사적 의의 - 유일신, 유대교와 기독교와의 관계, 이슬람교에 있어서 유대교의 의미 - 가 짧게나마 고대·중세사를 다룰 때

---

237) *Ibid.*, p.19.

언급되어야 한다는 점인데 이러한 관계 속에서 유럽문화의 발전에 있어서 유대주의의 의미도 부각될 수 있다는 입장이다.

셋째, 중세와 근세 초 유대인의 역사는 교과서에서 간략하게 다루어질 수도 있을 것이다. 그러나 유대인들이 수 백 년 동안 비교적 유럽의 기독교 사회 내에서 갈등 없이 살았으며, 단지 하층신분의 지위로만 살지 않았음이 명백히 제시되어야 한다는 점이다. 그 한 예로 유대인의 법적 지위, 경제적 기능, 문화생활에 있어서의 문제들은 중세도시의 역사와 연계해서, 그리고 이슬람문명의 스페인에서의 특이한 발전과정을 거론하면서 언급되어 질 수 있다는 지적이다.[238]

넷째, 18세기 후반 근대 독일에 있어 유대인의 역사는 전통적 기독교 사회로부터의 해방 이후 괄목할만한 경제적 · 학문적 · 예술적 업적을 이룩하였다. 이러한 사실은 역사를 배우는 학생들이 유대-독일인의 역사가 독일사의 중요한 한 부분임을 인식하는데 도움을 준다. 따라서 1933년 이전의 150년간의 시기는 독일에서 유대인들이 갖은 박해와 차별에도 불구하고 유대인과 비유대인 사이에 생산적인 관계가 결실을 맺은 시기임을 학생들이 인식하도록 해야 한다는 점이다. 그 이유는 유대인들을 폐쇄적인 공동체로 인식하는 일반적인 편견을 없애기 위한 것이다. 또한 19, 20세기의 유럽과 북미 유대인들의 업적에 대해서도 특별한 의미가 부여되어야 한다는 입장이다.

다섯째, 시온주의 운동은 반유대주의에 대한 반발작용으로서 뿐만 아니라 이스라엘 국가의 前史의 한 부분으로 다루어져야 하며, 더불어 현대 사회 속에서 유태인의 정체성을 확인하는 하나의 표상으로 이해되어야 한다는 사실이다. 시온주의가 유럽의 민족주의와 통일국가 운동의 맥락에서 다루

---

238) *Ibid.*, p.27.

어진다면 더 큰 의의가 있을 것이다.

여섯째, 독일 제2제국 시기의 반유대주의를 다룰 때나 제1차 세계대전 이후의 국가사회주의로 인한 반유대주의적 선동을 다룰 때에는 제2제국 초기부터 19, 20세기의 근대사회까지의 반유대주의의 연속성 또는 불연속성 문제에 한정하여 간략하게 서술할 필요가 있다는 점이다. 이때 학생들은 적어도 개괄적으로 근대적 반유대주의의 내용, 형태, 주도세력과 기능에 대한 지식을 습득할 것이다. 또한 반유대주의는 직접적인 희생자로서의 유대인들에게 강력한 위협이었을 뿐만 아니라 자유주의적이며 민주적 헌법을 토대로 하는 사회질서에도 심각한 위협이 되었음을 학생들에게 가르쳐야 한다고 교과서 협의회는 권고하고 있다.[239]

일곱째, 나치이데올로기 안에서 반유대주의가 차지하는 비중이 강조되어야 한다는 점이다. 유대인의 공민권 박탈, 사회적 차별과 고립, 그리고 추방은 몇몇 적절한 사례를 들어 언급해야 하는데, 그 이유는 반유대주의 정책이 나치지배하의 독일에서 홀로코스트 훨씬 이전에 적나라하게, 그리고 별다른 저항도 없이 행하여졌음을 학생들이 인식하도록 하게 하기 위함이다. 나치주의자들에 의해 계획되었고 놀라울 정도의 규모로 행하여진 유대인 학살에 대한 구체적이고 정확한 서술이 독일의 역사교과서에는 필요하다. 뿐만 아니라 유대인 박해와 대량학살에 대한 나치정권의 책임과 이에 동조하거나 방관한 독일국민의 공동책임의 문제는 반드시 제기되어야 하며 그 대답도 회피될 수는 없다는 것이 양국 교과서 협의회의 공통된 견해이다.[240]

여덟째, 이스라엘의 역사는 단지 근동에서 아랍민족들과의 갈등의 관계

---

239) *Ibid.*, p.28.
240) *Ibid.*, pp.28~29.

속에서만 다루어질 것이 아니라 팔레스타인으로의 유대인 이주와의 관계와 유대인 역사를 포함하는 국가의 탄생의 의미에서 이해되어야 한다는 점이다. 그밖에도 학생들이 이스라엘의 사회적·정치적 재건에 대해서도, 그리고 그 특징들 – 국가와 종교와의 관계, 유대인이 아닌 소수민족문제, 농업생산의 조합형태 등 – 을 인식하도록 교과서 서술내용에 변화를 주어야 한다는 지적이다. 제2차 세계대전 이후 독일에서 일련의 유대인 공동체가 재건되거나 새롭게 설립되고 있음도 교과서에 소개하고, 독일연방공화국(BRD) 안에서 유태인들의 고유한 문화적 삶을 발전시키려는 시도가 존재하고 있음도 언급되어야 한다는 것이다.

아홉째, 역사교과서에서 유태인의 역사(judische Geschichte), 독일-유태인의 역사(judisch-deutsche Geschichte), 그리고 반유대주의의 역사(anti-judische Geschichte)와 유태인에 대한 대량학살(Voelkermord der Juden)의 역사를 서술할 때에는 특히 개념설정 문제를 조심스럽게 다루어야 한다는 점이다. [241] 역사교과서에 반유대적 그리고 국가사회주의적 용어를 무비판적으로 마구 사용하는 것은 피해야 하며, 이러한 용어가 사용될 경우 인용하였음을 나타내기 위해 따옴표 이용을 권고하고 있다.

---

241) 예를 들어, 일반적인 개념으로 많이 사용하는 "유대인문제(Judenfrage)"는 19세기말과 20세기 역사에서는 "반유대주의 문제(Anti-semitenfrage)"를 의미하는 것이기 때문에 주의해서 사용해야 한다. 또한 "인종(Rasse)"이라는 개념도 "인종학(Rassenlehre)" 또는 "인종이론(Rassentheorien)"에 암묵적으로 학문적 특징을 부여하는 것이 아니라면 교과서에 사용될 수 있는 용어이다. 유태인들은 인종적(rassisch) 근거들 때문이 아니라 인종주의적(rassistisch) 이유로 박해를 받았다. "반유대인(Halbjede)", "1/4유대인(Vierteljude)", "완전유대인(Volljude)" 또는 "혼혈아(Mischling)"와 같은 단어들은 따옴표를 사용함으로써 국가사회주의적 용어임을 표시해야 한다. "최종해결(Endloesung)"이라는 개념도 마찬가지로 이해될 수 있다. 역사교과서에는 가능한 한 이론의 여지가 없는 개념을 서술함으로써 반유대주의와 나치의 범죄에 대한 용어의 오용을 막아야 한다는 것이다.

IV. 권고안의 주된 담론과 독일의 역사교육

1. 반유대주의와 홀로코스트

독일-이스라엘 교과서 협의회의 권고안의 내용을 보면 크게 두가지 - "소견(Befunde)"과 "권고(Empfehlungen)" - 로 구성되어 있다.[242] 양국의 교과서 협의회에서 도출된 내용 중에서 눈길을 끄는 것은 역시 독일 역사 교과서에 서술된 유대인에 관련된 내용이다. 양국의 협의회가 나치독일에 의한 유태인 박해와 대량학살을 중점적으로 다룬 독일 역사교과서의 내용을 어떻게 파악하고 있는지를 살펴보면 아래와 같다.

독일 역사교과서에 자세하게 서술되어 있는 것은 근·현대 독일-유태인의 역사(deutsch-judische Geschichte)이며, 그 중에서도 기탄없이 다루고 있는 내용은 반유대주의 이데올로기와 나치치하의 유태인에 대한 박해와 대량학살이다. 협의회에서 선택된 분석대상 교과서들은 전체적으로 보아 그 이전의 교과서들에 비해 사건의 내용을 더욱 심도있게 다루고 있다는 평가다. 즉 서술의 분량만 늘어난 것이 아니라 전반적으로 문헌이나 사진등 원사료가 아주 폭넓게 인용되고 있다는 점이다. 특히 "유대인박해"라는 사실을 히틀러 개인의 역사의 일부라고 보던 종전의 시각과는 달리 오히려 사회적인 콘텍스트 속에서 파악하려 한 점 등이 다르다고 할 수 있다. 그리고 유태인 학살에 대한 나치정권의 책임, 또는 독일국민의 공동책임의 문제에 있어서는 여전히 명확한 답이 나와 있는 것은 아니지만 홀로코스트에 대한 책임문제를 예전보다 더 심도 있게 제기하고 있다.[243]

"소견(Befunde)"은 위와 같은 교과서의 적극적인 면을 평가하는가 하면 다른 한편 박해가 주로 국가의 조치로 서술되어 있다는 사실을 문제시하고

---

242) Hinrichs, E.(ed.), *op.cit.*, pp.15~29.
243) KEDI(ed.), *op.cit.*, pp.168~169.

희생자들 측에서도 이 문제를 추적할 필요성이 있음을 지적하고 있다. 그렇지 않으면 학생들이 흔히 이를 "남의 일"이라는 인식을 갖기가 쉽기 때문이다. [244]

"권고"에서는 다음과 같은 점들이 주목된다. 첫째, 1933년부터 조직적인 유태인 대량학살이 시작될 때까지 독일에 있어서 반유대주의 정책이 단순히 부차적으로 취급되어서는 안된다는 지적이다. 유대인에 대한 공민권의 박탈, 사회적인 차별, 사회에서의 격리 그리고 추방 등이 적절한 실례를 통해 확실하게 제시되어야 한다는 사실이다. 그래야만 학생들은 나치독일에서 홀로코스트가 시작되기 훨씬 전, 즉 유태인들의 저항이 미약했던 시절에서조차 백주에 어떤 가혹한 조처와 불상사가 만인이 보는 앞에서 공공연히 일어났는가를 알 것이기 때문이다. [245] 둘째, 나치에 의해 계획되고 놀라우리만큼 광범위하게 유럽의 유태인들에게 자행된 "민족말살(Voelkermord)" 시도가 상세하고 정확하게 서술되지 않으면 안된다는 인식이다. 다시 말하면 직접적인 가해행위와 살해행위만이 아니라 홀로코스트에 이르기까지 모든 단계에서 독일인들이 행한 나치에 대한 동조와 협력, 그들이 보여준 유대인에 대한 냉담과 방관 등이 모두 추적되어야 한다는 점이다. 이를 통하여 자라나는 2세들에게 이러한 물음에 정확하게 답할 수 있도록 역사적 사실을 바르게 가르쳐야 한다는 입장이다.

2. 독일-유대인 관계사

독일-이스라엘 교과서 협의회에서 제시된 권고안은 양국의 교과서 서술의 오류와 왜곡, 그리고 편견으로부터의 해방을 목표로 하고 있다. 비

---

244) Hinrichs, E.(ed.), *op.cit.*, pp.15~22.
245) *Ibid.*, pp.20~23.

록 본고에서는 역사교과서에 한정하여 논의를 전개하고 있지만, 권고안은 독일과 이스라엘의 역사와 지리 교과서를 쌍방이 상호 분석하고 그 결과를 여러 차례의 협의를 거쳐 도출된 것이었다.[246] 양국의 권고안은 유대인의 역사가 고대 이후 다른 민족들과의 다양한 관계들로 점철되어 있다는 전제에서 출발한다. 유일신 종교인 유대교는 여러 가지 측면에서 기독교 세계의 기초가 되었고, 디아스포라(Diaspora)와 독립국가의 상실에도 불구하고 유대민족은 역사적으로 유럽인, 특히 독일민족과도 긴밀한 교류를 이어나갔으며, 유대인의 역사는 매우 다양한 역사적 과정을 거쳤음에도 불구하고 이스라엘 민족의 역사로 자리 잡았고 고유의 정체성을 잃지 않았다는 점을 강조하고 있다. 또한 유대-기독교의 역사, 독일-유대인의 역사 그리고 독일-이스라엘의 역사에 있어서 서로 얽혀 있기도 하고 서로 분리되어 공존하였던 다양한 역사의 맥락을 고려하고 있다.

실제로 유대인과 독일인의 공존은 역사적으로 상당히 생산적인 결과를 가져오기도 하였다. 유대인 공동체는 이미 로마제국 말기에 독일지역에 존재하였다. 두 민족 간의 교류는 중세시대에 더 빈번하여 이디시어(Jiddisch)가 탄생될 정도였으며 서로에게 강하게 영향을 미쳤다.[247] 특히 계몽시대 이후 200년 동안의 시기에는 독일어와 문학, 예술, 철학, 과학과 사회학, 정치, 경제, 사회주의 운동 등 다양한 분야의 발전에 서로 영향을 미쳤다. 독일거주 유대인들은 독일의 근대문명과 근대 시민사회의 성립에 있어서 중요한 역할을 하였던 것이다.

그럼에도 불구하고 이러한 생산적인 관계는 전례 없는 파멸적인 결과를 야기하는 첨예한 대립과 갈등을 동반하기도 하였다. 그 이유로 유대인들은

---

246) *Ibid.*, pp.35~36.
247) *Ibid.*, pp.18~20.

그들이 속한 사회에서 소수민족으로서 종종 법에 의해 보호를 받지 못하는 위험한 처지에 있었기 때문이었다. 때로는 노골적이기도 하며 때로는 쉽게 드러내지 않는 유대인에 대한 증오는 유대인과 기독교인의 오랜 적대적 감정으로부터 비롯되었다. 또한 유대인에 대한 증오는 사회적, 경제적 배경에서 기인한 바 크며 근대사회로 접어들면서 이데올로기적, 인종적 근거가 덧붙여졌다. 이러한 유대인에 대한 증오는 유대인 공동체에 또 다시 경제적, 법적, 심리적 생존에 큰 타격을 가하였다. 나치시대의 이러한 위협은 총체적으로 이루어졌다. 인간의 기본적 권리와 시민권의 박탈, 인간존엄성의 경멸을 통하여 유대인들은 국가와 사회로부터 점점 고립되었으며 재산까지도 강탈당하면서 결국 독일과 유럽 거주 유대인에 대한 대량학살로 이어졌다.

이렇게 수 백 년 동안 지속되어 온 독일인과 유대인 사이의 관계사는 그것이 상호 긍정적 혹은 부정적 영향을 끼쳤든지 간에, 양국이 쌍방의 교과서 서술을 분석하고 협의함으로써 서로가 공감할 수 있는 공통분모를 찾아내었다는 사실은 매우 고무적이다.

3. 권고안 이후 독일의 역사교육

샤임 샤츠카(Chaim Schatzker)는 독일-이스라엘 교과서 협의를 통해 권고안이 도출된 지 7년 후인 1992년 독일 중등학교에서 가장 많이 채택하고 있는 총 16권의 독일 역사교과서를 분석하여 "무엇이 변하였고, 무엇이 그대로인가?(Was hat sich veraendert, was ist geblieben?)"라는 제목의 연구논문을 발표하였다. [248] 그는 자신의 논문에서 두가지 교과서 분석의 준거

---

248) 샤츠카(Schatzker)가 분석한 독일 역사교과서는 다음과 같다.(*bsv Geschichte*, 4 Bde, Muenchen, 1987; *Unsere Geschichte*, 4 bde, Frankfurt/Main, 1987; *Geschichtsbuch*, 4 bde, Berlin, 1987; *Entdecken und Verstehen*, 3 Bde, Frankfurt/Main, 1988; *Geschichte und Geschehen*, 4 Bde, Stuttgart, 1989; *Geschichte und Gegenwart*, 3 Bde, Paderborn, 1985; *Die Reise in die Vergangenheit*, 4 Bde, Braunschweig, 1986; *Geschichte, Politik und Gesellschaft*, 2 Bde, Frankfurt/Main, 1988; *Zwischen Beharrung und Aufbruch*,

를 제시하였는데 첫째는, 1985년 "권고안" 이후 출판된 독일 교과서들에서 유대인 관련 내용이 그 이전의 교과서들보다 심도있게 서술되고 있는가 하는 점이며, 둘째는 독일-이스라엘 교과서 협의로 도출된 권고사항들이 1985년 이후 출판된 독일 역사교과서에 얼마나 채택되어 있는지 하는 점이었다.[249]

연구결과 샤츠카는 권고안 이후 7년이 지난 시점에서 유대인에 관련된 내용 및 1985년 교과서에 대한 권고사항들이 새롭게 출판된 독일 역사교과서에 기대했던 만큼 눈에 띄는 변화가 없다는 결론을 내리고 있다.[250] 샤츠카는 1985년 이후의 독일 역사교과서에는 만족스럽지는 않지만 고대 유대인의 역사, 중세, 제1차 세계대전까지의 근대사 부분은 권고사항들을 적용하려고 애쓴 흔적들 -유대교(Judentum)의 종교사적 의의, 예수가 유대인이라는 사실, 역사의 주체로서의 유대인, 중세 유럽사회에서 유대인의 직업과 역할 등 - 이 일부 교과서에서 보이고 있다고 언급하고 있다. 그러나 독일 바이마르공화국에서 히틀러의 제3제국 시기의 유대인에 대한 서술은 기존의 교과서 서술내용의 답습에 머물러 있으며, 새로운 교과서들에서는 거의 근본적인 변화를 볼 수 없다는 견해다.[251] 예를 들면 홀로코스트에 대한 교회의 입장에 대해서는 전혀 언급이 없고, 반제회의(Die Wannsee-Konferenz)는 조사된 교과서들의 절반만 언급하고 있으며, 학살당한 유대인의 숫자는

3 Bde, Bamberg, 1988; *Grundriss der Geschichte,* 2 Bde, Stuttgart, 1989; *Zeit und Menschen,* 3 Bde, Paderborn, 1985; *Das Zeitalter der Industrialisierung,* Bd. 2, 4, 5, Paderborn, 1988, 1991; *Zeiten und Menschen,* 4 Bde, Paderborn, 1987 u. 1988; *Geschichte Weltkunde,* 5 Bde, Frankfurt/Main, 1991; *Entdecken und Verstehen,* 2 Bde, Frankfurt/Main, 1991; *Historisch-politische Weltkunde,* Stuttgart, 1990)

249) Schatzker, C., "Was hat sich verändert, was ist geblieben?(Analyse von seit 1985 in der Bundesrepublik Deutschland erschienen Geschichtslehrbüchern für die Sekundarstufe 1 und 2 bezüglich ihrer Darstellung jüdischer Geschichte)", *Studien zur internationalen Schulbuchforschung,* Band 44, Frankfurt am Main, Moritz Diesterweg, 1992, p.42.

250) *Ibid.,* p.52.

251) *Ibid.,* p.43.

분석대상 교과서 중에서 절반에 못 미치는 교과서들에서만 발견된다는 것이다.[252] 또한 2차 대전 이후 이스라엘의 건국과 아랍 제국들과의 문제점 등 가장 최근의 사건에 해당하는 테마들 -PLO, 레바논전쟁, 이스라엘 이주정책, 가자지구, 팔레스타인 자치권 문제 등- 은 교과서에 새롭게 채택되고 있지만 걸프전쟁에 대해서는 단 한권의 교과서에서만 찾아 볼 수 있었다는 것이다.[253]

샤츠카는 새로운 독일 역사교과서에는 아직 더 수정되고 보완되어야 할 부분이 있으며 그 구체적인 사항이 무엇인지 그의 논문에서 제시하고 있다. 예를 들면 유대인이 계속해서 역사의 객체나 희생자로 서술되어서는 안되고, 교과서에는 유대인의 역사뿐 아니라 그들의 생활과 문화에 대한 서술도 필요하다는 점, 나치독일에 의해 유대인에게 가해졌던 잔학행위와 대량학살에 대한 정확한 정보제시가 필요하며 여기에는 가해자의 관점에서의 서술뿐이 아니라 희생자의 경험도 제시되어야 한다는 점, 나치독일의 유대인 학살에 대한 책임뿐 아니라 독일 국민 전체의 공동책임 문제도 회피되어서는 안된다는 사실 등이다.[254]

샤츠카는 결론적으로 처음 제시했던 문제, 즉 독일-이스라엘 교과서 협의의 권고안이 그 이후에 출간된 독일 교과서들에서 만족스럽게 고려되었는가 하는 질문에는 명확한 답을 하지 않고 있다. 권고안에 따르지 않는 교과서들이 아직 많기 때문이기도 하지만 다른 한편 새롭게 출판된 교과서들에서 권고안을 적용하려는 분명한 변화를 발견했기 때문이기도 하다. 샤츠카는 그러한 변화양상에 주목하면서 양국의 권고안이 교과서의 집필자, 출판

---

252) Roseman, Mark, *Die Wannsee-Konferenz - Wie die NS-Buerokratie den Holocaust organisierte*, Berlin: Ullstein, 2002.
253) Schatzker, C., *op.cit.*, pp.43~44.
254) *Ibid.*, pp.50~51.

사 뿐 아니라 일선 학교의 교사들을 통해 적극적으로 교육활동에 적용되어
야 하며, 특히 유대인의 역사에 대한 사전정보가 부족한 독일통일 이후 구
동독지역 학생들의 역사교육에 절실하게 필요하다는 입장이다.

　비록 샤츠카의 입장에서 볼 때 독일 역사교과서의 내용이 권고안 이후에
도 기대한 만큼 만족할만한 개선이 이루어지지 않았는지도 모른다. 하지만
독일의 입장에서 보면 국제이해를 위한 교과서 협의회의 부단한 연구와 교
류협력, 독일 정부의 적극적이고 진지한 과거극복 노력은 결코 가볍게 보
아 넘길 사인이 아니다. 1989년 동구 공산권의 붕괴로 인한 독일의 통일가
능성이 성큼 다가온 1990년 봄 당시 사민당 당수였던 오스카 라퐁텐(Oskar
Lafontaine)은 프랑크푸르트에서의 한 대중연설을 통하여 서독은 그 뿌리를
아우슈비츠(Auschwitz)에도 두고 있으며. 독일의 분단을 역사적 죄과의 산
물로 받아들여야 한다는 취지의 발언을 하였고. 같은 해, 독일인으로서 노
벨문학상을 수상했던 저명한 작가 귄터 그라스(Gunter W. Grass)도 독일
의 정체성에 대한 해답을 찾고자 하는 이는 아우슈비츠를 함께 생각해야 한
다며 반통일 운동의 대열에 합류했다. 당대를 대표하는 정치인, 지식인들
이 독일의 통일을 반대할 정도로 나치의 전쟁범죄에 대한 죄의식은 독일인
의 뇌리에 깊이 새겨져 있었다.[255] 전후 1세대에서 발견되는 이러한 죄의식
의 뿌리는 학교교육으로 거슬러 올라간다. 그들이 학교에서 배운 나치독일
의 만행, 특히 아우슈비츠로 대표되는 유대인에 대한 대량학살은 말로 표현
할 수 없을 정도의 충격 그 자체였다. 독일의 과거사 교육은 이러한 죄의식
의 대물림과, 1969년 독일계 유대인 사회학자이자 프랑크푸르트학파의 중
심인물이었던 아도르노(Theodor W. Adorno)의 언명처럼 '모든 정치·역사
교육은 아우슈비츠의 비극이 다시는 반복되어서는 안 된다'는 사실에 중점

---

255) 이병련, 「독일 역사교과서에 나타난 나치독재와 홀로코스트(1)」, 『독일연구』 10호, 2005, p.116.

이 두어져있다.

　나치의 유대인 학살을 의미하는'홀로코스트(Holocaust)'는 독일의 중학교 3학년 과정 역사교과서에서부터 본격적으로 등장하기 시작하며, 대부분의 역사 교과과정은 크게 기초단계와 심화단계로 나뉜다. 기초단계에서는 나치집권 이전의 과거를 중심으로 사실전달에 집중하고 있다. 심화단계에서는 유대인 차별과 유대인 강제 이주정책, 인종주의와 인종주의 법령과 제도들 , 강제수용소와 인종청소의 체계, 죽음의 공장, 아우슈비츠, 전통적인 반(反)유대인주의와 홀로코스트, 유대인에 대한 추모 등의 내용이 의무적으로 포함되어 있다. 아울러 독일의 각 주(州)정부 교육청은 홀로코스트 교육을 위해 생존자와의 만남을 주선하고 강제 수용소 방문과 학생 자치활동을 지원하는 등 다양한 프로그램을 제공하고 있으며, 폴란드·독일·이스라엘 학생들의 상호교환과 현장학습에 대한 지원도 강화하고 있다.[256]

　그러나 통일 이후 독일 학교에서의 역사교육에는 새로운 문제점이 제기되고 있다. 즉 지금까지 전후 1세대에 기초한 역사교육이 전후 2세대로 교체되면서 그 내용과 방식에 뚜렷한 한계를 보이고 있다는 지적이다. 통일 이후 급격하게 늘어나는 청소년층의 극우파 동조 경향 때문이다. 통일 전 구동독에서 나치 역사에 대한 서술, 즉 반파시즘 역사의 중심에는 히틀러에 대항했던 공산당의 저항이 놓여 있었고 독일 역사상 최초의 노동자−농민국가 건설에 대한 내용이 역사교육의 대부분을 차지했었다. 그러나 통일 이후 서독에서 직수입된 교과서가 45년이라는 이데올로기와 정체성의 간격을 메우지 못해 허덕이는 동안 극우파의 논리는 구동독의 청소년들을 쉽게 사로잡고 있는 것이다. 독일의 철저한 과거청산과 역사교육은 이제 새로운 환경과 새로운 세대 앞에서 또 다른 전환을 요구받고 있는 것이다.

---

256) KEDI(ed.), *op.cit.*, pp.275~278.

V. 보론 - 맺음말에 대신하여

1. 과거극복을 위한 "독일모델"

독일은 제2차 세계대전 이후 다시는 나치독일의 폭력이 되풀이되지 못하도록 학교교육의 목적을 나치즘(Nazismus)과 폭력적 지배를 추구하는 모든 이데올로기에 대해 불굴의 의지로 저항하는 인간을 육성하는데 둘 만큼 철저하게 과거와의 단절을 추진하였다.[257]

그뿐 아니라 독일 정부는 과거 나치정권으로부터 엄청난 박해와 인적, 물적 피해를 입은 이스라엘과 외교관계를 정상화한 이래 희생자가 생존하는 한 배상한다는 원칙을 계속 실천해 왔다. 독일정부는 계속해서 유대인 학살에 대한 적극적인 사죄와 반성을 표시하였고, 또 막대한 금액을 피해 보상금 및 유대인 학살 기념관 건립에 기부해 왔다. 그리고 지난 1995년 1월27일 아우슈비츠 강제수용소 해방 50주년을 맞아 이날을 과거의 잘못을 기억하는 날로 공식 지정하는 등 그동안 과거사에 대한 반성과 사죄를 위해 많은 노력을 기울였다. 특히 2005년 5월 8일, 독일은 2차 대전 패전 60돌을 맞는 날을 기념해 수도 베를린 브란덴부르크 광장에 2차 대전 중 학살된 유대인 600만여 명을 추모하는 대형 조형물을 제막하기도 했다. 오늘날 통일 독일은 나치청산과 이웃 국가들과의 관계개선 및 우호협력을 통해 새로운 유럽의 경제적 통합의 한 표본이랄 수 있는 유로화를 중심으로 한 유럽의 정치적 통합에도 일정한 역할을 하고 있다.

"과거극복(Vergangenheitsbewaeltigung)"을 위한 독일의 노력은 위에 열거한 나치의 전쟁범죄에 대한 반성과 사죄, 물질적 보상으로만 끝난 것이 아니었다. 어두웠던 과거를 용기 있게 시인하고 홀로코스트와 같은 잘못을 되

---

257) 이민호, 『독일·독일민족·독일사』, 느티나무, 1990, pp.36~40.

풀이하지 않게 하려는 독일의 역사교육은 전 세계적으로 과거청산의 모범사례로 주목을 받았다. 독일의 역사교과서는 놀라울 정도로 객관적이며 진지하게 숨기고 싶은 과거 나치독일의 집단적 범죄사실과 이에 대한 책임소재를 다루고 있다. 홀로코스트에 대한 책임을 히틀러에게만 있다고 할 수 있는가? 괴링(Hermann Goering), 괴벨스(Joseph Goebbels), 히믈러(Heinrich Himmler) 등 히틀러(Adolf Hitler)의 측근들로 책임의 범위는 당연히 확대된다. 뉘른베르크 재판(1945-1946)에서 프랑크푸르트 재판(1963-1964)에 이르기까지 수많은 재판을 통해 유죄판결을 받은 사람만 해도 최소 수만 명 단위에 이른다. 혐의가 제기된 자들은 이보다 훨씬 많았고 사안이 경미해서 법망에 걸리지 않은 사람까지 합치면 적어도 수 십 만 명의 독일인이 홀로코스트의 과정에 연루되었고, 수 백 만 명이 유대인 학살에 대해 적어도 대충은 알고 있었을 것이다. 피해자인 유대인의 입장에서 본다면, 그 당시 사람들은 학살에 직접 가담했던 가해자와 학살을 도운 협력자, 학살을 지켜 본 방관자, 양심의 명령에 따라 유대인을 도왔던 구원자로 나누어 볼 수 있을 것이다. 예를 들어 오스카 쉰들러(Oskar Schindler) 같은 극소수의 구원자를 제외하고, 국가가 조직하고 명령한 범죄에 그 많은 독일인들이 관여했던 이유는 무엇이었을까? 명령불복에 대한 처벌이 두려웠든, 반유대주의적 신념에 의한 행동이었든 홀로코스트와 관련해서 많은 독일인들은 죄의식에서 자유로울 수가 없었던 것이다.

독일의 이러한 전방위적 과거극복을 위한 노력은 할슈타인 원칙(Hallstein Doktrin)을 폐기하고 "동방정책(Ostpolitik)"을 강력하게 추진해 독일통일의 초석을 다져 놓았던 전 서독 수상 빌리 브란트로 대표되는 전향적인 외교정책에 힘입은 바 컸다. 1970년 12월 7일 관계정상화를 위해 폴란드를 방문한 브란트는 2차 대전 중 바르샤바의 게토 봉기에서 나치에 희생당한 유대인 추모비 앞에 무릎을 꿇고 나치의 만행에 대해 용서를 빌었다. 의전절차에 없었던 브란트의 이 행위는 전 세계인에게 독일이 사죄와 화해를 하기 위한 적극적인 제스추어로 받아들여졌고 동방정책이 결실을 거두게 되는 발판을 마련하였다. 그 이후로 독일과 이웃 국가들과의 화해는 급진전되기 시작했다.

이와 아울러 국제교과서연구를 위한 게오르그 에케르트 연구소는 제2차 세계대전 이후 독일과 이웃 국가들과의 화해의 한 방안으로 교과서 공동연구를 주창해 왔다. 특히 프랑스, 폴란드, 이스라엘과의 교과서 공동연구에서 두드러진 성과가 있었다.[258] 독일과 프랑스와의 교과서 공동연구에 있어서는 과거사에 대한 서로의 시각차를 극복하고 유럽사의 견지에서 서로의 역사를 이해하려는 공감대를 형성하고 있다고 평가된다. 1951년에 독일과 프랑스 간에 유럽역사의 이견이나 논쟁점에 대한 합의를 보았고, 그 후에도 교과서 협의를 계속하고 있다. 양국의 60여명의 학자들은 지난 1990년 "역사교과서 수정 지침서"를 공개했는데 양국의 교과서출판 관계자들이 이를 참고하고 있다. 이러한 과정을 통해 독일과 프랑스의 교과서에는 자신들의 교과서에서 각자 상대방을 매우 부정적으로 묘사해 오던 부분이 거의 사라졌다. 아울러 독일과 프랑스는 정부차원에서 세계 최초로 공동의 역사교과서를 공식적으로 발간했다. 전체 3권으로 예정된 공동 역사교과서 중에서 1945년 이후 현대사를 다룬 제 3권이 이번에 출간된 것이다. 편찬위원들은 역사적 사건에 대한 양국의 인식을 공동교과서에 그대로 병기함으로써 학생이 직접 이를 비교할 수 있게 했다고 밝혔다. 양국의 교과서 협의가 시작된

---

258) 국제이해를 위한 독일-프랑스, 독일-폴란드 사이의 교과서 협의에 대한 비교연구는 아래의 논문을 참조할 것. Riemenschneider, R., "Transnationale Konfliktbearbeitung -Die deutsch- franzoesischen und die deutsch-polnischen Schulbuchgespraeche im Vergleich, 1935-1937", *Internationale Schulbuchforschung* 20, Braunschweig, 1998.

지 70년 만에 양국의 학생들은 조국의 역사는 물론 보편적인 유럽사를 공동의 역사교과서로 배우게 된 것이다.

아울러 브란트 수상의 폴란드 방문을 계기로 독일에 대해 신뢰를 가지기 시작한 폴란드 역시 독일과 교과서 문제를 협의하는 위원회를 구성하여 공동의 교과서를 만드는 노력을 기울여 왔다.[259] 위원회에서는 서로간의 역사 해석이 달라 격론을 벌이기도 했지만 이러한 노력 자체가 가지는 의미가 크다고 볼 수 있다. 1972년 시작된 양국의 교과서 협의는 1977년까지 약 5년간의 작업 끝에 독일-프랑스의 경우처럼 "권고안"을 완성하였고 독일 측에서는 게오르그 에케르트 연구소에서 독일어와 폴란드어로 출간하였다.[260] 권고안은 초기 양국 내에서 격렬한 논쟁과 반발을 야기했으나 이제 두 나라 학자, 교육자들이 교사용 지침서를 공동 집필하는 단계에 이르고 있다. 이는 독일연방공화국이 인접국 및 어두웠던 과거사와 밀접한 관계가 있었던 나라들과의 교과서 협의를 통해 이루어 낸 일련의 성과라 할 수 있지만 그 과정은 결코 순탄하지만은 않았다. 에케르트 연구소가 당시 서독 정부의 지원하에 교과서 연구를 위한 유럽의 유일한 기구로서 활동을 전개하지 않으면 안되었다는 사실은 지난 날 독일과 그 주변 국가들과의 관계가 얼마나 복잡하고 고통스러운 것이었는가를 단적으로 보여준다.

뿐만 아니라 유럽에서는 이러한 개별 국가간의 공동연구를 넘어서서 유럽 전체의 역사교과서를 만들려는 노력까지 이루어졌다. "새 유럽의 역사"라는 유럽의 공동교과서는 유럽 13개국 학자들이 1988년부터 4년간의 노력을 거

---

259) 마키에비츠, M., 「폴란드의 관점에서 본 독일의 교과서연구」, 『제6차 국제교과서 학술회의 논문집』, 국제교과서연구소, 1995, pp.146~147.

260) Gemeinsame deutsch-polnische Schulbuchkommission ed., *Empfehlungen fuer Schulbuecher der Geschichte und Geographie in der Bundesrepublik Deutschland und in der Volksrepublik Polen*, Georg-Eckert-Institut fuer internationale Schulbuchforschung. Band. 22. Braunschweig: Druck- und Verlagshaus Limbach, 1977.

쳐 1992년 유럽 각국에서 출판되었고, 이탈리아를 비롯한 몇몇 나라들에서
는 실제로 역사교과서로 채택되기도 했다. [261]

2. "독일모델"의 동아시아에의 적용은 가능한가?

제2차 세계대전 이후 독일은 패전국의 입장에서 민족의 분단(nationale
Teilung)을 겪어야 했고, 냉전(der Kalte Krieg)으로 인한 동서진영의 첨예
한 대립 등 현실을 둘러싼 국내외의 정세는 암울하기만 했다. 게다가 앞
에서 살펴 본 바와 같이 나치의 유대인 학살이라는 '원죄'를 짊어져야만 했
다. 그럼에도 불구하고 독일(BRD)의 과거청산을 위한 적극적이고 다각
적인 노력은 이웃 국가들과의 관계개선과 우호협력을 가능케 하였다. 그
리고 그 중심에는 빌리 브란트의 '동방정책'과 게오르그 에케르트 연구소
가 주도한 수십년에 걸친 이웃 국가들과의 국제이해를 위한 교과서 협의가
있었던 것이다. 이러한 적극적인 외교정책과 과거사에 대한 반성과 사죄
에 근거한 교과서 협의를 바탕으로 독일은 제2차 세계대전의 침략국이라
는 부정적 이미지를 털어so고 600만 명이 넘는 유대인을 학살했던 과거사
를 솔직하게 인정하면서 인접 국가들과의 화해와 협력을 바탕으로 동서독
의 통일을 이루어내었다. 뿐만 아니라 통일독일은 유럽연합의 중심국가로
발돋움하여 공동번영의 미래를 개척해 나가고 있다.

이에 반하여 아시아에 있어서 한 · 중 · 일 3국은 21세기 아시아 태평양 시
대의 도래에도 불구하고 과거사에 대한 인식차이로 말미암아 국가 간 교류
와 협력을 바탕으로 한 상호이해와 공동번영의 희망찬 미래를 전망하기 어
려운 현실에 처해있다. 이는 당사국 모두에게 심히 유감스러운 일이 아닐
수 없다. 독일의 과거극복을 위한 다각적인 노력 −반성과 사죄, 손해배상,

---

261) 들루슈, 프레데리크 저/ 윤승준 역, 『새유럽의 역사(까치글방 93)』, 까치, 1995.

교과서협의, 기념관 건립 등- 과 성공을 "독일모델"이라고 한다면 이러한 사례가 오늘날 동아시아에도 적용이 가능한 것인가?

1982년 일본의 역사교과서 파동으로 시작된 과거사 문제는 한국과 중국을 비롯한 동남아시아 국가들의 격렬한 반발을 일으켰다. 일본은 이를 무마하기 위하여 이른바 근린 아시아 제국과 관계되는 근·현대사의 역사적 사실에는 국제이해와 국제협력의 견지에서 필요한 배려가 있어야 한다는 "근린제국조항"을 신설하였다. 그리하여 앞으로의 교과서 검정에 있어서는 인접국들의 견해를 교과서 서술에 반영한다는 원칙을 추가하였다. 그 후 한동안 잠잠했던 일본의 역사교과서 왜곡문제는 침략을 정당화하려는 극우적 일본 정객들의 망언과 과거 군국주의 일본을 연상시키는 '새 역사를 만드는 모임'의 침략의 내용을 합리화하는 역사교과서 출판 등으로 심각한 외교문제로 재부상 하였다.[262]

게다가 1980년대부터 본격화 된 개혁·개방이후, 놀라운 경제성장과 국제적 지위향상은 중국이 동아시아의 패권국으로 부상하는데 결정적인 계기로 작용하였다. 중국은 이러한 경제적 자신감과 국제사회에서의 정치적 지위의 상승을 기반으로 중화주의를 강화하려는 의도에서 정부주도로 일련의 대규모 역사연구 프로젝트를 추진하였다. 그 대표적인 예가 1996년부터 2000년까지의 "夏商周斷代工程"이며, 2002년 새롭게 시작된 "東北工程"인 것이다.

한국의 입장에서는 일본과의 역사교과서 왜곡문제와 독도를 둘러 싼 영토분쟁에다가 중국과는 동북공정으로 인한 고구려사의 귀속문제가 새롭게 대두되었다.[263] 중국과 일본 역시 과거사 청산에 미온적이고 남경대학살을 부

---

262) 정재정, 「역사교과서를 위한 한국·일본 협의활동과 몇 가지 과제」, 『21세기 역사교육과 역사교과서』, 네스코 한국위원회, 1998, pp.77~86.

263) Ahn, Yonson, "Nationalisms and the mobilisation of history in East Asia: The "War of History" on

정하는 일본정부의 태도와 양국 간 조어도 귀속문제 등으로 동아시아에는 이른바 "역사전쟁"에 영토분쟁까지 합쳐진 복잡한 양상이 전개되고 있다. 이는 자칫하면 군사적 충돌로 비화될 만큼 위험스런 요소를 내포하고 있는 사안들이라서 문제의 해결을 위해서는 더욱 긴밀한 국가 간의 협의가 필요한 실정이다. 동아시아 3국간의 영토분쟁은 차치하더라도 "역사전쟁"이라 불릴 만큼 첨예한 상호간의 역사에 대한 시각차를 좁히고 독일의 경우처럼 성공적인 교과서 협의를 이루어내기 위해서는 먼저 아래와 같은 사항들이 진지하게 검토되어야 한다.

첫째, 일본의 역사교과서 왜곡만을 강조하기 보다는 동북아 3국의 민족주의적 역사교과서 서술의 지양이 필요하다. 한 · 중 · 일 3국의 역사교과서 서술이 상호 교류의 내용을 담기 보다는 철저히 '자국 중심'의 서술을 택하고 있다는 지적은 일견 타당하다. 가해자로서든 피해자로서든 불행했던 과거사에 대한 책임문제를 자라나는 2세들이 잘 이해하도록 교육하는 것은 어느 나라의 역사교육에서나 힘겨운 일이기 때문이다. 예를 들어 근대 민족운동과 관련된 역사서술에서 한국의 교과서는 사회주의 계열의 민족운동은 소홀히 다루면서 우파와 자본주의 계열 위주의 민족운동사에 초점을 맞추고 있으며, 중국은 공산당 중심의 항일 전쟁과 사회주의적 애국주의를 강조하고 있다. 일본은 피지배민족의 저항을 서술하는데 인색하기 때문에 교과서만 보아서는 일본이 가해자였다는 명백한 사실조차 알기 어렵다.[264]

둘째, 일본 역사교과서 왜곡 내용의 수정, 일본 정객들의 야스쿠니 신사 참배 중단 등 한국과 중국이 요구하고 있는 사항들에 대한 일본의 전향적인

Koguryo/Gaogouli", *International Textbook Research*. Vol 27. Braunschweig: Hahnsche Buchhandlung, 2005, pp.33~47.

264) 김한종·신주백·김정인 외, 『한중일 3국의 근대사 인식과 역사교육(연구총서 11)』, 고구려연구재단, 2005.

수용, 과거사에 대한 진정한 사죄와 반성이 필요하다. [265] 일본과의 역사교과서 문제로 갈등을 빚어 온 한국과 중국의 입장에서는 과거 나치의 전쟁범죄 청산과 이웃 국가들과의 우호협력을 위한 독일의 노력에 각별한 관심을 가지지 않을 수 없다. 이러한 독일의 태도는 과거 아시아 제국에 대한 '침략'을 '진출'로 정당화하고, 남경대학살을 부인하며, 종군위안부 기술을 삭제하는 등 과거사를 호도하는 일본 역사교과서 기술과는 판이하게 다르기 때문이다. 이러한 사례를 살펴볼 때 일본이 역사교과서를 둘러싼 주변 국가들과의 계속되는 교과서분쟁을 종식하기 위해서는 독일처럼 가해자의 입장에서 적극적인 자세로 문제해결에 나서야 하며, 그 이후에도 관련 당사국들이 오랜 기간 동안 인내심을 가지고 공동으로 교과서 협의를 진행시켜야 할 것으로 보인다. 이는 매우 어려운 과정이지만 동아시아의 우호협력과 공동번영을 위한 반드시 필요한 과정이다.

얼마 전 독일의 헬무트 슈미트 전총리가 일본을 방문해서 '독일은 히틀러 치하에서 피로 점철된 침략을 감행했으며, 일본도 똑같은 침략국이었다. 그런데 일본에는 침략을 미화하는 교과서가 등장했다'고 일본이 역사교과서를 왜곡하는 등 전쟁범죄에 대해 반성하지 않는 태도를 직접적으로 비판한 적이 있다. 참고로 독일에서는 1995년 헌법재판소 판결을 통해 나치의 전쟁범죄를 부인하는 이른바 '아우슈비츠 거짓말'과 같은 망언에 대해서는 그 자체로 형사처벌을 할 수 있도록 했고, 히틀러의 "나의 투쟁"은 아직도 금서이다. 독일에는 곳곳에 2차 대전의 전쟁범죄에 대한 참회와 사죄의 기념비, 기념관 등이 산재해 있다. 이를 상징적으로 보여주는 기념비는 독일통일 이후 새 수도인 베를린에 건립된 대규모의 유태인 학살 추모관이다. 이는 독

265) Fuhrt, Volker, "Der Schulbuchdialog zwischen Japan und Suedkorea - Entstehung, Zwischenergebnisse und Perspektiven", *International Textbook Research* Vol 27. Braunschweig: Hahnsche Buchhandlung, 2005, pp.45~57.

일이 통일 이후에도 결코 과거사를 잊지 않겠다는 다짐으로 일본 정치인들의 야스쿠니 신사참배와는 매우 대조적인 모습이라 하겠다.

이러한 철저한 자기반성과 과거청산에도 불구하고 독일에서는 통일 이후 극우주의와 네오나치(Neo-Nazi)의 준동이 우려되고 있는 실정인데, 하물며 불편했던 과거사에 대한 깊은 반성과 사죄 없는 일본 사회의 우경화는 심히 우려되지 않을 수 없는 상황이다. 21세기 세계를 주도해 나갈 아시아·태평양 시대의 개막은 일본의 철저한 과거사에 대한 반성을 기반으로 한 주변 국가들과의 화해와 협력이 전제되어야 하기 때문이다.

셋째, 중국의 동북공정으로 인한 고구려사를 중국의 변방사로 편입하려는 의도를 파악하여 대응하는 일이다.[266] 중국 정부는 일본의 역사 교과서 왜곡 파문 때마다 관련국으로서 한국 정부와 입장을 같이해 왔다. 중국은 교과서 문제에 관한 한 일본에 함께 대항하는 일종의 동반자로 인식되어 왔다. 그러나 중국이 2002년부터 동북공정이라는 이름으로 연구 프로젝트를 진행하고 있다는 것이 알려지면서 또 다른 파문이 일었다.[267] 이 프로젝트를 통해 고조선, 고구려, 발해 등 중국 동북지방과 만주에서 전개된 한민족의 역사를 중국 역사로 끌어들이려 한다는 계획은 한국인들의 분노를 샀기 때문이다. 중국 정부는 관영 신화통신을 통해 공공연하게 '고구려는 고대 중국의 지방정부'라는 언급을 하는데다가 중국 외교부 홈페이지의 한국 관련 정보의 왜곡, 삭제를 보면서 한국인들은 자국의 역사를 빼앗길지도 모

---

266) 이 작업을 주도하고 있는 연구기관은 중국 사회과학원 산하 중국변강사지연구중심(中國邊疆史地研究中心./ www.chinaborderland.com). 이 연구소는 1983년에 중국 변방의 역사를 연구하기 위해 설립된 것으로 2002년부터 동북 3성 지역을 본격적인 연구대상으로 삼기 시작했다. 특히 2002년 2월 '동북공정(東北工程)' 프로젝트를 확정해 왕뤄린(王洛林) 사회과학원 부원장을 중심으로 지린(吉林), 헤이룽장(黑龍江), 랴오닝(遼寧) 등 동북 3성의 사회과학원이 이 지역에 소재하는 대학 및 연구기관을 총동원하는 것으로 알려졌다.
267) 고광현, 「중국 정치권력의 미란다와 그레덴다 -역사조작과 중화사상을 중심으로-」, 『한국외교안보연구원 정책연구자료』, 2004, pp.6~22.

른다는 위기의식을 갖게 된 것이다.[268] 고구려연구재단. 이는 한민족의 역사를 2000년으로 제한하는 것뿐만 아니라, 고대 한민족의 강역을 한강 이남으로 제한하는 결과를 가져오기 때문에 일본의 교과서 왜곡보다도 민감하고 심각한 사태를 초래할 수 있다. 이 문제는 중국이 정부 차원에서의 정치·외교적 대응은 자제하고 학술교류를 통해 문제를 해결할 것을 약속하면서 수그러들었으나, 그때 느낀 "역사침탈"의 위기감은 아직도 사라지지 않고 진행형으로 남아있다.

중국의 동북공정에 대처하기 위해서는 다음과 같은 한국 정부의 대처가 필요하다. 먼저 중국 정부에 대한 한국 외교통상부의 엄중 항의와 시정 요구가 있어야 하며, 교육인적자원부의 고구려사 등 고대 동북아시아사의 체계적 연구를 위한 연구센터 설립 추진 및 문화관광부의 고구려 고분군의 세계문화유산 등록을 위한 북한과의 협력 등 다각적인 노력이 필요하다. 아울러 고대사에 대한 활발한 연구와 지원, 중국의 논리에 대응할 수 있는 대안적 논리 마련, 민간 학술단체 연구지원, 동북아 역사문제에 대한 국제적 홍보, 한국관 시정사업의 지속적인 확대 등의 대응책 마련이 시급하다. 위에 제시한 문제들을 고려해 볼 때 한·중·일 교과서 협력의 길은 아직 멀고도 험하다 하겠다.[269]

그러나 여기에서 한 가지 다행스러운 일은 얼마 전 한·중·일 3국의 역사학자와 시민단체가 4년에 걸쳐 준비해 온 공동의 역사 부교재인 "미래를 여는 역사"[270]가 출간되었다는 사실이다. 이는 한·중·일 3국이 공동으로

---

268) 이개석·이희옥·박장배 외, 『중국의 동북공정과 중화주의(연구총서 12)』, 고구려연구재단, 2005, pp.97~110.
269) 류재택, 「역사교과서 협력과 동아시아의 평화」, 『제12차 국제 역사교과서 학술회의 논문집(국제 역사 교과서 회의)』, 국제교과서연구소, 2005, pp.140~150.
270) 2005년 5월 26일 한겨레신문사가 출판한 한중일 3국의 역사부교재로 한국에서는 '아시아 평화와 역사교육 연대'를 중심으로 23명의 역사학자, 교사가 집필에 참여하였다. 일본에서는 '어린이와 교과서 전국 네트워크 21'을 중심으로 14명이, 중국에서는 롱웨이무(榮維木) 중국 사회과학원 근대사연구소 주필 등 17명이 참여하였다.

기획하고 집필하여 동시에 출판하는 최초의 동아시아 공동 역사교재로 가장 쟁점이 되는 동아시아 근현대사를 집중적으로 다루고 있다. "미래를 여는 역사"는 제국주의와 패권주의를 반대하고 평화와 인도주의에 바탕을 둔 열린 세계시민의식을 바탕으로 집필되었으며, 일국 단위를 넘어 '세계시민'의 차원에서 동아시아 근현대사를 서술했다는 평가를 받고 있다.

그럼에도 불구하고 과거사 문제에 대한 동아시아 3국간의 전향적인 협력과 상호이해가 뒷받침되지 않고, 계속해서 민족주의적이고 패권주의적인 사회분위기를 조성해 간다면 동아시아의 평화와 우호협력은 요원할 수밖에 없다. 중국과 일본은 역사적 패권주의를 포기하고 "독일모델"을 따를 것인가, 아니면 동아시아 지역의 청산되지 못한 과거사로 인하여 21세기 아시아·태평양 시대 공동번영의 기회를 상실할 것인가 하는 선택의 기로에 서 있는지도 모른다. 다음과 같은 독일의 한 노역사가의 조언은 동아시아의 역사교과서 협의가 어디에 기반을 두어야 하는지를 분명하게 보여주고 있다.[271]

독일은 오늘날 전 세계에 아무런 적도 가지고 있지 않다. 독일은 누구도 두려워 할 필요가 없다. 똑같이 중요한 것은 아무도 독일을 두려워하지 않는다는 것이다. 독일의 역사적 상황이 이렇게 좋았던 적은 없었다. 이것은 역설적이게도 독일이 제2차 세계대전 이후 강대국이 되려는 전통적 패권주의를 포기함으로써 달성될 수 있었던 것이다.

---

[271] 인용문은 2003년 11월 11일 국제교과서연구소가 주최한 제11차 국제 역사교과서 학술회의 종합토론에서 독일 브라운슈바이크 공대 게르하르트 쉴트(Gerhard Schildt)교수 발표문의 일부다. 학술회의의 주제는 '각국의 역사교과서에 나타난 민족주의'이며, 쉴트 교수는 '독일의 민족주의 - 어제와 오늘-' 이라는 제목의 논문을 발표하였다.

제3절
독일의 과거극복,
어디까지 왔나

Ⅰ. 머리말

인간은 역사적 존재이며, 인간 집단의 경험과 기억은 세대에서 세대로 이어진다. 민족이나 국가는 집단 기억의 공동체로서 불행했던 과거사에 대한 가해와 피해 의식에서 자유로울 수 없다. 과거 인접국들에게 행한 군사적 침략과 정치적 지배, 인종적 억압과 경제적 착취 등은 윤리적 책임의식이 동반된 집단적 부채라는 부메랑이 되어 돌아와 어떠한 형태로든 개인적·집단적 책임의 청산이라는 풀기 어려운 과제를 남겨 놓았다. 공동체간의 집단적 부채는 반성과 배상, 사죄와 용서의 의식을 통해 청산내지 극복될 수 있지만, 세계적으로 나타나고 있는 과거사 청산의 양상은 일반화시킬 수 없을 정도로 매우 다양하다.[272] 그러한 다양함 속에서도 독일과 일본의 과거사에 대한 대응과 극복의지는 상당히 대조적인 모습을 보여 왔다.[273]

오늘날 과거사 청산의 이상적인 모델로 제시되고 있는 독일도 처음부터 과거사에 대하여 전향적인 태도만을 취한 것은 아니었다. 제2차 세계대전의 패전, 뉘른베르크 전범재판, 분단과 이데올로기의 대립을 겪으면서 1950년대 독일의 국내 상황은 나치의 범죄행위에 대한 조사와 처벌보다는 용서와 화해를 통한 국민적 통합이 우선시 되는 정책이 취해지기도 하였던 것이다. 1945년 패전 이후 독일 내 연합국 점령지역에서는 나치 주모자와 그에 준하는 전쟁범죄자들에 대한 재판을 통하여 그들을 처벌하거나 공직에서 추방하는 조치들이 대대적으로 취해졌다. 그러나 1948/49년 유럽에서 냉전이 본격화되면서 동·서독의 긴장관계가 증대되었고, 이는 당시 시대적 상황을 근

---

272) 강택구·박재영 외 공저, 『세계의 역사교과서 협의: 유럽과 동아시아를 중심으로』, 백산자료원, 2008, pp.265~291, 323~346.
273) 안병직 외 공저, 『세계의 과거사 청산』, 푸른역사, 2005, pp.14~37.

본적으로 바꾸어 놓았다. 나치독일의 범죄행위에 대한 침묵은 어떤 식으로든 과거 나치와 관련되어 있던 독일인들에게 있어서 하나의 유용한 전략이기도 했다. 또한 거기에는 전쟁범죄에 대한 사면과 나치에 부역했다는 혐의로 물러나 있던 자들을 공직에 다시 복직시키는 일들이 포함되어 있었다.

당시 서독 정부의 입장에서는 외교적으로 미국이 주도하는 서방세계로의 편입과 냉전체제하에서 공산주의의 위협을 막는 전선을 구축하는 것이 시급한 과제이기도 하였던 것이다. 독일 내부적으로도 지난 나치독일의 전쟁책임을 일부 주모자급 인사들에게만 지우려는 경향이었지, 전쟁에 대하여 책임감을 느끼고 반성과 죄책감에 부끄러워했던 독일인은 소수였다. 심지어 1950년대 서독의 사회적 분위기를 볼 때, 민족사회주의는 기본적으로 좋은 이념이었으나 그 시행이 잘못되었다는 것이라는 생각이 지배적이었다.[274] 당시의 사회상으로는 전쟁범죄에 대한 죄의식이나 수치심보다는 불안과 혼란, 전반적인 방향감각의 상실이 독일인들의 심성을 대변하고 있었던 것이다.[275]

그럼에도 불구하고 제2차 세계대전과 독일 제3제국의 종언, 1990년 독일의 재통일, 그리고 21세기에 들어선 오늘날까지 독일은 계속해서 과거 나치독일이 저지른 전쟁범죄와 홀로코스트에 대한 사죄와 반성을 해오고 있다. 이러한 과거극복을 위한 노력은 사법적 청산(뉘른베르크재판)[276], 정치적

---

274) 위르겐 코카(Jürgen Kocha), 「불편한 과거사의 처리: 1945년 및 1990년 이후 독일의 집단기억과 정치」, 『독일연구』 제7호(2004), p. 115.

275) 1950년대 서독의 나치청산에 대해서는 부정적인 평가들이 주류를 이루고 있지만, 코카(J. Kocha)에 의하면 아데나워 정부는 과거 독일의 국가사회주의를 제도적, 혹은 이데올로기적으로 부활시키려는 시도에 대해서는 단호했음을 알 수 있다. 그 단적인 예로, 1952년 네오나치 성향의 사회주의제국당(SRP)은 서독 연방헌법재판소의 위헌판결을 받아 정치활동이 금지되었다. 또한 아데나워는 나치에 의해 희생을 강요당했던 유대인들에 대한 보상을 위해 주요유대인조직들과 협정을 체결하였다. 그는 이스라엘 정부와도 조약을 체결하였고 1950년대부터 보상을 시작하여 1990년대 말까지 약 1천 6백억 마르크를 지불하였다. 위르겐 코카(Jürgen Kocha), 앞의 논문, p.118.

276) 남윤삼, 「독일 나치정권하 강제노동자의 임금청구에 관한 법적 고찰」, 『한국 근현대사연구』 25집, 2003, 여름호, pp.177~181.

청산(브란트, 바이체커, 라우 등 정치가들의 과거사 반성 발언)[277], 물질적 보상(유대인학살, 강제노동)[278], 역사교과서 협의활동(게오르그-에케르트 연구소)279)등의 다양한 형태로 전개되었으며, 세계의 과거사 청산에 대한 하나의 성공적인 모델로 인식되고 있다.[280]

특히, 이와 관련하여 독일의 "기억 책임 미래(Erinnerung, Verantwortung und Zukunft)" 재단의 설립과 활동은 좋은 본보기가 된다. 지난 2000년 8월 2일 법령(Gesetz zur Errichtung einer Stiftung "Erinnerung, Verantwortung und Zukunft")에 의거하여 독일 정부와 기업이 2차 대전시 동원된 강제노동자들에 대한 보상을 위해 공동으로 100억 마르크라는 기금을 마련하여 재단을 설립한 것이다. 재단 설립의 의도는 독일 정부와 기업이 윤리적 책임과 반성, 그리고 자기존중에서 출발하여 확고한 휴머니즘적 신호를 보내기 위한 것이었다.

주지하다시피 독일도 애초에는 사법적 방법을 통한 민간인 피해배상에 대해서는 소극적이었다. 재단의 설립은 외국인 강제노동 피해자들이 국제연대를 통해 끈질기게 배상을 요구한 끝에 비로소 가능해졌다. 그리고 1998년 연정을 구성하여 집권한 독일 사민당(SPD)과 녹색당(Grüne)이 이 문제에 대해 적극적으로 독일의 의회와 기업들을 설득한 것도 주요했다.[281] 따

---

277) 안병직, 「홀로코스트의 기억과 역사가」, 『독일연구』 14집, 2007, 12, pp.71~182.
278) 최호근, 『(서양 현대사의 블랙 박스)나치대학살』 14집, 푸른역사, 2006.
279) Becher, Urasula 저, 김승렬, 이진모 역, 『국제화해 게오르크-에케르트 국제교과서연구소 25주년 기념 논총』, 한국교육개발원, 2002.
280) 송충기, 「사법적 청산에서 역사적 성찰로: 독일의 사례」, 『세계의 과거사 청산』, (푸른역사, 2005), pp. 40~77.
281) 과거 나치 정권의 피해자들에 대한 독일 정부의 사죄와 피해보상 정책(Wiedergutmachungspolitik)에 대한 연구서들로는, Constantin Goschler, *Wiedergutmachung·Westdeutschland und die Verfolgten des Nationalsozialismus 1945-1954,* München 1992; Peter Reichel, *Vergangenheitsbewältigung in Deutschland,* München, 2001; Christian Thonke, *Hitlers langer Schatten. Der mühevolle Weg zur Entschädigung der NS-Opfer,* Wien, 2004; Heinz Düx, *Die Beschützer der willigen Vollstrecker. Persönliche Innenansichten der bundesdeutschen Justiz,* Bonn, 2004; Constantin Goschler, *Schuld und Schulden. Die Politik der Wiedergutmachung für NS-Verfolgte seit 1945,* Göttingen, 2005; Hans Günter Hockerts·Claudia Moisel·Tobias Winstel, *Grenzen der Wiedergutmachung. Die Entschädigung für NS-*

라서 필자는 제2장에서 "기억 · 책임 · 미래 재단"의 설립과 조직구성, 협력단체들과의 긴밀한 협력을 통한 피해보상 활동 등을 재단의 정관과 "재단의 설립에 관한 법률(EVZStiftG: Gesetz zur Errichtung einer Stiftung "Erinnerung, Verantwortung und Zukunft", 이하 재단법)을 중심으로 파악하고자 하였다. 끝으로 맺음말에서는 동 재단의 활동과 성과에 대하여 알아보고, 재단의 전 이사회 의장 미하엘 얀센(Michael Jansen)의 회고를 통해서 독일이 전쟁범죄를 청산하고 국제사회의 요구에 부응하는 조치를 취함으로써 통일을 이루고 정상국가의 길로 나아갈 수 있게 된 이유가 무엇이었는가를 조망하고자 하였다.

II. "기억 책임 미래 재단"의 설립과 활동

1. 재단의 주요 과제

동 재단의 설립은 나치독일에 의해 희생을 강요당했던 2차 대전 당시 강제로 동원된 노동자들에 대한 국제적인 협의와 보상을 전제로 출발하였다. 미국과 독일 양국 정부뿐만 아니라 제2차 세계대전 동안에 독일 제3제국에 점령되었던 국가들, 특히 희생자 연합과 희생자를 위한 변호사 협회로 대표되는 희생자들이 있는 국가들의 정부의 참여로 전 세계적인 규모로 국가 간, 지역 간의 협의가 이루어진 것이다. 그리고 협의의 마지막 단계에서 독일과 미국사이에서는 공동성명과 유사한 협정이 이루어졌다. 이러한 국제적인 협의의 결과 "기억 · 책임 · 미래 재단"의 기본적인 요소들이 확립될 수 있었으며, 이는 결국 독일 정부에 의한 '재단법'으로의 통로를

Verfolgte in West- und Osteuropa 1945~2000, Göttingen, 2006 등이 있다.

마련하게 된 것이다.

　제2차 세계대전 동안 독일 제3제국에 의해 점령된 대부분의 유럽지역에서는 비인간적인 조건하에서 독일의 전쟁수행을 위해 수백만의 외국인 노동자들이 강제로 동원되었다. 독일 정부와 기업들은 "기억 · 책임 · 미래 재단"의 설립을 통해 그러한 사건에 대한 역사적 · 도덕적 책임의 신호로 지금까지의 강제노동에 대한 규정들을 다시 개선하고자 하였다. 지난 2000년 8월에 법안이 통과되어 설립된 이 재단의 주요 과제는 다음과 같다.

　첫째, 범세계적 보상프로그램(Auszahlungsprogramme)의 범위에서 독일 민족사회주의(나치즘)에 의해 불법적인 대우를 받은 희생자들에 대한 재정적인 보상이다. 그러나 이러한 보상은 2006년 9월 30일 이후에는 강제노동자들 내지는 개인적인, 혹은 재산상의 피해를 입은 사람들에 대한 모든 배상권한이 효력을 잃도록 규정하고 있다.

　둘째, 이 프로그램은 자신의 조국에서 추방되고 열악한 환경 하에서 강제노동에 의해 착취 받은 노동자들에 대한 보상이 중심이며, 나치에 의한 희생자들 역시 포함된다.

　셋째, 개인적 피해보상, 예를 들면 의학적 실험 대상이었거나 또는 강제노동자 자녀들을 어린이수용소(Heim)로 보낸 사람들에 대한 보상도 포함된다.

　넷째, 재산상의 피해 역시 이 프로그램의 포함대상이다. 독일 기업들이 피해자들에 대한 직접적인 가해자이고 피해자들이 독일연방 피해보상법에 따라 국가적 차원의 보상을 신청할 수 있는 경우이다.

　다섯째, 재단 재정을 모두 지불한 다음까지 계속적으로 유지되는 특별한 지속적인 기관으로서 "기억과 미래 기금"을 설치한다.

　이러한 과제를 수행하기 위하여 나치 시대 강제노역에 동원되었던 피해자들에 대한 보상금 협정이 독일 정부 및 기업과 피해자 변호인 측 간의 장기

간 협상 끝에 지난 1999년 12월 체결되었다. 그리고 2000년 7월 관련 7개국
이 국제보상협정에 서명함에 따라 보상을 위한 법적 토대가 마련되었다.

2. 재단의 설립과 운영

"기억 · 책임 · 미래 재단"은 "재단설립에 관한 법률" 제7조에 의거하여 아
래와 같이 "정관(Stiftungssatzung)"[282]을 규정하고 있다.[283] 먼저 "정관"
제1조는 재단의 명칭과 함께 동 재단이 공적인 권한과 법률상의 권리능력
을 지니고 있음과 재단의 소재를 통일독일의 수도인 베를린으로 할 것을 명
기하고 있다. "정관" 제2조에서는 재단의 설립에 대한 총회와 준비위원회
의 최종 결의와 2000년 7월 17일의 공동성명을 실천하고 유지하는데 재단
의 설립목적이 있음을 밝히고 있다.[284] "재단법" 제2조 역시 재단의 설립취
지는 협력단체(Partnerorganisation)를 통하여 나치시대 강제노동자와 그 외
의 불공정한 대우를 받은 자들에 대한 재정적인 보상을 지원하는 데 있다고

---

282) BGBI. I vom 11. August 2000, S. 1264, nachfolgend EVZStiftG.
283) 재단 사무국은 2/3 이상 다수의 찬성으로 "정관"을 정하거나 변경할 수 있다. 7 EVZStiftG. 참조.
284) 2000년 7월 4일 독일 연방의회의 "기억 · 책임 · 미래 재단" 설립 '결의문'의 주요 내용은 다음과 같다. '결
의문'의 서두에서 독일의회는 동 재단의 설립을 위한 법안을 통과시킴으로서 그 동안 방기해오던 역사에 대
한 책임, 곧 독일 현대사의 가장 치욕스러운 한 부분인 강제 노동자에 대한 불법행위, 징용, 학대 그리고 착취
를 반성하면서, 이 법으로 인해 뒤늦게나마 희생자들에게 인간적이고 경제적인 의무가 이루어질 수 있게 됨
을 언명하고 있다. 그 뿐만 아니라 독일의회는 독일인이 강제 노동자들에게 가한 행위에 대해 독일 국민을
대표해서 그들의 용서를 구하고 있다. 아울러 희생자들에 대한 구체적인 보상을 위한 재원은 독일의회와 독
일연방정부가 이 재단에 출연한 50억 마르크와, 특히 강제 노동자를 고용했던 독일의 기업이나 그 기업의 법
적 상속자들이 나머지 50억 마르크의 기부금 모금에 동참하는 것이 반드시 필요한 일임을 밝히고 있다. 이와
관련하여 독일의회는 이 보상금이 아직 생존하고 있는 희생자들에게 가능한 한 빨리 분배될 수 있도록 최선
을 다해야 한다는 점을 강조하고 있다. 무엇보다 '결의문'에서 두드러지게 눈에 띄는 부분은 희생자들이 그
들의 피해에 대한 보상을 받을 수 있는 법적 근거들을 별다른 어려움 없이 찾을 수 있도록 하는 조치까지 취
하고 있다는 점이다. 독일의회는 나치시대 노예 및 강제 노동자들을 고용한 적이 있는 기업들이나 그 기업의
법적 상속자들은 그 해당 기업의 문서고를 개방하여 희생자들의 보상청구권을 증명할 수 있도록 해줄 것을
요청하고 있다. 또한 독일의회는 독일 연방정부가 조직적, 재정적, 혹은 인적인 조치를 추가로 강구하여 아롤
젠(Bad Arolsen)에 있는 국제검색문서고(Archiv des Internationalen Suchdienstes)의 기능을 강화하여 각
희생자들과 협력단체가 보상여부를 쉽게 확인할 수 있도록 협조해줄 것과, 재단법 제18조(정보문의)가 원활
하게 이루어질 수 있도록 각 지방정부 및 지방자치단체들이 그 산하의 문서고를 개방하고, 질의응답 시스템
을 향상시켜 희생자 및 협력단체가 보상여부를 쉽게 확인할 수 있도록 해줄 것을 요청하고 있다. http://past.
snu.ac.kr/02_document/Germany/Germany.html 참조.

규정하고 있다. "정관" 제3조에서는 "재단법" 제3조에서 규정한 기관들로부터 각각 50억 마르크를 출연 받아 예산을 집행하며[285], 재단 기금이 더 이상 사용되지 않을 때에 재단은 재단의 재산을 확실하고 수익이 높은 투자처에 예치할 수 있음을 밝히고 있다.[286]

"정관" 제4, 6, 7, 8조는 재단의 조직을 규정하고 있다. "재단법" 제4조에 따라 재단의 조직은 사무국(Kuratorium)과 재단이사회(Stiftungsvorstand)로 구성된다. 사무국과 재단이사회의 임원들은 그들의 업무를 수행하는데 있어서 재단법과 재단 정관에 상호 연관되어 있는 재단의 목표를 최대한의 지식과 양심에 따라 성취하도록 하고, 또한 예산을 낭비하지 않고 경제적으로 자금을 사용할 수 있도록 주의해야 할 의무가 있음도 명시하고 있다. "정관"에 의하면, 사무국은 재단의 업무에 대한 결정을 하며, "재단법" 제5조 1항 1호에서 18호에 규정된 27인의 임원들로 구성된다. 또한 독일 연방수상은 사무국 의장의 자리에 한명의 대표자를 임명할 수 있다.[287] 사무국 임원의 재임기간은 4년이며 재임할 수 있다. 한명의 임원이 임기 만료 전에 퇴임하게 되면, 그의 남은 임기를 채우기 위하여 다른 후임자를 임명할 수 있다.

---

285) "재단법" 제3조를 구체적으로 살펴보면, 제1항은 재단설립자가 독일연방정부와 독일 경제연합의 기업들이며, 제2항은 재단의 재정확보와 관련하여 50억 마르크는 독일의 보험사들이 ICHEIC(International Commission on Holocaust Era Insurance Claim)에 기부한 금액과, 또 앞으로 기부하게 될 기부금들과 독일경제협회의 기업들이 재단 발기인회에서 약속한 기금(제1호)으로 충당하며, 나머지 50억 독일 마르크는 2000년 독일 연방정부가 기부한 기금이다(제2호). 아울러 재단설립의 추가출자의무는 없지만, 재단은 다른 기부자의 기부를 받을 권리를 가지며, 기부에는 상속세와 증여세가 면제됨을 밝히고 있다. § 3 Abs. 1 und 2 EVZStiftG. 참조.

286) 아울러 재단 재정의 운영에 관하여서는 사무국이 책임을 지며, "기억과 미래 기금"의 재산은 재단의 나머지 재산과 구분된다. 재단 설립에 관한 법률 2조 2항에 따라 기금(Fonds)에 지시된 과제를 수행하는 후원프로그램들은 재단설립에 관한 법률 제9조 7항 2호에 의거하여 집행되어야 한다고 명시하고 있다.

287) 사무국은 총 27인의 임원들로 구성되며, "재단법"은 제5조 제1항에서 제18항까지 구체적인 사무국 임원의 지명소재와 숫자를 제시하고 있다(독일 연방수상이 지명한 1인의 의장, 독일 기업 측 재단발기인에 의해 지명된 4인, 독일 연방하원이 지명한 5인과 독일 연방상원이 지명한 2인, 독일 재무부의 대표자 1인, 독일 외무부 대표자 1인, 유대인배상청구협회가 지명한 1인, 독일 Sinti und Roma 중앙협의회와 Sinti 독일연합회 및 International Romani Union이 지명한 1인, 이스라엘, 미국, 폴란드, 러시아, 우크라이나, 벨로루시, 체코 정부가 지명한 각 1인, 미국 정부가 지명한 변호사 1인, 미국 고위급 망명위원이 지명한 1인 및 나치희생자 관련 독일연방협회가 지명한 1인). § 5 Abs. 1 bis 18 EVZStiftG. 참조.

사무국의 임원은 언제든지 임명된 지위에서 해임될 수 있다.

"정관"에 의하면, 사무국은 재단의 업무와 관련한 모든 기본적인 사항들을 결정한다. 특히, 사무국은 독립적인 권한 안에서 다음과 같은 과업들을 수행한다. 첫째, 사무국은 "재단법" 제5조 7항에 따라 재단 재정의 사용에 관한 방침을 규정하고, 임원 다수가 요구할 때 규정을 변경할 수 있다. 둘째, 사무국은 재단이사회의 제안에 따라 "기억과 미래기금"의 프로젝트에 관한 결정에 있어서 10만 유로(EURO)를 넘지 않는 프로젝트에 대해서는 이사회에 예산집행에 대한 전권을 줄 수 있다. 셋째, 사무국은 4년 임기의 재단 이사를 정할 수 있으며, 이사의 재임 역시 허용된다. 이사회의 이사가 중대한 오류를 야기할 시에는 사무국에 의해서 파면될 수 있다. 넷째, 사무국은 재단이사회의 활동을 감독할 수 있다. 사무국은 이러한 목적으로 언제든지 재단이사회의 활동에 관한 정보를 의장과 임원들에게 요구할 수 있고, 모든 사업관련 서류들에 대한 열람을 요구할 수 있다. 이와 함께 사무국은 한명에서 여러 명의 임원들에게 이 업무를 위임할 수 있다. 다섯째, 사무국은 이사회에 의해서 세워진 재정계획을 확정하고 재단이사회의 업무집행을 승인한다. 여섯째, 사무국은 공적으로 이사회의 임원을 위한 보수를 확정하고 이에 상응하는 고용계약을 체결하며, 재단은 사무국의 의결권을 가진 임원들에게 그들이 필요로 하는 지출비용을 지급한다.

재단 이사회는 "재단법" 제6조에 따라 이사회 의장 및 2인의 이사들로 구성된다. 이사회의 의장은 이사회를 소집한다. 그리고 이사회의 한 이사가 이사회를 서면으로 요구하면 회의를 소집할 의무가 있다. 이사회는 2인의 이사들이 규정에 따른 투표에 참가하면 결의능력을 가진다. 재단이사회의 결정은 역시 재단이사회의 모든 임원이 서면이나 또는 원거리서명(fernschriftlich)의 방법으로 동의할 수 있다. 이사회는 "재단법" 제6조 3항

4호에 따라 법률상으로, 그리고 법률외적인 상황에도 재단을 대표한다. 이사회의 이사 중 2인은 재단을 공동으로 대표한다. 이사회 각 이사는 다른 이사를 대신하여 재단을 대표할 수 있다.[288]

아울러 이사회는 재단의 목적사업들과 사무국의 결정사항들을 "재단법"에 상응하여 집행한다. "재단법" 제5조에 의하면 재단이사회는 의장과 2인의 이사들로 구성되며, 사무국의 임원들은 동시에 이사회의 임원이 될 수 없다. 이사회의 임원은 사무국에서 결정된다. 이사회의 주요 업무는 사무국의 결정을 실행하는 일이다. 예를 들면, 이사회는 협력단체들에게 재단 기금을 분담하고, "기억과 미래 기금"의 운영에 책임을 진다. 그리고 이사회는 재단기금이 재단의 설립목적에 상응하게 지출되는가에 대하여 감독한다. 특히, 협력단체들이 이 법안의 취지와 사무국에 의해 세워진 방침에 따라 재단 기금을 사용하는지를 주시한다. 이사회는 6개월마다 사무국 회의에서 재단의 활동과 재단의 재정 상황에 대하여 보고한다. 즉, 3인의 이사로 구성된 이사회는 지속적으로 재단업무들을 지도하고 "재단법"과 경우에 따라서는 보강된 사무국의 결정에 따라 재단 프로그램을 조화롭게 실행할 책임이 있다.[289]

"재단법" 제9조에 규정된 7개의 협력단체들과 강제노동자들의 재산상·건강상의 피해보상을 위한 위원회, ICHEIC(International Commission on

---

288) 이사회는 늦어도 각 사업이 시작되는 해의 3개월 전에 재정계획을 세우고 이를 사무국에 제출하여야 한다. 사무국에 의해서 결정된 재정계획은 독일 재무부의 승인을 받도록 하였다. 아울러 재단은 연방회계감사원(Bundesrechnungshof)을 통하여 재정에 대한 감시를 하며, 이사회는 재정과 경제적인 부분의 중요한 서류를 요구할 수 있고 열람할 수 있도록 하였다. 이사회는 감시기관의 조사결과에 대하여 사무국 임원들에게 보고하여야 하며, 이사회는 사무국 임원의 보고 이후에도 그 임원의 임기가 끝난 후에도 그 활동에 대한 업무 집행을 요구할 수 있도록 규정하고 있다.

289) 동 재단은 독일 재무부장관의 감독 하에 있었고, 각 업무연도의 시작 전에 정확하게 재정계획을 세워야 했다. 재정계획은 재무부의 허가가 필요하다. 재단은 연방회계감사원(Bundesrechnungshof)의 감독을 받아야 했다. 아울러 재단의 정산과 재정운용은 중앙업무와 공적 재정문의를 위한 연방부서를 통하여 감시되었다. § 8 Abs. 1 bis 3 EVZStiftG. 참조.

Holocaust Era Insurance Claim) 등의 기관들은 "재단법"의 목적에 상응하는 역할을 요구받는다. 위 기관들이 재단의 조직은 아니지만, 재단은 이들과 함께 재단의 목적을 실현시키기 위하여 함께 협력해야 한다는 것이다.

3. 강제노동자들에 대한 보상프로그램

동 재단의 근본적인 목적은 협력단체들(Partnerorganisationen)을 통하여 나치 희생자들에 대한 보상을 실행하는 것이었다. 보상금 지급은 "강제노동과 그에 상응하는 불법행위", 그 밖의 "개인적인 피해", "재산상의 손실" 및 "보험(안전)상의 손실" 등의 항목과 관련된 지급신청서를 통하여 이루어졌으며 각 항목별 세부내용은 아래와 같다.[290]

첫째, "강제노동과 그와 유사한 피해"의 범위에서 보상금의 분배는 재단 자체가 하는 것이 아니라, 총 7개의 협력단체들이 대행하였다. 이 협력단체들은 신청서를 교부하고, "재단법"의 각 협력단체들은 그들이 위임받은 권한의 범위 내에서 희생자들에게 보상금을 지급하기로 되어 있었으며, 상한선의 기준은 희생자들의 수에 따라 정해지는데 이는 국제적인 협정에 의거해서 이루어졌다.

보상을 위한 기본적인 전제조건은 희생자가 1999년 2월 16일까지 생존해 있는 사람일 경우였다. 희생자가 이 날 이후에 사망한 경우에는 법에서 정한 친척이 보상액을 받을 수 있도록 하였다. 보상에 관한 권한의 구성요건은 세 가지 카테고리로 다시 나뉜다. ① 나치 강제수용소, 게토(Ghetto) 또는 이와 유사한 수용소에서 강제노동으로 인한 구금(Kategorie A), ② 고향에서 독일제국으로, 또는 독일점령지역으로의 추방, 그리고 구금과 유사하

---

290) 보험(안전)상의 손실을 제외한 여타 항목의 보상에 대한 법률적인 신청기간은 2001년 12월 31까지로 제한되었으며, 보험(안전)상의 손실에 대한 법적인 신청기한도 2004년 3월 31일까지로 제한되었다. http://www.stiftung-evz.de /die_stiftung_erinnerung_verantwortung_und_zukunft/.

거나 그에 준하는 열악한 조건하에서의 구금(Kategorie B), ③ 협력단체들이 보상을 위한 기본적인 토대, 소위 "공개약관"하에서 과거 독일 국가사회주의에 의한 불법적인 처우가 승인된 사례(Kategorie 공개약관) 등이었다. 보상액의 차이는 개개인의 운명에 따라 차별화되는 것이 아니라 위에서 정한 카테고리의 기준에 따라 달라졌다. 따라서 보상금 수혜자는 "카테고리 A"에서는 15,000 마르크까지, 그리고 "카테고리 B"와 "카테고리 공개약관"에서는 5,000 마르크까지 받을 수 있었다.[291]

위의 규정에 근거하여 강제노동 피해의 범위 안에서 신청기한말까지 200만개 이상의 신청서가 협력단체들에 접수되었다. 약 166만 명의 사람들이 그들에게 가해진 부당한 처우에 대한 사죄의 의미로 최종적으로 재단 보상금을 받게 되었던 것이다.

둘째, "그 밖의 개인상의 피해(Sonstige Personalschaeden)"와 관련하여 "재단법"에 따라서 부가적으로 강제노동에 대한 보상금이 5천만 마르크이며, 그 보상금은 우선 의학적인 실험, 그리고 강제노동자 자녀들의 고아원 수용 내지는 살해로 인한 피해에 따라 결정되었다. 이러한 피해에 대하여 법률제정자는 15,000 마르크를 규정하고 있다. 무엇보다도 보상금이 지급되기로 한 수혜자들의 숫자에 맞추도록 하기 위하여 7개의 협력단체들은 보상금 상한선을 충분히 고려해야만 하였다.[292]

---

291) 보상은 대체로 두 번의 분할지급 방식으로 수혜자들에게 지급되었다. 이러한 단계화된 보상금 지급은 정해진 카테고리나 또는 하위 카테고리에 속하는 수혜자들을 위하여, 협력단체가 동일한 보상금액을 지급하기 위해 필요한 조치였다. 당시에는 보상금 수혜자들의 정확한 숫자가 알려져 있지 않았고, 각각의 협력단체들을 위한 재단 보상금액을 정해야 했기 때문에 보상액 수혜자들의 숫자를 비교하는 차원에서도 이 분할지급 방식이 유용한 것이었다. 그래서 재단법은 이 두 번의 분할지급방식으로 보상금을 지급하였으며, 이러한 분할지급은 자금이 부족한 경우를 대비한 조치였다.

292) 만약 위에서 언급한 대로 몇 개의 카테고리에 따라 보상금을 지급 후에 자금이 상한선에 아직 머물러 있으면 가장 힘들고 심각한 건강상의 피해를 위한 보상금으로의 이용이 가능하도록 하였다. 왜냐하면 의학적 실험대상이었고 어린이보호원에 수감된 운명의 희생자들의 숫자가 이전의 추측으로도 8,000명 이상이 되기 때문에, 가장 힘들고 심각한 건강상의 피해자들을 위한 고려가 우선되었다. 신청기한은 강제노동의 경우 2001년 12월 31일까지였다. 만약 신청자가 그의 신청서를 신청기간이 끝날 때까지 제출하지 못했다면, 추

"그 밖의 개인상의 피해"의 범위에서는 전부 8,000명 이상의 보상 수혜자들이 모두 7개의 협력단체들에 속해 있었다. 그로부터 엄격하게 숫자적으로 조사한 비율을 볼 때, 강제노동자들은 법적으로 제시된 보상금의 절반도 지급받지 못했다. 2003년 9월 24일의 사무국 결정에 따라서 재단 재산의 이자 금액을 사용함으로 보상금이 증가하였으며, 모든 보상 수혜자인 희생자들, 또는 법적인 상속인들은 높아진 보상금을 받을 수 있었다. 보상금 지급은 2003년 10월에 시작하였고 2004년 6월에 마감하였다.

셋째, "재단법" 제9조 4항 1호에서 5호에 따르면 재산상의 피해 (Vermoegungsschaeden)의 형평성을 위하여 10억 마르크가 계획되었다.[293] 그 중에서 1억 5천만 마르크는 나치독일의 박해로 인해 재산상의 피해를 입은 사람들에게 지원되고, 나머지 5천만 마르크는 나치 독일의 불법행위와의 연결선상에서 "그 밖의 재산상의 피해" 항목으로 지원되어야 함을 명시하고 있다. 그리고 ICHEIC(International Commission on Holocaust Era Insurance Claim)을 통하여 독일 보험사들이 지불하지 않았거나 지불이 정지 되었거나 해서 피해를 입은 보험증서에 대해 1억 5천만 마르크를 지불하도록 하고 있다. 또한 "Conference on Jewish Material Claims against Germany"를 통하여 홀로코스트 생존자들을 위한 사회적 목적으로 3억 마르크를 지불해야 하며, 그 중에서 2천 4백만 마르크는 "재단법" 9조 2항 6호에 의거하여 협력단체들에게 보내도록 되어 있다. 나머지 3억 5천만 마르크는 ICHEIC(International Commission on Holocaust Era Insurance Claim)의 인

가적인 신청인의 심사단계에서 받아들여 질 수 있었다. "그 밖의 개인상의 피해" 신청서의 처리는 모두 7개의 협력단체들에서 2004년 5월 15일까지 최종적으로 마감되었다. 이러한 마감기간 이후에는 "그 밖의 개인상의 피해"에 대한 어떠한 신청서도 더 이상 받지 않았다. http://www.stiftung-evz.de/auszahlungen_an_ehemalige_zwangsarbeiter/auszahlungsprogramme/ 참조.
293) § 9 Abs. 3 Nr. 1 bis 5 EVZStiftG. 참조.

도주의적 사업을 위하여 사용되도록 규정하고 있다.[294]

넷째, 독일 국가사회주의 시대 "보험 상의 피해"와 관련하여 "기억, 책임 그리고 미래재단"은 미국 워싱턴에 본부를 둔 ICHEIC에 관련 기금을 제공하여 지금까지 지급되지 않았던 보험 상의 피해에 대한 보상을 실시하였다. ICHEIC는 1998년 국제적인 미국보험위원회에 의해서 몇몇의 유럽 보험사들, 유럽 보험감독관, 유대인 조직의 대표자, 그리고 이스라엘 국가와의 공동 작업으로 설립되었다. ICHEIC의 목적은 나치 독일의 희생자들에게 교부된 지급되지 않은 보험금의 업무처리에 있다.

"재단법"은 "보험 상의 피해"에 대한 신청접수, 선별작업 그리고 지급의 원활한 진행을 위해 "기억, 책임 그리고 미래" 재단과 독일 보험사들의 대표자로서 독일보험총연맹(GDV), 그리고 ICHEIC 사이에 협정을 체결하는 것이 요구되었다. 이 협정은 2002년 10월 16일 워싱턴에서 2년간의 협상 후에 체결되었다. 이 범위에 속하는 피해에 대한 신청접수 기한은 2004년 3월 31일까지였으며, 신청서들은 ICHEIC로 보내져 심사 후 "보험상의 피해에 대한 보상으로 1억 5천만 마르크가 지불되었다.[295]

다섯째, "재단법"의 규정에 의해 홀로코스트 생존자들을 위한 세 가지 진을 위하여 지출되는 예산지출은 "기억, 책임 그리고 미래재단"이 결정하도록 규정되어 있다. 총 예산에서 2억 7천 6백만 마르크는 유대인 홀로코스트 생존자에게 사회적인 목적을 위하여 재단법 9조 4항 4호에 의거 지출되

---

294) 재산상의 피해에 대한 청구와 심사를 위하여 독립적인 위원회가 참여하였는데 그것은 이주민을 위한 국제기구(IOM)였다. 또한 재산위원회는 법적인 취지를 구체화하고 보충해 주는 추가 실행규정을 인정하였다. 위원회에서 의도한 보상의 총액이 법에서 제시한 총액의 상한선을 넘게 되면 재산위원회는 지급할 보상액과 첨부된 자금과의 차이를 줄여야만 했다. 위원회가 모든 중요한 결정을 최종적으로 끝낸 후 2005년 6월부터 지급이 이루어졌다. 재산상의 피해의 형평성을 위한 중요한 전제조건은 독일 기업들이 근본적이고 직접적인 피해의 원인제공자라는 사실이다.

295) 동 재단이 수행한 "보험 상의 피해"와 관련된 보상내용의 보다 구체적 내용은 아래 사이트를 참조할 것. (http://www.stiftung-evz.de/auszahlungen_an_ehemalige_zwangsarbeiter /auszahlungsprogramme / versicherungsschaeden/).

도록 하였다. 그리고 2천 4백만 마르크는 "Sinti und Roma"의 홀로코스트 생존자에게 사회적인 목적을 위하여 IOM (Internationale Organisation für Migration)이 사용하도록 결정되었다. 나머지 3억 5천만 마르크와 관련하여서는 인도주의적 사업을 위한 재단법 9조 4항에 의거하여 ICHEIC에서 지출되도록 하였다.[296]

4. 신청업무와 보상금지급

"재단법"은 강제노동과 "그 밖의 개인상의 피해"의 보상과 관련된 신청업무를 동 재단의 7개의 협력단체들을 통하여 하도록 하고 있으며, 보상금의 지급 역시 협력단체들을 통하여 수혜자에게 전달되었다.[297] 만약 보상신청이 거부되면 이러한 협력단체들에 있는 독립적인 업무부서에 고충을 호소할 수 있도록 했다. 이러한 부서는 고충을 호소하는 사안에 대하여 재검토해야 했으며, 3개의 발트해 국가들은 독자적인 신청접수처 및 독자적인 고충상담 창구를 두고 있었다.[298]

아울러 "기억 · 책임 · 미래 재단"은 2001년 6월 15일부터 나치시대 강제노동자들을 위한 보상금 지급을 시작하였다. 지금까지 총 1,606,000명의 보상금 수혜자들에게 총 41억 88만 유로(81억 92만 마르크)가 협력단체들에

---

296) § 9 Abs. 4 Nr. 4 EVZStiftG. 참조.
297) "기억 · 책임 · 미래 재단"의 협력단체(Partnerorganisationen)이 지정한 7개의 협력단체들과 기타 보상금 분배에 참여한 국제적인 기관들로는 독일-폴란드 화해재단, 이해와 화해를 위한 백러시아재단, 이해와 화해를 위한 러시아재단, 이해와 화해를 위한 우크라이나 국립재단, 독일-체코 미래기금, IOM, JCC, ICHEIC, 에스토니아 적십자, 라트비아 국가사회보험사, 리투아니아 민족의 학살과 저항을 위한 연구센터 등이 있다.
298) "재산상의 피해"에 대한 신청서 업무를 위하여 IOM이 협력하고 있다. 이러한 신청서에 대한 결정은 제네바(Genf)에 본거지를 두고 있는 "재단법"에 따라 설립된 "재산위원회"에서 하고 있다. 모든 개개인 부상 수혜자들을 위한 신청기한은 재단법 11장에 따라서 2001년 12월 31일에 마감한다. 이러한 기간은 법률제정자의 의지에 따라서 마감기한이 중요시된다. 신청서가 도착했다 해도 더 이상 접수처리가 되지 않는다는 것이다. 만약 한 신청서가 긍정적으로 받아들여지면 그에 관하여서는 협력단체들이 보상금 수혜자들에게 형식을 갖춘 서류형태로 결정된 사항을 알려야 하며, 보상금은 두 번의 분할 방식으로 지급된다. 만약 신청서가 협력단체로부터 거부되면, 신청자는 석 달 이내에 이러한 결정에 대한 불만을 서면으로 각 협력단체에 있는 고충상담부서에 보내면 된다.

지급되었다. 2007년 6월 현재까지 동 재단이 협력단체들을 통하여 분배한 지급액은 다음과 같다.[299]

- 이해와 화해를 위한 백러시아재단[300]

　1차 분배: 194,100,000 유로(보상금 수혜자: 129,000명)

　2차 분배: 150,000,000 유로(보상금 수혜자: 128,000명)

　합　계: 344,300,000 유로(보상금 수혜자: 129,000명)

- IOM

　1차 분배: 231,200,000 유로(보상금 수혜자: 81,000명)

　2차 분배: 120,500,000 유로(보상금 수혜자: 75,000명)

　합　계: 351,700,000 유로(보상금 수혜자: 81,000명)

- JCC

　1차 분배: 737,600,000 유로(보상금 수혜자: 145,000명)

　2차 분배: 341,400,000 유로(보상금 수혜자: 473,000명)

　합　계: 1,079,000,000 유로(보상금 수혜자: 145,000명)

- 독일-폴란드 화해재단

　1차 분배: 752,300,000 유로(보상금 수혜자: 483,000명)

　2차 분배: 220,500,000 유로(보상금 수혜자: 483,000명)

　합　계: 972,800,000 유로(보상금 수혜자: 483,000명)

---

299) http://www.stiftung-evz.de/auszahlungen_an_ehemalige_zwangsarbeiter/
300) "이해와 화해를 위한 백러시아재단"은 벨로루시와 에스토니아에 각각 323,600,000.00 유로(120,000 수혜자)와 20,700,000.00 유로(9,000 수혜자)를 분배하였다.

− 이해와 화해를 위한 러시아재단[301]

1차 분배: 164,800,000 유로(보상금 수혜자 240,000명)

2차 분배: 201,800,000 유로(보상금 수혜자 213,000명)

합   계: 366,600,000 유로(보상금 수혜자 240,000명)

− 독일−체코 미래기금

1차 분배: 165,600,000 유로(보상금 수혜자 76,000명)

2차 분배: 43,400,000 유로(보상금 수혜자 75,000명)

합   계: 209,000,000 유로(보상금 수혜자 76,000명)

− 이해와 화해를 위한 우크라이나 국립재단

1차 분배: 563,000,000 유로(보상금 수혜자 472,000명)

2차 분배: 302,000,000 유로(보상금 수혜자 470,000명)

합   계: 865,000,000 유로(보상금 수혜자 472,000명)

− 모든 협력단체들

1차 분배: 2,808,800,000 유로(보상금 수혜자 1,626,000명)

2차 분배: 1,379,600,000 유로(보상금 수혜자 1,570,000명)

합   계: 4,188,400,000 유로(보상금 수혜자 1,626,000명)

5. "기억과 미래 기금(Fonds Erinnerung und Zukunft)"

"기억 · 책임 · 미래 재단"의 설립 이후 재단 내에 "기억과 미래 기금"이 설치되었으며, 동 기금의 지속적인 과제는 무엇보다도 7억 마르크라는 재정으로 기금의 취지에 합당한 프로젝트를 추진해 나가는 것이었다. 동 기금은

---

301) "이해와 화해를 위한 러시아재단"이 러시아와 라트비아, 리투아니아, GUS에 배분한 보상금 액수와 수혜자를 보면, 러시아 329,200,000 유로(수혜자 215,000), 라트비아 19,500,000 유로(수혜자 12,000명), 리투아니아 15,200,000 유로(수혜자 11,000명), GUS 2,700,000 유로(수혜자 2,000명) 등이다.

독일 민족사회주의의 불법행위에 의해 살아남지 못한 희생자들을 기리며 그에 대한 후대의 관심을 촉구하는 프로그램을 장려해 나가고 있다. 본 절에서는 2006년 간행된 『기억과 미래기금 활동보고서(2001~2005)』를 중심으로 기금의 설립과 활동에 대하여 살펴보고자 한다.[302)]

1) 주요 과제

먼저 기금의 업무는 무엇보다도 재단의 프로젝트를 장려하기 위하여, 민족들 간의 이해, 독일 민족사회주의 통치하에 생존한 사람들의 권익보호, 청소년 상호 교환방문, 사회정의의 실현, 전체주의 시스템과 폭력의 지배를 통한 위협에 대한 기억, 그리고 인도주의적 차원에서의 국제협력에 기여하는 일이다.[303)] "재단법"에 의거하여 추진되고 있는 동 기금의 주요 사업은 다음과 같다. 첫째, 장학재단으로서의 동 기금은 국제적, 국가 간 프로젝트, 즉 자라나는 세대들에게 민족사회주의의 통치와 전체주의적 폭력에 의한 지배에 대한 깊이 있는 이해가 가능하도록 하는 일에 전폭적인 지원을 한다. 둘째, 기금은 무엇보다도 청소년들이 용기를 가지게 하고, 역사적으로 민족들 간의 이해, 민주주의와 인권 및 소수에 대한 보호를 목적으로 하는 프로젝트를 장려한다. 셋째, 동 기금은 독일 민족사회주의로부터의 불의의 생존자들에 대한 보살핌을 위하여 모범적인 국제 인권프로젝트를 장려한다. 넷째, 동 기금은 소아(die Shoa)와 유대인들의 삶과 관계된 역사적 증거들을 파악하는 일에 기여한다. 다섯째, 동 기금은 이스라엘, 미합중국과 함께 나치 독일의 폭력적 지배로 고통을 당했던 독

---

302) Fonds Erinnerung und Zukunft der Stiftung Erinnerung, Verantwortung und Zukunft ed., *Ttikeitsbericht 2001~2005*, Berlin, 2006.
303) 2000년 8월 2일 발효된 재단설립에 관한 법률 제2조 2항은 독일 민족사회주의에 의해 부당하게 희생당한 사망자들에 대한 경의를 표하면서 "기억과 미래기금"의 설립과 활동을 통하여 나치독일에 의해 저질러진 전쟁범죄의 희생자와 생존자들의 권익을 실현하도록 규정하고 있다(§ 2 Abs. 2 EVZStiftG. 참조).

일 및 중·동유럽 국가들의 국민들과 긴밀한 협력 사업을 장려한다. 여섯째, 동 기금은 국경지역의 시민공동체 형성에 출자하며, 그와 함께 다른 재단들과 비정부적인 기관들과의 협력사업을 추진한다. 일곱째, 동 기금은 기본적으로 공적으로 인정된 장학프로그램과 그와 함께 이미 고려된 합법적인 절차에 의거한 프로젝트들을 장려한다.

2) 핵심 지원포인트(Foerderschwerpunkte)

다음에서 언급하는 지원의 각 핵심 포인트는 2001년부터 2005년까지 동 기금이 추진하였던 프로그램과 프로젝트를 전체적으로 포괄하는 것이다.

첫째, 강제노동자들과 그 밖의 나치희생자들이 그들의 경험을 증언하게 하는 사업을 들 수 있다(지원예산 : 7,450,000 유로). 여기에서 주안점은 시대적 증인으로서 나치시대의 강제노동자와 다른 희생자들과의 만남, 그에 관한 다큐멘터리 또는 대화와 관련된 모든 프로그램이 포함된다는 점이다. 이는 젊은 세대들이 독일 민족사회주의의 희생자들의 증언을 직접 체험하도록 하는데 맞추어져 있다. 예를 들어, 2002년 4월 이후 "시대의 증인과의 만남 - 해방 60주년 기념으로 강제노동자와 민족사회주의의 다른 희생자들과의 만남"이라는 프로그램을 비롯하여 청소년들과 시민단체의 다양한 프로젝트를 지원하는 사업을 들 수 있다. 동 기금은 2004년 처음으로 "유럽을 위한 평화 - 평화를 위한 유럽"이라는 공모전을 열어 학교의 참여와 청소년들의 참여를 촉구하였다. "나치시대 강제노동자의 인생사에 관한 다큐멘터리" 역시 동 기금이 2004년에 공모한 것이다. 이와 더불어 국제단편영화 공모전 "화해의 손짓" 및 같은 테마로 국제저널리스트 공모전이 있었다. 바르샤바, 프라하, 민스크 그리고 모스크바에서 "민족사회주의 하에서의 강제노동"이라는 테마로 4개의 전시회도 개최되었는데 동 사업에는

169,600 유로가 지원되었다.[304]

둘째, "역사와 인권" 관련 지원 사업을 들 수 있다(지원예산: 3,410,000 유로). 여기에서 지원의 핵심은 청소년들을 위하여 국제적인 정치교육, 역사교육을 지원하는 프로그램들이다. 동 사업은 나치독일과 전체주의적 폭력에 대한 토론 및 인간의 권리에 대한 교육 지원프로그램을 총괄한다. 예를 들면, 2003년 4월 이후 동 기금은 지원프로그램 "역사와 인간의 권리"라는 프로젝트를 통해서 청소년들에게 민족사회주의와 그 극복에 대한 논의를 불러일으키고자 하였다. 이는 독일의 청소년들이 과거로부터 현재를 배우게 하기 위한 시도라 할 수 있다.[305]

셋째, "국제 휴머니즘 공동협력" 사업이다(지원예산: 6,450,000 유로). 동 사업은 국제 인도주의적 공동협력, 특히 중·동유럽과 이스라엘 출신의 나치 희생자들에 대한 프로젝트를 지원하며, 국제적 협력단계의 지원으로 중·동유럽과 이스라엘에 있는 노인들을 돌보는 단체에 중점을 두고 있다. 이 프로젝트의 주안점은 2002년 4월 18일 이전에 승인된 인도주의적 프로젝트 및 진행 중인 프로젝트 "과거 나치 희생자들의 사회심리학적, 의학적 지원"에 있다. 이것은 특히 청소년들이 독일 민족사회주의하의 생존자들을 개인적으로 조력하는 일과 연계되어 있다. 나치독일에 의해 동원된 강제노동자들은 이미 대부분 사망했거나 일부는 거동이 불편할 정도로 노쇠한 사람들이기에 그들에 대한 지속적인 관심과 도움이 계속되어야 하며, 동 기금은 중유럽과 동유럽 그리고 이스라엘과 함께 나치 희생자들에 대한 지역적 연

---

304) Fonds Erinnerung und Zukunft der Stiftung Erinnerung, Verantwortung und Zukunft ed., *op. cit.*, p. 22.
305) 2004년에도 동 기금은 "청소년은 국제적으로 중유럽과 동유럽에서 논쟁중이다"라는 공모전을 열었으며, 2005년에는 처음으로 폴란드와 체코에 있는 헤르티재단과 괴테연구소와 함께 진행하였다. 또한 2005년 동 기금은 로버트-보쉬 재단과의 공동 작업으로 "역사의 작업장, 유럽"이라는 프로그램을 통해 유럽 내에서 역사의식의 공유라는 비전을 제기하였을 뿐만 아니라, "20세기 역사에 대한 국제장학프로그램(2005)"에서 동 기금은 독일의 박물관연합과 국제박물관협의회와 함께 협력 사업을 하기도 하였다. *Ibid.*, p. 23.

계를 더욱 강화해 나가고 있다.[306)]

넷째, 청년 봉사자들의 자발적인 책임의식 고취를 위한 사업이다(지원예산: 1,230,000 유로). 동 기금은 2005년 새롭게 고안된 사회·문화적 프로젝트로서 젊은 자원봉사자들의 국제적인 교류를 지원하였다. 이 프로젝트는 상호이해, 역사의식의 형성, 함께 공존하는 사람들의 참여라는 의미를 가진다. 이 프로젝트에서는 자원봉사자의 자리를 만들기 위해 "사회적 프로젝트에서 국제적인 자원봉사자"와 "국제적 지원봉사 업무의 사회적 비용의 강화"에 주안점이 두어졌다.[307)]

다섯째, "레오-벡 프로그램(Leo Baeck Programm)"이다(지원예산: 1,060,000 유로). 이 프로그램은 독일어로 유대학(Judentum)을 연구하는 동시에 그것과 유럽과의 연관이라는 역사, 문화적 유산의 중재라 할 수 있다. 독일 연방 대통령 쾰러(Horst Koehler)가 이 프로그램의 후원자를 맡았고, 여기에 Fritz Thyssen 재단, Alfred Freiherr von Oppenheim 재단, Hertie 재단, Robert Bosch 재단 그리고 독일국민의 장학회가 참여하였다. 또한 동 기금은 뉴욕에 있는 "레오-벡 연구소"와 베를린에 있는 "레오-벡 자료실"의 건축을 지원하였으며, 교사들을 위한 평생교육 프로그램 "독일에서의 유태인의 삶 – 학교와 평생교육 –"은 레오-벡 연구소의 지원자들과 연합회 그리고 Hertie재단이 함께 하였다. 또한 국제적인 "Leo Baeck Fellowship" 프로그램은 독일 언어로 된 유태주의와 역사에 관한 연구를 하는 젊은 학자들에게 재정적 지원을 하고 있다.[308)]

끝으로, "장학 프로그램(Stipendienprogramme)"이다(지원예산: 3,140,000 유로). 동 기금은 이 장학프로그램을 가지고 국제적으로 교환

---

306) *Ibid.*, pp. 23~24.
307) *Ibid.*, p. 24.
308) *Ibid.*, pp. 24~25.

학생들을 지원하고, 동시에 이전의 강제노동자의 후손들을 위한 프로젝트를 실시하고 있다. "Ignatz-Bubis 기념장학회"는 텔아비브(Tel Aviv)대학에서 공부하고 있는 중유럽과 동유럽 학생들과 박사과정 학생들을 지원한다. 또한 국제 문화적 만남협회 AFS 와 독일 YFU위원회와의 공동협력으로 학생교환 장학금이 주어지고 있다. 동 기금은 2005년 독일에 있는 "유태인 중앙복지원협회"와 "Jewish Agency for Israel"과 공동으로 소련에서 이주해온 젊은 유태인 이주자를 위한 장학프로그램인 "역사의 가교"를 설치하였다.[309]

위와 같이 "기억 · 책임 · 미래 재단"은 2000년 7월 4일 발표된 독일연방하원의 "재단설립결의문"에 따라 동 재단의 예산 가운데 일부가 "기억과 미래 기금"으로 조성됨으로써 국가, 사회 그리고 사기업이 책임을 다할 수 있는 기회를 마련하였으며. 이를 통해 다음 세대도 계속해서 나치범죄를 생생히 기억할 수 있는 가능성을 열어두고자 했다. 동 기금의 재원은 독일 연방정부와 독일기업이 출연하는 것으로 2000년 이후 몇 년간 일차적으로 희생자들과 그 가족들을 위한 프로젝트에 사용되었다.[310]

Ⅲ. 맺음말

이상에서 살펴본 바와 같이 "기억 · 책임 · 미래 재단"의 핵심과제는 나치독일에 의해 불법적으로 피해를 입은 강제노동자와 희생자들에 대한 보상문제의 해결이었다. 재단의 설립 이후 지금까지 동 재단의 공동발기인인 독

---

309) *Ibid.*, pp. 25~26.
310) "기억과 미래 기금"은 2006년 통틀어 300개의 국제적인 프로젝트를 뒷받침해 주었고, 7백70만 유로의 기금을 투자했다. 재단 설립 이래로 지금까지 1,164개의 국제적인 프로젝트를 지원하는데 31,100,000 유로를 투입하였다.

일 정부와 기업들은 국제적 협력단체들의 조력이 힘입어 100여 개국에 걸쳐 약 1,660,000명의 강제노동 희생자들에게 44억 유로에 달하는 피해보상을 하였다.[311] 그와 더불어 동 재단은 2008년까지 지속적으로 협력단체들과 연계하여 휴머니즘에 입각한 프로그램들을 추진해 나갔다. 아울러 과거 나치독일에 의해 강요되었던 강제 노동의 부당성에 대한 인식은 보상의 이행과정에서 더욱 엄격하게 적용되었으며, 피해보상에 대한 신청과정에서도 지금까지 알려지지 않았던 새로운 사실들이 드러나기도 하였다. 동 재단은 "나치독일에 의한 강제노동(NS-Zwangsarbeit)"을 역사적인 규명이 필요한 주요 과제로 삼을 것이라는 점을 재단 홈페이지에 명확히 밝히고 있으며, 앞으로도 지나간 과거를 기억하고 민주주의와 인권을 위한 공동협력을 장려하는 국제적인 프로젝트들을 지원하게 될 것이라는 해자(강제노동자)측이 승소하는 경우는 매우 희박했다. 강제 노동에 대한 배상청구 문제의 해결이 단순하게 법률적이고 정치적인 문제가 아니라 윤리적 · 휴머니즘적 문제라는 독일 내 여론이 있었기에 가능했지만, 거기에는 역시 희생자들의 지속적이며 조직적인 법정투쟁과 역사적이고 실증적인 연구의 축적과 같은 요소들이 작용했다는 점도 무시할 수 없다. 그와 아울러 비록 독일 정부와 기업들이 과거 나치시대 강제 동원된 노동자들에 대한 법적 배상의무를 인정하지는 않았지만, 적어도 인도적 차원에서 그에 대한 책임을 진 사실은 지난 일제 식민지시대의 피해에 대한 개인적 배상청구권을 문제시하는 일본 정부와 법원의 태도와는 매우 대조적이다. 일본 정부는 국가 간 포괄적 배상이라는 원칙하에 이미 한 · 일국교정상화 당시 한국 정부에 배상금을 지불했으므로

---

311) 2007년 6월 11일 베를린에서 있었던 21번째 재단 사무국 회의에서 나치시대의 강제노동자들과 나치에 의한 희생자에 대한 공식적인 보상의 종결이 결정되었다. 그리고 다음날, 독일연방공화국 총리 메르켈(Angela Merkel)의 배석하에 연방대통령 쾰러(Horst Köhler)는 위와 같은 강제노동자에 대한 "기억 · 책임 · 미래 재단"의 구체적 피해보상 내역을 공포하였다.

더 이상의 배상책임은 없다는 태도를 취해 왔다. 그러나 독일 경제인협회와 독일 연방의회는 나치시대 민족사회주의의 희생자들과 노예처럼 강제노동이 강요된 사람들을 위한 정치적이고 도덕적인 책임을 인정하였다. 그 희생자들은 추방이나 체포, 구금, 착취에서 강제노동과 다양한 방식의 인권파괴를 통한 죽음까지 아주 심각한 인권유린의 당사자들이었다. 그러한 희생자들을 위한 책임의 정신을 가지고 재단도 그들에 대한 보상에 관한 업무를 수행해야 할 과제로 받아들였던 것이다. [312)]

---

312) 끝으로 필자는 "기억, 책임 그리고 미래재단"의 전 이사회 의장이었던 미하엘 얀센(Michael Jansen) 박사가 재단 사무국 결산보고에서 했던 회고를 소개하면서 이 글을 끝맺고자 한다. "회고해보건대 재단사업의 시작단계에서부터 조직구성의 어려움과 이와 함께 동반된 공식적인 의사결정 과정에서의 대립 등에 관한 기억들은 희미해져 갑니다. 그러나 여전히 생생하게 기억에 남는 것은 우리에게 후원 사업을 통하여 다시 한 번 가슴 아프게 기억되어지는 중유럽과 동유럽에서의 독일 국가사회주의에 의한 경악스러운 범죄행위입니다. (…) 지난 몇 년에 걸친 재단과 7개의 국제적인 협력단체들과의 공동협력은 몇 배로 그 효과가 증명되었습니다. 우리는 재단 사업에서 많은 것들을 배웠고, 또한 많은 일들을 경험하였습니다. 나치시대 강제노동 생존자들과의 만남은 우리를 때로는 가슴 아프게 했지만, 더 많이 우리를 매료시키고 감동시켰습니다. 우리는 협력단체들에서 일하고 있는 동료들과의 진한 우정으로 맺어진 공동 작업을 통한 동료애에 감사를 드립니다. (…) 1,660,000명이 넘는 이전의 강제노동자들에 대한 이러한 늦은 보상이 희생자들이 개인적으로 받았던 고통스러웠던 운명에 대한 어떠한 "회복"도 되지 않겠지만 이러한 물질적인 도움이나마 몇몇 경우에는 의미가 있다고 봅니다. (…) 재단법이 우리에게 제시한 과제를 우리는 협력단체들과 함께 성공적으로 이루어 나갔습니다. 오늘날 우리가 이 프로젝트의 정치적인 성공에 대하여 감히 언급한다면 우리는 단지 이러한 프로젝트를 행했다는 사실 뿐입니다."

4장

역사교과서 협의와
공동 역사교과서

제1절
동아시아의 우호협력을 위한 다국 간 역사교과서 협의 활동과 의미

I. 머리말

동아시아의 역사교과서 문제는 1982년 6월 중국 신화사 통신이 일본 문부성이 과거 일본의 침략사실을 축소, 은폐하기 위해 역사교과서를 왜곡하고 있다고 보도하면서 본격적으로 시작되었다고 할 수 있다. 이는 외교적 문제로까지 비화되었으며 당시 한국, 북한, 중국 등은 일본 문부성의 역사교과서 왜곡사실에 대하여 강력히 항의하는 한편[313], 이러한 사실은 동아시아 국민들의 거센 비판을 불러일으키게 되었다.[314] 일본 정부는 이러한 동아시아 제국 및 세계 여러 나라의 따가운 시선을 의식하여 이후로 역사교과서 검정에 '근린제국조항'[315]을 신설하고 일본의 왜곡되게 기술된 교과서 내용을 일정부분 수정하는 조치를 취하기는 하였지만 그것은 미봉책에 그치고 말았다. 그리고 계속된 일본 정치가들의 망언 및 일본 우익단체들의 2차대전시 일본의 아시아 침략에 대한 정당화 움직임은 지금도 계속되고 있는 실정이다. 이와 아울러 지난 2002년부터 2007년까지 중국 사회과학원의 주도아래 소위 〈동북공정〉이 추진되면서 고구려 및 발해의 역사를 중국사로 편입시키려는 의혹이 제기되었다.[316] 이는 한국과 중국의

---

313) 1973년 이후 일본의 교과서 검정에 통과된 일본사 9권, 세계사 5권, 현대사 2권 등 도합 16권을 분석한 결과 한국 국사편찬위원회가 일본 정부에 제시한 시정안은 모두 24개 항목이었다. 일본 정부는 1984년까지 도합 15개항의 시정을 약속하였으나 15개항의 시정조치도 한국의 입장에서는 불만족스러운 내용들이었다. 국제교과서연구소 편, 1994, 『한·일 역사교과서 수정의 제문제』, 백산자료원, 1994, p.375.

314) '교과서 파동'이라고 명명되고 있는 일본의역사교과서 왜곡 문제는 1953년 일본의 재군비와 자위대 창설을 가져온 '이케다-로버트슨 회담'을 계기로 시작되었다. 일본 문부성은 교과서 조사관 제도를 신설하고 교과서 검정을 강화하면서 과거 일본의 전쟁책임 사실은 교과서에서 자취를 감추기 시작했다. 이후 1982년 일본 문부성이 역사교과서에 일본의 '침략'을 '진출'로, '탄압'을 '진압'으로 '출병'을 '파견'으로 기술하도록 지시한 사실이 드러나면서 한국과 중국이 격렬히 반발하면서 커다란 외교적 문제로 떠올랐던 것이다. 박성수, 『일본교과서와 한국사의 왜곡』, 민지사, 1991.

315) '근린제국조항'이란 일본 문부성의 교과서 검정기준의 하나로 한국, 중국, 북한, 대만, 홍콩 등 근린 국가에 대한 근·현대 역사적 사실을 교과서에 다루는 데 있어서 국제이해와 협력의 견지에서 필요한 조치를 의미한다. 김정인, 「종전 70주년, 일본발 역사전쟁의 서막」, 『경향신문』, 경향신문사, 2014. 11. 25.

316) '동북공정(정식명칭: 東北邊疆史與現狀系列研究工程)'은 중국사회과학원 산하 中國邊疆史研究中心이 동북변강지역(만주)의 역사와 현실 문제를 연구하기 위해 2002년 2월 28일에 공식적으로 출범시킨 국가 프로젝트이다. 5년간의 사업기간을 거쳐 오는 2007년 1월에 공식적으로 마무리 되었다. 중국 측 자료에 의하면 지방 차원에서는 계속 연구를 추진할 것으로 알려졌다. 이는 중국 정부가 한국 등의 반발을 의식해 각 지

외교적 문제로까지 비화되었다. 현재 중국의 〈동북공정〉문제는 수면 아래 가라앉아 있는 형국이지만, 일본의 역사교과서 왜곡 및 영토문제와 맞물려 동아시아의 우호협력과 공동번영에 장애물로 작용하고 있다. 이에 한국의 정부 및 학계에서는 문제의 심각성을 인식하고 장기적인 안목에서 이러한 사태에 대처하게 되었다.[317)

이에, 한국 정부는 외국에 잘못 알려진 한국 및 한국사에 대한 잘못된 사실을 바로잡기 위하여 한국관 시정사업의 일환으로 교육개발원내에 교과서 비교연구 부서를 두고 본격적인 연구와 일본의 역사교과서 왜곡문제를 연구하는 학자들의 연구 활동을 지원하기 시작하였다. 현재 한국관 시정사업의 일환인 역사교과서 왜곡·수정에 관한 사업은 한국학중앙연구원의 한국문화교류센터에서 관장하고 있다. 그 결과 국내에서도 많은 연구 결과물들이 나오기 시작하였다.[318) 아울러 신문, 방송에서도 깊은 관심을 가지고 역사교과서 문제에 대한 심층보도를 하였으며 지금도 줄기차게 해오고 있는 실정이다. 또한 2006년 5월 초 대한민국 국회에서는 동북아역사재단 설립에

방기관과 대학, 연구기관 등의 그간 축적된 연구 성과 및 연구역량을 바탕으로 기존의 동북공정 연구가 맡았던 영역을 더욱 세분화해 심화 연구를 진행하겠다는 의도를 담고 있는 것으로 보인다. 국내 동북공정 관련 연구는 아래 논문 참조. 임기환, 「중국의 동북공정과 한국 역사학계의 대응-고구려사 인식을 중심으로-」, 『사림(성대사림)』 26, 2006, pp.1~22; 류명태, 「중화민족론과 동북지정학 -"동북공정"의 논리근거-」, 『동양사학연구』 93, 2005, pp.177~225; 강준영, 「중국의 고구려사 인식이 한중관계에 미치는 영향 -"동북공정"을 둘러싼 양국의 역사 인식을 중심으로-」, 『중국연구』 36, 2005, pp.201~214; 최연식, 「탈냉전기 중국의 민족주의와 동북아질서」, 『21세기정치학회』 14, 2004, pp.245~267; 안병우, 「중국의 고구려사 왜곡과 동북공정」, 『국제정치연구』 7, 2004, pp.45~66; 소치형, 「중국의 "동북공정"과 정치적 의도」, 『중국연구』 23, 2004, pp.47~68; 김우준·김예경, 「중국의 대내외 전략과 동북공정 현황과 우리의 대응」, 『세계지역연구논총』 22, 2004, pp.191~214; 최강석, 「'동북공정'의 배경과 내용 및 대응방안」, 『한국고대사연구』 33, 2004, pp.5~21.
317) 박재영, 「한·중·일 3국의 역사교과서 협의의 제 문제: 유럽의 교과서 협의와 비교하여」, 『白山學報』, 75호, 2006, p.408.
318) 일본 역사교과서 왜곡에 대한 국내 학계의 대표적인 연구 성과물을 살펴보면 다음과 같다. 박성수, 앞의 책, 1991; 유네스코 한국위원회 편, 『21세기 역사교육과 역사교과서 - 한일 역사교과서 문제해결의 새로운 대안 -』, 오름, 1998; 황백현, 『일본교과서 한국 왜곡의 실재』, 국민도서운동회, 1992; 국제교과서연구소 편, 『한일 역사교과서 수정의 제문제』, 백산자료원, 1994; 한국교육개발원, 『한·일 상호이해 증진을 위한 사회과 교과서 개선연구 토론회』, 1996; 한국 역사교과서연구회/ 일본 역사교육연구회, 『역사교과서 속의 한국과 일본』·, 혜안 2000; 한일관계사학회, 『한국과 일본 -왜곡과 콤플렉스의 역사』, 자작나무, 1998; 정일성, 『황국사관의 실체』, 지식산업사, 2000; 정재정, 『일본의 논리 -전환기의 역사교육과 한국인식』, 현음사 2000.

대한 입법안이 통과되어 활발한 연구 활동 및 학술지원 사업을 추진하고 있다. 이와 같이, 국사편찬위원회, 한국학중앙연구원 국제교류센터, 동북아역사재단, 비교역사교육연구회[319], 아시아 평화와 역사교육 연대, 전국 역사교사 모임, 역사교과서연구소 등 국내 대표적인 동아시아 역사교과서 협의 기관 및 단체의 두드러진 활동이 있었다. 이와 아울러 정재정[320] 및 신주백[321] 등 역사교과서 전문가들의 선행 연구 성과에서 언급되지 않았던 1990년 11월 설립되어 지금까지도 지속적으로 교과서 협의 활동을 진행해 오고 있는 한국 국제교과서연구소의 위상 또한 살펴볼 필요가 있다.

본 논문에서는 지난 1991년부터 2008년까지 꾸준하게 역사교육과 역사교과서 문제에 활발한 학술교류와 연구를 진행해 온 한국 국제교과서연구소가 역사교과서 국제학술회의를 통하여 추진해 온 한·일, 한·중·일 역사교과서 협의 활동 및 다국 간 교과서 협의의 의미에 대하여 살펴보고자 한다.

Ⅱ. 한·일 역사교과서 협의과정

한국 국제교과서연구소는 세계 각국의 교과서를 비교·연구하고, 한국 국민들이 올바른 세계관과 역사의식을 갖는데 기여할 목적으로 1990년 12월 설립되었다. 그리고 현재 사단법인 단계학술연구원 산하 5개 연구소 중에서 하나의 독립된 연구소로서의 위상을 갖고 있다.

국제교과서연구소는 위의 목적을 달성하기 위한 구체적인 사업내역으로는, 첫째, 한국을 비롯한 일본, 중국, 러시아, 동남아, 및 구미 각국의 교

---

319) 신주백, 「韓日間 歷史對話의 探索과 協力모델 찾기」, 『한일민족문제연구』 제11집, 2006, pp.112~116.
320) 정재정, 「역사교과서를 위한 한국·일본 협의활동과 몇 가지 과제」, 『21세기 역사교육과 역사교과서 - 한·일 역사교과서 문제해결의 새로운 대안-』, 유네스코한국위원회, 1998, pp.111~137.
321) 신주백, 앞의 논문, pp.117~126.

과서를 수집하여 비교·검토하고, 한국에 대하여 왜곡 기술된 부분들을 수정, 보완하는 작업을 수행하는 것이다.[322] 둘째, 정기적인 연구 간행물을 발간하는 작업으로 1994년에는 지난 4차례의 한·일 역사교과서 학술회의의 내용을 정리하여 『한·일 역사교과서 수정의 제문제』라는 제하의 국제교과서 연구총서 1권을 발간한 바 있으며[323], 2008년에는 제15차 국제역사교과서 학술회의에서 발표된 논문을 중심으로 구성한 『중국고대사 연구 : 어제와 오늘』(연구총서 2권)을 출간하였다.[324] 셋째, 국제교과서연구소는 1991년부터 2008년까지 총 15차례의 국제교과서 학술회의를 개최하였으며 학술회의 발표논문집 및 종합보고서를 발간하였다. 이러한 역사교과서 학술회의는 연차적인 수행과제이며, 재정적 어려움과 인적 자원의 부족에도 불구하고 2008년 이후 지금까지도 계속적으로 수행되고 있다.

또한, 일본 역사교과서 왜곡에 대한 민간차원에서의 학문적 연구와 일본과의 교과서협의의 조직적이고 체계적인 시도는 1990년대 초 한국 국제교과서연구소(소장: 이태영)로 대표되는 한국의 역사학자들의 모임과 일본 가나자와 대학의 후지사와(藤澤法暎) 교수로 대표되는 일본의 일한역사교과서 연구회의 역사교과서 교류협력과 함께 시작되었다. 1989년 이태영은 일본 가나자와 대학을 직접 찾아가 후지사와 교수와 한일 역사교과서 공동연구를 제안하였으며, 후지사와 교수의 동의로 한일 역사교과서 공동연구가 현실화 된 것이다.

한국 국제교과서연구소와 일본 일한역사교과서연구회의 1991년 봄부터 1992년 가을까지 4차례에 걸친 역사교과서 대토론회는 양국의 역사교과서

---

322) 박재영, 「유럽의 교과서 협의와 국제교과서연구소의 활동」, 『세계의 역사교과서 협의: 유럽과 동아시아를 중심으로』, 백산자료원, 2008, p.279.
323) 국제교과서연구소 편, 『한·일 역사교과서 수정의 제문제』, 백산자료원, 1994.
324) 국제교과서연구소 편, 『중국고대사 연구 : 어제와 오늘』, 백산자료원, 2008.

에 나타난 근 현대 한 · 일 관계 관련 교과서 서술내용을 집중적으로 논의하는 장이었다.[325] 한 · 일 쌍방이 네 차례의 학술회의를 통해서 두 나라의 역사교과서 문제를 해결한다는 성급한 예측은 하지 않았지만 개항이후 8.15 해방까지 양국의 중요한 역사적 사건들에 대한 공동인식에는 도달할 수 있었다. 그러나 양국의 학자들은 한일 양국 정부에 수정권고안을 낼 정도로 의견의 일치를 보지는 못했다. 그 이유는 한국 측과 일본 측의 시각 차이에서 비롯되었다. 한국 측에서는 일본 문부성의 검인정제도라는 교과서 제작의 원칙의 보수성 및 정치적 제약을, 일본 측에서는 권고문의 형식과 내용, 그리고 그것이 갖는 자국의 정치적, 교육적 의미와 내용에 있어서의 문제점에 대한 일정한 합의에 도달하지 못한 점을 들었다.[326]

4차례의 교과서 학술회의의 성과로는 한국과 일본 간의 다양한 교과서 공동 연구의 루트를 개척하고 인적 네트워크를 구축하였다는 점, 역사교과서 공동 연구 및 협력에 있어서 하나의 대안을 제시하였다는 점, 피상적인 일본 역사교과서에 대한 비판이 아닌 구체적이고 실무적인 차원에서 공동 교과서 연구체제를 만들어 내었다는 점, 4차례의 공동연구와 토론회를 통해 한일양국 학자들이 함께 교과서 서술의 문제점을 고민하고 권고안을 제시하기 위해 노력하였다는 점 등을 들 수 있을 것이다. 또한 4차례의 공동 역사교과서 학술회의는 이후 단행본으로 출판되어 국내외 역사교과서 문제에 관심이 있는 국민들에게 문제의식을 심어주게 되었고 우리나라 학계에도 신선한 자극제가 되어 이후 일본역사교과서 왜곡에 대한 활발한 연구를 촉진시

---

325) 日韓歷史教科書研究會 編,『第1回 日韓合同歷史教科書研究會 綜合報告書』, 日韓歷史教科書研究會, 1991. 03; 國際教科書研究所 編,『第2次 韓日 歷史教科書 大討論會 綜合報告書』, 國際教科書研究所, 1991. 09; 日韓歷史教科書研究會 編,『第3回 日韓合同歷史教科書研究會 綜合報告書』, 日韓歷史教科書研究會, 1992. 03; 國際教科書研究所 編,『第4次 韓日 歷史教科書 大討論會 綜合報告書(歷史教育의 새로운 課題)』, 國際教科書研究所, 1992. 10.
326) 박재영, 앞의 논문, p.282~283.

키는 계기로 작용하게 되었던 것이다.[327]

[표 1] 한국 국제교과서연구소와 일본 일·한역사교과서연구회 학술회의

차수	일시	장소	회의주제	지원기관	주최
1차	1991.02.27.-28.	명치대학	일.한 역사교과서 대토론회	교육부, 공보처	일본
2차	1991.09.27.-28.	한국학술진흥재단	한.일 역사교과서 대토론회		한국
3차	1992.03.27.-28.	명치대학	일.한 역사교과서 대토론회	교육부, 조선일보사	일본
4차	1992.10.10.-11.	한국학술진흥재단	한.일 역사교과서 대토론회	교육부, 산학협동재단, 국제교류재단	한국

비록 일본 측과의 지속적인 교과서 공동연구는 4차례의 토론회로 막을 내렸지만, 국제교과서연구소는 일본 측과 역사교과서 학술회의의 경험과 축적된 연구 성과를 토대로 1993년 이래 한국과 일본뿐만 아니라 중국 및 기타 아시아, 유럽 국가의 학자들도 참여하는 다국 간 회의로 확대하여 오늘에 이르고 있다. 국제교과서연구소의 이러한 노력으로 역사교과서를 둘러싼 협의는 이후 국제적 성격을 띠게 되었다.

Ⅲ. 한·중·일 역사교과서 협의과정

네 차례에 걸친 일본과의 역사교과서 왜곡수정에 대한 논의를 진행하면서 동북아 고대사에 대해서, 특히 고구려사 문제에 대한 중국과 한국의 입장 차이는 고대, 근·현대 한·일 관계사에서처럼 첨예한 입장 차이를 보이고 있다는 점에 주목하지 않을 수 없었다. 중국 정부차원에서 추진해 온 이른바 〈동북공정〉은 동북아 고대사에 있어서 고구려사를 중국사로 흡수

---

327) 국제교과서연구소 편, 『한·일 역사교과서 수정의 제문제』, 백산자료원, 1994.

하려는 시도로 보이기 때문에 한국 국민과 정부의 입장에서는 결코 좌시할 수 없는 일이었다. 또한 1995년부터 중국 정부가 추진해 온 〈하상주 단대 공정〉은 중국 고대사의 상한선을 4,000년 이상 끌어올리고 중국 변방 민족의 역사를 중국사로 편입하려는 의도에서 이미 연구를 마쳤으며 현재 중국사 교과서에서 고구려 관련 역사를 삭제하는 등의 형태로 강력하게 추진되고 있는 실정이다.

이러한 중국 정부와 학계의 한국 고대사에 대한 왜곡 및 고구려사를 중국사로 흡수하려는 시도에 대해서 한국 정부 또한 강력하게 항의하고 정부 차원에서의 대책을 강구하고 있지만 이는 정부뿐만 아니라 역사학계, 교육학계에서도 경각심을 가지고 대처해야 할 중대한 사안이다. 그러한 인식하에서 국제교과서연구소는 중국의 역사학계, 역사교육계의 저명인사와 전문가들과 함께 진지한 논의의 장을 마련하기 위하여 1993년 〈한 · 중 · 일 역사교과서 수정을 위한 대토론회〉라는 주제의 국제학술회의를 시작으로 지금까지 동북아 3국 뿐만 아니라 동남아시아, 유럽제국(독일, 러시아, 이스라엘 등), 미주 국가들의 역사학 전문가들을 초청하여 국제 역사교과서 학술회의를 추진해 오고 있으며, 그 구체적인 활동은 아래와 같다.

첫째, 교육부, 프리드리히 에베르트 재단 한국 사무소 등의 후원으로 1993년 10월 8, 9 양일 간 열린 한 · 중 · 일 3국의 국제교과서 학술회의(제5차 회의)는 기존의 한국과 일본 외에 중국을 포함하여 〈동북아 3국의 문화사적 연계성〉이라는 주제로 개최되었다.[328] 토론회에서는 역시 한 · 일 간의 문제가 논의의 초점이 되었는데, 특히 일제하 한국 여성들의 강제 군위안부 문제는 학술적 차원에서 뿐만 아니라 정부차원에서 지대한 관심을 가

---

328) 國際敎科書硏究所 編,『第1次 韓·中·日 歷史敎科書 修正을 위한 大討論會 綜合報告書(東北亞 3國의 文化史的 連繫性』, 國際敎科書硏究所, 1993. 10.

지고 지원해야 할 연구 과제임이 입증되었다. 다른 한편 한·중 관계사 분야에서는 먼저 이질적인 체제에서 오는 역사이해의 차이, 즉 현저한 사관의 차이 때문에 앞으로의 공동연구에서는 이질성과 상이성의 극복이 선결과제임이 확인되기도 했다. 특히 중국의 왕봉전 교수가 발표한 〈열강의 침화 이래 중국 근대사 및 그 교학〉이라는 논문은 이러한 면에서 우리에게 많은 문제를 시사해 주고 있다.

둘째, 1995년 10월 23, 24일 Friedrich-Ebert 재단의 협찬으로 〈국제화 시대의 역사교육과 역사교과서〉라는 주제로 열린 제6차 국제교과서 학술회의는 동아시아 3국에서 그 범위를 유럽까지 넓혀 독일과 폴란드의 역사교과서 전문가들도 참여한 명실상부한 다국간 회의의 면모를 갖추게 되었다(후원: 교육부, 산학협동재단). [329] 특히, 〈전후 독일의 민주주의로의 역사교육〉을 발표한 독일 Giessen 대학의 Berding 교수와 〈폴란드가 보는 독일의 역사교과서 연구〉를 발표한 폴란드의 Markiewicz 교수의 학술회의 참여는 한·중·일 3국의 역사교과서 협의와 선린우호를 위한 상호이해와 협력이 어떠한 방향으로 나아가야 할지에 많은 점을 시사해 주었다. 독일과 폴란드, 독일과 서구 제국들과의 제2차 대전을 비롯한 지난 백여 년 간 불편했던 관계는 동아시아에 있어서 일본과 아시아 제국과의 관계와 매우 흡사하다. 독일은 전후 동서로 분할되었으나 〈라인강의 기적〉이라 불리는 경제부흥과 지나간 역사에 대한 반성을 통한 서구 제국과의 관계개선에 힘입어 통일을 이룩하였다. 그리고 오늘날 유럽통합 운동에 있어서도 주도적인 역할을 하고 있다. 일본은 패전이후 괄목할 만한 경제대국으로 성장하여 세계경제에 상당한 영향력을 행사하고는 있지만, 아시아 제국과의 관계, 특히 한

---

329) 國際教科書研究所 編, 『第6次 國際 歷史教科書 學術會議 綜合報告書(國際化時代의 歷史教育과 歷史教科書)』, 國際教科書研究所, 1995. 06.

국, 중국과의 관계는 국교정상화 이후에도 불행했던 과거사에 대한 인식의 차이가 우호협력과 공동번영의 발목을 잡고 있다.

셋째, 1996년 10월 23, 24일 유네스코 한국위원회와 공동으로 주최한 제 7차 국제 교과서 학술회의에서는 독일과 폴란드의 교과서 협의에 참여하였던 독일 Oldenburg대학의 Hahn 교수와 폴란드 과학아카데미의 Markiewicz 교수, 일본과 중국의 교과서 전문가를 초청하여 대토론회를 가졌다(후원: 교육부, 산학협동재단, 국제교류재단).[330] 토론회에서는 역사교과서 비교 연구의 이론과 실제, 국경문제, 역사교과서 기술의 문제점 등을 심도 있게 논의되었다.

넷째, 1997년 10월 23일 개최된 제8차 국제교과서 학술회의는 〈각국의 역사교과서에 나타난 전체주의상〉이라는 주제로 독일의 파시즘(Bodo von Borries/ 독일 함부르크대학 교수)과 일본의 군국주의(Ishida Yuji/ 일본 동경대 교수), 그리고 유럽과 동아시아 3국의 역사교과서에 나타난 전체주의상에 대한 주제발표와 토론이 진행되었다(후원: 교육부, 산학협동재단).[331] 제8차 국제교과서 학술회의는 과거 전체주의 시대에 대한 각국 역사교과서의 서술내용을 분석하고 상호 비교할 수 있었던 좋은 기회였다.

다섯째, 2000년 5월 23, 24 양일 간 서울에서 열린 제9차 국제교과서 학술회의는 〈각국의 역사교과서에 비친 과거청산문제〉라는 주제로 진행되었다.[332] 과거청산 작업은 역사교과서 협력의 가장 중요한 부분으로 지난날 독일과 폴란드가 과거의 불행했던 역사에 대하여 역사교과서 협의를 통하여

---

330) 國際敎科書硏究所 編, 『第7次 國際 歷史敎科書 學術會議 綜合報告書(世界化時代의 歷史學과 歷史敎科書)』, 國際敎科書硏究所, 1996. 10.

331) 國際敎科書硏究所 編, 『第8次 國際 歷史敎科書 學術會議 綜合報告書(各國의 歷史敎科書에 나타난 全體主義像)』, 國際敎科書硏究所, 1997. 10.

332) 國際敎科書硏究所 編, 『第9次 國際 歷史敎科書 學術會議 綜合報告書(各國의 歷史敎科書에 비친 過去淸算問題)』, 國際敎科書硏究所, 2000. 05.

어떻게 과거청산을 이룩해 냈는지를 한·중·일 3국의 전문가들이 참고할 수 있는 귀중한 기회였다. 독일 에케르트연구소의 Riemenschneider 박사와 폴란드의 Holzer 박사는 양국이 가해자와 피해자로서의 서로의 입장을 이해하고 공동인식을 이끌어 갔던 과정을 명료하게 논증해 주었다.

여섯째, 2001년 10월 23, 24의 제10차 회의는 〈아세아 제국의 역사교과서에 비친 항일운동〉이라는 주제로 중국 동제대학 독일연방공화국문제연구소와 한국의 국제교과서연구소가 공동으로 주최하여 중국 상해에서 개최되었다(후원: 보훈처, 산학협동재단, 국제교류재단).[333] 제10차 회의에서는 일본을 포함한 과거 일본으로부터 침략을 받았던 동남아시아 제국, 이를테면 중국, 한국, 싱가포르, 태국의 역사교과서 전문가들을 초청하여 아시아 각 민족의 항일운동의 내용을 상호 인식할 수 있는 시간이었다. 그리고 과거청산과 역사교과서 왜곡 수정에 미온적인 일본의 자성을 촉구하였다. 독일의 전 수상 Helmut Schmidt의 언급처럼 어두웠던 과거사에 대한 사죄는 당연하고 이는 결코 민족의 자존에 상처를 주는 일이 아닌 것이다.

일곱째, 2003년 11월 11일 열린 제11차 회의는 〈각국의 역사교과서에 나타난 민족주의〉라는 주제로 한국의 서울에서 개최되었다.[334] 본 회의에서는 국민국가의 출현과 민족주의의 관계, 한중일 3국의 민족주의와 애국심이 20세기에 있어서 어떠한 양상을 보이며 발전해 왔는가, 그리고 독일의 민족주의와 반유태주의에 대한 심도 있는 토론이 진행되었다.

여덟째, 2005년 10월 26, 27일 열린 〈8.15해방과 우리의 역사인식〉이라는 주제의 제12차 회의는 국제교과서연구소와 중국 청화대학의 중한역사문

---

333) 國際教科書研究所 編, 『第10次 國際 歷史教科書 學術會議(亞細亞諸國의 歷史教科書에 비친 抗日運動)』, 國際教科書研究所, 2001. 10.
334) 國際教科書研究所 編, 『第11次 國際 歷史教科書 學術會議(各國의 歷史教科書에 나타난 民族主義)』, 國際教科書研究所, 2003. 11.

화연구소가 공동으로 주최하였다(후원: 보훈처, 산학협동재단, 국제교류재단).[335] 본 회의에서는 2차 대전의 종식이후 독일, 이스라엘, 한국, 중국, 일본의 역사교과서에 종전이후 독일과 일본의 침략사실이 어떻게 서술되어 있으며, 시대에 따라 내용이 어떻게 달라졌는지를 검토하였다. 아울러 동아시아의 역사교과서 협력이 한·중·일 3국간의 상호이해와 공동번영을 이루는데 초석이 된다는 인식을 같이 할 수 있는 좋은 기회였다.

아홉째, 2006년 10월 24, 25일 〈한·중 대학생의 비폭력 항일 애국운동의 비교〉라는 주제로 개최된 제13차 회의 역시 국제교과서연구소와 중국 청화대학의 중한역사문화연구소가 공동으로 주최하였다(후원: 보훈처, 산학협동재단, 송산장학재단).[336] 본 학술회의는 전체 2부로 나뉘어 진행되었으며, 제1부는 일제침략기 중국 학생 및 학술단체의 항일애국운동이라는 주제로 중국 청화대학 역사학과 교수들의 발표가 이어졌고, 제2부에서는 동시기 한국 학생 및 학술단체의 항일애국운동이라는 주제로 한국 측 참가자들의 개별 주제발표가 진행되었다. 본 학술회의를 통해서 1910년대 한·중 학생운동이 대내적으로는 각 사회분야에 걸친 모순을 극복하기 위한 정치, 사회, 문화운동이었고, 대외적으로는 제국주의 침략에 비폭력적으로 저항하는 민족운동의 성격을 가진다는 공통점을 확인할 수 있었다. 20세기 초 한·중 학생운동은 근대화를 위한 반봉건적 변혁주체이자 반침략적 저항주체인 학생들이 주도하여 일본의 제국주의에 항거한 근대적 민족운동의 선구적 의미를 가진다고 할 수 있다. 특히, 학생들이 탑골공원에서 독립선언서를 낭독하고 군중시위를 주도했던 한국의 3.1운동은 중국의 5.4운동과 인

---

335) 國際敎科書硏究所 編, 『第12次 國際 歷史敎科書 學術會議(8.15解放과 우리의 歷史意識)』, 國際敎科書硏究所, 2005. 10.
336) 國際敎科書硏究所 編, 『第13次 國際 歷史敎科書 學術會議(韓·中 大學生의 非暴力 抗日 愛國運動의 比較)』, 國際敎科書硏究所, 2006. 10.

도의 비폭력·무저항 운동 그리고 베트남, 필리핀, 이집트 등지에서의 민족 운동에도 적지 않은 영향을 미쳤다는 사실을 확인할 수 있는 자리였다.

열 번째, 제14차 국제 역사교과서 학술회의는 2007년 5월 16, 17일 〈각국의 세계사 서술의 제문제: 어제와 오늘〉이라는 주제로 중국 청화대학에서 개최되었다(후원: 송산장학재단, 독일 Bosch재단).[337] 본 학술회의에서는 한국, 중국, 일본 등 동아시아 국가들을 중심으로 중등학교 세계사 교과서 서술상의 특징과 내용을 발표하고 상호 토론하는 자리였다. 종합토론에서는 각국의 세계사 교과서 서술이 문제점과 지향해야 할 부분은 무엇이가에 대한 활발한 의견개진이 있었다.

열한 번째, 〈중국 고대사 연구: 어제와 오늘〉이라는 주제로 2008년 5월 23일 대우재단빌딩 8층 세미나실에서 개최된 제15차 국제역사교과서 학술회의는 국내외적으로 중국 고대사 관련 학자들의 많은 관심을 끌었다(후원: 동북아역사재단, 국제교류재단, 〈주〉제일화학).[338] 한국 측에서는 이태영, 서길수, 전인영, 최창모, 여민수, 정영순 등의 학자가 참여하였고, 국외에서는 중국 〈하상주단대공정〉의 총책임자였던 청화대학 李學勤 교수, 독일의 한국학 연구의 권위자인 Sasse 교수 및 독일 괴팅겐 대학의 발해사 연구자 Reckel 교수 등 세계적인 학자들이 참여하여 주제발표 및 열띤 토론이 진행되었다. 학술회의의 주제는 크게 중국 고대사, 각국 역사교과서에 비친 중국 고대사, 그리고 유럽인이 본 한국 고대사(고구려와 발해)로 나누어져 있다. 본 학술회의에서는 중국 청동기 연구의 세계적인 학자인 李學勤 교수의 「중국 고대사연구의 현황과 추세」라는 주제의 발표가 눈길을 끌었

337) 國際敎科書硏究所 編, 『第14次 國際 歷史敎科書 學術會議(各國의 世界史 敍述의 諸問題 -어제와 오늘-)』, 國際敎科書硏究所, 2007. 05.
338) 國際敎科書硏究所 編, 『第15次 國際 歷史敎科書 學術會議(中國 古代史 硏究 -어제와 오늘-』, 國際敎科書硏究所, 2008. 05.

는데, 그는 중국의 고대사 중시의 전통을 강조한 후 중국 고대사의 시간적
범위와 공간적 범위를 넓혀 당시의 각 지역과 민족을 모두 포괄해야 한다고
하였다. 특히 그는 중국의 5제 시대를 이집트의 고왕국, 하(夏)왕조는 중왕
국, 그리고 상(商)왕조는 신왕조와 상응한다고 하였다. 그러나 조용준 선생
의 발표 및 토론자들의 견해는 李學勤 교수가 「하상주단대공정」의 주도자로
서 당시 역대왕의 생존 시기를 고고학적 연구 성과를 바탕으로 마련하였다
고는 하나, 그 연구결과에 대해서는 국내외에서 여러 학자들이 의구심을 나
타내고 있음을 지적하였다. 본 학술회의에서 발표된 논문들은 우실하, 전인
영 교수 등의 논문과 함께 한 권의 단행본으로 출간되기도 하였다.[339]

이후 국제교과서연구소의 역사교과서 학술회의는 IMF로 인한 한국 경제
의 어려움, 정부기관 및 지원기관의 예산감축 등으로 후원기관을 찾기에 많
은 어려움을 겪으면서 국제회의 보다는 국내회의로 전환되어 계속적인 역사
교과서 협의를 진행해 오고 있다.

또한, 국제교과서연구소 이태영 소장은 1992년부터 지속적으로 "한국바
로알리기"를 위한 해외 순방강연을 수행해 왔다. 이러한 순방강연을 통해
한국 국제교과서연구소는 유럽과 아시아 주요 국가들과 밀접한 학술교류를
계속하고 있다. 제1차 순방강연은 1992년 6월 2일부터 23일까지 오스트리
아, 독일, 체코, 폴란드, 헝가리, 불가리아 등 유럽 6개국에 걸쳐 이루어졌
으며, 유럽의 교과서 관련 연구자들과의 학술교류 및 인적 네트워크를 구축
하는데 역점이 주어졌다. 제2차 순방강연은 1993년 7월 17일부터 24일까지
중국 상해 동제대학 독일연방공화국문제연구소(소장: 이낙증 교수)와의 학
술교류를 위한 것이었으며, 1994년 7월 10일부터 8월 25일까지 45일간의

---

339) 국제교과서연구소 편, 『중국고대사 연구 : 어제와 오늘』, 백산자료원, 2008.(중국 고대사 연구 동북아역사재
단 홈페이지 원문 제공: http://www.nahf.or.kr/?sidx=125&stype=1).

제3차 순방여행은 독일 게오그르-에케르트 국제교과서 연구소 및 오스트리아 비엔나 대학에서의 학술교류와 자료수집에 치중한 것이었다. 제4, 5차 순방강연은 1995년 6월 28일부터 8월 25일(45일간), 1999년 10월 27일에서 11월 24일(29일간) 중국 북경 청학대학 및 상해 동제대학에서의 강연 및 학술교류를 위한 것이었다. 제6차 순방강연에서는 상해 華東師大, 상해 師大, 同濟大, 상해 외국어대, 복단대, 江蘇 교육학원(南京)등 7개 대학에서 대학생들을 대상으로 동아시아 역사교과서 협의의 문제점에 대한 강연을 행하였다. 2001년 5월 23일부터 28일(제7차 순방강연)까지는 일본 와카야마현 시민단체 모임에서 〈일본 역사교과서 수정의 문제점〉이라는 주제로 강연하였다. 제8차 순방강연은 2001년 6월 25일부터 7월 2일까지 8일간이었으며, 중국 북경 민족대학에서는 〈통독에 비추어본 한반도 통일의 전망.〉, 河北師大(石家庄)에서는 〈일본 역사교과서 수정의 문제점〉이라는 주제로 강연하였다. 제9차 순방강연은 2002년 12월 5일부터 7일까지였으며, 천진 남개대학 日本研究所 및 사학과에서 〈日本政治 右傾化의 문제점〉 및 〈東西獨과 韓半島의 어제와 오늘〉이라는 주제로 강연하였다. 제10차 순방강연 중에는 2004년 8월 26일 드레스덴 공대 사학과에서 〈한중일 3국의 역사교과서 서술의 제문제〉를, 2006년 11월 17, 18일 제11차 순방강연에서는 일본 나고야대학 국제교과서회의에서 〈동북아 평화와 역사교과서〉라는 주제로 발표하였다.[340]

---

340) 박재영, 「유럽의 교과서 협의와 국제교과서연구소의 활동」, 『세계의 역사교과서 협의: 유럽과 동아시아를 중심으로』, 백산자료원, 2008, pp.281~282.

Ⅳ. 맺음말

21세기 아시아·태평양 시대는 한국, 중국, 일본 등 동북아 3국의 긴밀한 협력을 바탕으로 한 동북아의 화해와 평화를 바탕으로 이룩될 수 있다. 현재 한·중·일 3국은 21세기 공동번영을 위한 기초 작업으로서의 과거청산과 새로운 역사상의 정립이 절대적으로 필요한 시점에 있지만 한·중 간의 동북공정과 고구려사 문제, 한·일 간의 역사교과서 왜곡문제와 독도 영유권문제, 중일간의 영토분쟁(조어도)과 역사왜곡 문제가 선린우호의 발목을 잡고 있는 실정이다.

역사인식을 둘러싼 한·일 양국의 시각차와 상호불신도 가까운 시일 내에 쉽사리 제거되기는 어려울 것으로 보인다. 그러나 소수이기는 하지만 양국의 역사교육과 역사교과서의 개선을 위해 꾸준히 협의활동을 전개해 온 일단의 학자들의 노고가 있었다는 사실은 매우 고무적인 일이다. 1990년대 초에 한국 국제교과서연구소로 대표되는 한국 역사학자들의 모임과 일본 가나자와 대학의 후지사와 호에이(藤澤法暎) 교수로 대표되는 일본의 일한역사교과서연구회의 협의활동은 한·일 간 역사교과서 문제에 있어서 민간차원에서의 학문적 연구와 협의에서 괄목할 만한 성과를 올렸다고 평가할 수 있다. 이는 양국에서 50여명의 역사교육자, 역사학자들이 참여해 역사교과서에 나타난 근·현대 한일관계 관련 내용을 집중적으로 논의하는 장이었다. 논의의 내용이나 실적에 있어서도 그 이전의 협의회 활동에 비해 특기할 만한 것이었지만, 학술회의의 전 과정을 일본의 공영방송(NHK) 등이 자세하게 보도함으로써 일반인들의 관심을 불러일으킨 것도 중요한 성과였다.[341] 또한, 한국 국제교과서연구소와 일본 일한역사교과서연구회의 네 차례에

---

341) 같은 논문, p.283.

걸친 역사교과서 대토론회는 1982년 일본 역사교과서 파동 이후 처음으로 양국 간 역사학자들이 본격적인 교과서 분석을 시도하고 〈권고안〉을 제시하기 위한 공동연구였다는 점, 그리고 양국 역사교육과 역사교과서 서술에 영향을 주었다는 점에서 그 의미가 각별하다고 하겠다.

4차례의 일본과의 협의회 이후 1993년부터 2008년까지 국제교과서연구소는 모두 11차례에 걸쳐 한·중·일 역사학자들과 기타 아시아, 유럽국가의 전문가를 초청하여 역사교육과 역사교과서 관련 학술회의를 개최하였다. 비록 특정 주제에 대한 협의를 차례로 축적해 나가는 형식이 아닌 그때마다의 시의적절한 주제를 선택하는 형태를 취하였지만 협의의 대상을 중국이나 독일, 폴란드, 이스라엘 등으로 확대하였다는 점에 의의가 있다.[342]

또한, 제4차 국제역사교과서 학술회의 종합토론에서 박성수 교수가 100년이 걸리더라도 한·일 공동 역사교과서를 만들자는 제안은 당시 사회를 맡았던 이원순 교수와 일본 측 학자들의 부정적인 입장에도 불구하고 2006년 독일과 프랑스가 공동 역사교과서를 발간한 사실을 볼 때, 전혀 불가능한 일은 아니다.[343] 오늘날 동아시아에 있어서도 독일의 과거청산과 역사교과서 공동협력 연구를 모델로 삼아 한국뿐 아니라 중국, 대만 등도 범 동아시아 차원에서의 국가 간 공동 학술연구와 모임을 가지면서, 독일과 프랑스가 이루어 낸 공동 역사교과서 출간이라는 가시적인 성과는 독일을 위시한 유럽의 과거청산과 역사교과서 공동연구에서만 가능한 것이 아니라 한국과

---

342) 박재영, 「한·중·일 3국의 역사교과서 협의의 제 문제: 유럽의 교과서 협의와 비교하여」, 『白山學報』, 75호, 2006, p.442.

343) 오늘날의 상황은 동아시아 공동 역사교과서가 지난한 것처럼 보이지만, 독일과 프랑스가 1930년대 중반부터 약 70년의 협의 결과 2006년 〈독일-프랑스 공동 역사교과서〉의 결실을 보았다는 점, 그리고 1972년부터 지속적으로 추진 되어 온 독일-폴란드 교과서협의 결과 2015년 발간될 예정인 〈독일-폴란드 공동 역사교과서〉는 우리에게 시사하는 바가 많다. 동아시아의 역사교과서 문제는 1982년 일본 교과서 파동 이후 아직 32년 밖에 경과하지 않았기 때문이다. 박재영, 「국가 간 상호 이해증진을 위한 공동 역사교과서 편찬의 배경과 의미」, 『다문화콘텐츠연구』 제17집, 2014, pp.115~116.

일본뿐 아니라 중국을 포함한 동북아 3국에서도 가능하다는 인식이 확대되고 있다. 또한 더 나아가 유럽과 미주를 포함한 다국 간 역사교과서 공동연구의 장이 가능하며, 광범위한 지역적 차원(동아시아, 북미, 중남미, 유럽, 아프리카 등)에서의 공동 교과서 제작의 가능성 또한 높아지고 있다.[344] 한·중·일 3국의 공통 역사교과서 개발이 성공하게 된다면 그 동안 삼국의 일부 학자들이 의견을 제시하였던 희망이 실현되는 것이며, 세계 어느 지역에서도 성공하지 못한 힘든 일을 성공시키는 세계사적 의미를 가진다. 그리하여 보다 확고한 역사 교육의 토대 위에서 삼국의 국민들은 상호 관련되는 하나의 역사적 사실에 대하여 하나의 일치된 역사 인식이 가능해지고, 이를 통해서 보다 가까워진 이웃으로 거듭나게 될 것이다.

---

344) 황인규, 「세계의 공동 역사교과서와 공동 역사서의 편찬과 간행: 현황과 실태, 그 의의를 중심으로」, 『세계의 공동 역사교과서 교재와 동아시아 공동 역사교과서의 가능성 모색』, 동국대학교 역사교과서연구소 동북아 역사재단 공동학술회의 발표자료집, 2014, pp.27~53.

제2절
국가 간 상호 이해증진을 위한
공동 역사교과서 편찬의
배경과 의미

Ⅰ. 들어가기

인류가 지금까지 이루어 온 흔적과 발자취를 살펴보고, 역사의 현재적 가치는 무엇인가를 고민하며, 이를 토대로 보다 더 나은 미래를 만들어 나갈 수 있는 원동력은 객관적 역사사실의 습득과 올바른 역사인식에서 도출된다. 역사교과의 교수-학습체계는 어떻게 하면 역사를 올바르게 배우고 가르칠 수 있는가에 초점이 맞추어져 있으며, 바로 이러한 이유로 역사교육의 기본적인 내용을 담고 있는 역사교과서의 역할이 그만큼 중요하게 된다. 역사교과서의 올바른 서술이란 그것이 곧 올바른 역사를 가르칠 수 있다는 것으로 연결되기 때문이다. 더욱이 오늘날, 자국사 중심적인 민족주의를 탈피하고 세계 시민으로서 거듭나게 하기 위한 역사교육이 강조되어 가는 추세이다. 역사교육, 그 중에서 특히 세계사 교육은 인간의 마음 속으로부터 가질 수 있는 타민족 · 종교 · 문화에 대한 편견이나 오해, 스테레오타입 등을 바로잡을 수 있는 가장 효과적인 실천수단이라고 믿기 때문이다. 따라서 세계사의 궁극적 목표는 쇼비니즘의 극복, 이성에 기초한 인류의 보편적 가치 추구, 세계평화에의 기여 등이라고 할 수 있겠다. 그럼에도 불구하고, 지난 날 유럽의 역사교육을 돌이켜 보면, 역사교육을 이용하여 국민의 집단기억을 관리하려는 '국가권력-역사학-제도적 역사교육의 밀착구도'는 19세기 말 20세기 초 절정을 이루었다. 결국 타민족에 대한 편견 적대감 증오는 역사교육을 통해 더욱 강화되었으며, 이는 지난 두 차례에 걸친 세계대전의 하나의 요인으로 작용하기도 했다.

다른 한편, 자국에 대해서는 찬미와 미화로 일관하면서 다른 민족이나 국가에 대해서는 적대감이나 증오심을 부추기고 민족적 편견을 조장하는 역사교육을 지양하기 위한 노력은 이미 19세기 말부터 나타나기 시작했다. 그럼에도 제2차 세계대전 이후 유럽 각국은 더 이상 끔찍한 전쟁과 살육, 증오와 파괴를 막기 위하여 국제이해와 국가 간의 우호협력에 기초한 교과서 개선작업을 추진하였다. 특히, 독일은 2차 대전 이후 불편했던 이웃 국가들과의 관계개선과 교과서 협의활동에 적극적으로 참여하였으며, 여기에는 게오르그 에케르트에 의해 설립된 국제교과서연구소(GEI)의 헌신적인 노력과 활동이 뒷받침되었다. 본 연구소는 독일-프랑스, 독일-폴란드, 독일-이스라엘 및 기타 국가들과의 교과서 협의회를 구성하여 공동 권고안을 마련하는 등 나치청산과 홀로코스트에 대한 반성과 사죄, 국제이해를 위한 역사교육에 있어서 주목할 만한 성과를 거두었다. 국제화해와 평화를 위한 에케르트 연구소의 이러한 노력은 독일이 이웃 국가들에게 더 이상 위험한 적대국이아니라는 인식을 심어주면서 독일통일과 통일 이후 독일이 유럽연합의 중심국가로 부상할 수 있는데도 일조하였다. 이를 바탕으로 지난 1995년 유럽의 공동 역사 부교재인『새 유럽의 역사』가 출간된 바 있다.[345] 그러나 양국간 정식 공동역사교과서의 편찬 협의가 이루어져 양국어로 번역되어 출판

---

345) 유럽의 공동 역사 부교재인『새 유럽의 역사』는 프랑스, 영국, 독일, 이탈리아, 그리스, 덴마크 등의 유럽 12개국의 역사학자 12명이 4년 동안 공동기획·집필했다. 집필자들의 국적이 모두 다르다는 사실은 곧 특정국가에 속하는 서술이 아니라 EU의 각 지역에서 모인 연구자들에 의한 공동연구의 산물임을 뜻한다. 이 책은 이러한 맥락에서 유럽의 주요 언어들로 동시에 각국에서 출판되었다. 1995년 2월 초판을 발행한 지 5년 만에 1997년 개정판이 출간되었으며, 폴란드의 역사가 두 명이 새로 합류함으로써 13개국으로 집필자의 출신 국적이 늘어났다. 이 책은 불과 4백 20여 쪽에 유럽사 전체를 담아낸 만큼 압축적인 서술이 돋보이는데, 선사시대부터 시작해서 로마시대, 중세 기독교 세계, 르네상스, 종교개혁과 절대주의 등을 거쳐 현재의 통합적 유럽사회에 이르기까지의 서양 역사의 흐름을 서술하였다. 이 책은 문화상대주의적 관점에서 서술되어 강대국 위주의 역사서술을 어느 정도 탈피하여 유럽합중국 전체를 아우르는 균형감각을 유지하고 있다. 정치사적 측면은 되도록 약술하고, 사회경제사적 연구업적을 충실히 반영하였다. 또한 현대사 부분이 차지하는 비중이 높은데, 이는 1992년 이후 전개된 러시아와 동남유럽의 변화를 책에 담아내고자 했기 때문이다. 그러나 이 책은 근대역사학의 산물인 국민국가의 틀을 받아들여 유럽의 역사를 여전히 그것을 구성하고 있는 여러 국민국가들의 역사의 총합으로 파악하고 있으며, 좀 더 중요한 나라들과 그들 간의 상호관계가 펼쳐지는 과정으로 묘사되고 있다. 중세 이전의 시기에 그러한 유럽사관을 적용한다는 것은 역사를 왜곡시킬 가능성이 매우 크다. 또한 지리상의 발견 이후 제2차 세계대전 이후 급속하게 해체되는 유럽을 유럽영향력의 확대와 축소과정으로만 묘사하였다. 민족주의가 통합유럽의 기본적 가치인 인권, 민주주의, 경제적 공동번영을 저해했던 것으로 비판받는다면, 제국주의도 식민지 주민들의 그것을 저해했던 것으로 비판되어야만 하는 것인데, 이러한 것들은 이 책의 한계점으로 남고 있다. 그러나 이 책이 같은 사건과 현상에 대한 다름과 차이의 역사를 보여주면서 대립·분리가 아닌 공존의 가능성을 제시하려는 시도를 한 것은 높이 사야 할 것이다.

되는 데까지 성공한 사례는 독일과 프랑스의 공동교과서가 현재까지 최초의 사례이다.

이러한 맥락에서 '역사분쟁' 또는 '역사전쟁' 등의 용어로 표현될 정도로 갈등이 깊어지는 한·중·일의 상이한 역사인식과 역사교과서 문제에 있어서 독일과 프랑스, 독일과 폴란드의 공동 역사교과서 발간을 위한 교과서 협의의 과정과 성과는 시사하는 바가 크다 하겠다. 전쟁이나 피지배 경험을 가진 주변국과 화해하고 미래지향적인 협력관계를 모색하는 것은 쉬운 일이 아니다. 그런 점에서 오랜 역사적 대립과 전쟁경험으로 얽힌 이웃나라 프랑스, 폴란드와 불행한 과거를 극복하고 평화적인 관계를 수립해나가고 있는 독일은 모범사례로 평가할 만하다. 본 논문의 목적은 독일을 비롯한 유럽 여러 나라의 공동 역사교과서 편찬의 배경, 과정, 의미를 살펴봄으로써 한 중 일 3국이 앞으로 공동의 역사인식과 공동의 역사교과서를 가능하게 하기 위해서 앞으로 어떠한 노력을 경주해야 하는지에 대한 시사점을 찾아보고자 하는 것이다.

II. <독일-프랑스 공동역사교과서>의 편찬배경과 내용

1. 독일-프랑스 교과서 협의

독일과 프랑스의 교과서 협의의 역사는 20세기 초반 제1차 세계대전을 겪으면서 가시화되기 시작했다. 특히, 1920년대 중반 유럽은 프랑스와 독일의 재상이었던 '브리앙-슈트레제만'으로 상징되는 화해정책이 추진되는 상황이었다. 그러한 배경에서 프랑스의 교사들과 독일의 교사단체들은 1926년 네덜란드의 암스테르담에서 국민들의 자발적 협력을 통한 평화와 교육학에서의 긴밀한 유대를 다지기 위한 "교과서협회 국제연맹"을 결성하였다. 양국의 교과서 협회의 활동은 일방적인 견해, 의식적인 거짓말, 무지로 인한 실수, 그리고 본질적으로 중요한 사실에 대한 침묵 등의 교과서 내용을 개선하는 것을 목적으로 하였다. 독일과 프랑스의 실제적인 교과서 협의는 1935년부터 이어져왔다. 1935년 파리에서 개최된 양국 간의 위원회에서 양국은 합의문을 작성하는 데까지 성공하였고, 그 합의문은 프랑스에 널리 공포된 바 있었다. 독일에서도 공포가 되었지만 2년이 지난 1937년, 체면치레 정도로 발표되었는데 이후 사실상 나치스 정권의 의도적이거나 또는 암묵적인 방해로 더 이상 의미 있는 협의를 산출하지는 못하였다.

제2차 세계대전 이후 유럽 각국은 본격적으로 국제 이해와 국가 간의 우호 협력에 기초한 교과서 개선 작업을 추진하였다. 특히, 유네스코를 중심으로 교과서, 특히 역사 교과서에 나타난 민족과 인종에 대한 부정적 서술의 개정이 활발하게 논의되기 시작했다. 이러한 논의에는 특히 2차 세계대전의 주범국 이었던 독일이 적극적으로 참여하였는데, 이러한 협의는 게오르그-에케르트 국제 교과서 연구소의 활동이 주축이 되어 이루어졌다. 이 연구소는 독일, 그리고 독일과 유럽 여러 국가 간의 교과서 협의와 발전을 위해 많은 힘을 쏟고 영향을 준 단체라고 요약할 수 있다. 독일 베를린 출신의 게오르그 에케르트[346]는 민주주의 독일을 건설하는데 역사교육의 중요

---

346) 1912년 8월 14일 베를린에서 출생한 그는 이후 베를린 대학교에 입학하여 역사·지리·독문학·민속학을 연구하였고, 급진적 민주주의자·독립사회주의자인 로젠베르크와 랑케학도로서 라살레의 전기를 썼던 헤르만 옹켄의 영향을 받았다. 그는 후에 고등학교 교사, 해군기상청의 기상학자 등의 활동을 하다가 켄트 교육대학교의 교수가 되었다. 그는 제2차 세계대전 참전경험을 바탕으로 국가들 사이에 이해의 다리를 건설할 목적으로 1951년에 국제 교과서 개선활동에 제도적 기초를 놓기 위해 켄트 교육대학교에 '국제교과서개선연구소'를 설립하였다. 이 연구소는 교과서에 담긴 타국에 대한 증오, 편견, 고정관념의 이성적 극복과 평화를 향한 의지와 그러한 능력 강화를 목표로 다양한 활동을 전개하였다. 이러한 일환으로 유럽 역사의 시작과 유럽 공동체의 장래, 언어교과서의 지역적 연구, 환경교육, 인권, 다문화사회, 다차원적인 관점, 모국어로서의 터키어, 지역주의, 독일의 이미지와 독일문제, 역사의 정당화, 교과서 도서관 등의 주제별 연구 활동을 펼친

성을 인식하고 역사교육 개혁을 위해 노력하였다. 그는 국제 교과서 개선을 위한 활동을 1948년부터 본격적으로 시작하였다. 여러 연구와 학술회 등의 활동을 하고 1951년에는 국제 교과서 개선 활동에 제도적 기초를 놓기 위해 독일 브라운슈바이크 소재 켄트 교육대학교에 '국제 교과서 개선 연구소'를 설립하였고 이 연구소는 1953년 '국제교과서 연구소'로 개칭되었다. 국제교과서 연구소는 우선 독일의 교과서와 다른 나라의 다양한 교과서에 대한 비교 연구를 통하여 상호 이해와 평화를 증진시키는 데 기여하였으며, 전후 프랑스나 영국 또는 북유럽 국가나 베네룩스 3국(벨기에, 네덜란드, 룩셈부르크)을 비롯한 서방 여러 나라의 역사가들과 민족주의에 의해 왜곡된 교과서 기술을 개선하기 위해 각국 간 적극적인 대화를 추진해 나갔고, 그 외에 유럽평화회의를 중심으로 한 유럽 규모의 다국(프랑스, 폴란드, 이스라엘, 러시아 등) 간 대화에도 적극적으로 참가, 나아가 미국과 중국, 그리고 남아프리카 공화국과도 역사교과서의 연구와 합의도 이루어 졌다. 이러한 여러 활동으로 인해 1985년에는 평화 교육의 공로를 인정받아 UNESCO 상을 수상했으며, 이 UNESCO의 지원 아래 개발된 국제 교과서 연구를 위한 네트워크를 토대로 연구소는 교과서 연구 분야에서 의사소통과 상호 작용의 범세계적인 증진에 기여하고자 노력하고 있다. 그리고 이렇게 산출되는 성과들 덕에 여러 유명 인사들이 후원자로 합류하는 등 발전을 거듭해 나가고 있는 중이다. 국제화해와 평화를 위한 게오르그-에케르트 연구소의 이러한 노력들은 이웃 국가들에게 독일이 그들에게 더 이상 적대국이 아니라는 인식을 심어주는 한편 독일 통일에도 일정부분 기여하였고, 통일 이후에도 독

결과, 프랑스, 폴란드, 이스라엘, 체코, 남동유럽, 러시아, 미국, 중국, 남아프리카 공화국 등의 나라들과 함께 교과서에 대한 문제를 논의 혹은 협의할 수 있었다. 그는 독일-프랑스 역사교과서 협의활동의 공로를 인정받아 프랑스와 이탈리아로부터 훈장을 수여받고, 여러 상을 수상하기도 하였다. 그러던 도중 그는 1974년 1월 7일 켄트 교육대학원에서 노동운동사 특강 도중 사망하였다.

일이 유럽 연합의 중심국가로 부상할 수 있는데 일조하였다.

1948년 이후 국제학술대회에서 양국의 역사가들이 정기적으로 모임을 가지게 되면서 교과서 협의에 대한 필요성을 느끼게 되었다. 독일 측에서 에케트르와 그의 교과서 언구소기, 프랑스 측에서는 프랑스 역사 지리교과서 협회가 주도적인 역할을 하였다. 나아가 배타적인 민족주의를 인권과 민주주의 및 관용에 기초한 유럽주의로의 대체라는 목표가 생기게 되었고, 이러한 논의는 양국의 각종 종교 단체들 사이에서, UNESCO의 틀 내에서, 그리고 유럽평의회의 틀 내에서 이루어졌다. 그렇게 제2차 세계대전이 종결된 후 1950년부터 1967년 사이, 독일과 프랑스는 세 차례에 걸쳐 역사 교과서 협의를 하기에 이르렀다. 그 당시의 협의들은 이전 의미 있는 결과를 도출하지 못하고 멈춰졌던 1935년의 합의안을 수정하는 방식으로 진행되었다. 이 교과서 협의활동은 종전 후 이웃 국가 간의 평화를 다시 찾게 되는 유리한 분위기 속에서 진행되었고, 40개의 합의안을 만장일치로 통과시키는 성과를 내었다. 이러한 분위기는 무엇보다 제2차 세계대전 이후에 형성된 미국과 소련으로 대표되는 냉전 체제 속에서 유럽에서도 같은 서방측에 속했던 독일과 프랑스가 서로의 관계를 공고히 해야 할 필요성을 더욱 느끼며 새로운 유럽을 이루어야겠다는 기대와 희망을 싹틔우는 데에서 기인한 것이 아닐까 한다. 이어 1981년부터 1987년 사이에 협의가 재개되었는데 이 시기에는 20세기의 역사가 심층적으로 검토되었다.

이러한 노력으로 많은 성과를 내었는데, 첫째로 제1차 세계대전 문제와 배상금 문제에 대해서도 중립적이고 타협점을 찾게 되었다. 물론 서로 간의 입장에 대해 갈등이 없었던 것은 아니었지만, 당시 권고안에 대한 심도 있는 분석과 협의로 문제점을 바로잡을 수 있었던 것이었다. 베르사유 조약에 관한 문제에서도 권고안뿐만 아니라 당시 독일인들의 의식까지도 이해하면서 전쟁의 책임과 배상금 문제에 대해 화해적인 태도를 취하게 되었다.

양국의 교과서 협의가 성공적으로 진행될 수 있었던 요인으로 독일 정치가들의 과거사에 대한 반성과 이웃 국가들과의 외교관계 개선을 위한 노력도 크게 작용하였다. 2차 대전 이후 북대서양조약기구(NATO)내에서 독일의 역할이 강조되었고, 독일의 빌리 브란트 총리의 평화를 위한 노력이 계속되면서 외교나 정치적으로 과거극복을 위한 목소리가 대두되기 시작했다. 특히, 브란트 총리의 과거극복을 위한 정치적 노력은 훌륭하다고 평가할 만했다. 브란트 총리는 과거 권위주의적인 정권이 저지른 만행에 대해서 주변 국가에 화해하고, 용서를 빌어 신뢰관계를 구축하였다. 1970년 12월 7일 폴란드 바르샤바에 있는 유대인 게토 희생자 추모비 앞에 무릎을 꿇고 전범 국가의 총리로서 과거의 전쟁범죄와 홀로코스트에 대하여 반성하는 모습을 전 세계에 보여주었다. 이후 동서 유럽 국가와의 우호관계는 더욱 깊어졌고, 독일 통일의 기반까지도 만들게 된다. 그리고 중요한 것은 바로 교과서 협의가 비약적으로 발전되기 시작했다는 것이다. 1972년부터 개시된 독일-폴란드 역사교과서 협의는 유럽공동체 강화에 지대한 영향을 미쳤는데, 이는 1970년대 초 동서 긴장완화의 분위기 속에서 추진된 블란트 총리의 동방정책이 없었으면 불가능 한 일이었다. 브란트 총리 이후 헬무트 슈미트 정권에서도 브란트의 동방 쟁책의 성과를 바탕으로 사회적으로 나치시대의 과거청산의 분위기가 자리 잡아 가게 되었다. 1985년 독일 대통령 바이체커가 국회연설에서 "독일은 과거에 저지른 범죄행위를 솔직하게 인정하고 반성해야 하며 이러한 과거사를 계속 기억해야한다"며 과거에 대한 책임을 다시 한번 인정하는 모습을 보였고, 2005년 1월 27일 폴란드 아우슈비츠에서 열린 아우슈비츠 수용소 해방 60주년 기념행사에서 독일 연방 대통령 쾰러 역시 반성의 말을 남겼다. 그외에도 많은 정치인들의 노력이 있었다.

2005년 5월 8일에는 제2차 대전 패전 60주년을 맞는 날을 기념하여 독일 정부는 수도 베를린 브란덴부르크 광장에 2차 대전 중 학살된 유대인 600만여 명을 추모하는 대형 조형물을 제막하기도 했다. 독일의 과거성찰은 이렇듯 역사교육이나 정치인들의 노력에만 국한되어 있는 것은 아니다. 주변국 학생들 간의 교류나 국가 민간 차원의 교류 협력에서도 나타났다. 지금까지 독일, 프랑스 양국의 민간기관 사이에는 약 2,200여건의 자매결연 사업 등이 추진되어 왔으며, 최근에는 매년 3,300여명의 고교생 및 견습생들이 상대국으로 건너가 교육 실습을 받고 있다.[347]

2. 〈독일-프랑스 공동역사교과서〉

독일-프랑스 양국의 역사교과서 협의의 흐름 속에서 공동역사교과서 편찬은 2003년에 제안되었는데, 이는 정부 차원의 제안이 아닌 양국 교환학생들의 아이디어에서 시작됐음이 흥미롭다. 프랑스-독일 청소년 의회는, 양국의 화해협력조약인 엘리제 조약 체결의 40주년이었던 지난 2003년 공동 역사교과서의 필요성을 정식으로 제안했고, 자크 시라크 프랑스 대통령과 게르하르트 슈뢰더 당시 독일 총리가 이 제안을 받아들여 양국의 역사학자 10여 명은 본격적인 협의와 편찬 작업에 들어갔다. 제2차 세계대전 외에도 나폴레옹 전쟁, 프로이센-프랑스 전쟁 등으로 양국은 역사 속의 숙적 관계임에도 불구하고 오랜 역사적 갈등 관계를 극복하기 위해 공동역사교과서를 편찬하자는데 동의했다.[348] 그 결과 지난 2006년 7월, 약

---

347) 우리나라에서도 동아시아 3국의 청소년들의 문화 교류를 위한 노력이 계속되고 있다. 일례로, '아시아평화교육과 역사연대'에서는 '한중일청소년역사체험캠프'를 진행하고 있다. 이는 동아시아의 평화를 위해 한중일 청소년들이 함께 만나 서로의 역사를 알고 이해하며, 갈등이 아닌 평화 만들기에 청소년들의 역할을 모색해 보자는 캠프로서 2002년부터 진행되어왔다. http://www.ilovehistory.or.kr/

348) 당시 2005년 3월자 기사들을 살펴보면 양국의 교과서 편찬 협의에 관한 내용들을 쉽게 접할 수 있다. "프랑스 일간 〈르몽드〉는 '프랑수아 피용 프랑스 교육부 장관과 피터 뮐러 독일 총리가 10일 베를린에서 두 나라가 공동집필하는 역사교과서를 만들자는데 합의했다'고 11일 보도했다. 신문은 '교과서는 두 나라 관계가 아

3년간의 편찬 작업으로 완성된 독일, 프랑스 양국의 공동역사교과서가 세상에 첫 발을 내딛었다.[349] 이는 지난 유럽의 역사 속에서 숙적의 관계로 일컬어졌던 독일과 프랑스가 일궈낸 세계 최초의 공동역사교과서 편찬이라는 성과로서 매우 주목할 만한 이슈임에 틀림없다.

양국의 공동 역사교과서는 총 세권으로 계획되었는데, 1권은 양국 관계 초기부터 1815년까지, 2권은 1815년부터 1945년까지, 3권은 1945부터 2006년까지의 내용을 담고 있다.[350] 양국의 관계자들은 이를 통해 독일 학생들에게는 프랑스 공화국의 역사와 프랑스령 식민지의 독립과정을, 프랑스 학생들에게는 독일의 나치청산 과정과 동독의 일상, 독일의 분단역사에 대해 배울 기회를 제공하고, 상대국 문화 · 언어에 대한 관심을 높일 수 있을 것으로 기대하였다.

2006년에 출판된 『독일-프랑스 공동 역사교과서(제3권)』는 독일과 프랑스의 오랜 협력과 교류를 통해 탄생된 공동 역사교과서로, 총 5단원 17장으로 구성되어 있다. 그 중 1945년 이후 독일과 프랑스에 대해서 1단원 4장을 할애하고 있다. 『독일 프랑스 공동 역사교과서』의 특이할만한 점은 각 단원 마무리에 주요사건과 개념, 주요인물의 정리와 함께 독일과 프랑스의 시각 비교에 대해 설명해두었다는 것이다. 『독일 프랑스 공동 역사교과서』는 독일과 프랑스에서 사용되는 역사교과서인 만큼 양국에 대한 내용이 비중을 차지하고 있다. 또 주목할 점은 독일과 프랑스사의 비중이 동일하다는 것이

닌 두 나라가 공유하는 역사를 소개하기 위해 만드는 것이며, 이 후 다른 유럽 나라들이 역사 교과서를 만드는 본보기로 쓸 수 있을 것'이라고 밝혔다. 이는 프랑스와 독일의 관계를 기술하지 않고 공유 역사 속의 공동 관계를 소개할 예정이라는 의미이다."

349) 아래 관련기사 참조, "지난 5월과 6월, 공동 역사교과서 불어판 및 독어판 가본이 각각 발간된 데 이어 이날 독일 자를란트주 자르브뤼켄에서 공동역사교과서 편찬위원과 페터 뮐러 자를란트 주총리가 참석한 가운데 최종본 발간 기념행사가 개최됐다."

350) 2008년 4월에는 근대사 부분인 2권(1814~1945년)이, 2011년 7월 마지막 권인 3권(고대 그리스 · 로마 ~1815년)이 출판되었다.

다. 독일에게는 프랑스사가 프랑스에게는 독일사가 각각 타국사지만 동일한 비중을 차지하고 있다. 구성도 1단원부터 3단원까지 현대사를 시기별로 다룬 후, 4단원에서 전반적인 경제·생활·문화에 대해, 5단원에서 다시 독일과 프랑스의 정치사와 비교를 다루었다는 점에서 독특하다. 한 대단원은 중단원의 처음에 지도와 그림을 통해 개괄적인 설명을 하고, 거의 매 소단원마다 집중탐구와 보조 자료를 실었으며, 자율학습 길잡이를 통해 탐구학습을 수행할 수 있도록 구성했다. 단원 마무리에 독일과 프랑스의 시각비교를 삽입하여 객관성을 유지하고자 하였다.

아울러, 교과서의 대단원과 중단원 다음과 같다. '제1단원: 종전직후와 제2차 세계대전에 대한 기억/ 제1장: 제2차 세계대전의 결과 및 영향, 제2장: 제2차 세계대전에 대한 기억, 제3장: 냉전의 시작, 새로운 분쟁과 유럽의 분단(1945~1949), 제2단원: 유럽의 양극화(1949~1989)/ 제4장 동·서갈등(1949~1991), 제5장: 식민제국의 종말, 제6장: 유럽의 분단 제7장, 유럽통합(1945~1989), 제3단원 세계화와 유럽(1989년부터 현재까지)/ 제8장: 유럽의 냉전종식(1989~2005), 제9장: 1989년 이후 유럽통합 제10장 사회주의권 붕괴 이후 세계의 갈등과 도전, 제4단원: 1945년 이후 기술·경제·사회·문화 변동/ 제11장: 1945년 이후 경제 변동, 제12장: 세계의 인구, 생활환경과 생활방식의 변화, 제13장: 1945년 이후 세계의 문화변동, 제5단원: 1945년 이후 독일과 프랑스/ 제14장: 1945년 이후 프랑스의 정치발전, 제15장: 1945년 이후 독일의 정치발전, 제16장: 1945년 이후 독일과 프랑스의 경제와 사회, '유사한 발전', 제17장: 독일과 프랑스의 협력관계, 성공적인 모델인가.

좀 더 구체적으로 살펴보면, 제1단원에서는 제2차 세계대전 직후의 상황과, 종전 후에 전쟁에 대한 기억문제, 냉전체제로 인한 유럽의 분단에 대해서 서술되어있다. 제1단원의 제1장은 제2차 세계대전 종전 직후 유럽의 모습, 특히 프랑스의 해방에 대해 하나의 절로 분류했고, 전후처리 문제를 다룬다. 집중탐구에서는 국제연합과 뉘른베르크 전범재판, 프랑스의 개혁, 포츠담회담에 따른 독일점령을 다룬다. 제2장은 제2차 세계대전에 대한 기억을 다룬다. 비단 독일 뿐 아니라 세계 곳곳의 홀로코스트, 쇼아 기념관에 대한 집중탐구가 있다. 쇼아는 모두가 기억해야 할 의무, 인류 공동의 유산으로 표현하고 있다. 그리고 각각 프랑스와 독일의 기억문화에 대해 한 절씩 배분하고 있다. '가해자인가 피해자인가? 독일국민과 그들의 과거'라는 제목의 집중탐구의 자료들은 학생들로 하여금 기억의 의무와 필요성에 대해서 다시 한 번 되짚게 해준다. 제3장은 냉전체제로 인한 분쟁과 유럽의 분단에 대한 내용이다. 세계질서의 양극화, 독일의 동·서 분쟁, 그리고 탐구에서 마셜플랜, 냉전초기 프랑스와 소련관계를 다룬다.

　제2단원은 1949년부터 1989년까지 40여 년간의 유럽의 양극화를 다루고 있다. 제2단원의 4장은 전반적인 동·서 갈등을 시기별로 다루고 있다. 미국과 소련 두 개의 국가체제 및 사회체제를 보조 자료로 제시, 공산주의로 대표되는 소련과 자유주의로 대표되는 미국의 차이점을 표와 그림으로 보여줌으로써 이해를 돕는다. 냉전의 절정으로 인한 이데올로기 전쟁, 긴장완화, 새로운 긴장, 동·서 갈등의 종식으로 소단원으로 세분화했다. 또한 이데올로기 전쟁과 핵전쟁을 집중탐구로 제시, 세계의 화약고인 중동을 보조 자료로 제시하여 분쟁과 전쟁에 대한 의식에 도움을 준다. 제5장은 식민제국의 종말이라는 제목으로, 탈식민지화에 대해 다룬다. 제5장 제1절에서는 1945년 후 탈식민지 과정, 제2절에서는 독립전쟁의 탈식민지화 완결을, 제3절에서는 제3세계의 형성과 신생국가들의 다양한 발전상에 대해 서술한다. 집중탐구에서는 프랑스의 식민지에서 냉전대립의 장으로까지 국제 관계의 초점인 된 베트남에 대해 다루고 있다. 제6장은 유럽의 분단이다. 철의 장막으로 서유럽의 자유진영과 동유럽의 공산진영으로 나뉜 유럽을 제1절에서, 제2절에서는 중동부 유럽의 소비에트화와 소련체제에 대한 저항을 다룬다. 심화학습으로 헝가리 민중봉기가 집중탐구에 실렸다. 또 집중탐구에서 냉전의 중심이 된 베를린의 봉쇄와 장벽 건설까지의 모습, 동·서양 진영의 군비경쟁에 대해 실었다. 제7장은 유럽통합을 다룬 중단원이다. 제2차 대전 직후 유럽의 통합, 냉전시대의 통합, 유럽경제공동체, 통합위기의 극복을 각각 소단원에서 다룬다. 집중탐구에서는 유럽통합의 초석이 된 유럽 석탄철강공동체에 대해 다룬다.

제3단원은 냉전종식 후 유럽의 모습과 1989년 유럽통합, 사회주의권 붕괴 이후의 위기상황을 서술하고 있다. 제8장은 유럽의 냉정종식에 대한 중단원이다. 중동부 유럽의 인민민주주의 붕괴, 소비에트연방의 해체와 러시아연방 결성, 냉전 이후 유럽의 모습을 다룬다. 집중탐구에서는 냉전의 종식으로 인한 독일의 통일, 유고슬라비아의 민족갈등으로 인한 비극을 다룬다. 제9장은 1989년 이후 유럽의 통합을 다룬다. 유럽연합의 확대와 심화, 21세기 초의 유럽연합에 대해 각각 소단원으로 나누었다. 집중탐구를 통해 유럽연합의 운영방식, 단일통화인 유로, 예산과 방위, 터키의 유럽연합가 입문제에 대해서 심화 탐구할 수 있도록 구성했다. 마지막 소단원에서는 오늘날의 유럽의 소속감에 대해 다루고 있다.[351] 제10장은 사회주의권 붕괴 이후 세계의 갈등과 도전이라는 제목의 소단원이다. 불안정한 세계와 지구

---

351) "시민들에게 점점 친숙해지고 있는 유럽연합의 상징물은 '유럽'에 대한 소속감을 고양시키는 역할을 한다. 유럽연합은 연방국가는 아니지만 국가와 같은 외양적 특징을 갖추고 있다. 하나의 깃발과 여권, 단일 통화 등이 그것이다. 특히 학생들은 에라스무스 프로그램 덕분에 보다 쉽게 외국에서 공부할 수 있게 되었다. 다양한 외국어를 접하며 다른 이들과 가깝게 지내다 보면, 그들 사이에 국가적 정체성을 넘어서 유럽의 정체성이 형성되기 시작할 것이다. '에라스무스 세대'는 틀림없이 스스로를 완벽한 유럽인으로 이해하는 첫 세대가 될 것이다."

의 위기에서 21세기의 국제질서는 어떠한지를 다룬다. 집중탐구에서는 위기에 처한 국제연합의 개혁필요성을 제시하고 있다.

제4단원은 1945년 이후 세계의 기술·경제·사회·문화 변동에 대한 것이다. 제11장은 1945년 이후 경제변동을 다룬다. 제1절에서는 제2차 세계대전 말의 경제, 제2절에서는 1945년~1973년의 세계경제의 성장과 복지향상을, 제3절에서는 1970년대 이후 경제성장률의 저하, 제4절은 1970년~1990년의 국가 위기 대응책, 제45절은 세계화, 제6절릉 냉전기의 경제체제를 다룬다. 두 개의 집중탐구에서는 석유위기와, 사회복지국가를 제시한다. 제12장은 세계의 인구, 생활환경과 생활방식의 변화에 대한 중단원이다. 제1절에서는 세계의 인구변화와 함께 집중탐구를 통해 인구변화와 증가의 역할과 인구고령화에 대해 살펴본다. 제2절은 가족의 변화와 다원화된 생활방식을, 집중탐구에서 프랑스와 독일의 여성운동에 대해 다룬다. 제3절에서는 도시화와 개인주의에 대해, 유럽의 종교를 집중탐구에서 다룬다. 제13장에서는 1945년 이후 세계의 문화변동을 다룬다. 문화진보시대로의 돌입과 정보화 사회, 글로벌 문화를 소단원으로 두고 있다. 집중탐구에서는 세계의 영화산업과 민족어에 대한 보호를 다룬다. 특히 프랑스의 자국어를 보호하기 위한 법적 조치에 대해 살펴본다.

마지막으로 제5단원은 1945년 이후 독일과 프랑스의 정치, 경제, 사회 발전에 관한 대단원이다. 제14장은 1945년 이후 프랑스의 정치발전에 대한 단원이다. 종전 후 민주주의 재건과, 1954년~1962년의 제4공화국과 제5공화국으로 이행, 1962년~1981년간의 우파의 집권, 1981년~2005년의 정권교체기에 대한 내용이다. 집중탐구에서는 1968년 5월 학생들의 시위를 실어 정치위기에 봉착했음을 보여주고, 프랑스의 대통령에 대해서 다룬다. 제15장은 1945년 이후 독일의 정치발전에 대한 것이다. 독일연방공화국과 독일

민주공화국, 사민당–자민당 연정종식에서 통일까지, 통일 이후 독일을 다루고 있다. 집중탐구를 통해 동독의 생활에 대해 다루며, 독일 통일의 내적 결과를 살펴본다. 제15장 뒷부분의 독일과 프랑스의 정당, 행정구역, 민주 국가 모델, 민주주의에 대한 불신태도의 자료는 독일과 프랑스의 정치상에 대해 잘 알 수 있는 자료가 될 것이다. 제16장은 1945년 이후 독일과 프랑스의 경제와 사회에 대한 장이다. 종전 후 30년간의 경제 성장, 1973년 이후 위기와 변화, 소비사회, 사회보장제도 개혁에 대한 소단원으로 이루어져 있으며, 독일·프랑스의 외국인과 이민, 노동조합, 교육제도에 대한 집중탐구가 있다. 제17장은 독일과 프랑스의 협력관계에 대해 다루는 중단원이다. 독·프 관계가 적대관계에서 협력관계로의 변화 과정을 다룬다. 집중탐구의 독·프 관계의 기념행사와 기억의 장소, 핵심 분야인 교육, 청소년, 문화는 두 나라의 협력에 있어서 주요한 부분이다.

물론 양국의 공동 역사교과서 편찬과정이 순조로웠던 것만은 아니다. 특히 16개의 연방주로 된 지방분권체제인 독일의 경우에는 각 주의 의견을 수렴하는 데 많은 논의를 거쳐야만 했는데, 이는 기초 자연과학 분야에서조차 공동교과서가 없는 독일이 굳이 다양한 해석과 시각을 통합하여 만드는 공동 역사교과서를 편찬하는 데에 심혈을 기울여야 하는가에 대해 무척 회의적이었기 때문이다. 또한 양국의 각기 다른 학교의 구조도 공동 역사교과서 편찬 과정에 있어 하나의 도전이 됨을 엿볼 수 있었는데, 프랑스는 단일한 김나지움 상급과정으로 모든 학생이 필기시험을 보지만 독일은 기초과정, 능력에 따른 차등 과정을 가지고 있고 과정의 차이에 따라 다양한 시험제도가 있음이 그것이었다. 뿐만 아니라 프랑스는 단일한 교육프로그램을 갖고 있지만 독일은 앞서 언급한대로 16개주에 각 16개의 상이한 교육과정을 갖고 있다. 그러나 이러한 장애물에도 불구하고 결국 2006년 7월, 독일과 프랑스의 공동역사교과서 최종본을 출판하게 된 것은 양국 간의 꾸준한 교과서 협의와 연구가 의미있는 결실을 맺었음을 입증하고 있다.

독일-프랑스 공동교과서 프로젝트 전문위원인 롤프 비텐브로크(Rolf Wittenbrock)는 '아시아평화와 역사교육연대'의 주최로 열린 2006년 11월의 국제심포지엄에서, 독일 프랑스의 공동역사교과서 편집 방법에 대해 다음과 같이 설명하였다. 첫째, 저자의 설명은 교재의 20~25%를 차지하고 나머지 부분은 문서 및 시각 자료, 지도와 보고서로 구성한다. 둘째, 단원(part) 및 장(chapter)의 시작 부분은 모두 학습 동기 부여를 위해 2쪽 정도의 발문을 싣는다. 셋째, 모든 장에는 심화학습을 위한 집중탐구를 첨가한다. 넷째, 모든 단원은 단원을 마무리하는 부분으로 끝낸다. 이를 통해 독일과 프랑스의 시각을 비교한다. 다섯째, 그 외에도 학습의 길잡이(method), 주요 용어 해설(lexicon), 주요 인물 전기(biography)가 부록으로 첨가된다. 여섯째, 단원 마무리에서는 전문적인 개념들을 세 가지 언어(독어, 불어, 영어)로 비교 설명한다. 이어 그는 조직 및 편집 원칙으로는 아래와 같은 내용을 언급하였다. 첫째, 각자의 언어로 된, 그러나 내용이 완전히 동일한 형태의 교과서여야 한다. 둘째, 다른 책자들과 시장에서도 경쟁할 수 있는 교과서여야 한다. 셋째, 김나지움의 상급생을 위한 약 330쪽에 해당하는 규모의 단행본이어야 한다. 넷째, 공동교과서의 출판은 독일과 프랑스의 출판사가 담당한다.[352] 다섯째, 해당 출판사들은 긴밀하게 작업하고 양측의 교과서 편집 책임자를 각각 임명한다.[353] 여섯째, 양국의 편집 책임자는 양국의 저자팀을 구성한다(양국 언어에 능숙한 역사교사). 일곱째, 양국의 전문위원회는 편집 책임자 및 저자들의 작업을 관리 감독한다.

---

352) 독일의 클레트(Klett)출판사와 프랑스의 나땅(Nathan)출판사가 이 기획이 실행을 담당했다
353) 클레트(Klett)출판사와 나땅(Nathan)출판사는 각각 독일의 패터 가이쓰(Peter Geiss)박사와 프랑스의 기용 므르 껭뜨렉(Guillaume le Quintrec)을 편집 책임자로 임명했다.

그는 공동역사교과서의 교육학적 개념을 다음과 같이 설명하였는데, 첫째로 독일, 프랑스 양국의 표준적인 요구사항들에 부합하는 교재여야 하고, 유럽의 역사를 다루지만 세계사 교육의 차원에서 다른 대륙의 중요한 측면을 소홀히 하지 않는 교재여야 한다는 점이었다. 또한 타협점을 찾지 못하는 역사적 사건의 의의나 토론 과제에 대해서는 그대로 양국의 시각을 각기 언급함으로써 역사를 배우는 학생들 입장에서 토론과 문제제기를 통한 교육의 부가가치를 제공할 수 있는 교재여야 하고, 과거 전통적인 텍스트 교과서 형식에서 탈피한 탐구형 교과서로서 학생들 스스로 생각할 수 있는 힘을 기를 수 있는 역할을 할 수 있도록 해야 한다고 설명하였다.

또한 동 교과서는 같은 이념이나 과거 상황을 놓고 각국의 시각 차이를 합의라는 이름 아래 억지로 끼워 맞추는 것이 아닌, 각각 주제에 대한 각 국가의 입장을 그대로 비교해 보여줌으로써 교과서를 접하는 학생들로 하여금 서로 다른 역사 인식을 상호 이해 속에 극복해나갈 수 있도록 미래지향적 역사교육 방식의 기회를 제공했다고 할 수 있는데, 구체적인 내용은 다음과 같다. 첫째, 민족주의를 넘어 유럽공동체의 시민으로서 공존과 번영을 향한 발걸음을 내딛었다는 부분이 그것이다. 즉 세계사 속 수많은 전쟁의 주요 원인이라 할 수 있었던 배타적 민족주의를 벗어던지고 유럽연합 회원국으로서 유럽시민정신을 고양하여 공존과 번영의 미래를 함께 추구할 것을 시사하고 있다고 본다. 둘째, 역사 인식에 있어서 상호 대립되는 의견은 나란히 병기함으로써, 역사교육의 새로운 시각을 제시했다는 점도 빼놓을 수 없다. 서로 다른 나라가 역사적 시각을 공유한다는 것은 매우 어려운 일이다. 그러나 그러한 한계를 극복하고 상호 역사적 인식 차이를 교과서에 함께 기록함으로써 배우는 자로 하여금 가능한 객관적으로 역사 이해에 다가갈 수 있는 길을 마련해 주었다고 본다. 상대방의 입장에서 바라봄으로써 정치적 필요에 의해 갈등을 야기 하는 해석을 강조하지 않는 방향으로 나아가는 것만이 아닌, 상대방의 입장을 고려함으로써 자신의 편협한 역사해석을 시정한 것이다. 그리고 양측의 의견을 모두 제시해서 각자가 주장하는 의견에 모두 가치를 둔다. 그 결과 배타적인 민족주의 색체의 틀을 해체할 수 있었다. 역사학자와 그 분야의 전문가, 특히 국제교과서연구소의 힘이 컸고, 당시 유럽 통합이라는 정치적 상황, 양국 국민들의 자발적 협조가 이를 가능케 한 것이었다.

앞서 편찬 과정에서 살펴본 것처럼, 국제 교과서 대화의 성패는 국가 간의 역사 갈등을 우선적으로 해결해야 미래의 안정과 평화를 보장할 수 있다는 정치가의 권력의지가 중요한 요소로 작용하였다. 또한 교과서 대화를 시작하기위해서는 '우선 가능한 것부터 접점을 찾아보자'는 자세를 갖는 것이 필요하다고 하겠다. 이는 다시 말해, 한 번의 노력으로 모든 것을 바로 잡을 수 있다는 과한 욕심을 부리거나 한 치의 손해도 없이 자신의 주장을 관철시켜야 한다는 의식을 버리고, 바로잡을 수 있는 작은 것들부터 하나씩 일궈내어 미래의 큰 목표를 달성하도록 노력하는 것이 중요하다는 것을 의미한다.

III. <독일-폴란드 공동역사교과서>의 협의과정과 결과

1. 독일—폴란드 관계의 발전

중세 독일기사단의 동방원정에서부터 시작하여 18세기 말 오스트리아·프로이센·러시아에 의한 3차에 걸친 폴란드분할, 제2차 세계대전 동안 나치독일의 가혹한 폴란드 점령정책, 전후 독일의 영토상실 등으로 해결의 실마리가 보이지 않던 독일과 폴란드 두 민족이 지루하고도 복잡한 논의 끝에 결국은 교과서협의를 통하여 '평화적 역사공유'의 토대를 마련하게 되었다. 본 절에서는 독일-폴란드 공동 역사교과서를 가능하게 했던 양국 관계의 발전 과정을 살펴보고자 한다.

18세기 말과 19세기 초에 중·동부 유럽에서는 민족국가를 건설하려는 노력이 강화되었다. 이 과정에서 민족주의 이데올로기와 자민족과 타민족이라는 고정적 이미지가 생기게 되었다. 18세기 말 폴란드의 귀족공화국의 종식과 함께 형성된 독일인의 폴란드에 대한 이미지는 경제적 및 국가적 쇠락과 대다수 농민들의 비곤, 상층 귀족의 사치와 낭비를 지칭하는 '폴란드 경제'라는 표현과 정치적 무능을 상징하는 '폴란드 제국의회'로 인식되었다. 이는 19세기 말에 폴란드인들에 대한 게르만화 정책으로 인해 독일인과 폴란드인 사이의 관계가 악화되면서 더욱 강화되었다. 원래 독일에 대한 폴란드인들의 감정은 제1차 세계대전 까지도 적대감과 상당한 호감을 동시에 가지고 있을 정도로 독일에 대해서 부정적인 인식이 크다고 할 정도는 아니었다. 하지만 1918년 국경선 수정을 위한 바이마르공화국의 압력은 폴란드인들을 분노하게 만들었다. 그리고 독일에 대한 부정적 이미지에 결정적인 역할을 한 것은 바로 1939년 히틀러의 폴란드 침략과 나치의 점령정책 및 전쟁의 경험이었다. 그렇게 전후에도 크고 작은 갈등을 겪었고, 독일과 폴란드의 입장과 사이는 좁아질 줄을 몰랐다.

그러나 폴란드와의 교과서 대화를 위해 전후에 개척적인 역할을 한 것은 김나지움 교사였던 엔노 마이어 박사였다. 그는 폴란드의 망명 역사가들과 독일의 폴란드사 전문가들의 협조를 얻어 1956년 〈슬라브족의 원거주지〉로부터(제1테제) 〈오데르-나이세 국경〉(제47테제)에 이르기까지 독일-폴란드 관계사의 47개 테제를 발표하였다. 이것은 독일 국내외에서 활발한 관심과 논의를 불러 일으켰다. 그러나 양국 정부의 관심 부족으로 인하여 이 의미 있는 시도는 당분간 더 이상의 진전을 가져오지 못했다. 이후 1964년 독일 유네스코위원회의 의장인 게오르그 에케르트는 유럽 공산국가들의 유네스코위원회들과 협력하기로 결심하고 1965년 독일 대표단을 이끌고 바르샤바로 가서 쌍무적 교과서 수정과 공동의 역사가회의 개최에 대해 비공식 대화를 가졌지만 성과는 없었다.

그러나 1960년대 집권한 사민당에 의해서 독일 시민사회의 역사의식 변화에 전환이 생겨나게 되었다. 빌리 브란트 총리는 동방정책을 추진하면서 아데나워 수상 이래 추진되었던 할슈타인 원칙을 과감하게 폐지하고 동방정책을 추진하였다. 그 일환으로 브란트 총리는 폴란드와의 관계정상화를 위해 1970년 12월 바르샤바를 방문하였다. 그는 제2차 세계대전 당시 희생당했던 바르샤바 유태인 추모비 앞에서 무릎을 꿇고 머리 숙여 지난 나치독일의 전쟁범죄를 사죄하였다. 이러한 독일의 과거청산과 전쟁범죄에 대한 참회, 그리고 제2차 세계대전으로 상실한 오데르-나이제 국경 이동의 독일 영토에 대한 영유권 포기는 양국 간의 국교 정상화는 물론이고, 국민적 화해와 용서의 분위기를 만들어 내었으며, 양국 간 교과서 협의에 긍정적인 요인으로 작용하였다.

2. 독일-폴란드 공동 역사교과서 협의

실제적으로 폴란드가 독일과의 교과서 협의에 나선 것은 독일정부가 폴란드와의 국경인 오데르-나이세 선을 인정한 이후 부터였다. 독일과 폴란드는 제2차 세계대전 종결 후 27년이 지난 후인 1972년 2월 22일에 독일의 중등학교 교사 마이어의 「중등학교 교과서에서 독일-폴란드 역사서술에 대한 47개 테제」라는 논문을 기초자료로 하여 교과서 협의를 진행하게 되었다. 이때의 합의는 '양국 모두가 동의하는 역사교과서를 만드는 것이 궁극적인 목적은 아니고, 두 나라의 역사적인 사건을 보는 다양한 시각을 제시하고, 학생들에게 판단할 기회를 주는 것이 바람직하다'는 관점 아래 진행되었다. 덧붙여, 우선 가능한 사안들부터 해결해나가자는 최소해법의 원칙을 적용하였다.

1972년 2월 22일부터 26일까지 폴란드 유네스코협의회의 초청으로 독일(11명)과 폴란드(29명)의 역사가, 지리학자, 교육학자, 교과서전문가, 교과서출판업자들이 바르샤바에 모여 우선 방법론상의 문제들과 실무적인 문제들을 논의하고 양국의 역사 및 지리교과서와 수업의 개선을 위해 일차적으로 합의할 수 있는 사항들을 모색하였다. 양국의 유네스코 협의회는 유네스코의 정신 속에서, 평화보장과 양국의 이해증진을 위해 대화를 이끌어간다는 데 합의했다. 양국 협의회들은 바르샤바 조약에 표현된 양국 관계를 새롭게 설정하려는 의지가 교과서 개선의 영역에서 학문적 및 교육학적 협력에 유리한 분위기를 창출했으며 가능한 한 빨리 구체적인 성과들을 만들어내야 한다는 데 의견을 같이하였다.

그 결과, 1977년 초 양국어로 된 〈독일과 폴란드의 역사 및 지리 교과서를 위한 권고안〉 초판이 발간되었다. 그러나 이러한 권고안을 잘 따랐던 교과서도 있는 반면 분명 그렇지 못한 교과서도 있었다. 권고안을 발표한 이후인 1976년 제9차 독일-폴란드 교과서 협의회는 앞으로 해마다 각 국을 번갈아가며 학술회의를 지속할 것을 협의하였다. 권고안 이후 열띤 논쟁을 해왔던 독일에서의 관심도 서서히 시들어갔다. 하지만 이런 정치적 상황에서의 무관심 속에서도 학술회의는 국경을 넘나들며 꾸준히 이루어졌다. 권고안 이후에 1977년부터 1986년까지 10회의 학술연구에 대한 실적이 10권의 책으로 출간되었고 1988년에 열린 회의에서는 그동안의 교육적 성과를 결산하였다. 그들은 더 이상 독일과 폴란드 양국 간의 문제에 초점을 맞

출 필요를 못 느꼈다. 양국 관계사를 유럽사의 맥락 속에 자리매김하는 일
과 권고안이나 그 이후에 학술회의에서 얻은 연구실적을 교수법적으로 연계
하는 방안을 중심적인 과제로 삼기에 이르렀다. 폴란드에서는 1989년 12월
29일 의회에서 헌법이 개정되어 공산당 정권이 종식되어 민주적인 공화국
이 새로이 탄생하게 되었는데, 이는 폴란드의 역사가들에게도 새로운 전환
기가 되었다. 그때까지 금기시 되어오던 폴란드에 사는 독일인 소수민족에
대한 민감한 테마가 새로운 연구주제로 떠오른 것인데, 이와 함께 폴란드도
자기반성적인 역사성찰을 할 수 있게 되었다. 그리고 국정교과서 제도가 폐
지됨으로써 교과서 시장이 다원화되어 역사서술에서도 다양한 시각을 제시
할 수 있었다. 역시 이 해에는 독일-폴란드 관계사에 대한 교사용 안내서
를 발간하기를 결의하였는데, 1976년의 권고안은 이미 너무 많은 시간이 흐
른 것이기에 참고하기가 어려웠으므로 그 권고안과는 달리 교사안내서에는
교수법적인 성찰까지 덧붙여 어느 것보다 더 자세하게 기술되었다. 1976년
이후 1994년까지 양국 간 교과서 협의의 내용을 〈표〉로 정리하면 아래와 같
다.

【표 1】 1976년 이후 독-폴 교과서협의회(1977-1994)

| | 시기 | 회의장소 | 테마 | 참석자수 | | 발표 논문수 | 일련 번호 |
				독일	폴란드		
제10차	1977. 6. 2~5	랑쿠트(폴)	제2차세계대전중 독일과 폴란드의 저항운동	15	20	14	22/ I
제11차	1978. 5. 16~21	다이데스 하임(독)	독-폴관계 1831-1848 : 3월전기와 민족들의 봄	20	11	15	22/ II
제12차	1979. 6. 5~10	올스친(폴)	중세 독-폴 관계사에서 슐레지엔과 포메른의 역할				22/ III
제13차	1980. 5. 27~6. 1	뮌스터(독)	계몽주의시대의 폴란드와 독일, 정치생활, 헌법과 교육분야에서의 개혁들	21	16	12	22/ IV

차수	일시	장소	주제				코드
제14차	1981. 6. 9~14	짜모시(폴)	16세기부터 18세기까지의 독-폴관계에서 슐레지엔과 포메른				22/ V
제15차	1982. 11. 16~20	브라운슈바이크(독)	독일과 폴란드의 역사서술의 문제로서의 민족사	20	17	10	22/ VI
제16차	1983. 5. 25~29	바르샤바(폴)	1914년까지 독일과 폴란드의 산업화, 사회적 변동, 노동운동				22/ VII
제17차	1984. 6. 11~17	아우구스부르크(독)	독-폴관계 1919-1932	19	14	13	22/ VIII
제18차	1985. 5. 28~6. 2	노보가르드(폴)	나치의 정권장악으로부터 제2차 세계대전 종결까지의 독일과 폴란드	16	22	10	22/ IX
제19차	1986. 5. 20~25	자르브뤼켄(독)	유럽의 안보와 협력을 위한 회의(헬싱키 1975)까지 서독과 폴란드 사이의 관계	19	19	12	22/ X
제20차	1987. 6. 1~6	포즈난(폴)	역사가들의 독-폴 교과서회의의 학문적 성과	17	35	17	22/ □
제21차	1988. 5. 24~29	올덴부르크(독)	역사가들의 독-폴 교과서회의의 교육학적 성과	18	20	11	22/ □
제22/ 23차	1989. 5. 16~21 / 1990. 6. 5~10	피브니쯔나(폴)/오이틴(독)	후기 중세부터 19세기 중엽까지의 유럽 국가체제에서의 폴란드와 독일	12/13	19/18	7	22/ XIII
제24/ 26차	1992. 6. 9~13/ 1994. 5. 24~28	브라운슈바이크/바우젠(폴)	오랜 전후시대, 1945년부터 1991년까지의 독일과 폴란드	21/13	9/10	14	22/ XIV

이러한 양국 간 교과서 협의에 힘입어 2008년 1월, 독일과 폴란드의 외무 장관들은 독일-폴란드 공동 교과서위원회를 발족시켰다. 이 프로젝트는 공식적으로 2008년 5월에 시작되었으며, 독일-폴란드 프로젝트 그룹은 양국의 학자와 정치활동가로 구성되었다. 이 프로젝트의 목표는 단지 다른 언어로 되어 있을 뿐, 동일한 형태로 독일과 폴란드의 중등 역사교육에 쓰일 수 있는 공동 역사교과서 집필이다. 중요한 것은 그것이 부가적인 교재가 아니라 양국의 교육과정에 부합하는, 역사교육에 사용될 국가적으로 승인받은 교과서라는 점이다. 또한 이 프로젝트는 독일-폴란드 관계에

있어서 높은 교육적, 과학적, 정치적 중요성을 가진다. 양측은 학교의 역사교육에 이웃 나라로의 역사적 경험을 통합하고 공동의 역사인식이라는 주제에 대한 대화를 심화할 것을 표명했다. 2010년 12월 1일, 바르샤바에서 공동 교과서위원회는 역사교과서의 개발을 위한 권고안을 발표하였다. 권고안은 독일-폴란드의 관점에서 유럽과 세계에 대한 접근, 고대에서 21세기에 이르는 시기로 나누어진 다섯 개의 섹션에 대한 개념을 포함한다. 이 권고사항은 협력하고 있는 출판사들의 향후 작업에 중요한 기초를 제공하였다. 2012년 봄, 〈독일-폴란드 공동 역사교과서〉 프로젝트의 다음 단계인 공동 역사교과서 집필이 시작되었다. 폴란드 측에서는 WSiP 출판사가, 독일 측에서는 universe Communication과 미디어 AG 출판사가 프로젝트의 협력 출판사로 나섰다. 교과서 시리즈의 첫 번째 권은 2015년 초에 출시될 예정이다. [354]

【표 2】독일-폴란드 공동 역사교과서 협의 과정

연 도	독일-폴란드 공동 역사교과서 협의 과정	비고
1976	〈독일-폴란드 역사 · 지리 권고안〉 마련	
1994-1998	교사용 핸드북(1-5권) 간행	
2001	독일-폴란드 교사용 안내서 간행(『20세기 독일과 폴란드 : 분석-사료-교수법적 안내』)	
2006	독일 외교부장관 독-폴 공동역사교과서 제안 및 실무진 구성	
2007	독일-폴란드 공동 역사교과서 시험판 제작, 배포	
2008	독일-폴란드 공동 역사교과서 위원회 발족	
2010	공동 역사교과서 권고안 마련, 독일, 폴란드 교과서 출판사 선정	
2012	독일-폴란드 공동역사교과서 집필 작업 시작	
2015	〈독일-폴란드 공동역사교과서〉 첫 권 출판 예정	

독일-폴란드의 교과서협의 과정에서 우리가 가장 주목해야 할 점은 바

---

354) http://deutsch-polnische.schulbuchkommission.de/home.html(2014. 08. 02.)

로 양국 간의 정치적 현안문제 해결(국경문제)과, 인내심을 가지고 지속된 교과서 협의의 과정임을 알 수 있다. 1972년 처음으로 교과서협의회에 의한 몇 가지 테제가 합의된 데 이어 1976년에 최종 권고안이 발표될 때 까지 물론 파행의 길을 걸을 정도로 첨예하게 대립되는 부분도 있었지만 위기를 잘 넘기고 장시간에 걸쳐 학술적으로 연구하고 협력해나가 결국은 근본적인 역사교과서 문제를 해결하는데 큰 역할을 했다. 또한 해마다 양국에서 번갈아 학술회의가 열리면서 진지한 학문연구를 통해 서로에 대한 신뢰를 높였다. 이를 통하여 협의회가 주축이 되어 '권고안 완성 → 권고안을 보충하기 위한 학술연구 → 공동의 교과 안내서 제작 → 공동 역사교과서 출판'이라는 교과서 협력과정의 바람직한 방향을 제시할 수 있었던 것이다.

Ⅳ. 나가기

21세기 오늘날의 세계는 소위 지구촌 시대라고 불린다. 유사 이래로 지금과 같이 세계인들의 생활 반경이 넓어지고 인적·물적 교류가 전 지구적으로 광범위하고 빠른 속도로 이루어진 적은 없었다. 이러한 상황 하에서 역사교육, 특히 세계사 교육의 근본 목적이 민족 간의 상호 이해 및 세계 역사의 발전 속에 내재하는 자기 정체성의 확립을 위한 것이라는 점을 생각할 때, 오늘 날 국제이해를 위한 역사교육의 시대적 의미는 더욱 각별하다고 할 것이다. 이와 관련하여 독일은 나치 청산과 홀로코스트에 대한 반성과 사죄를 통해 오랜 역사적 대립과 갈등 관계에 있던 이웃나라들과의 과거를 극복하고 평화적인 관계를 수립해나가고 있다. 교과서 협의에서 독일과 유럽 여러 나라가 지향했던 것은 단순히 자국의 입장만을 견지한 역사적 서술이나 제2차 세계대전에 대한 반성만이 주된 것이 아니었다. 나아가 그들이 지향했던 것은 유럽에는 수많은 국가들이 그 안에 자리 잡고 있고 이들은 대부분 상호간의 복잡한 과거사를 갖고 있는 만큼이나 유럽 모든 국가를 아우를 수 있을 정도로 큰 역사적 흐름의 틀을 만들고 서로 간의 공동 역사교과서를 지향하고 있다는 점이다. 예를 들어 독일과 프랑스는 공동교재 편찬사업에 정부와 역사학자들의 관심과 노력이 큰 성과를 만들고 있고, 게오르그 에케르트(Georg Eckert)에 의해 창설된 국제교과서연구소(Intermales Schulbuchinstitut)의 헌신적인 노력과 활동 역시 그 좋은 사례이다.

결국, 제2차 세계대전 이후 유럽에서 전개된 교과서 협의는 그들의 공통적인 역사적 경험과 함께 형성되어 여러 나라 국민들의 집단기억에 각인된 적대감, 편견, 갈등을 해소하는 과정이 되었고, 이는 하나의 유럽이라는 더 광범위하고 새로운 정체성의 틀을 모색한 것으로 평가된다. 이러한 독일-프랑스 공동 역사교과서 편찬사업이 시사하는 바는 무엇일까? 우선, 민족주의를 넘어 유럽공동체의 시민으로서 공존과 번영을 향한 발걸음을 내딛었다는 것이 되겠고, 두번째로는 역사 인식에 있어서 상호 대립되는 의견은 빼지 않고 나란히 병기함으로써 역사교육의 새로운 시각을 제시해주었다. 또한 전체 분량의 20%는 객관적인 기술을 담고, 80%는 지도, 도표, 사진 등의 자료를 제시해주어 학생들이 스스로 비교하고 판단할 수 있도록 고려한 점이 눈에 띈다. 마지막으로는 역사 속 피해자-가해자의 위치인 한국-일본을 비롯해 중국을 포함한 현재 동아시아의 역사 분쟁에 있어서 교훈적인 모범사례가 되어주었다는 것이다.

이와 관련하여, 지난 2013년 11월 24일 박근혜 대통령은 동북아 평화협력을 위해 먼저 역내 국가들이 동북아 미래에 대한 인식을 공유해야 한다면서

한·중·일 공동 역사교과서 발간을 제안했다. 독일과 프랑스, 독일과 폴란드가 했던 것처럼 동북아 공동의 역사교과서를 발간함으로써 동서 유럽이 그랬던 것처럼 협력과 대화의 관행을 쌓아갈 수 있으며, 갈등·불신의 근원인 역사문제의 벽을 허물 날이 올지 모른다는 것이다. 이러한 제안에 대하여 국내외로 부정적인 의견들이 많았다. 예를 들어, 상호 역사인식 문제, 한국의 과도한 민족주의 교육, 중국의 국가주도의 역사교육과 동북공정, 일본 정치의 우경화와 역사교과서 왜곡문제와 아울러 영토문제(한국과 일본은 독도 영유권, 중국과 일본은 센카쿠열도(중국명: 다오위다오)가 맞물려 한층 복잡한 양상을 띠고 있기 때문이다. 그러나 이와 같은 어려움을 헤쳐 나가며 인간 공동의 가치를 실현하는데 도움을 주고 평화와 인권, 민주주의 같은 인류 보편의 가치를 담는 역사 교재를 개발하는 것은, 21세기 아시아−태평양 시대의 우호협력과 공동번영으로 다다가는 징검다리를 만드는 매우 의미있는 과업일 것이다. 오늘날의 상황은 동아시아 공동 역사교과서가 지난한 것처럼 보이지만, 독일과 프랑스가 1930년대 중반부터 약 70년의 협의 결과 2006년 〈독일−프랑스 공동 역사교과서〉의 결실을 보았다는 점, 그리고 1972년부터 지속적으로 추진되어 온 독일−폴란드 교과서협의 결과 2015년 발간될 예정인 〈독일−폴란드 공동 역사교과서〉는 우리에게 시사하는 바가 많다. 동아시아의 역사교과서 문제는 1982년 일본 교과서 파동 이후 아직 32년 밖에 경과하지 않았기 때문이다.

마지막으로 독일−프랑스, 독일−폴란드의 교과서 대화에서도 민간차원의 노력이 교과서 대화를 성공시키는 발판이 되었다는 점은 우리에게도 동아시아 역사교과서 대화가 결국 가시적인 성과를 가져올 수 있을 것이라는 낙관적인 전망을 가능하게 한다. 즉, 정부차원의 공식적인 교과서 대화가 하루아침에 일어난 것이 아니라 이미 그 이전에 교사 등의 시민 사회의 참여와 노력이 있었다는 것이다.[355] 그러므로 우리는 한·중·일 역사 학자 및 교사들의 교류를 통해 만든 공동역사교재의 의미를 다시 한 번 생각해 보아야 한다. 정부 차원에서 교과서 대화가 원활하게 이루어지고 있지 않은 상황에서 역사 교사, 연구자들에 의한 역사교과서 개발을 통해서 실질적인 교과서 대화를 했다는 것은 뜻 깊은 일이다. 앞으로 교과서 대화는 정부 차원의 지원과 학자·교사 등 민간 차원의 활발한 활동을 통해서 더 큰 효과를 거둘 수 있을 것이다. 그리고 이를 바탕으로 정부차원의 공식적인 교과서 대화가 이루어져 우리도 유럽과 같이 공동 역사교과서가 공식적으로 발간되어 중등학교 실제 수업에서 사용하게 될 날이 올 것이다.

---

355) 민간 차원에서의 동아시아 역사교과서 협의를 진행해 오고 있는 여러 단체가 있다. 1990년대 초에 국제교과서연구소와 일한역사교과서연구회가 만들어 지면서 한일 간의 활발한 협의활동이 이루어졌다. 국제교과서연구소(소장 이태영)는 1990년 12월에 세계 각국의 교과서를 비교, 연구하고, 우리나라 국민들이 올바른 역사의식을 갖도록 하기 위해서 만들어졌다. 구체적인 사업내역은 다음과 같다. 첫째, 우리나라, 일본, 중국, 러시아 등의 교과서를 비교, 검토하고 왜곡된 부분을 수정, 보완하는 작업을 한다. 둘째, 정기적인 연구 간행물을 발간한다. 셋째, 1991년부터 현재까지 총 14차례의 국제 교과서 학술회의를 개최하였으며 학술회의 발표논문집을 발간하였다. 넷째, 1992년부터 '한국바로알리기'를 위한 해외 순방강연을 하고 있고 유럽, 아시아 국가들과 학술교류를 하고 있다. 다섯째, 2002년 "독일·이스라엘 교과서 협력의 제문제"라는 보고서를 출간하였고 일반인에게 교양강좌, 연구발표회를 하여 역사교과서 문제에 대한 이해를 돕고 있다. 본 연구소의 활동중에서 주목할 점은 1991년부터 1992년까지 4차례에 걸쳐서 일본과 역사교과서 학술회의를 진행하였다는 점이다. 연구회에서는 시기를 세분화하여 구체적인 쟁점을 중심으로 분석과 토론을 하였고 주로 근·현대 한일관계에 관련된 내용을 논의하였다. 그리고 학술회의의 전 과정을 일본의 NHK를 통해서 보도해서 일반인들의 관심을 불러일으켰다. 그러나 양국 학자들은 한일 양국 정부에 수정권고안을 낼 정도의 의견 일치는 보이지 못했다. 이후, 국제교과서연구소는 한국과 일본, 중국, 유럽의 학자도 참여하는 다국 간 회의로 확대되었다. 그러나 한·일 역사교과서연구회의 활동에는 이후 지속적인 협력이 이루어지지 않았다는 점, 공동 권고안을 만드는 데 성공하지 못한 점, 4차례의 교과서 협의에 대한 철저한 분석과 정리가 부족했다는 점 등이 한계로써 지적되었다. 한국학 중앙연구원은 2003년 10월의 세미나를 시작으로 2005년, 2007년의 포럼을 열어 동아시아라는 지역 공동체에서의 역사 인식 차이를 지적하는 계기를 만들었다. 국외의 학회활동에서 주목할 것으로 2004년의 '화해와 협력 시대 한국학'대회에서 연 남북 역사 토론회가 있는데, 분단 현실 때문에 그동안 중국의 고구려사 왜곡에 손 놓을 수밖에 없었던 남북 역사학계가 모여 남북 공동 대처에 대한 의미 있는 논의가 되었다. 동북아역사재단은 동북공정을 포함한 한·일 합방, 독도 영유권 문제 등의 연구 사업을 진행하고 있다. 아시아 평화와 역사교육연대는 '역사인식과 동아시아 평화포럼'을 지속적으로 개최하며 한·중·일 3국의 학자-교사-시민단체 간의 네트워크를 본격화하는 틀을 제공하고 있고, 동아시아 3국의 근현대사 부교재인 『미래를 여는 역사』를 출판하는 성과를 거뒀다. 청소년들의 문화 공동체에서 시작한 반크(VANK)는 비록 전문적인 역사 연구자들의 모임이 아닌 시민단체이지만, 외부의 영향을 받지 않는 사이버 공간에서의 자발적 활동으로 그 활동 범위가 넓다. 더욱이 민감한 정치적 문제로 정치적 차원에서 실행하지 못했던 사업에 적극적으로 나서고 있어 주목을 받고 있다. 이러한 단체 및 기관들의 연구 활동들은 환영할 일이나, 이들끼리의 네트워크가 형성되지 않은 점은 하루 빨리 해결해야 하는 문제점으로 남아 있다. 더욱이 이러한 역사논쟁 문제는 정치·외교적으로 해결하기 힘들며 민간-학회 차원에서 해결해야 하며, 그들은 이에 맞는 역량 축적이 필요한 실정이다.

참고문헌

1. 국내 문헌

1) 단행본

강정인, 『서구중심주의를 넘어서』, 아카넷, 2004.

강철구, 『역사와 이데올로기: 서양 역사학의 유럽중심주의에 대한 비판적 검토』, 용의 숲, 2004.

강치원 엮음, 『미국은 우리에게 무엇인가: 한미관계의 역사와 우리안의 미국주의』, 백의, 2000.

강택구·박재영 외 공저, 『세계의 역사교과서 협의: 유럽과 동아시아를 중심으로』, 백산자료원, 2008.

國家敎委基礎敎育司 編, 『九年義務敎育全日制初級中學 歷史敎學大綱(試用)學習指導』, 人民敎育出版社, 1994.

곤도 다카히로 저/ 박경희 역, 『역사교과서의 대화』, 역사비평사, 2006.

구승희, 『논쟁 나치즘의 역사화(학술총서 10)』, 온누리, 1993.

국사편찬위원회, 『국사(중학교)』, 교육인적자원부, 2009.

_____, 『국사(고등학교)』, 교육인적자원부, 2009

_____, 국정도서편찬위원회 편, 『국사(고등학교)』, 교육인적자원부, 2007.

국제교과서연구소 편, 『중국 고대사연구 - 어제와 오늘』, 국제교과서연구소 제15차 국제교과서 학술회의 발표논문집, 2008.

_____, 『한·일 역사교과서 수정의 제문제』, 백산자료원, 1994.

國際敎科書硏究所 編, 『第2次 韓日 歷史敎科書 大討論會 綜合報告書』, 國際敎科書硏究所, 1991.

_____, 『第4次 韓日 歷史敎科書 大討論會 綜合報告書(歷史敎育의 새로운 課題)』, 國際敎科書硏究所, 1992.

_____, 『第1次 韓·中·日 歷史敎科書 修正을 위한 大討論會 綜合報告書(東北亞 3國의 文化史的 連繫性)』, 國際敎科書硏究所, 1993.

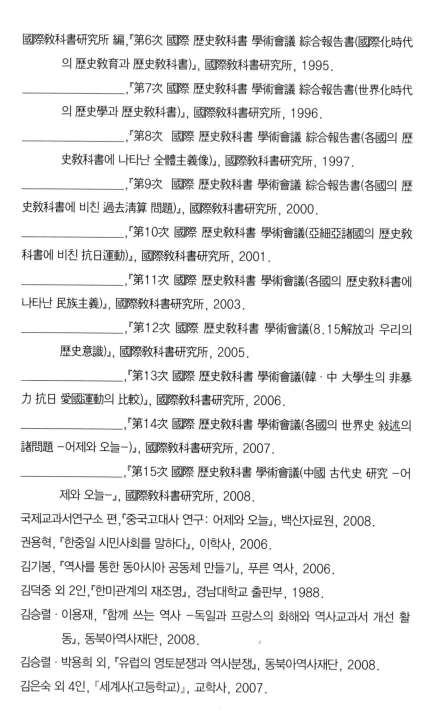

國際敎科書硏究所 編,『第6次 國際 歷史敎科書 學術會議 綜合報告書(國際化時代의 歷史敎育과 歷史敎科書)』, 國際敎科書硏究所, 1995.

_____,『第7次 國際 歷史敎科書 學術會議 綜合報告書(世界化時代의 歷史學과 歷史敎科書)』, 國際敎科書硏究所, 1996.

_____,『第8次 國際 歷史敎科書 學術會議 綜合報告書(各國의 歷史敎科書에 나타난 全體主義像)』, 國際敎科書硏究所, 1997.

_____,『第9次 國際 歷史敎科書 學術會議 綜合報告書(各國의 歷史敎科書에 비친 過去淸算 問題)』, 國際敎科書硏究所, 2000.

_____,『第10次 國際 歷史敎科書 學術會議(亞細亞諸國의 歷史敎科書에 비친 抗日運動)』, 國際敎科書硏究所, 2001.

_____,『第11次 國際 歷史敎科書 學術會議(各國의 歷史敎科書에 나타난 民族主義)』, 國際敎科書硏究所, 2003.

_____,『第12次 國際 歷史敎科書 學術會議(8.15解放과 우리의 歷史意識)』, 國際敎科書硏究所, 2005.

_____,『第13次 國際 歷史敎科書 學術會議(韓·中 大學生의 非暴力 抗日 愛國運動의 比較)』, 國際敎科書硏究所, 2006.

_____,『第14次 國際 歷史敎科書 學術會議(各國의 世界史 敍述의 諸問題 -어제와 오늘-)』, 國際敎科書硏究所, 2007.

_____,『第15次 國際 歷史敎科書 學術會議(中國 古代史 硏究 -어제와 오늘-』, 國際敎科書硏究所, 2008.

국제교과서연구소 편,『중국고대사 연구: 어제와 오늘』, 백산자료원, 2008.

권용혁,『한중일 시민사회를 말하다』, 이학사, 2006.

김기봉,『역사를 통한 동아시아 공동체 만들기』, 푸른 역사, 2006.

김덕중 외 2인,『한미관계의 재조명』, 경남대학교 출판부, 1988.

김승렬·이용재,『함께 쓰는 역사 -독일과 프랑스의 화해와 역사교과서 개선 활동』, 동북아역사재단, 2008.

김승렬·박용희 외,『유럽의 영토분쟁과 역사분쟁』, 동북아역사재단, 2008.

김은숙 외 4인,『세계사(고등학교)』, 교학사, 2007.

김한종 · 이영효 외, 『역사교육과 역사인식』, 책과 함께, 2009.

김한종 · 신주백 · 김정인 외, 『한중일 3국의 근대사 인식과 역사교육(연구총서 11)』, 고구려연구재단, 2005.

고구려연구재단, 『중국의 역사교육, 그 실상과 의도』, 고구려연구재단, 2006.

다카하라 모토야키, 『한중일 인터넷 세대가 서로 미워하는 진짜 이유』, 삼인, 2007.

東北師範大學世界古典文明史研究所 編, 『世界諸古代文明年代學研究的歷史和現狀』, 世界圖書出版公司北京公司, 1999.

동북아역사재단 편, 『동아시아 역사교과서 자료집 - 중국교과서의 한국관련 내용 ①』, 동북아역사재단, 2007.

동북아역사재단, 『21세기 동북아의 공동번영을 위한 역사문제의 극복』, 동북아역사재단, 2008.

_____, 『역사대화로 열어가는 동아시아 역사 화해』, 동북아역사재단, 2009.

東北朝鮮民族教育出版社 編, 『中國歷史 1』, 東北朝鮮民族教育出版社, 1992.

_____, 『中國歷史 2』, 東北朝鮮民族教育出版社, 1992.

들루슈, 프레데리크 저/ 윤승준 역, 『새유럽의 역사(까치글방 93)』, 까치, 1995.

로라 헤인 · 마크 셀든, 『역사검열과 역사교육 - 일본 · 독일 · 미국에서의 공민권과 전쟁의 기억』, 동북아역사재단, 2009.

로버트 S. 위스트리치 저/ 송충기 역, 『히틀러와 홀로코스트』, 을유문화사, 2004.

로우워즈 J. A. 저/유네스코 한국위원회 역, 『역사교육과 국제이해』, 1964.

류영익 외 3인, 『한국인의 대미인식』, 민음사, 1994.

뤼스 아모시 · 안 에르슈베르 피에로, 『상투어』, 동문선, 2001.

박성수, 『일본 교과서와 한국사의 왜곡』, 민지사, 1982.

北崖 저/신학균 역, 『揆園史話』, 명지대학교 출판부, 1985.

마다정 외 저/ 서길수 역, 『동북공정 고구려사』, 사계절, 2006.

볼프강 벤츠 저/ 최용찬 역, 『홀로코스트』, 지식의 풍경, 2002.

북한민주화포럼 교과서 용역 프로젝트 팀, 『중등교과서의 반대한민국적 내용 실태 분석 및 개선 방안 연구보고서』, 2009.

서정철 · 김인환, 『지도위의 전쟁』, 동아일보사, 2010.

아시아 평화와 역사교육연대, 『역사대화의 경험공유와 동아시아 협력모델 찾기』(동아시아 역사인식 공유를 위한 국제심포지엄 Ⅲ), 2006.

아시아 평화와 역사연구소, 『역사인식을 둘러싼 자화상, 외부의 시선, 선인, 2008.

──────────, 『동아시아에서 역사인식의 국경넘기』, 선인, 2008.

呇 南 저/심규호 · 유소영 역, 『夏 · 商 · 周 斷代工程 1, 2』, 일빛, 2005.

안병직 외 저, 『세계의 과거청산』, 푸른역사, 2005.

양호환 · 이영효 외, 『역사교육의 이론과 방법』, 삼지원, 2009.

에드워드 사이드(Edward W. Said0 저/박홍규 역, 『오리엔탈리즘』, 교보문고, 2000.

연민수 · 후카야 가쓰미 외, 『동아시아 역사교과서의 주변국 인식』, 동북아역사재단, 2008.

오창훈 외 3인, 『세계사(고등학교)』, 지학사, 2009.

오토-에른스트 쉬데코프(Otto-Ernst Schüddekopf) 저/김승렬 역, 『20년간의 서유럽 역사교과서 개선활동: 1945-1965』, 한국교육개발원, 2002.

올포트, G. W. 저/이원영 편역, 『편견의 심리』, 성원사. 1993.

우실하, 『(동북공정 너머)요하문명론』, 소나무, 2007.

─────, 『동북공정의 선행 작업들과 중국의 국가전략』, 시민의 신문, 2006.

유네스코 한국위원회 편, 『학교에서의 국제이해교육』, 오름, 1996.

──────────, 『국제사회와 국제이해교육』, 정민사, 1996.

──────────, 『21세기 역사교육과 역사교과서-한 · 일 역사교과서 문제 해결의 새로운 대안 -』, 오름, 1998.

유평근 · 진형준, 『이미지』, 살림, 2005.

윤대원, 『동북아시아의 역사 갈등과 미래』, 서해문집, 2009.

─────, 『21세기 한 · 중 · 일 역사전쟁』, 서해문집, 2009.

이개석 · 이희옥 · 박장배 외, 『중국의 동북공정과 중화주의(연구총서 12)』, 고구려연구재단, 2005.

李德山 · 欒凡, 『中國東北古民族發展史(東北邊疆研究)』, 中國社會科學出版社, 2003.

이민호, 『독일 · 독일민족 · 독일사』, 느티나무, 1990.

_____ · 김승렬, 『국제이해를 위한 교과서 개선활동에 관한 연구』, 한국교육개발원 연구보고서, 2002.

이옥순 외 6인, 『오류와 편견으로 가득한 세계사 교과서 바로잡기』, 삼인, 2009.

이원순 · 정재정 편저, 『일본 역사교과서 무엇이 문제인가』, 동방미디어, 2001.

이일봉, 『실증 한단고기 – 단군조선과 고구려 · 백제 · 신라의 대륙역사』, 정신세계사, 2003.

인민교육출판사 편, 『세계근대현대사(上)』, 인민교육출판사, 2006.

_____, 『세계근대현대사(下)』, 인민교육출판사, 2006.

_____, 『중국고대사』 전1책(2007년 7월 제12차 인쇄), 인민교육출판사, 2007.

일본역사교과서대책반 편, 『독일과 폴란드의 역사 및 지리교과서 편찬을 위한 권고안 외』, 교육인적자원부, 2001.

日韓歷史敎科書硏究會 編, 『第1回 日韓合同歷史敎科書硏究會 綜合報告書』, 日韓歷史敎科書硏究會, 1991.

_____, 『第3回 日韓合同歷史敎科書硏究會 綜合報告書』, 日韓歷史敎科書硏究會, 1992.

전국역사교사모임, 역사교육자협의회 지음, 『마주 보는 한일사 1(선사시대~고려시대) : 화해와 공존을 위한 첫걸음』, 사계절, 2006.

_____, 『마주 보는 한일사 2(조선시대~개항기) : 화해와 공존을 위한 첫걸음』, 사계절, 2006.

_____, 『마주 보는 한일사. 3: 한 · 일 근현대사 : 평화와 공존을 위한 역사 교실』, 사계절, 2014.

전국역사교사모임 지음, 『살아있는 세계사 교과서 1』, 휴머니스트, 2009.

전국역사교사모임 지음, 『역사, 무엇을 어떻게 가르칠까』, 휴머니스트, 2009.

정상화 외 공저, 『중국 조선족의 중간 집단적 성격과 한중관계』, 백산자료원, 2007.

정영순 · 김기봉 · 한운석, 『독일-폴란드 교과서 협의 사례연구』, 교육개발원, 2002.

정일성, 『황국사관의 실체』, 지식산업사, 2000.

정재정, 『일본의 논리 -전환기의 역사교육과 한국인식』, 현음사 2000.

조용환 외, 『외국 교과서 한국 관련 내용 연구의 종합적 검토』(한국교육개발원 연구보고 RR 90-23), 1990.

제베데이 바르부, 『역사심리학』, 창작과 비평사, 1997.

지오프리 파커 저/ 김성환 역, 『아틀라스 세계사』, 사계절, 2010.

짐머만, M., 『이스라엘인의 사회화 과정에 있어서 독일에 대한 이미지』, 한국교육개발원, 2002.

최상훈 · 이영효 외, 『역사교육의 내용과 방법』, 책과 함께, 2007.

최호근, 『(서양 현대사의 블랙 박스)나치대학살』, 푸른역사, 2006.

피터 가이스, 기욤 르 캉트렉 외 저, 김슬럴 외 역, 『독일-프랑스 공동 역사교과서 1945년 이후 유럽과 세계』, 휴머니스트, 2008.

한국교육개발원, 『한 · 일 상호이해 증진을 위한 사회과 교과서 개선연구 토론회 자료집』, 한국교육개발원, 1996.

_____, 『남북한 및 일본 중국 역사 교과서에 나타난 발해사 관련 내용 및 참고자료 (RM2002-46)』, 한국교육개발원, 2002.

_____, 『독 · 폴 교과서 협의사례 연구, 부록 2: 독일 인문계 김나지움 4학면 역사교과서 〈우리가 만드는 역사〉 번역본(연구자료 RM 2002-57)』, 한국교육개발원, 2002.

_____, 『20세기의 독일과 폴란드 분석, 사료, 교수법 시사(RM2002-61), 한국교육개발원, 2002.

_____, 『1966년도 폴란드 역사교과서(RM2002-59)』, 한국교육개발원』, 2002.

한국교육개발원, 『역사분야 독일-폴란드 교과서회의의 학문적 성과 1972-
　　　　1987(RM2002-62)』, 한국교육개발원, 2002.
　　　　　　　　, 『독일-폴란드 교과서협의 사례연구(연구보고 CR 2002-32)』,
　　　　한국교육개발원, 2002.
　　　　　　　　, 『한국, 독일 양국의 이해증진을 위한 사회과 교육의 역할(한 · 독
　　　　교과서 관계자 학술회의)』, 한국교육개발원, 1994.
　　　　　　　　, 『국제화해(Internationale Verstaendigung) 게오르크-에케르트 국
　　　　제교과서연구소 25주년 기념논총(부록 2)』, 한국교육개발원 a, 2002.
　　　　　　　　, 『20년간의 서유럽 역사교과서 개선활동 : 1945-1965.(부록 1)』,
　　　　한국교육개발원 b. 2002.
　　　　　　　　, 『통일 그리고 북한과 독일의 교육현실』, 한국교육개발원 c, 2002.
　　　　　　　　, 『국가 간 상호 이해증진을 위한 교과서 개선(국제학술회의 발표논
　　　　문집, 토론문)』, 한국교육개발원, 2002.
한국 역사교과서연구회/일본 역사교육연구회, 『역사교과서 속의 한국과 일본』, 혜
　　　　안 2000.
한국학 중앙연구원 한국문화교유센터 엮음, 『민족주의와 역사교과서』, 에디터,
　　　　2005.
한명희 · 김현덕 · 강환국 외, 『국제사회와 국제이해교육』, 정민사, 1996.
한운석, 『독일의 역사화해와 역사교육』, 신서원, 2009.
한 · 일 공통역사교재 제작팀 지음, 『조선통신사(도요토미 히데요시의 조선 침략과
　　　　우호의 조선통신사』, 한길사, 2006.
한 · 일 역사 공동연구위원회 편, 『한일역사공동연구 보고서(전 6권)』, 한일 역사 공
　　　　동연구위원회, 2005.
한 · 일 여성공동역사교재 편찬위원회 지음, 『여성의 눈으로 본 한 · 일 근현대사』,
　　　　한울아카데미, 2011.
한일관계사학회, 『한국과 일본 -왜곡과 콤플렉스의 역사-』, 자작나무, 1998.
한 · 중 · 일 3국 공동 역사편찬위원회, 『미래를 여는 역사』, 한겨레신문사, 2005.
한 · 중 · 일 3국 공동 역사편찬위원회, 아시아 평화와 역사교육연대 지음, 『한 ·

중 · 일이 함께 쓴 동아시아 근현대사 1 : 국제 관계의 변동으로 읽는 동아시아의 역사』, 휴머니스트, 2012.

한 · 중 · 일 3국 공동 역사편찬위원회, 아시아 평화와 역사교육연대 지음, 『한 · 중 · 일이 함께 쓴 동아시아 근현대사 2 : 테마로 읽는 사람과 교류의 역사』, 휴머니스트, 2012.

한 · 중 · 일 3국 공동 역사편찬위원회 지음, 『미래를 여는 역사: 한 · 중 · 일이 함께 만든 동아시아 3개국의 근현대사(개정판 4판)』, 한겨레출판사, 2012.

현성용 · 김교헌 외, 『현대 심리학의 이해』, 학지사, 2008.

황백현, 『일본교과서 한국왜곡의 실재』, 국민독서운동회, 1992.

Becher, Urasula 저, 김승렬 · 이진모 역, 『국제화해 게오르크-에케르트 국제교과서연구소 25주년 기념 논총』, 한국교육개발원, 2002.

2) 논문

강선주 · 최상훈, 「미국 세계사 교과서에 나타난 한국: 9학년 이상에서 사용되는 6권의 미국 세계사 교과서 분석」, 『역사교육연구』 1, 2005.

강주현, 「한국영화에 나타난 장애인의 스테레오타입에 관한 연구: 1991년-2003년 한국영화를 중심으로」(부산대학교 대학원 석사학위논문), 2005.

강준영, 「중국의 고구려사 인식이 한중관계에 미치는 영향-"동북공정"을 둘러싼 양국의 역사 인식을 중심으로-」, 『중국연구』 36, 2005.

강철구, 「한국에서 서양사를 어떻게 보아야 하나 - 유럽중심주의의 극복을 위한 제언」, 『서양사론』 제92호, 2007.

강택구 · 박재영, 「중국 조선족 역사교과서에 나타난 한국관련 내용분석(Ⅰ)」, 『백산학보』 81, 2008.

_____, 「역사교육과 국가 이미지의 상관관계에 대한 연구 -대한민국 중등학교 역사교육이 중국 국가 이미지에 어떤 영향을 끼치는가에 대한 설문조사를 중심으로-」, 『경주사학』 32집, 2010.

강현주, 「해방 30년의 한국문학 속에 나타난 미국의 대중적 이미지」, 『미국학논집』 11, 1978.

강혜두 · 주어휑이 · 허진, 「중국 언론에 나타난 남 · 북한 이미지 비교분석 연구 (1949-1996)」, 『한국언론학보』 제43-1호, 1998.

고광현, 「중국 정치권력의 미란다와 그레덴다 -역사조작과 중화사상을 중심으로-」, 『한국외교안보연구원 정책연구자료』, 2004.

고동연, 「전후 한국영화에 등장하는 주한미군의 이미지」, 『미국사연구』 30, 2009.

고유경, 「한독관계 초기 독일인의 한국인식에 나타난 근대의 시선」, 『호서사학』 40집, 2005.

곤도 다카히로, 「過去淸算問題의 日 · 獨比較」, 『제9차 국제교과서 학술회의 논문집』, 국제교과서연구소, 2000.

구난희, 「중국 역사교육에서의 '민족'과 고구려 · 발해 서술변화에 대한 고찰」, 『중국의 역사교육, 그 실상과 의도』, 2006.

권영수, 「언어적 관철전략과 성별 스테레오타입」, 『언어과학연구』 제30집, 2004.

권택영, 「미국 소설 속의 한국: 〈조선삽화〉와 〈딕테〉에 나타난 반복이미지」, 『미국소설』 13(2), 2006.

게하르트 쉴트(Gerhard Schildt), 「독일의 민족주의 - 어제와 오늘 -」, 『제11차 국제역사교과서 학술회의 논문집』. 국제교과서 연구소, 2003.

권영수, 「프로토타입 의미론의 효용」, 『독일어문학』 4집, 1996.

_____, 「프로토타입 의미론과 스테레오타입 의미론」, 『현대문법연구』 20호, 2000.

김광옥 · 하주용, 「지상파 텔레비전 광고에 나타난 여성의 이미지: 고정관념지수 (Stereotype Index)를 이용한 성별 스테레오타입 분석」, 『한국언론학보』 제51권 2호, 2007.

김동식, 「한국 영화에 등장하는 미국 또는 미국인의 이미지에 관하여」, 『민족문학사연구』 36, 2008.

김만수, 「한국 소설에 나타난 미국의 이미지」, 『한국현대문학연구』 25, 2008.

김미영, 「안정효 소설에 나타난 미국의 이미지연구」, 『미국학논집』 36(3), 2004.

_____, 「한국(근)현대소설에 나타난 미국 이미지에 대한 개괄적 연구」, 『미국학논집』, 37(3), 2005.

김민성 · 조성욱,「미국 대학생들의 한국에 대한 국가이미지: 텍사스주 대학생을 사례로」,『한국지리환경교육학회지』19(1), 2011.

김병국,「세계 4대 관광 국가들의 이미지 차이 분석에 관한 연구」,『대한경영학회지』24(4), 2011.

김상민,「할리우드 영화에 나타난 한국: 이미지의 왜곡과 변화」,『미국사연구』18, 2003.

김상우 · 장영혜,「국가이미지의 선행요인과 결과요인의 관계: 한 · 미 비교를 중심으로」,『대한경영학회지』24(1), 2011.

김선영,「고령화 사회의 노인이미지 분석: 4개의 텔레비전 광고 텍스트 분석을 중심으로」,『가족과 문화』제19집 2호, 2007.

김성민,「스테레오타입의 대항 매체로서의 다큐멘터리 사진: 1970년대 이후의 경향을 중심으로」,『경주대학교 논문집』13권, 2000.

김승렬,「"두 개의 시선으로 바라본 관계사: 독일−폴란드 역사교과서 대화」,『역사대화의 경험 공유와 동아시아 협력모델 찾기(동아시아 역사인식 공유를 위한 국제심포지엄 Ⅲ」, 아시아평화와역사교육연대, 2006.

_____,「독일 · 폴란드의 국경분쟁과 역사분쟁 −슐레지엔 · 실롱스크의 경우」,『유럽의 영토분쟁과 역사분쟁』, 동북아역사재단, 2008.

김연진,「아시아계 미국인과 대중매체: 스테레오타입과 이미지」,『사회정책논총』14집 1권, 2002.

_____,「한국 언론을 통해 본 미국과 미국화: 이미지와 담론」,『미국학논집』37(3), 2005.

_____,「미국 이민의 이미지와 '이민의 나라': 미국 시사잡지 표지(1965−1986)를 통해 본 이민의 이미지를 중심으로」,『미국사연구』26, 2007.

김용철 · 최종건,「한국인의 반미행동 의도에 대한 인과 분석: 미국의 이미지와 한국의 이미지를 중심으로」,『국제정치논총』45(4). 2005.

김우준 · 김예경,「중국의 대내외 전략과 동북공정 현황과 우리의 대응」,『세계지역연구논총』22, 2004.

김유경, 「기억을 둘러싼 갈등과 화해 -독일·프랑스 및 독일·폴란드의 역사교과서 협의-」, 『역사비평』 59호, 2002.

_____, 「과거의 부담과 역사교육 -홀로코스트와 중등학교 역사교과서-」, 『서양사론』 77호, 2003.

김유리, 「중국 교과서제도의 현황과 특징 - 역사교과서를 사례로 -」, 『중국의 역사교육, 그 실상과 의도』, 2006.

김은옥, 「문말에 나타나는 스테레오타입 표현: 문말 언어형식을 중심으로」, 『일본연구』 제27호, 2006.

_____, 「잡지에 나타나는 젠더 스테레오타입 표현: 논노 잡지 분석을 중심으로」, 『일어일문학연구』 제59집 1권, 2006.

김정규, 「미국에 대한 한국 청소년들의 호감과 비호감 이해」, 『사회이론』 31호, 2007.

김정인, 「종전 70주년, 일본발 역사전쟁의 서막」, 『경향신문』, 경향신문사, 2014. 11. 25.

김종미, 「中國文獻에 나타나는 '蚩尤'의 이중형상(1)」, 『중국어문학지』 제25집, 중국어문학회, 2007.

김재한, 「통일독일 국경의 탈근대적 안정화」, 『영토해양연구』 3권. 2012.

김지윤·오오에 코모코·시게마스 카즈오, 「한국인과 일본인이 인지하는 메타스테레오타입의 정확성에 관한 연구」, 『한국심리학회지』 27(3), 2008.

김지훈, 「중화인민공화국 역사 교과서에 나타난 고구려·발해사 서술」, 『동북공정과 한국학계의 대응논리』, 동북아역사재단, 2008.

김태현, 「세계인들은 한국을 어떻게 보는가: 5개국 국민들의 한국 호감도 비교분석」, 『평화연구』15(2), 2007.

김호기, 「이제 미국은 없다?」, 『신동아』, 2003년 10월호.

김현주, 「스테레오타입: 재현된 아시아 여성과 아시아계 미국 여성의 재현」, 『서양미술사학회논문집』 제24집, 2005.

김춘식, 「독일의 역사적 스테레오타입 연구」, 『서양사론』 제91호, 2006.

나인호, 「한국적 독일사 연구의 대차대조표」, 『역사학보』 195집, 2007.

나인호, 「미국과 미국적인 것에 대한 독일인들의 인식」, 『미국사연구』, 16집, 2002.

남윤삼, 「독일 나치정권하 강제노동자의 임금청구에 관한 법적 고찰」, 『한국 근현대사연구』 25집, 2003.

노기식, 「중국 역사교과서의 북방 민족사 서술」, 『중국 역사교과서의 민족 · 국가 · 영토문제』, 2006.

다나카 도시다스, 「일본의 역사교육 사례: 19세기 후반 일본인의 아시아관」, 『역사교과서 속의 한국과 일본』, 혜안, 2000.

라이너 리멘슈나이더, 「1935-96년 간 독일 · 프랑스 및 독일 · 폴란드 협의활동」, 『21세기 역사교육과 역사교과서 -한 · 일 역사교과서 문제해결의 새로운 대안-』, 오름, 1998.

로베르트 마이어, 「독일-폴란드 간 역사교과서 협의 난제 해결에 관해」, 『역사대화의 경험 공유와 동아시아 협력모델 찾기(동아시아 역사인식 공유를 위한 국제심포지엄 Ⅲ』, 아시아평화와역사교육연대, 2006.

류용태, 「중화민족론과 동북지정학 -"동북공정"의 논리근거-」, 『동양사학연구』 93, 2005.

류재택, 「역사교과서 협력과 동아시아의 평화」, 『제12차 국제 역사교과서 학술회의 논문집(국제 역사 교과서 회의)』, 국제교과서연구소, 2005.

리멘슈나이더, R., 「독일 역사교과서에 나타난 과거청산문제」, 『제9차 국제교과서 학술회의 논문집』, 국제교과서연구소, 2000.

마키에비츠, M., 「폴란드의 관점에서 본 독일의 교과서연구」, 『제6차 국제교과서 학술회의 논문집』, 국제교과서연구소, 1995.

문영숙, 「텔레비전광고의 젠더묘사에 대한 비교문화연구: 한국과 홍콩 광고물 분석」, 『광고학 연구』 제13권 3호, 2002.

마석한, 「역사교과서와 교과서분석」, 『실학사상연구』 9, 1997.

민향기, 「Stereotype und Deutschlernen in Korea」, 『독어교육』, 19집, 2000.

_____, 「Stereotype und Landeskundevermittlung」, 『외국어로써의 독일어』, 6집, 2000.

박기선, 「여성잡지에 나타난 여성의 이미지에 대한 연구」(한양대학교 대학원 신문
　　　방송학과 석사학위논문), 1990.

박상훈 · 변지연 · 현단, 「한국과 중국 신문 기사에 나타난 한국과 중국의 국가 이미
　　　지에 관한 연구」, 『한국항공경영학회지』 제6권 1호, 2008.

박선미 · 우선영, 「사회과 교과서에 나타난 국가별 스테레오타입 – 제7차 고등학교
　　　사회교과서 중 일반사회 영역을 중심으로 –」, 『사회과 교육』 48권 4호,
　　　2009.

박영철, 「중국 역사교과서의 한국사서술과 그 인식 – 전근대를 중심으로」, 『한국사
　　　론 38: 중국 교과서의 한국사 인식』, 국사편찬위원회, 2003.

박의서, 「미국 여행도매업자의 한국 관관이미지에 관한 실증적 연구」, 『관광경영학
　　　연구』 6, 1999.

박장배, 「개혁개방 이후 중국의 중 · 고교용 역사교재 편제 분석 –『세계역사』·『
　　　세계근현대사』를 중심으로 –」, 『중국의 역사교육, 그 실상과 의도』(고구
　　　려연구제단 5차 학술회의 자료집), 2006.

박재영, 「구한말 독일인 묄렌도르프의 조선인식」, 『동학연구』 21, 2006.

＿＿＿, 「한 · 중 · 일 3국의 역사교과서 협의의 제문제 – 유럽의 교과서 협의와 비
　　　교하여」, 『백산학보』 75호, 2006.

＿＿＿, 「역사적 스테레오타입 사례연구: 서세동점기 독일인 오페르트의 조선이미
　　　지」, 『동학연구』 21, 2007.

＿＿＿, 「역사적 스테레오타입 사례연구: 구한말 독일인 의사 분쉬(R. Wunsch)의
　　　조선이미지」, 『서양사론』 93, 2007.

＿＿＿, 「북한 "조선력사" 교과서에 나타난 서세동점기 서구 제국주의에 대한 이미
　　　지 분석」, 『백산학보』 77, 2007.

＿＿＿, 「루이제 린저의 남북한 여행기에 나타난 한국의 표상」, 『역사문화연구』
　　　30, 2008.

＿＿＿, 「역사적 스테레오타입 연구의 현황과 전망」, 『역사학보』 198, 2008.

＿＿＿, 「유럽의 교과서 협의와 국제교과서연구소의 활동」, 『세계의 역사교과서 협
　　　의 – 유럽과 동아시아를 중심으로』, 백산자료원, 2008.

박재영 · 홍성욱 · 최문정 · 유도근, 「역사교과서 · 이미지 · 스테레오타입 −한 · 중 역사교과서에 나타난 상호 이미지의 비교」, 『경주사학』 30, 2009.

박재영, 「영화 〈300〉에 나타난 서구중심주의 − 왜곡된 역사적 사실의 스테레오타입화(stereotypisierung) −」, 『역사문화연구』 36집, 2010.

_____, 「국가 간 상호 이해증진을 위한 공동 역사교과서 편찬의 배경과 의미」, 『다문화콘텐츠연구』 제16집, 2014.

박찬희 · 전찬권, 「군대복무 경험과 스테레오타입간의 관계에 관한 연구: 조직유형별 비교분석을 중심으로」, 『경영학논집』 제30권 2호, 2004.

반길성, 「考古學的 發掘로 본 製紙術의 起源」, 『한국펄프, 종이공학회 2004년 추계학술발표논문집』, 2004.

보리스, B. , 「독일 역사교과서에 비친 전체주의상」, 『제8차 국제교과서 학술회의 논문집』, 국제교과서연구소, 1997.

볼프강 야콥마이어, 「독일 및 폴란드 권고안 발표 이후 독일에서의 역사교재 변화」, 『독일−폴란드 교과서 협의 사례연구(연구보고 CR 2002−32)』, 한국교육개발원, 2002.

볼프강 횝켄(Höpken, Wolfgang), 「교과서개선 − 경험, 성과, 과제」, 『국가간 상호 이해 증진을 위한 교과서 개선』, 한국교육개발원 국제학술회의 발표논문집, 2002.

북한민주화포럼 교과서 용역 프로젝트 팀, 『중등교과서의 반대한민국적 내용 실태 분석 및 개선 방안 연구보고서』, 2009.

블로지미에르 보로지에, 「폴란드 · 독일 협력활동」, 『21세기 역사교육과 역사교과서 −한 · 일 역사교과서 문제해결의 새로운 대안』, 오름, 1988.

서인원, 「스테레오타입 역사 이론과 '민족' 논의 − 고등학교 국사 교과서 근현대사 부분을 중심으로 −」, 『역사와 교육』 10집, 2010.

서정우 · 차배근 · 최창섭, 「재한 미국인의 한국에 대한 이미지 조사연구」, 『한국언론학보』 9, 1976.

소치형, 「중국의 "동북공정"과 정치적 의도」, 『중국연구』 23, 2004.

송충기, 「사법적 청산에서 역사적 성찰로: 독일의 사례」, 『세계의 과거사 청산』, 푸른역사, 2005.

쉴트, W., 「독일의 민족주의 -어제와 오늘-」, 『제11차 국제역사교과서 학술회의 논문집』. 국제교과서 연구소, 2003.

신복룡, 「서세동점기의 서구인과 한국인의 상호인식」, 『한국사연구』 27집, 2004.

신주백, 「역사왜곡에 대한 대응의 역사 -1982년에 일어난 일-」, 『문답으로 읽는 일본 교과서 역사왜곡』, 역사비평사, 2001.

_____, 「韓 · 日間 歷史對話의 探索과 協力모델 찾기」, 『한일민족문제연구』 제11집, 2006.

신홍임, 「고정관념의 위협과 인지적 과제의 수행」, 『한국심리학회지: 사회 및 성격』 22권 3호, 2008.

아시아 평화와 역사연구소 편, 「한 · 중일 · 3국의 역사교육과 역사인식 공유 방안」, 『한 · 중 · 일 3국의 근대사 인식과 역사교육』, 선인, 2005.

안병우, 「중국의 고구려사 왜곡과 동북공정」, 『국제정치연구』 7, 2004.

안병직, 「국제화해와 역사교육 -독일사례를 중심으로-」, 『역사교육』 98집, 2006.

_____, 「홀로코스트의 기억과 역사가」, 『독일연구』 14집, 2007.

안희경 · 하영원, 「기업브랜드 스테레오타입에 일치하지 않는 정보가 스테레오타입의 변화에 미치는 영향」, 『마케팅연구』 제16권 1호, 2001.

양미강, 「동아시아 화해를 위한 시민사회의 역사대화」, 『동아시아에서 역사인식의 국경 넘기』, 선인, 2008.

오병수, 「개혁 개방 이후 중국의 중 · 고교용 역사교재 편제 분석 - 중국 역사, 근현대사를 중심으로 -」, 『중국의 역사교육, 그 실상과 의도』, 2006.

_____, 「중국 중등학교 역사교육과정의 성립과 변천」, 『한국사론 38: 중국 교과서의 한국사 인식』, 국사편찬위원회, 2003.

오영훈, 「문화코드로서 스테레오타입 - 스테레오타입의 이론적 고찰과 한국어 동물명칭 사례를 중심으로 -」, 『독일어문학』 44집, 2009.

오인영, 「개화기 주한 서양인들의 생활상」, 『동양학』 35집, 2004.

유부현, 「『무구정광대다라니경』에 사용된 무주신자 연구」, 『정보학회지』 31권 4호, 2004.

유재춘, 「고정관념의 정체와 창조적 사고를 위한 두뇌활용법 연구」, 『디자인연구』 통권 제34호, 2000.

윤명철, 「『환단고기』의 사회문화적 영향 검토」, 『단군학연구』 제2호, 2000.

윤혜진, 「한국 고등학생들의 일본문화 스테레오타입의 실태조사에 관한 연구」 (부산외국어대학교 교육대학원 석사학위논문), 2006.

윤휘탁, 「중국의 역사교과서 발간과 한국사 서술 현황 – 대만 역사교과서와의 비교분석」, 『중국의 역사교육, 그 실상과 의도』, 동북아역사재단, 2006.

_____, 「중국 중·고교 역사 교과서에 반영된 '중화의식'」, 『중국 역사교과서의 민족·국가·영토문제』, 2006.

위르겐 코카(Jürgen Kocha), 「불편한 과거사의 처리: 1945년 및 1990년 이후 독일의 집단기억과 정치」, 『독일연구』 제7호, 2004.

이명자, 「남북의 현대사에 새겨진 미국의 이미지」, 『민족21』 89, 2008.

이병련, 「독일 역사교과서에 나타난 나치독재와 홀로코스트(1)」, 『독일연구』 10호, 2005.

_____, 「역사교과서의 의미와 서술기준 그리고 분석의 기준에 관하여」, 『사총』 52집, 2000.

이배용, 「서양인이 본 한국 근대사회」, 『이화사학연구』, 28집, 2001.

이상철, 「한국 신문에 나타난 미국의 이미지」, 『한국언론학보』 15, 1982.

이시다 유지, 「일본과 독일에 있어서 전체주의 비교」, 『제8차 국제교과서 학술회의 논문집』, 국제교과서연구소, 1997.

이영규, 「한국 고교생의 중세 한일관계사 이해」, 『역사교과서 속의 한국과 일본』, 혜안, 2000.

이진모, 「나치의 유태인 대학살과 "평범한 독일인들"의 역할」, 『역사비평』 42호, 1998.

이춘수·신소현·김미정, 「국가 및 기업이미지가 미국소비자의 한국제품 평가에 미치는 영향에 관한 연구」, 『무역학회지』 33(2), 2008.

이현송, 「미국 신문에 나타난 한국 및 한국인에 대한 이미지: 지난 20여년간 New York Times지의 사례분석」, 『미국학논집』 36(3), 2004.

이현진, 「TV광고에 나타난 여성 스테레오타입 이미지의 변화: '의미화'를 중심으로」(서강대학교 대학원 석사학위논문), 2007.

이효영, 「글로벌 시대의 역사인식과 세계사」, 『역사교육』 100집, 2006.

이희옥, 「중국의 '동북공정' 추진현황과 참여기관 실태」, 『중국의 동북공정과 중화주의』, 고구려연구재단(연구총서 12), 2005.

임기환, 「중국의 동북공정과 한국 역사학계의 대응-고구려사 인식을 중심으로-」, 『사림(성대사림)』 26, 2006.

임성택, 「세계시민교육 관점에서의 외국인에 대한 한국학생들의 고정관념 분석」, 『교육학연구』 41권 3호, 2003.

장세윤, 「최근 중국 역사 교과서의 변동 추세와 한국근현대사 서술-고급중학교 교과서를 중심으로」, 『중국 역사교과서의 민족 · 국가 · 영토문제』, 2006.

장익진, 「우리나라 주요 일간지에 나타난 미국 · 소련 · 일본 · 중국 관계 뉴스 분석: 독자들의 눈에 비친 4강의 대 한국관계 이미지」, 『언론정보연구』 30, 1993.

전영현, 「한국 고등학생의 해외 유학국 국가이미지 인식에 관한 탐색적 연구」, 『인문콘텐츠』 24, 2012.

정신철, 「중국 조선족 문화와 교육발전의 현황 및 대책」, 『중국조선족의 중간 집단적 성격과 한중관계』, 백산자료원, 2007.

정재정, 「역사교과서를 위한 한국 · 일본 협의활동과 몇 가지 과제」, 『21세기 역사교육과 역사교과서 - 한 · 일 역사교과서 문제해결의 새로운 대안-』, 유네스코한국위원회, 1998.

조윤경, 「동북공정논쟁 이후의 한중 양국의 인식차이에 대한 비교연구」, 『중국학』 31권, 2008.

차용구, 「독일과 폴란드의 역사화해 -접경지역의 탈민족주의적 해석을 중심으로-」, 『동서양 역사 속의 소통과 화해』, 학고방, 2011.

최강석, 「'동북공정'의 배경과 내용 및 대응방안」, 『한국고대사연구』 33, 2004.

최석희, 「독일인의 한국여행기에 나타난 한국상」, 『독일어문학』 26집, 2004.

최연식, 「탈냉전기 중국의 민족주의와 동북아질서」, 『21세기정치학회』 14, 2004.

최장집, 「한미관계의 미래 – '반미감정'에 대한 단상」, 『아세아연구』 111, 2003.

최진봉 · 유찬열, 「뉴욕타임즈와 로스앤젤레스타임즈에 보도된 한국과 일본의 국가 이미지 분석」, 『동서언론』 9, 2005.

클라우디아 슈나이더, 「유럽의 경험 및 동아시아의 현재 상황에 비추어 본 일본 역 사교과서 문제」, 『역사인식을 둘러싼 자화상, 외부의 시선』, 선인, 2008.

하유리, 「독일어 스테레오타입의 다해석성」(한국외국어대학교 대학원 석사학위논 문), 2004.

한(Hahn), H. H., 「독일교과서 분석에 원용된 비교사학의 이론」, 『제7차 국제교과 서 학술회의 논문집』, 국제교과서연구소, 1996.

한설아 · 박진숙, 「중세말 근대초 유럽의 마녀사냥에 대한 여성사적 접근」 『이화여 자대학교 대학원 논문집』 25, 1993.

홍승진, 「독일과 폴란드의 역사교과서 협의」, 『세계의 역사교과서 협의』, 백산자료 원, 2008.

황인규, 「세계의 공동 역사교과서와 공동 역사서의 편찬과 간행: 현황과 실태, 그 의의를 중심으로」, 『세계의 공동 역사교과서 · 교재와 동아시아 공동 역사 교과서의 가능성 모색』, 동국대학교 역사교과서연구소 · 동북아역사재단 공동학술회의 발표자료집, 2014.

황주희, 「한국어 학습자의 스테레오타입연구: 중국인 학습자를 대상으로」(연세대 학교 교육대학원 석사학위논문), 2007.

황지숙, 「한국 중 · 고등학교 역사교사들의 동아시아사 교육인식」, 『한중일 동아시 아사 교육의 현황과 과제』, 선인, 2008.

2. 국외 문헌

1) 단행본

Allen. D. J., *The Oder-Neisse line: the United States, Poland, and Germany in the Cold War,* Westport: Praeger, 2003.

Allport, G. W., *The nature of prejudice,* New York, Addison-Wesley, 1954.

Antoni, M., *Das Potsdamer Abkommen Trauma oder Chance? Geltung, Inhalt und stattsrechtliche Bedeutung für Deutschland,* Berlin, 1985.

Askani, B. und Wagener E.(ed.), *ANNO 4(Das 20. Jahrhundert),* Band 4, Westermann, Braunschweig, 1997.

Becher, U. A. J., *Interkulturelle Dimensionen der Schulbuchforschung, Dimensionen der Historik. Geschichtstheorie, Wissenschaftsgeschichte und Geschichtskultur heute(Joern Ruesen zum 60. Geburtstag),* Koeln, 1998.

Bernlochner L.(ed.), *Geschichte und Geschehen 2(Oberstufe Ausgabe A/B),* Ernst Klett Verlag(Stuttgart, Düsseldorf, Leipzig, 2000.

BGBl. I vom 11. August 2000, S. 1264, nachfolgend EVZStiftG.

Boden, Philip K.(ed.), *Promoting International Understanding through School Textbooks. A Case Study,* Braunschweig, 1977.

Borodziej, W., H. H. Hahn & I. Kakolewski, *Polen und Deutschland, ein kurzer Leitfaden zur Geschichte ihrer Nachbarschaft,* Warzawa, 1999.

Christian Thonke, *Hitlers langer Schatten. Der mühevolle Weg zur Entschädigung der NS-Opfer,* Wien, 2004.

Chung, Hoan-Tschel, *Urteile über Völker in Korea: Zur Erhebung von Stereotypen und Sympathie-Urteilen von Koreanern gegenüber neun bestimmten Völkern,* Univ. of Tübingen, 1970.

Dawidowicz, Lucy S., *Der Krieg gegen die Juden 1933-1945,* Muenchen: Kindler, 1975.

Dawkins, Richard, *The God Delusion,* Transworld, 2006.

Düx, H., *Die Beschützer der willigen Vollstrecker. Persönliche Innenansichten der bundesdeutschen Justiz,* Bonn, 2004.

Fleming, Gerald, *Hitler und die Endloesung - "Es ist des Fuehrers Wunsch...".* Frankfurt/M, Berlin, Ullstein: Zeitgeschichte., 1987.

Fonds Erinnerung und Zukunft der Stiftung Erinnerung, Verantwortung und Zukunft ed., *Tätikeitsbericht 2001~2005,* Berlin, 2006.

Geiss, P. & Quintrec Le G.(Hrsg.), *Geschichte, Europa und die Welt seit 1945.* Leipzig: Ernst Klett Schulbuchverlage, 2006.

Geiss, P. & Quintrec Le G. (Hrsg.)/ Kim, S. R & Yun, S. J.(Translated), *German-French history textbook: Europe and the World since 1945,* Seoul: Humanist, 2008.

Gemeinsame Deutsch-Polnische Schulbuchkommission, *Empfehlungen für Schulbücher der Geschichte und Geographie in der Bundesrepublik Deutschland und in der Volksrepublik Polen, Georg-Eckert-Institut für internationale Schulbuchforschung,* Braunschweig, 1977.

Georg E. & Schueddekopf, O. E.(ed.)/ Kim, S. R.(translated), *Zwanzig Jahre Westeuropaeischer Schulgeschichtsbuchrevision 1945-1965,* Seoul: KEDI, 2002.

Gerlach, C., Krieg, ernaerung, *Voelkermord - Deutsche Vernichtungspolitik im Zweiten Weltkrieg,* Zuerich, Muenchen: Pendo, 2001.

Göpfert, Hans ed., *Ausländerfeindlichkeit durch Unterricht: Konzeptionen und Alternativen für die Schulpraxis der Fächer Geschichte, Sozialkunde und Religion,* Düsseldorf, Pädagogischer Verlag Schwann-Bagel, 1985.

Goschler, C., *Wiedergutmachung·Westdeutschland und die Verfolgten des Nationalsozialismus 1945-1954,* München, 1992.

Goschler, C., *Schuld und Schulden. Die Politik der Wiedergutmachung für NS-Verfolgte seit 1945,* Göttingen, 2005.

Günzel, W., *Polen,* Verlag für literatur und Zeitgeschehen GMBH, Hannover, 1963.

Günther, Wolfgang ed., *Gesellschaftliche Bewegungen in Nordwestdeutschland und Nordpolen: Beiträge zur Geschichte der Arbeiterbewegung,* Oldenburg, 1987.

Günther-Arndt H., Hoffmann D. und Zwölfer N.(ed.), *Geschichtsbuch(Das 20. Jahrhundert),* Band 2(Oberstufe), Cornelsen, Berlin, 1998.

Hahn, H. H., ed., *Berichte und Forschungen: Jahrbuch des Bundesinstituts für Ostdeutsche Kultur und Geschichte Körperschaft,* München u. Oldenburg, 1994.

Hahn, H. H. ed., *Historische Stereotypenforschung. Methodische Überlegungen und empirische Befunde,* Oldenburg, 1995.

Hahn, H. H. ed., *Stereotyp, Identität und Geschichte,* Frankfurt/M u.a., 2002.

Hahn, H. H. & Mannová, Elena ed., *Nationale Wahrnehmungen und ihre Stereotypisierung: Beiträge zur Historischen Stereotipenforschun,* Frankfurt am Main, Berlin, Bern, Bruxelles, New York, Oxford und Wien, 2007.

Hann, Ulrich, *Aspekte interkultureller Kommunikation: eine Studie zum Deutschenbild der Koreaner und Koreanerbild der Deutschen in Suedkorea auf der Grundlage phaenomenologischer Alltagsbeobachtungen und empirisch ermittelter national Stereotypen,* München, 1985.

Hinrichs, E.(ed.), *Deutsch-israelische Schulbuchempfehlungen(Zur Darstellung der jüdischen Geschichte sowie der Geschichte und Geographie Israels in Schulbüchern der Bundesrepublik Deutschland Zur Darstellung der deutschen Geschichte und der Geographie der Bundesrepublik Deutschland in israelischen Schulbüchern), Studien zur internationalen Schulbuchforschung,* Band 44, Frankfurt am Main: Moritz Diesterweg: Georg-Eckert-Institut, 1992.

Hockerts, H. G., Moisel, C. & Winstel, T., *Grenzen der Wiedergutmachung. Die Entschädigung für NS-Verfolgte in West- und Osteuropa 1945~2000,* Göttingen, 2006.

Hoffmann, Johannes ed., *Stereotypen·Vorurteile·Völkerbilder in Ost und West - in Wissenschaft und Unterricht(Eine Bibliographie),* Otto Harrassowitz·Wiesbaden, 1986.

KEDI(ed.), *German-Polish textbook conferences and academic performance 1972-1987 in history Section(RM 2002-62),* Seoul: KEDI, 2002.

Kim, Chun-Shik, *Ostasien zwischen Angst und Bewunderung,* Univ. of Hamburg, 2001.

Kim, K., *Developing a Stereotype Index of gender role stereotypes in television advertising(Doctoral Dissertation),* Southern Illonois University Carbondale, UMI No. 3204658, 2005.

Lee, Dong-Hoo, *East Asian Images in selected American popular films from 1930 to 1993,* Univ. of New York, 1996.

Lippmann, Walter, *Public Opinion,* New York, 1922.

Lippmann, Walter, *Die öffentliche Meinung,* München, 1964.

Meyer E., *Deutschland und Polen(1914-1970),* Ernst Klett, Stuttgart, 1981.

Mütter B., Pingel F. und Zwölfer N. unter Mitarbeiter von Hoffmann D., *Geschichtsbuch 4(Die Menschen und ihre Geschichte in Darstellungen und Dokumenten: Von 1918 bis 1995),* Neue Ausgabe, Cornelsen, Berlin, 2000.

Overesch M., *Deutschland 1945-1949: Vorgeschichte und Gründung der Bundesrepublik, Ein Leitfaden in Darstellung und Dokumenten,* Athenäum/Droste Taschenbücher Geschichtw, 1979.

Paetzold, Kurt, *Verfolgung, Vertreibung,* Vernichting, Leipzig: Reclam-Verlag, 1991.

Park, Jae-Young , *Kommunismus-Kapitalismus als Ursache nationaler Teilung: Das Bild des geteilten Koreas in der deutschen und des geteilten Deutschlands in der koreanischen Literatur seit den 50er Jahre(Diss.)*, Univ. of Oldenburg, 2005.

Pleitner, Berit, *Die 'vernünftige' Nation: Zur Funktion von Stereotypen über Polen und Franzosen im deutschen nationalen Diskurs 1850 bis 1870*, Frankfurt am Main, Berlin, Bern, Bruxelles, New York, Oxford und Wien, 2001.

Putnam, H., *Die Bedeutung von Bedeutung*, Frankfrut am Main, Klostermann, 1990.

Quasthoff, U., *Soziales Vorurteil und Kommunikation - Eine sprachwissens chaftliche Analyse des Stereotyps*, Frankfurt a. M., 1973.

Reichel, P., *Vergangenheitsbewältigung in Deutschland*, München 2001.

Riemenschneider, R., *Transnationale Konfliktbearbeitung -Die deutsch-franzoesischen und die deutsch-polnischen Schulbuchgespraeche im Vergleich, 1935-1937, Internationale Schulbuchforschung* 20. Braunschweig, 1998.

Roseman, Mark, *Die Wannsee-Konferenz - Wie die NS-Buerokratie den Holocaust organisierte*, Berlin: Ullstein, 2002.

Said, Edward W., *Orientalism*, Random House, 1979.

Schaff, A., *Sprache und Erkenntnis und Essays über die Philosophie der Sprache*, Hamburg, 1974.

Schaff, Adam, *Stereotypen und das menschliche Handeln*, Wien, 1997.

Schüddekopf, Otto-Ernst ed., *Zwanzig Jahre Westeuropäischer Schulgeschichts buchrevision 1945-1965*, Braunschweig, Albert Limbach Verlag, 1966.

Stehle, H., *Deutschlands Osten - Polens Westen?*, Ficher Bücherei KG, Grankfurt am Main, 1965.

UNESCO, *A Model Plan for the Analysis and Improvement of Textbooks and Teaching Materials as Aids to International Understanding*, UNESCO, Paris, 1949.

UNESCO, *A Handbook for the improvement of textbook and teaching matetials. As aids to international understanding*, UNESCO, Paris, 1949.

2) 논문

Ahn, Yonson, "Nationalisms and the mobilisation of history in East Asia: The "War of History" on Koguryo/Gaogouli", *International Textbook Research*, Vol 27. Braunschweig: Hahnsche Buchhandlung, 2005.

Borodzimierz, W., "Polish-German Cooperation", *history education and history textbooks in 21st century*, UNESCO Korea Committee, 1988.

Devine, P. G., "Stereotypes and prejucie: Their automatic and controled components", *Journal of Personality and Social Psychology*, Vol. 56, 1989.

Enderlein, Eveline, "Wie Fremdbilder sich verändern: Überlegungen am Beispiel von Rußland und Deutschland," Erwin Ambos, ed., *Interkulturelle Dimension der Fremdsprachenkompetenz*, Bochum, 1996.

Fazio, R. H., Jackson, J. R. Dunton, B. C. & Williams, C. J., "Variability in automatic activation as unobtrusive measure of racial attitudes: A bona fide pipeline?", *Journal of Personality and Social Psychology*, Vol. 69, 1995.

Fuhrt, Volker, "Der Schulbuchdialog zwischen Japan und Suedkorea - Entstehung, Zwischenergebnisse und Perspektiven", *International Textbook Research*, Vol 27. Braunschweig: Hahnsche Buchhandlung, 2005.

Gipper, h., "Der Inhalt des Wortes und die Gliederung des Wortschatzes", *Duden: Grammatik der deutschen Sprache*, Bd. 4, Mannheim/Wien/Zürich, 1984.

George, Alexander L., "Quantitative and Qualitative Approaches to Content Analysis", thiel de Sola Pool(ed.), *Trends in Content Analysis*, Habana, 1959.

Greemwald, A. G., McGhee, D. E. & Schwarts, J. L. K., "Measuring individual difference in implit cognition: The Implicit Association Test", *Journal of Social Psychology*, Vol.74, 1998.

Hahn, H. H., "12 Thesen zur historischen Stereotypenforschung", Hans Henning Hahn, Elena Mannová, ed., *Nationale Wahrnehmungen und ihre Stereotypisierung: Beiträge zur Historischen Stereotipenforschung*, Frankfurt am Main, Berlin, Bern, Bruxelles, New York, Oxford und Wien, 2007.

Hahn, H. H., "Nationale Stereotypen und kulturelle Identität, Internationale Tagung in Bad Homburg(Tagungsnericht)", *Internationale Schulbuchforschung*, 1984.

Hahn, H. H., "Stereotypen in der Geschichte und Geschichte in Stereotyp", H. H. Hahn, ed., *Historische Stereotypenforschung. Methodische Überlegungen und empirische Befunde*, Oldenburg, 1995.

Hahn H. H & Hahn, Eva, "Nationale Stereotypen," Hahn, H. H. ed., *Stereotyp, Idendität und Geschichte*, Oldenburg, 1995.

Hinrichs, Erinst ed., "Deutsch-israelische Schulbuchempfehlungen(Zur Darstellung der jüdischen Geschichte sowie der Geschichte und Geographie Israels in Schulbüchern der Bundesrepublik Deutschland Zur Darstellung der deutschen Geschichte und der Geographie der Bundesrepublik Deutschland in israelischen Schulbüchern", *Studien zur internationalen Schulbuchforschung*, Band 44, Frankfurt am Main: Moritz Diesterweg, 1992.

Jaworski, Rudolf, "Osteuropa als Gegenstand historischer Stereotypenforschung", *Geschichte und Gesellschaft*, no. 13, 1987.

Kracauer, Siegfried, "The Challenge of Qualitative Content Analysis", *Public Opinion Quarterly*, Vol.16, Nr.4, 1959,

McArthur L. Z.& Resco, B. G., "The portrayals of men and women in American television advertisement", *Journal of Social Psychology*, 97, 1975.

McGarty, C. & Yzerbyt, V. Y. & Spears, R.„ "Social, cultural and cognitive factors in stereotype formation", C. McGarty, ed., *Stereotypes as explanations: The formating of meaningful beliefs about social groups*, London, Cambridge, 2002.

Meyer, E., "Deutsch-polnische Schulbuchgespraeche", *Geschichte in Wissenschaft und Unterricht*, vol.24, Braunschweig, 1973.

Meyer, Enno, "Die deutsch-polnischen Schulbuchgespräche von 1987/8", *Internationale Schulbuchforschung*, Vol. 10, Braunschweig, 1988.

Meyers, Peter, "Zur Problematik der Analyse Shulgeschichtsbüern von Didaktische orientierte Analyse", *Geschichte in Wissenschaft und Unterricht(GWU)*, 24, 1973.

Nosek B. A. & Banaji, M. R., "Privatley expressed attitudes mediate the relationship between public and impricit attitudes", *Poster for the Society of Personality and Social Psychology*, 2001.

Piskorski, J. M., "Die deutsch-polnische Grenze und die historisch-geographische Nomenklatur von *Grenzterritorien"*, *Stöber & Maier(eds.), Grenzen und Grenzräume in der deutschen und polnischen Geschichte*, Hannover, 2000.

Putnam, H., "Meaning, Reference and Stereotypes", *Meaning and Translation*, 1978.

Riemenschneider, Rainer, "Verständigung und Verstehen; Ein halbes Jahrhundert deutsch-französischer Schulbuchgespräche", Hans-Jürgen Pandel(ed.), *Verständigung und Verstehen. Jahrbuch für Geschichtsdidaktik*, 2. Pfaffenweller, 1990.

Robinsohn, Saul B. u. Schatzker, Chaim, "Juedische Geschichte in deutschen Geschichtsbuechern", *Schriftenreiche des Internationalen Schulbuchinstitut.*, Bd. 7, Braunschweig, 1963.

Roh, Klaus, "Bilder in den Köpfen-Stereotypen, Mythen, Identitäten aus ethnologischer Sicht," Valeria Heuberger, ed., *Das Bild vom Anderen: Identitäten, Mentalitäten, Mythen und Stereotypen in multiethnischen europäischen Regionen*, Frankfurt a.m., 1998.

Schatzker, C., "Das Deutschlandbild in israelischen Schulgeschichtsbuecher", *Studien zur internationale Schulbuchforschung* Band 25. Braunschweig: Waisenhaus- Buchdruckerei und Verlag, 1979.

Schumugge, L., "Nationale Vorurteilr im Mittelalter", *Das Deutschlandbild in israelischen Schulgeschichtsbuechern,* Vol.38, 1982.

Schwarze, Ch., "Stereotyp und lexikalische Bedeutung", *Das Deutschlandbild in israelischen Schulgeschichtsbuechern,* Vol. 13, 1982.

Schatzker, Chaim, "Das Deutschlandbild in israelischen Schulgeschichtsbuechern", karl-Ernst Jeismann(Hrsg.), *Studien zur internationale Schulbuchforschung,* Band 25. Braunschweig: Waisenhaus-Buchdruckerei und Verlag, 1979.

Schatzker, Chaim, "Was hat sich verändert, was ist geblieben?(Analyse von seit 1985 in der Bundesrepublik Deutschland erschienen Geschichtslehrbüchern für die Sekundarstufe 1 und 2 bezüglich ihrer Darstellung jüdischer Geschichte)", *Studien zur internationalen Schulbuchforschung*, Band 44, Frankfurt am Main, Moritz Diesterweg, 1992.

Stüben, Jens, "Deutscher Polen-Bilder: Aspekte ethnischer Imagotyp und Stereotyp in der Literatur," Hahn, H. H. ed., *Das Deutschlandbild in israelischen Schulgeschichtsbuechern,* Oldenburg, 1996.

Wadja, Kazimierz "Die Zusammenarbeit der Thorner und Oldenburger Historiker," Stanislaw Chwirot and Hans Henning Hahn, ed., *Stellung und Verantwortung der Hochschulen in einem politisch offenen Europa: Beiträge des Symposiums anläßlich der 15jährigen Kooperation zwischen der Nikolaus Kopernikus Universität Thorn/Torun und der Carl von Ossietzky Universität Oldenburg*, Oldenburg, 1997.

발표지면

제1장 역사교과서와 스테레오타입(Stereotype): 방법론적 접근

시론: 역사교과서를 매개로 한 역사교육 주체들의 스테레오타입 분석을 위한 시론(박재영)

⇨ 발표지면: 「역사교과서를 매개로 한 역사교육 주체들의 스테레오타입(Stereotype) 분석을 위한 시론－역사적 스테레오타입연구(Historische Stereotypenforschung) 방법론의 적용－」, 『다문화콘텐츠연구』10, 2011, 119-163.

제2장 역사교과서 서술내용 분석과 국가 이미지에 대한 설문조사

제1절 한·중 역사교과서에 나타난 상호 이미지의 비교 분석(박재영 외)

⇨ 발표지면: 「역사교과서·이미지·스테레오타입 － 한중 역사교과서에 나타난 상호 이미지의 비교분석을 중심으로－」, 『경주사학』30, 2009, 135-175.

제2절 중국 조선족의 정체성과 중국의 역사 만들기(강택구·박재영)

⇨ 발표지면: 「중국 조선족 역사교과서에 나타난 한국관련 내용분석(Ⅰ) － 중국 조선족의 정체성과 중국의 역사 만들기 －」, 『백산학보』81, 2008, 409-436.

제3절 한국 중등학교 역사교육이 중국 국가 이미지에 미치는 영향에 대한 설문조사 분석(강택구·박재영)

⇨ 발표지면: 「역사교육과 국가 이미지의 상관관계에 대한 연구 －대한민국 중등학교 역사교육이 중국 국가 이미지에 어떤 영향을 끼치는가에 대한 설문조사 분석을 중심으로－」, 『경주사학』32, 2010, 145-174.

제4절 한국 중학생들의 중국 국가 이미지에 대한 설문조사 분석(강택구·박재영)

⇨ 발표지면:「역사교육과 국가이미지 -대한민국 중.고등학생들의 중국 국가이미지에 대한 설문조사 분석-」,『동학연구』30, 2011, 71-100쪽.

제5절 한국 중등학생들의 미국 국가 이미지에 대한 설문조사 분석(강택구)

⇨ 발표지면:「대한민국 중등학생들의 미국 국가이미지에 대한 설문조사 분석」,『동국사학』55, 2013, 341-373쪽.

제3장 국가 이미지 개선을 위한 독일의 역사교육과 과거극복

제1절 오데르-나이세 국경문제와 독일 역사교과서(박재영)

⇨ 발표지면:「오데르-나이세 국경문제와 독일 역사교과서」,『중앙사론』 40, 2014, 179-207.

제2절 교과서 협의를 통한 독일의 과거극복(박재영)

⇨ 발표지면:「교과서 협의를 통한 독일의 과거극복」,『사회과교육』 Vol.45 No.3, 2006, 61-89.

제3절 독일의 과거극복, 어디까지 왔나(박재영 외)

⇨ 발표지면:「독일의 과거극복, 어디까지 왔나? - "기억, 책임, 미래 재단"을 중심으로」,『동학연구』26, 2009, 115-140쪽.

제4장 역사교과서 협의와 공동 역사교과서

제1절 동아시아의 우호협력을 위한 다국 간 역사교과서 협의 활동과 의미 (박재영)

⇨ 발표지면:「동아시아의 우호협력을 위한 다국 간 역사교과서 협의 활동과 의미」,『역사와교육』20, 2015, 317-343쪽.

제2절 국가 간 상호 이해증진을 위한 공동 역사교과서 편찬의 배경과 의미(박재영)

⇨ 발표지면:「국가 간 상호 이해증진을 위한공동 역사교과서 편찬의 배경과 의미」,『다문화콘텐츠연구』17, 2014, 89-122.

저자약력

강택구

연구분야 : 미국사, 역사교육, 다문화교육

[학력]
동국대학교 사범대학 역사교육과(문학사)
미국 Eastern Washington Univ.(M.A.)
동국대학교 일반대학원(문학박사)

[약력]
용인대학교 교양학부 교수 역임
역사와교육학회 회장 역임
동국대학교 사범대학 역사교육과 교수

[대표 저서]
『고등학교 세계사 교과서(공저)』, 2012.
『한국사 속의 다문화(공저)』, 도서출판 선인,
2016.
『세계의 역사교과서 협의(공저)』, 백산자료원,
2008.
『문화사(상 · 하)』, 국가고시연구학회, 1990.

[대표 논문]
「세계사 교육의 개선을 위한 몇 가지 제언-
중 · 고등학교 교육을 중심으로」, 『동국역사
교육』 7 · 8, 1999. 「미국 팽창주의 사상의 이
념적 계승-19세기 후반을 중심으로」, 『동국사
학』 37, 2002.「19세기 말 미국 반제국주의 운
동의 유형적 분석 '반제국주의 동맹'의 사례」,
『동국사학』 40, 2004 외 다수.

박재영

연구분야 : 독일현대사, 한독관계사, 역사교육

[학력]
동국대학교 사범대학 역사교육과(문학사)
동국대학교 일반대학원(문학석사)
독일 Oldenburg 대학(철학박사)

[약력]
중앙대학교 문화콘텐츠기술연구원 연구전담
교수 역임
한국독일사학회 편집이사 역임
동국대학교 역사교과서연구소 편집위원장
대구대학교 인문교양대학 창조융합학부 조교수

[대표 저서]
『세계의 역사교과서 협의(공저)』, 백산자료
원, 2008 ; 『타자 인식과 상호 소통의 역사(공
저)』, 신서원, 2011 ; 『서양 사람들은 어떻게 살
았을까: 생활문화로 보는 서양사(공저)』, 푸른
역사, 2012 ; 『동서양 역사 속의 다문화적 전
개양상(공저)』, 경진출판, 2012 ; 『한국 역사 속
의 문화적 다양성(공저)』, 경진출판, 2016.

[대표 논문]
「역사적 스테레오타입 사례연구: 구한말 독일
인 의사 분쉬(R. Wunsch)의 조선이미지」, 『서
양사론』 제93호, 2007 ; 「Das BildNordkoreas
in den ostdeutschen Reiseberichte
waehrend des Kalten Krieges」, 『독일언어
문학』 37집 2호, 2007 ; 「역사적 스테레오
타입연구의 현황과 전망」, 『역사학보』 198
집, 2008 ; 「韓末 西歐文物의 受容과 獨
逸人-P. G. von Moellendorff · Antoinette
Sontag · Emma Kroebel -」, 『독일연구 - 역
사 · 사회 · 문화』 제23집, 2012 ; 「오데르-나이
세 국경문제와 독일 역사교과서」, 『중앙사론』
제40집, 2014 외 다수.